泰和永顺

张寿俦 书

北京市通州区政协教文卫体委员会
北京市通州区永顺镇人民政府 编

团结出版社

《泰和永顺》编委会

前　言

　　通州的很多地名都在不断地强调着一个"通"字。通运桥、通运门、永通桥、通济桥、通惠河等等。正像北京的地名中也有着许多类似的规律性的地方一样，永定、永宁，永安、永通、永乐、永顺。这些地名不仅仅是一种祈福，一个简单的愿望，其实更是一种文化价值原则的表达，是对于实现美好愿望的原则、方向、路径的一种诚勉性的心理警示。从另外的一种角度看，这又何尝不是中华民族对于自然规律与社会规律科学准确把握的一种坚定的文化自信。

　　今年我们编辑的这本通州永顺地区的文化历史专辑，命篇曰《泰和永顺》也是基于这一文化价值层面的考虑与自信。永通、永顺、永定、永宁，多么美好的愿望。"通"也好，"顺"也好，"定"也好，"宁"也好，这其实都是一种状态，或是一种自然的状态，或是一种社会的状态。总之都是一种趋向于完美的美好、祯祥的理想的状态。这种理想状态依赖于人类社会的每一分子，完全按照天地自然规律、社会规律去生存、生活，才能得以实现的状态。《尔雅》是这样解释祯祥一词的，"天地顺，四时当，民有德而五谷昌"，这是中华民族心中最朴素的对于祯祥的理解，也是从宇宙时空、人类社会、百姓福祉、生存原则、治理路径等多维度最全面、系统、科学的诠释。

　　中华五千年文明史始终都在证明着这一点，中华民族从来不是简单的屈从于自然，而是积极地认识自然、适应自然，改造自然，而中华民族这种在认识自然、适应自然的过程中，更多的是更好地改变自己，使人类自身更加自觉地注重依照自然的规律、社会的规律，主动改变自己、完善自己、适应自然。这其实就是《尔雅》中所强调的"德"。

习近平总书记指出："前进的道路不可能一帆风顺，越是前景光明，越是要增强忧患意识，做到居安思危。"《老子》曰："反者道之动，弱者道之用。"泰极生否，否极泰来。按照这样的文化逻辑，或者说依照着中华古老的文化哲学和中华民族五千年文明沉淀下来的文化意识，《泰和永顺》又会带给读者什么样的思考呢。

地天"泰"卦与天地"否"卦是周易六十四卦中的其中两卦，且互为互卦。泰，通泰。否，否塞不通。我相信，大多数中国人，即使没有系统研究过周易，在日常的工作生活中，当面对困难与困苦时，都会自然而然、毫不犹豫，甚至脱口而出"泰极生否，否极泰来"，这样的生活哲学已经深入到每一个中国人的文化血液。所以，我们坚信一切困难都只是暂时的，寒冬过后一定是温暖的春天。

是的，寒冬过后一定是温暖的春天，这只是对于规律的基本把握，而面对规律，注重"进德"的传统的中国人，又会如何去改变自己，或者说是更好地把握自我修身、治世的原则呢。无论是官者、师者、学者、业者，无一例外，或者说是为人父者、为人子者、齐家者、治国者，无一不包，在现实工作生活中，都需要面对《泰和永顺》这样的思考。

居安思危，居高思坠，在上不骄，高而不危，制节谨度，满而不溢。这些都是优秀的中华传统思想。但我更想表达的是中华传统文化中始终倡导的"敬畏"的价值原则，也可说是"归诚""诚静"的思想方法。

敬畏，一曰敬畏天地自然，二曰敬畏人民。宇宙天地自然的规律，在中华传统文化中被表述为"道"，或者是"法"。《尔雅》云：恒久不变者曰"法"，不常变者曰"则"。中华民族的先贤依照这样的规律、法则，去治理国与家，处理人与自然、人与人、人与社会关系，进而形成了天人合一与民本的思想。这种治世理念与思想反映或者说折射在中华民族身上，就是中华民族民族层面的"德"。而这种中华民族所倡导的"德"更像是作为万物之灵的人类与天地自然达成的恒久不变的默契。因此，我们不难理解，中华民族所倡导的"道"即是"法"，"法"即是"德"。在中华传统文化层面，以德治国与以法治国一也，其差别也只在些微毫忽之间。这与西方文化所倡导的依据契约精神所形成的相关法律，并依此构建起来的人与人之间、人与国家之间，以及国家与国家之间关系的上层建筑有着本质的区别。西方文化片面强调人的权利，更准确地说是个人的权利。这种东西方文化存在的本质区别，以及由此形成的体制、机制、制度，孰优孰劣也就不言而喻了。在此理解的基础上，自然地会引发人们的进一步思考，在敬畏天地自然、敬畏人民的前提下，我们自然要敬畏法律、敬畏权力，敬畏中华民族所倡导的"道"与"德"。

有了敬畏之心，才有可能让人的内心回归至"诚静"的状态去思考。子思言"诚外无物"与王阳明先生所说"心外无物"一也。事不由诚，日惟自欺。在敬畏之心与诚静状态下的思考，才能让有思之人凡事都能做出正确的选择，才能真正理解习近平总书记人类命运共同体思想，新时代中国特色社会主义思想，以及总书记时时强调的以人民为中心、敬畏权力、居安思危、笃行不辍等那些中华民族所倡导的文化价值的真正思想内涵。

编撰通州地区文史专辑的初心也正在于此吧。无论是《检粹新华》《志正永乐》，还是今年所编撰的《泰和永顺》，无一不是希望通过这些文史专辑，引发广大读者的价值共鸣与思考。

2021年启动《泰和永顺》编撰之初，我撰写了一篇短文，把近几年所编撰的多本文史专辑书名含义简单地串述在一起。借此机会，与广大读者分享。

大始通州，智临潞城，杨庄滴翠，潞邑飞鸿，颐和正志，崇明德以量行，泰和检粹，省初心而归诚，居安思危，居高思坠，在上不骄，高而不危，制节谨度，满而不溢，知敬畏，惜名节，宏达始于志正，永乐终以德明。孝和于家，则家未有之不兴者，乐和天下，则天下未有之不泰者，志正永乐，泰和永顺。

自己常年从事文史研究工作，不自觉间就会把一些地名与中华文化所倡导的文化价值联系起来。习近平总书记曾经指出，"中国特色社会主义就是马克思科学社会主义的理论逻辑与中华五千年文明的历史逻辑辩证统一的结果。"在与其他一些兄弟区政协进行文史工作交流时，结合北京市16个行政区划地名，融入我对学习习近平新时代中国特色社会主义思想的理解和体会，联系中华传统文化内涵，草撰了八对联句。

　　巍峨太行丽房山雄关漫漫，茶马古道济海淀芳草依依。门头沟连桑干河包容永定，石景山若都江堰知止雄安。平谷通泰居安思危，密云祯祥济世怀德。怀柔远人以明德，延庆福祉赖日新。有亲可久见朝阳，有功可大上丰台。崇文德怀远人共襄盛举，宣武威慑蛮虏不与中国。中华文明世界大兴，共同富裕人民顺义。一带一路天下五洲通惠，全球发展宇内四海昌平。

　　在此与广大读者分享、共勉，不妥之处，还望给予批评指正。

　　最后，借此《泰和永顺》，与广大读者共同祝愿我们伟大的祖国繁荣昌盛，万世永宁，四海昌平！

程行利

2022 年 8 月

目　录

历史沿革

永顺镇历史沿革 ／孙连庆 02

大运河第一村——新建村 ／周庆良 14

繁闹东关 ／周庆良 26

上营说故 ／周庆良 38

迎熏追忆 ／周庆良 45

西关叙旧 ／周庆良 52

永顺回眸 ／周庆良 59

钩沉琐记 ／周庆良 65

1953—1965年现永顺镇河东部分乡村的区划演变 ／刘正刚 72

走向城市化的永顺镇 ／崔洪生 76

小圣庙的前世今生 ／任德永 87

漕运文化

漕运码头和石坝土坝 ／王文续 92

漕运码头——黄船坞 ／孙连庆 104

通州的民用码头 ／孙连庆 109

军粮经纪与验粮密符扇 ／陈乃文 114

天后宫与漕运 ／陈乃文 125

通州与元大都漕运 ／陈喜波 128

元代深沟村和深沟坝 ／陈喜波 140

温榆河的漕运 ／贾长宽 148

通州运河上的船 / 孙连庆 153

水系盛景

源于永顺镇的两条河流——玉带河和运潮减河 / 崔洪生 162

北运河北端两河并行与小圣庙 / 刘福田 168

小中河 / 陈喜波 177

温榆河为何又叫富河 / 陈喜波 179

北运河起点 / 陈乃文 184

通州河景 / 孙连庆 187

长桥映月与御制通州石道碑 / 贾长宽 196

人物民俗

祭坝源流谈 / 陈乃文 204

王恕园与王恕园庙会 / 马育枢 219

运河号子的前世今生 / 郑建山 222

明朝的李太后与陈太后 / 刘福田 242

马祖桥的陶塑——泥盆马 / 孟宪良 251

李卓吾先生墓的变迁 / 张庆和 254

历史厚重的西关清真寺 / 李永刚 258

沿河八庙与漕运 / 陈乃文 268

谈通州永顺地区的运河歌谣 / 郑建山 275

军粮经纪密符扇第五代传人陈乃文先生 / 王文宝 282

百姓舌尖上的记忆 / 李玉琢 286

文物古迹

通州区永顺镇部分文物古迹考 / 周庆良 296

黄亭子 ／任德永..............................323

形同会馆的两座礼拜寺 ／朱向如..............................326

通惠河口卧虎桥 ／王文续..............................329

北齐土长城遗址 ／周庆良..............................334

通州的浮桥 ／孙连庆..............................337

烽火岁月

八里桥之战 ／李建军..............................344

探寻冯玉祥在通州兵营旧址背后的红色故事 ／任德永..............................348

五里桥谈判——北平解放的曙光 ／佚 名..............................351

冀东保安队起义及其历史意义 ／崔洪生..............................356

日寇火烧东营事件 ／刘如玉..............................361

抗日战争时期的乔庄植棉场 ／孙连庆..............................363

日寇强迫农民种植棉花罂粟 ／孙连庆..............................367

往事记忆

忘不掉的黄土情 ／刘维嘉..............................370

伏天儿还忆老冰窖 ／刘维嘉..............................374

蜿蜒在历史褶皱里的赵登禹大街 ／刘维嘉..............................378

历经沧桑的军粮经纪密符扇 ／陈乃文..............................382

记忆里的刘庄村 ／孙连庆..............................388

儿时在小圣庙村的记忆 ／孙连庆..............................392

通县水泥厂 ／刘福田..............................395

通州发电厂三十六年 ／李伟翰..............................403

五金厂的青春序曲 ／刘维嘉..............................408

百业传说

通州北关　/陈乃文 416

解放前通州的粮食市与斗局的经营　/初瑞华 429

漕运码头拾遗　/张来源 431

通州的夜市　/孙连庆 438

北京物资学院选址纪实　/丁兆博 446

通县良种繁殖场——乔庄良种场　/崔洪生 452

北京八里桥农产品中心批发市场　/崔洪生 458

黄瓜园的故事　/王文宝 464

吴仲建闸遇鲁班　/董维森 467

"扒拉桥"　/孙雨　胡涂 469

不挽桅　/孙雨　胡涂 471

后记 473

历史沿革

永顺镇历史沿革

■ 孙连庆

永顺镇位于北京城市副中心西北部，原辖区面积 43 平方公里，2018 年、2020 年两次行政区划调整后，部分村居划归到新成立的或者邻近街道，调整后现辖 21 个村居，辖区面积约 19.39 平方公里，居住人口约 14.67 万。

镇域自然条件优越，交通便捷。古代有蓟襄驰道和幽燕古道通过，今有京榆、京津公路、京承、京秦铁路穿境。又有温榆河、小中河、通惠河、中坝河、北运河、玉带河、运潮减河等多条河流过境。地势平坦，土质肥沃，利于农垦耕作。考古发掘证明，早在距今一万年以前，开始有人类在这里从事生产活动。

五帝（黄帝、颛顼、帝喾、唐尧、虞舜）时期，中原分为冀、兖、青、徐、扬、荆、豫、梁、雍九个州，今通州包括永顺地区属冀州。那时，还没有完善的国家体制，所谓"州"，还不是行政区划，而只是一个地理方位的概念。舜帝以冀州南北广远，而燕山地区在北方，取其"阴幽肃杀"之义，称"幽州"。今通州包括永顺地区属幽州。

夏商王朝时，今北京地区有蓟国，今通州包括永顺地区属"蓟"，西周中期，燕国逐渐强盛，蓟国被吞灭，燕国将都城迁至"蓟城"，今永顺地区隶属燕国。燕昭王（前 311 至前 277）在位 34 年，其间，广揽贤才，苦心经营，开疆拓土，修筑长城，建立渔阳、上谷、右北平等五郡，使燕国的国力达到鼎盛，位列战国七雄。今通州包括永顺地区属渔阳郡。

公元前221年秦灭齐，全国实现统一。秦始皇统一政令、统一文字、统一度量衡、统一车辆轴距，修筑以咸阳为中心通往各地的驰道。其中蓟襄（襄平，即今辽阳市）驰道穿过通州

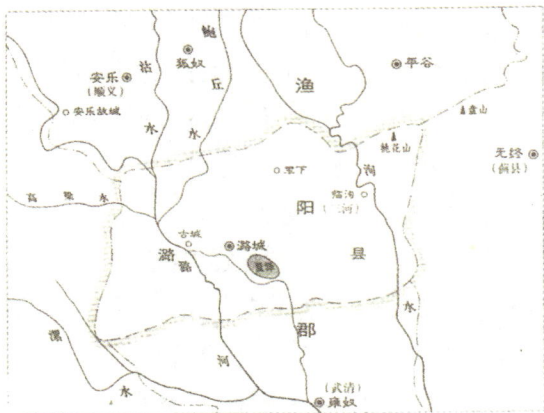

东汉潞县区域图

及永顺地区，通往辽东。秦国沿袭燕国旧制，仍设置渔阳郡，今通州连同永顺地区属渔阳郡。秦始皇三十二年（前215），蒙恬率30万大军北击匈奴，通过白河转运粮草，以支持军事行动。《读史方舆纪要·卷三十·山东一》记载："秦并天下，欲攻匈奴，使天下飞刍挽粟，起于黄腄、琅邪负海之郡，黄腄，见登州府黄县，转输北河。""北河"，即白河。永顺地区的先民也曾目睹大秦帝国的片片帆影。

西汉汉高祖刘邦十二年（前195），因今通州地区地处中原连通辽东的交通咽喉，设置路县，县治在今古城村。今永顺地区属渔阳郡路县。

西汉末年，孺子刘婴初始元年（8）王莽篡汉称帝，建立"新"朝，次年，建年号"始建国"。改"路县"为"通路亭"，改"渔阳郡"为"通路郡"，郡治所由今密云区梨园村移至通路亭所在地。今永顺地区属通路郡通路亭。

王莽新朝地皇四年（23），刘邦九世孙刘玄复兴汉室，被诸路起义军奉为皇帝，年号"更始"。更始元年（23）恢复汉朝郡县。"通路亭"复为"路

县"，"通路郡"复为"渔阳郡"。今永顺地区属渔阳郡路县。是年，西汉皇室后裔刘秀统帅各路绿林军北上河北，得到当地大官僚、大地主的支持，收编河北强大的起义军——铜马军后，在潞水之东击破大枪、尤来、五幡等部起义军，称帝恢复汉室，以东都洛阳为都城，史称东汉（后汉），建年号为"建武"。

建武元年（25），改"路县"为"潞县"，仍属渔阳郡。今永顺地区属渔阳郡潞县。次年（26）二月，渔阳郡太守彭宠反叛。五年（29）二月彭宠夫妇被家奴子密所杀，祭遵率所部攻入渔阳郡城（今古城村），诛杀焚烧，全城成为废墟。潞县治所东迁至今三河县城子村，渔阳郡治所回迁至今密云区梨园村。

东汉建武十年（34）王霸为偏将军，镇守上谷，与匈奴、乌桓数百战，稳固了边塞。十三年（37）疏挖沙河、温水（今温榆河），于潞县城（今潞城镇古城村）西入潞河，燕南大批物资经潞河、温水运往居庸关山口。汉献帝刘协初平元年（190），幽州刺史刘虞修戾陵堰，引灅水（今永定河）经高梁河入潞水，灌田万顷。今永顺地区的先民受益不少。

东汉建安六年（201），丞相曹操以渔阳郡被乌桓占踞而废除，在幽州蓟城建广阳郡，今永顺地区属广阳郡潞县。建安十年（205）八月，曹操率大军北征乌桓。次年，开凿泉州渠自泃河口通潞河，运输粮草。得胜后复置渔阳郡，今永顺地区仍属渔阳郡潞县。

延康元年（220），曹操之子曹丕称帝建"魏"，三国魏皇初元年（220），曹丕废除渔阳郡，在幽州蓟城设置诸侯国燕国。今永顺地区属燕国潞县辖域。

魏元帝曹奂咸熙二年（265），相国、晋王司马炎废"魏"建"晋"称帝，建年号"泰始"。泰始元年（265），在蓟城仍设燕国，今永顺地区属燕国潞县。晋武帝司马炎死后，皇族八王为争夺皇位相互攻杀，史称"八王之乱"，使中国北方经济遭到严重破坏。匈奴贵族刘渊兴兵灭晋，建立赵国，史称"前赵"，于公元318年建年号"光初"。次年，羝族大将石勒联合汉族贵族，举兵占据幽燕地区，建立割据政权，史称"后赵"，未建立年号。后赵废除燕国，复设渔阳郡，治所设在今三河县城子村。今永顺地区仍属后赵渔阳郡潞县。

后赵国君石祇永宁元年（350），鲜卑族前燕国君慕容儁，率军攻占幽州，设燕郡，今永顺地区改属燕郡潞县。

前燕慕容暐建熙十一年（370），氐族前秦皇帝苻坚攻灭前燕，占据幽州，仍设燕郡于蓟城，今永顺地区属前秦燕郡潞县。

前秦苻丕太安元年（385），原在中山（今河北省定州）称王的后燕慕容垂，率军攻占幽州蓟城，沿用前燕郡县设置，今永顺地区属后燕燕郡潞县。

后燕君主慕容盛长乐元年（399），鲜卑族北魏道武皇帝拓跋珪，率军攻破燕都，进而占据黄河以北广大地区，废除燕郡，并将渔阳郡治南迁至雍奴（今天津市武清区东八里），扼制潞水通道。今永顺地区属北魏渔阳郡潞县。

北魏孝武帝元修永熙三年（534），丞相高欢逼迫皇帝元修西奔长安，而在平城（今山西省大同市）拥立元善为皇帝，迁都于邺城（今河南省临漳县城西四十里），把持朝政，史称"东魏"，建年号"太平"。渔阳郡治依旧在今三河县城子村，今永顺地区属东魏渔阳郡潞县。

东魏孝静帝元善见武定八年（550），高欢死，其次子高洋夺得皇位自立，称帝建"齐"，史称"北齐"，都城仍在邺城，建年号"天保"。渔阳郡治所未变。天保八年（557），高洋修建北齐长城，遗址经今永顺地区西部向南穿过潞县境。

北齐幼主高恒承光元年（557），鲜卑族北周武帝宇文邕灭北齐，占据黄河流域和长江中下游流域。渔阳郡、潞县设置未变，今永顺地区随之属北周。

北周幼主宇文阐大定元年（581），丞相杨坚废帝自立，建立隋朝，建年号"开皇"。今永顺地区随渔阳郡潞县属隋朝管辖。开皇三年（583），隋文帝杨坚以设郡过繁，人口减少，下诏罢除诸郡，只存州、县两级政权机构。于是，渔阳郡废，今永顺地区随潞县直属幽州。

隋炀帝杨广大业三年（607），朝廷为了加强对各地的统治，取消范围大、权力重的州级政权，又下令设郡，在蓟城置涿郡，今永顺地区随潞县属隋朝涿郡。次年，为巩固北边，维护统一，开凿永济渠，北至涿郡，南至洛阳，流经潞县南部。大业八年至十年（612--614），隋

元代通惠河前身）开通漕运，取"漕运通济之义"，遂在潞县设置"通州"，领潞、三河两县。贞元元年（1153）金国把首都从今黑龙江阿城迁到燕京，改燕京为"中都"，并将永安路析津府改为中都路大兴府，今永顺地区随潞县改隶中都路大兴府通州。

金宣宗完颜珣贞祐三年，即蒙古乞颜部大可汗铁木真十年（1215），蒙古铁骑攻破长城，夺取金国首都（燕京），并在中都设燕京路大兴府，今永顺地区随潞县改隶燕京路大兴府通州。

元世祖忽必烈至元元年（1264）、九年（1272）将"燕京路大兴府"先后易名为"中都路大兴府"、"大都路大兴府"，通州所属潞县及永顺地区上隶之。此时，通州成为蒙古族人重点移居的地区。至元二十一年（1284）改大兴府为"大都路总管府"，通州所属潞县及永顺地区上隶之。至元二十六年（1289）京杭大运河全线开通，南方漕粮和各类物资源源不断运至通州张家湾。二十九年（1292）郭守敬主持开通通惠河，漕粮和各类物资经通惠河水运至大都积水潭。

元至正二十八年，即明太祖朱元璋洪武元年（1368），明大将徐达、副将常遇春率领明军25万北讨元廷，攻克潞州、通州，攻破大都，将元朝统治者赶出长城。明军在大都城内设北平府，同时，将潞县并入通州成为直辖区。洪武十四年（1381）降潞州称潞县，由通州管辖。

金通州及潞县示意图

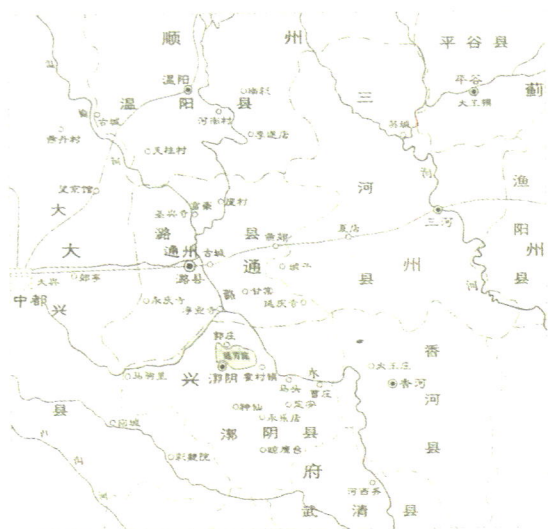

明成祖朱棣永乐元年（1403）将首都从南京迁至北平府，并将"北平府"改称顺天府。今永顺地区随通州分别改隶北平府、顺天府。

明思宗朱由检崇祯十七年（1644），闯王李自成率领农民起义军攻入北京城，推翻明朝，迫使崇祯皇帝在煤山（今北京景山）自缢于一棵老槐树下。其后，李自成率精兵五万，穿过通州城，杀奔山海关，征讨前明宁远总兵吴三桂，并抵御山海关外后金兵的侵犯。吴三桂勾引后金兵入关，并合兵镇压农民起义军，攻入北京。后金定都北京，改国号为"清"。清世祖爱新觉罗·福临顺治元年（1644），在北京仍设顺天府，又在元年、七年（1650）、十四年（1657），在通州先后设置通州道、通密道、通蓟道，管理京东八县（通、三、武、宝、蓟、香、宁，外加一座漷县城。）全部军政事务。漷县地区改属清顺天府。顺治十六年（1659）裁撤漷县并入通州，成为通州直辖区。清康熙八年（1669）通蓟道改称"通永道"，（"道"的办事机构设在今通州三中老校址、女师胡同西北侧），掌管京东11府、州、县全部军政事务以及永定河、潮白河河务。今永顺地区随通州上隶顺天府通永道。康熙二十七年（1688）顺天府在所辖区域内设四路厅，其中东路厅设在通州，上隶通永道。雍正六年（1728），三河、宝坻、武清三县直属顺天府，通州不再领县。

清宣统三年（1911）中国资产阶级革命的先驱者孙中山，领

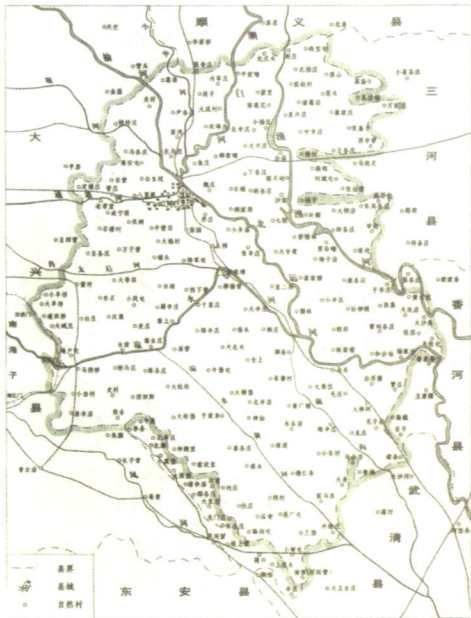

清通州境域图

导辛亥革命，推翻了清政府，建立中华民国。民国元年（1912）沿袭清制，仍在北京地区设立顺天府。今永顺地区随通州隶属之。

1914年，民国政府将全国所有不领县的州级政权降级为"县"，通州降称"通县"，同时顺天府改称"京兆特别区"，今永顺地区随通县隶属京兆特别区。1916年全县设13区，今永顺地区所属各村属第一区、第十三区辖域。1928年，民国政府由北京迁往金陵南京，京兆特别区改称"北平市"，在直隶省部分地区建立"河北省"，今永顺地区随通县改属河北省。1929年，全县设8区，今永顺地区所属各村属第一区、第七区辖域。

1933年，日本侵略者铁蹄践踏到长城一线，"塘沽协定"规定在冀东地区建立两个非武装区，即滦榆区和蓟密区。蓟密区专员公署自北平市迁至通州城内文庙内，通县县城南城垣东西延长线以北，划入蓟密非战区，而以南区域仍为国民党政府控制区。今永顺地区随通县隶属蓟密非战区。

冀东区域图

1935年11月25日，大汉奸殷汝耕在日寇特务机关操纵下，网络和勾结一些卖国贼，在通县文庙内凑了一个具有政权性质的"冀东防共自治委员会"，12月25日，又改称"冀东防共自治政府"，辖冀东22县和唐山市、秦皇岛海港。国民党通

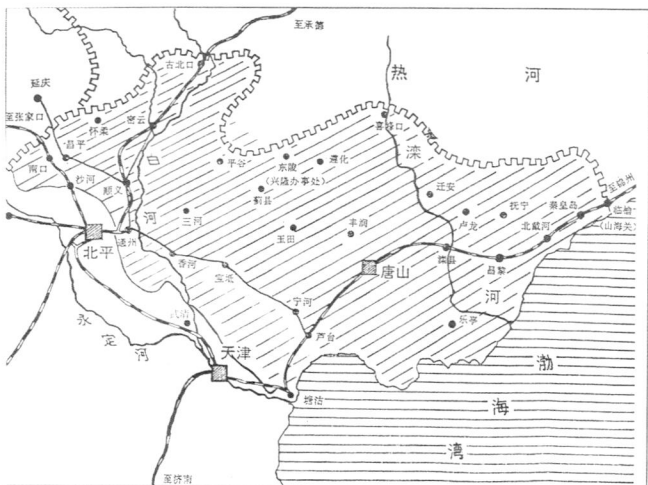

冀东区域图

县政府迁至张湾镇村古街。1936年，全县设5个警区，今永顺地区所属各村属伪政权通县第一警区辖域。

1937年7日29日，伪冀东政府驻通县保安队第一总队队长、少将张庆余，第二总队队长、少将张砚田及教导总队第二区队队长沈维干联手组成指挥部，领导驻通县保安队万余人举行武装起义，当夜，活捉大汉奸、伪冀东防共自治政府长官殷汝耕，击毙日寇特务机关长细木繁大佐、顾问奥田重信大佐及守备队长以下官兵500余人，迫使伪政府迁往唐山市。次年，日寇将伪"冀东防共自治政府"与先已成立的伪"华北临时政府"两个傀儡政府合并，设置伪"河北省冀东道"，同时国民党通县政府归并伪通县政府。今永顺地区随通县隶属伪河北省冀东道。

1940年，国民党副总裁、大汉奸汪精卫公开投敌，在南京成立伪"国民政府"，伪"河北省政府"隶属伪"国民政府"。同时日寇废除冀东道，在北平市内设置燕京道，今永顺地区随通县属伪"燕京道"。

1944年，日本帝国主义行将灭亡。当年6月，日寇撤销燕京道，在唐山市设置伪"河北省冀东特别行政区"，今永顺地区随通县隶属于这个伪行政区。

1945年8月15日，日本宣布投降，9月3日，在投降书上签字。中国人民取得抗日战争的最后胜利。国民党反动政府在美帝国主义的支持下，抢夺胜利果实。国民党河北省政府在通县文庙内设立第五专区衙署，国民党通县政府隶属之。是月，中共领导的冀东各抗日民主联合县撤销，各县分别成立人民民主政府。是年10月，通县民主政府设在今西集镇侯各庄村，县机关设在该村西北角圆通寺内。1946年1月全县设24乡，今永顺地区属大兴庄乡、城厢管辖。

1948年12月14日，中国人民解放军进驻通县，全境宣告解放。今通州区境内分设通县、通州市。同时，冀东十四军分区入驻通县文庙。通县民主政府机关自西集迁到张家湾。今永顺地区所属各村随通县上隶十四军分区。是年，京山公路以北87村划归顺义县管辖。今永顺地区内除划归顺义县以外，其余各村属通州市管辖。1949年8月，河北省人民政府在通县文庙设置通县专区，下辖平北、平南、平东14县镇，今永顺地区随通县、通州市、顺义县隶属通县专区。

　　北京市通州区永顺镇始建于 1958 年 4 月，名为城关人民公社。1983 年 3 月撤销人民公社建制，改称城关乡。1990 年 4 月撤乡变镇，改称城关镇。1997 年 9 月，通州撤县设区，通县城关镇更名为通州区城关镇。1997 年 10 月，城关镇更名为永顺地区办事处。2000 年 7 月，在永顺地区办事处设立建制镇——永顺镇，与永顺地区办事处实行"一套人马、两块牌子"。由于通州区部分行政区划调整，2018 年，设立通运街道办事处、调整新华街道办事处辖区范围后，盛业家园、京贸国际城 2 个社区划归新华街道管辖，京贸家园 1 个社区划归通运街道管辖。由于通州区变更部分行政区划，2020 年设立九棵树、临河里、杨庄、潞邑街道办事处后，永顺镇的行政区域范围作相应调整。杨庄村世纪星城兴业园社区、杨庄南里南区社区、杨庄南里西区社区、通广嘉园社区 5 个村居划归杨庄街道管辖。焦王庄村、王家场村、刘庄村、耿庄村、龙旺庄村、小潞邑村、苏坨村，潞邑社区、潞苑南里社区、龙旺庄社区、东潞苑西区社区、运通园社区、潞苑嘉园社区、潞苑北里社区、珠江家园社区共 15 个村居划归潞邑街道管辖。南关村、乔庄村，运乔嘉园社区、艺苑东里社区 4 个村居划归玉桥街道管辖。上营村 1 个村划归中仓街道。果园村、杨富店社区 2 个村居划归北苑街道管辖。小圣庙村、运河滨江社区 2 个村居划归临河里街道管辖。苏荷雅居社区 1 个社区划归九棵树街道管辖。永顺镇其余区域为调整后的永顺镇辖区范围，撤销永顺地区办事处，保留镇建制。

　　　　　　（孙连庆，通州区政协特邀文史委员，原通州区史志办史志科科长）

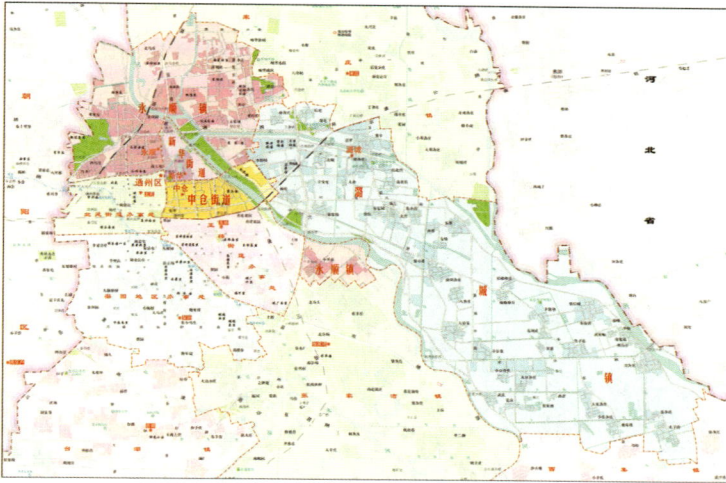

通州区部分地区行政区划调整前示意图（2018 年 1 月）

通州区部分行政区划变更示意图（2020 年 3 月）

大运河第一村——新建村

■ 周庆良

　　如果您把京杭大运河两岸由漕运兴起的村镇比作千万颗明珠的话，那么，大运河北端永顺镇的新建村就是那里面的第一颗闪耀着历史光辉的明珠。

　　新建村的历史并不长，是由 1953 年设新建乡演变过来的，1958 年高举"三面红旗"建人民公社的时候，取消乡，变成新建生产大队，1983 年 3 月，又恢复了乡领村的行政制度，公社改称为乡，大队叫村，这才有了新建村。这里的自然村，《通县地名志》上说有 9 个，这是 1989 年的情况，而 1954 年 2 月测绘的《通州市区域平面图》连通州北关外通惠河以南的都算上，共有 19 个。通惠河上卧虎桥北的第一个村叫"下关"。通州城从修筑那天起，北城墙外就把高粱河这个自然河流当作护城河了，出北门西拐北折是卧虎桥，过桥再西转北，向东又过两座桥，就直奔山海关了，这是一条北京和辽东之间的交通大道，下关村就在这条大道的嗓子眼的地方。在北齐天保八年（557），这里就开始有人家了，按照人们的习俗，为了便于交往有人家，都爱给起个名字，这就是村名的由来。有人说当时有个"上关"村名，这里才叫"下关"，但上关村在哪？在什么方位？都没有说。其实，"下"是"进入"的意思，"关"是指城门，从这个地方进入城门而起名"下关"。

　　下关西侧夹路形成的东西向的街巷，叫桂子胡同。这个村子的形成应该在元至元二十六年（1289）以后开始有人在这里建房居住，因为那年朝廷利用坝河漕运，从外白河运到通州北关的漕粮，用剥船转运的时候，先走一段温榆河，再经过坝河运到大都城外，而从外白河运来的南方货物，不能走坝河，就只能在北关一带卖掉，有的货物就地卖给通州地区，有的销往大都或更远的地方，这样呢，在这里形成了一道西行东来的大道，这条大道的西头儿是大都城的齐化门（今北京朝阳门处），东头儿就在下关。在下关西边夹着这条大道建了些房子，渐渐地成了居住区，原来的道成了一条不长的胡同，胡同两边住的都是山东人推侉（通州人读音为 kuǎ）车子的，干短途运货这行，吃苦受累，侉不了几个子儿，口音重，都习惯地把这些人叫"侉子"，稍微有点儿小看的味儿，就这样把这条短巷称为"侉子胡同"。但是正正经经的名称应该叫"井家胡同"，因为这里把握短途运输利益的封建把头姓井而名，然而通州人还是形象地习称为"侉子胡同"。至于后来为什么叫"桂子胡同"，就实在是不好理解了。有人说是山东桂姓人在此卖水定居而形成的胡同，是"相传"，不是史实，不能说是这条胡同由来的依据。

在桂子胡同的西面延长线上，紧挨着的一个自然村叫"夹沟"。这个名里"夹"是"jiā"，是在左右两边的意思。"沟"是流水道的意思，但这条沟原来是大运河北端码头通向元大都东门齐化门的古代通道，通州人有句老话说"多年的媳妇熬成婆，千年的大道走成河"，这条几百年的大道走成了一条宽阔的沟，成了流水道。在这条大沟左右两边建房居住成村，就叫"夹沟"。

在夹沟村的西面，入京古道的北边，由东向西曾经并排着有 3 个小自然村，东面的叫"小赦孤台"，中间的叫"铁佛寺"，西面的叫"大赦孤台"。

小赦孤台，在明朝洪武初期（约 1368-1369）建完了通州城隍庙之后，供奉着城隍神，俗称城隍爷，让它保佑帮助阳间的地方官员稳定地镇守一方，并且管领着地方阴间的亡魂，不让那些孤魂野鬼为害地方百姓，当然，这是彻头彻尾的封建迷信。同时，通州的地方政府在州城的北门处这个地方，又堆起了一座方土台子，叫"厉坛"，"厉"是"恶鬼"，"坛"是"台"，"厉坛"就是恶鬼集中的土台子，是祭祀孤魂野鬼的地方，通州人抬着城隍神像来到这里赦免厉鬼的罪恶，不让它们侵害百姓，所以这土台子又称"赦孤台"，"孤"和"辜"是同音同义的两个字，都有"罪"的含义，所以"赦孤台"就是赦免鬼罪的土台子。渐渐地在这座土台子的周边有了人家居住，形成一处小聚落就以赦孤台定为村名了。到了清代这土台子上建了一座小庙儿，作为城隍神出巡来这里暂时歇息的场所，成为"行宫庙"，赦孤台这个村也就随着俗称行宫庙了。

大赦孤台，明朝洪武年间通州衙门在这个地方也曾堆起一座大土台子，叫"社稷坛"，"社"是土地，"稷"指谷物，是通州官员带领属下吏役来到这里祭祀土神和谷神。清代，那赦孤台建了行宫庙，城隍神赦免恶虐之鬼罪恶的活动移到了这里，社稷坛又成了赦孤台，这台子比东面的大，也就叫大赦孤台了。台周围形成了村子后，习惯地把台名当作了村名。

夹在大小赦孤台之间的几户人家，也有个村名叫铁佛寺。其实，这个村名最早应该称作"地藏寺"。那庵里供奉的是佛教里的地藏菩萨，这位菩萨自称是受释迦牟尼的嘱咐，立誓在尽度六道众生（地狱、饿鬼、畜牲、人、天、阿修罗即恶神），拯救各种苦难者之后，才开始愿意成佛。因为它有这个愿望，所以佛教徒们在厉坛这个恶鬼集中的台子旁边，建了一座地藏寺，祭祀地藏菩萨，让这位菩萨来度这里的恶鬼和芸芸众生，把他们从苦难中解救出来。当然了，这是荒诞的事儿。不管多没影儿的事儿，反正寺是建了，地藏菩萨本来不是佛，但是通州人都误以为是佛，管它叫地藏佛。寺里的地藏菩萨像是铁铸的，特别的形象，通州城乡的铸铁神像极少，再搭上这里是交通要道，慢慢地把这个寺名叫铁佛寺了，远近叫开了，原名被淡化了，最初应该叫"地藏寺"的村反而被寺的俗名取代了。

在夹沟的南面有个自然村叫作牛作坊。古时候的手工工厂叫作坊，这里曾是回族兄弟宰杀牛羊的场地。

元朝的至元十六年（1279）开始，国家的漕粮在这里验收、储存，又从通州北关转运到大都，南方运来的百货在这里卸船登岸，转销北方各地，北方产的山珍、皮毛等各种物品在这里装船，销往江淮。来到这里做买卖和卖苦力的回族人众多，他们的饮食风俗是吃牛羊肉。汉族人自古也喜欢吃牛羊肉，但是牛是农业生产的主要牲畜，历朝历代政府都严禁宰杀耕牛，所以汉族人虽然爱吃牛肉而往往吃不到，然而回民是可以吃牛羊肉的，汉民也沾光。这样，在这里回民设了一处杀牛羊的场地，叫"牛羊作坊"，来满足码头上回民和通州城乡汉民的饮食需求。通州人古来习俗崇尚简化称呼，如"张家哥庄"简称为"张各庄"、"宋家庄"简称为"宋庄"、"马驹桥"口称为"马桥"、"张家湾"口称为"张湾"，这里的"牛羊作坊"也就简称为"牛作坊"了，形成的村子也随着叫了。

在牛作坊村东，有一个小自然村叫三官庙。这个村子是因为有座三官庙才叫的。这庙不大，一个小院，与通济桥有关，通济桥，俗称卧虎桥。是明朝万历六年（1578）由木桥改为石桥的，随后就建了三官庙。

这是一座道教的庙，里面供祭的是三官，是天官、地官和水官。经书里说，天官大帝生在我国的唐尧时代，主管着天文，是给民间赐福的；地官大帝活在我国的虞舜时期，把握着地理，是来赦免世间罪过的；水官大帝，长在我国的夏禹时候，掌理着水利，是为解除人间困苦的。道士们顺应世人的求福免罪解围的心理，就到处建起了三官庙，无论是土豪劣绅，还是贫苦百姓，到庙里烧香拜神。

三官庙都是建在桥梁边、水关边，没有一座三官庙是离桥离水很远的，因为有个水官大帝。天官、地官在哪儿供奉都行，可水和桥并不是什么地方都有，这三官又不能分开，缺一不可。故只能把三官庙建在水边桥边儿，用来镇水保桥，让世上的人顺顺利利过桥，消除苦难。

来三官庙祭拜的人多了，有的人为了生活，也为了方便香客，在庙旁边建房居住，卖香或其它用品，不知不觉地成了个小村，随俗叫三官庙。

这新建村里还有3个小自然村是因庙宇起名的，一个是大悲林，一个是老爷庙，再一个是九圣庙。庙都很小，庙旁住户也特少。

大悲林，村的原名叫大悲禅林，"禅林"是佛教名称，也称为"丛林"，意思是说一些和尚和合地共住在一处，就像树木丛集一起成林一样而名，所以禅林是指僧众聚居的寺院。也就是说大悲禅林换个名称叫大悲寺，或者叫大悲庵、大悲院。这里的僧人用禅定的方法进行修行，静坐敛心，专注一境，去达到"安静而止息杂虑"的状态。他们专心致志地默念着《千手千眼观世音菩萨，大圆满无碍大悲心陀罗尼经》，并且按这个经的要求和规定去做，认为就可以消灾得福，死了以后还可以到西方净土去生活。另外，寺庙里主要供奉的是佛教中称为的大慈大悲菩萨观世音，所以就把这座寺庙称为大悲禅林了，当地人习尚简练名称叫大悲林。村名随庙名这样简称下来了。

老爷庙，通州地区古代一辈传一辈，平常称呼当官的为老爷，"爷"字读轻声。这个口头称呼来源于先秦的时候，那时官方书籍里，把上公、上卿、大夫、大夫家臣等都称为"老"。"爷"字古代指父亲，《木兰诗》中"军书十二卷，卷卷有爷名"，这诗句里的"爷"指的是花木兰的爹。后来，当官的老是美其名曰自己是当地百姓的父母官，渐渐地就把"老"和"爷"结合起来，把官员称为"老爷"。但是到了明朝有了规定，只有朝中的九卿（吏、户、礼、兵、刑、工这六部的尚书，大理寺卿相当于现在的最高法院院长，都察院长官相当于现在的国务院办公厅主任）和词林（翰林院的掌院学士）这么多官员，才配叫老爷，在外任司、道以上的官员也可称老爷，其余的官员只能称爷，不能带"老"字。然而到了清朝又有变化，按官员品级说，四品官以上称"大人"，五品官以下叫"老爷"。

老爷庙里供奉的是关老爷关羽的神像。这位刘备手下的大将军关羽，通州人管关羽神叫"关公"；在大观二年（1108）又被赵佶追封为"武安王"，通州人也管关羽神叫"关王"；明万历四年（1614）再被明神宗朱诩钧高封为"三届伏魔大帝、神威远震天尊、关圣帝君"，通州人还管关羽神叫"关帝"和"武圣"（与孔子称文圣相对）；不少皇上给他加封，到了清朝光绪五年（1879），关羽神就封成了"宣德翊赞绥靖精诚保民护国威显仁勇灵佑忠义神武大帝"，这个封号字数比其他任何一位佛道教里神像的都多，到了登封造极的地方，无以复加。因为关羽在《三国演义》里表现得又忠又义，民间还把他当作武财神，活着的时候官挺大，死后神像又封为帝王，官更大，所以通州人都管关羽神像习称为"关老爷"，就把供奉关于神像的庙宇习称为"老爷庙"了，几户人家的小村也就随着叫起这个名了。

九圣庙，这是一座道教庙，北宋的时候，信奉道教的宋真宗（998—1022）赵恒主持校正道家的书，命令御史台张君房主张校书这件事，就选择道家书中的要点撰写了一本《云笈七签》，共 120 卷。里面在谈到玉清圣境时，说那境界里有九圣，这九圣是一称上圣、二称高圣、三称大圣、四称玄圣、五曰真圣、六称仙圣、七曰神圣、八称灵圣、九称至圣。那九圣庙里供奉的就是这 9 位道教神像，所以叫九圣庙。古代，有些地区语音的韵母"en"和"eng"分不清，有的把"九圣庙"说成"九神庙"，完全是口音问题，庙里供奉的神像毫无二致。从元朝京杭大运河形成之后，这里就一直是大运河北的码头，南来北往，络绎不绝，"圣"和"神"的叫法不同，庙的匾额写的是"九圣庙"，可有人就读成"九神庙"。

在老爷庙的西面有个自然村叫马厂，这当中的"马"字不是姓氏，"厂"字也不是工厂，而是个养马的地方，建有一片马棚，由朝廷派官吏在这里驯养战马，那些养马的官吏在马棚旁边建房居住，形成一处小聚落，就用马厂的名字作村名了。古代，马屋子、牲口棚子称为"厂"。宋时兵部侍郎陈彭年所著的《大广益会玉篇》这本儿工具书里，载"厂，马屋也。"唐时太学博士贾公彦在他著的《周礼义疏》里载："放牧之处，皆有涯（yǎ）厂以荫马也。""涯"是马棚，"厂"是马屋，"涯厂"是个并列词组性的名词，指的就是马棚子。

明朝前期，刚刚被打跑了的元朝统治者，他们不甘心自己的失败，势力还比较强盛，又善于骑射，时时刻刻威胁着明朝的北部地区。为了加强明军的战斗力量，随时准备抗击元朝残余势力的侵扰，明朝政府一方面派令官吏到乡间养马，一方面又下令北方各州县政府分派农民为国家养马。农民领养的马匹都各自在家里喂养，相当分散，不是在一块放牧，又不是在一块聚集。但是，官养战马就不同了，是一起放养，必须集中在所建的马棚子里，这才能称为马厂，得有一定的规模。

把官设的马厂放在这里是因为辽金时候的金盏淀，被温榆河、高粱河、潮白河、小中河等几条河流泛滥时带来的大量泥沙渐渐淤塞变小，出现大片大片的低洼荒地，水草特别丰盛，特别适宜放养马匹。另一方面，通州城内外设有大型的国仓，里面存储着大批的黑豆、黄豆，是充足的马料，支领方便。

1983 年，在马厂村南不远处的永顺小学校里，曾发现一块清代倒放着的石碑，上面刻着的是明代御马监于朝在通州马厂养马的事。这块

　　盐滩儿原来叫盐厂，最早的设在京杭大运河北的盐厂，和最早的皇木厂一样是设在张家湾码头处的。张家湾有两处盐厂，都在大运河西岸，北面的在上游，叫上盐厂，南面的在下游，叫下盐厂，两厂离着2里地远，沿海一带出产的食盐，要销往北京、京畿、华北，都把盐由大运河运到上、下盐厂，在这按规定批发给各地，由设在盐厂附近的骆驼店里的骆驼驮去。

　　清光绪二十七年（1901），北京到天津的火车道修筑成功，北运河（雍正四年开始把潞河、白河称为北运河）停止了漕运，朝廷的漕粮和其他一些官用官卖的东西，都由火车从天津往北京运输，盐厂也和皇木厂一样被废弃了。

　　张家湾的大石权是大运河北端码头商业交易繁忙的证物，这么多的货物都要过份量，那么多的大车和骆驼排着队等着运，用秤忙乎不过来，就改为石权和杠杆称重，非常便捷。在盐厂发现了古代石权，那么，在这里的盐厂也该有石权，也许是给挪到别处去了。

　　在盐滩的南面、桂子胡同的北面，有一个自然村叫姜厂子，有人把"姜"当作"茳"的简化字了，说是南方产的生姜由大运河运到这存放销往各地而得名。在简化字推行之前，村名就写成"姜厂子"了，这说明"姜"与"茳"无关，"姜"只能作姓氏解了。这里曾是大运河北端储放金砖（北京皇家建筑的墁地大方砖）的地方。最早设在大运河北端的砖厂是在今梨园镇的砖厂村，离古运河的中码头（今张家湾土桥村东北角外）很近，从河南、山东、安徽、江苏等省的砖厂沿大运河运到的城砖、金砖都储存在这里，再陆路运到北京使用，所以这里成村后就以砖厂为名，金砖厂也同皇木厂、盐厂一样北迁到通州北关后，也形成了一个自然村，称金砖厂，后改姜厂子，清光绪二十七年（1901），北运河停了漕运之后，苏州烧制的金砖由大运河运到天津之后，用火车直接运入北京前门外，这里的金砖厂废弃不用了，当地人或外地人在这盖房子住，成了村，沿袭了"姜厂子"的叫法。

　　在通州旧城北门外卧虎桥南，有一个小自然村叫旧粮市，是因为这里曾经有粮食市场形成的。在清朝，漕运有严格的制度，漕运的旗丁要是在交纳漕粮的时候亏了数，就得自己掏钱来在通州粮食市场上买是同样的漕粮赔补。北门外临大运河有石坝码头，验粮官在此验收漕粮，质量合格数量充足，就卸船过斛装袋，由剥船转运到北京去，不够数的就要就近买粮补足。这卧虎桥离石坝码头很近，就在这自然地形成了一个粮食市场，以备亏粮的旗丁购买。当然也便于北门内外百姓买粮，但主要是方便漕运旗丁的。在北运河停止漕运之后，这里的漕运码头没用了，专为漕运旗丁而设的粮食市场也就随着没甚用了，居民在这市场遗址上盖房而形成小村，因是建在原来的粮食市场的地方，就称村名为"旧粮市"。

在通州旧城的北门外以西，有一个自然村，叫里河沿。"沿"是事物的边沿，里河沿就是里河的岸边，靠着里河的岸边形成的村子叫里河沿。"河沿"通州人都说成"河沿儿"，透着对水那么亲切。但是"里河沿"作为一个地名来说，可不能带"儿"化韵了，因为那样叫显着轻飘，不沉重。同时，也不能把"里"和"河"分开解释，不能断成了"里——河沿"，而是"里河——沿"，才符合历史和实际。

新建村近照

"里河"是对"外河"来说的，在明朝嘉靖七年（1528）以后，吴仲重修了通惠河才有了里、外河的分别。里河指的是通惠河，外河说的是大运河（潞河）。通惠河、大运河都在通州城外，一条在城北，一条在城东。

　　明朝清代的时候，乘船由大运河到达通州，就总以为到达了北京，把通州当作北京的东门，大运河在通州城东门外，所以叫外河，通惠河在东面在通州城北，大运河以西，是通州与北京之间的运河，所以叫里河。《道德真经》里面写到，漕帮都有两面旗子，在一般的运河段上打什么旗子，在入京出京的河段上打什么旗子，都有规定。所说出京入京的河段，就是通州城东的大运河的一小段，从南方来到这一段河道上，就以为是开始入京城的一段了，换插"入京"用的那面特殊式样和颜色、装饰的旗子，显示某某漕帮到了。在通州城东运河段上待几天，交完粮食，必须往回赶，叫"出京"，还是打"入京"时的那面旗子，等走了一段后，换插平日行船用的旗子。他们的所谓"入京"就是到通州，"出京"就是出通州。

　　里河沿这个村子，在明清时期一般住的是扛脚的，也叫扛大个的，就是扛漕粮袋子的民夫。那时候，大运河北头儿漕运码头大石坝上验收后的漕粮，过了斛（也叫过了斗，就是用斛量米），装了袋（两斛一袋160斤），经纪雇民夫扛着粮袋来到葫芦头（今西海子公园里的葫芦湖）东岸。这里也有一座石坝码头，是向北京转运漕粮用的。脚夫们把粮袋扛上停泊在那里的小剥船，再一道闸一道闸地往北京东便门外的大通桥运去。在石坝码头到葫芦头之间有200多米，是脚夫扛包的大致距离。

　　新建村还有一个自然村，在大运河的东岸，叫蔡家场（chǎng）。您大概知道农民过去种地的主要过程是耕地、耙地、播种、轧地、各种管理、收割、拉运、打轧、收储等一系列活动，一环扣一环，一年四季忙活着，没个闲空儿。耕、种、管、收等农活儿都在地里，拉运在路上，打轧扬晒都在场里，收储在庭院。但是在清朝初期，刚入关的清朝政府，为了在北京站稳，在北京周围各州县施行"跑马占圈"的抢夺土地，把强占的农田分给八旗兵丁，要他们占有土地，有的自己耕种，多数的都租给穷苦的汉民耕种，他们收租，也有的招雇没地的汉民，当作长工，为他们耕种。

　　那些被雇的长工，聚集在旗人圈占的大片地块的地头，简单地搭起几间土房居住，房前杠轧一片场院，就地耕种，就地拉运，就地打轧，就地储藏，等着旗丁们拉入家里。场院设在地头房前，便于看护，便于劳作，渐成村子就以场院主人的姓氏，俗称为"某家场"，这一类的自然村，在北京周围的各州县里有的是，代表了清代初期形成这类自然村子的特征，是推行"圈地"政策的结果。新建村内的蔡家场小村就是这么形成的，蔡姓满族旗丁在自家地场院边盖房给长工居住，就以"蔡家场"为村名了。

（周庆良，通州区政协特邀文史委员，原通州区文物管理所所长）

繁闹东关

■ 周庆良

通州旧城东门城楼上，挂过一块挺大的木匾，听老人说是蓝底金字雕的，刻的是"万艘云集"4个楷书大字，彰显通州东门外大运河上的盛况，东关的历史和繁闹就是由运河的兴盛才产生的。和北关一样，东关这地方过去也有好多的自然村和大街小巷，因为都在通州旧城东门的外面，也统称为东关了，1953年称为东关村，在这之前、之后，跟新建村的归属变化都是相同的，但在上个世纪80年代，部分地方划入了通州镇的管辖范围。

先说外河沿。这个居民区是个长条子，原来北起通州旧城的东北角，西边靠着通州旧城的东城墙，东边顺着大运河的西堤，南到善人桥村。明

东关大桥近照

朝嘉靖七年（1528）后，和这段居民区相对应的大运河河道，正是南方漕船停泊的地方，等候着石坝码头上的户部官员验收漕粮。除了漕运官兵和各级官员以外，护堤的、清淤的、拉纤的、管闸的、扛脚的、量米的、巡城的和各种小商小贩，聚集在这里，十分热闹。在清朝的光绪二十七年（1901）以后，北运河不再走漕船和官船了，原来专门为漕运建的石坝码头成了商业码头，使商业更加繁盛了。1911年辛亥革命，推翻了清朝政府，建立了中华民国。但是好景不长，军阀混战，大运河不能全线通航了，在直隶军阀控制下的北运河还能行船。到了1933年长城抗战失败后，日本鬼子的势力开始侵入华北，烧杀抢掠，北运河彻底地停运。1952年通州市政府组织修新华大街，用城墙砖去垒大街下的排水道，用城墙土去填河沟，原城墙的占地很快地建起了民房，正式形成了完整的居民区，仍沿用民国时候的名字叫外河沿。

在外河沿的南面，有一个小自然村叫善人桥。村里有座叫善人桥的桥而名。1400年前的北齐，渔阳郡和潞县的两级政府机关同时迁到今天通州土城的北面、西面、南面有从西而来的高粱河的分叉作护城河，东面的潞水（北运河）上游有几条河水汇入，河水太汹，城墙不能离太近。

明朝洪武元年（1368），通州城向南扩展了一倍，在城内东海子南，向东穿过城墙下的水关到运河有一条泄水沟，每到雨季，北城的雨水注入东海子，在从这条水沟排入运河。嘉靖七年（1528）后，通州城东门外成了大运河北端的漕运码头，从石坝码头到东门瓮城北小门形成一条大道，为方便通行，就在东海子排水沟上架了一座木桥，由于桥上车水马龙，穿行不断，木桥屡毁屡修，如果毁了车马就得绕北门走，极为不便。为了长期使用，有富商出钱把木桥改建为一个孔的石桥，来往行人车辆方便多了。古时候，在人们心里，认为修桥修路是善事，积德行善有好报应，就常把做善事的人叫作善人，这座小石桥也就习称为善人桥。

北运河停止漕运以后，有的人在善人桥的附近房居住，形成了小自然村，就以这桥的名称当作村名了。在上世纪80年代初，善人桥这个村不用了，随着外河沿叫了。

二道堤，明朝的万历二十二年（1594）那户部郎中于仕廉任通州坐粮厅丞，他见车夫从大运河北端的漕运码头土坝往通州城里3座大国仓里运粮食，一天一宿得完成 5 万石的拉运任务，就想了一个主意，挑挖清淤，疏通通州城东门外以南和城南的护城河，用剥船来转运土坝码头验收的漕粮，往旧城、新城的两座南门外送，再由大车或者人扛把漕粮运入通仓。把旧城东门外的一段护城河拓宽，以便停泊剥船。还在旧城东南角外护城河通向张家湾的玉带河河嘴处，修建了一座水闸，叫南浦闸，用来节制护城河的水位，保障护城河水量充足，方便剥船转运。为了防止东护城河水溢出淹地泡房，又在河的两岸修筑堤防，在通州旧城东门外、大运河西堤外，又出现了护城河的土堤，这道河堤就叫二道堤。

在北运河停止漕运以后，石坝、土坝这两处专用漕运的码头没有漕粮可验收了，通州城里的大运中仓、大运西仓这两处朝廷的大国仓也没有漕粮可存了，用于转运的东、南两面护城河也没有漕粮可运了，护城河成了排水河，南浦闸废掉了，护城河水没那么多，护河的堤防没了用处，堤土被一点点挖走了，有些人把土堤就地平了平，成了条形的高坡，在上面盖房居住，形成了条形的自然村，因是建在原来的二道堤处，就以这堤名叫开了。

在通州东门外，二道堤的东面，有一个较大的自然村叫土坝。明嘉靖七年（1528），巡按直隶（今河北省）御史吴仲重修通惠河的时候，把这条河的河口从张家湾挪到了通州城北门外，大运河北的漕运码头也随着迁过来。在张家湾的时候，入京仓和储通仓的漕粮，都在一个码头上验收，移到通州城东以后，便分开，设两个漕运码头，一个叫石坝，在通州旧城东北角外，石阶似的，转入京仓的漕粮在这验收，由通惠河转运；另一个就是土坝，好黄土和生白灰混合后用夯砸筑成的，转入通仓的漕粮在这儿验收，或者用大车，或者用剥船（护城河）转运。这码头一直用到清朝的光绪二十七年（1901）。

在漕运期间，一昼夜的光景就要从这里往通仓送漕粮 5 万石，这 5 万石就得数会儿呢，更别说验收完了一斛斛地过，一袋袋地装，一个个地扛，一车车地送，一船船地运了。验粮时官吏刁难勒索，漕运官兵的提心吊胆，斗子们的暗作手脚，经纪人的喝五么六，那是丛生弊端的地方，是忙忙乱乱的地方，干脆说，在北京地区没有一处儿比这更繁闹的了。

但是，在北运河停止漕运之后，土坝码头就萧条了，虽说还有商船使用这码头，也不用以前那样黑白忙了。到了日本鬼子侵华的时候，运河上便连条船都没有了。城里的垃圾、渣土随变地往这块地方倒，停船大水坑填满了，护城河的堤也给平了，上面渐渐地建起了民房，成了一片居住区，因是建在原土坝的遗址上，就以土坝为村名了。

在土坝村的南面，有一条东西向的大街叫通运大街，西边是通州旧城东门外护城河上的石桥，东头儿顶到大运河西堤，长不到 200 米。在清朝末期的时候，这条大街，因是在城东门外，在旧城东关厢的位置，所以称东关大街，但是东关大街不到运河西堤，却在半截向东南拐了弯，直到白衣观音庵南墙外罗家口，这是一条先向东后向南的一条弯街，基本上是在明朝嘉靖七年以后形成的。

到了清朝末期，北运河停了漕运，南方的大批商船不受漕运的限制，可以开过原来潞河驿站的码头，到达土坝、石坝码头，原来东关大街不拐弯，直到运河西堤的大道两边，很快地被民房和店铺挤满了，形成了一条直通摆渡（今东关大桥处）的新街，这街过了旧城东门大桥，直通到大运河，才得名通运大街。1952 年，通县镇（通州市）政府对这条街进行了整修，1981 年改称为东关大街，1954 年 2 月刚刚由通州镇改称通州市的人民政府所测绘的《通州市区平面图》所说的"通运大街"，直通到运河西大堤，也有"赵登禹大街"，是古时候向南拐的那条东关大街改的。

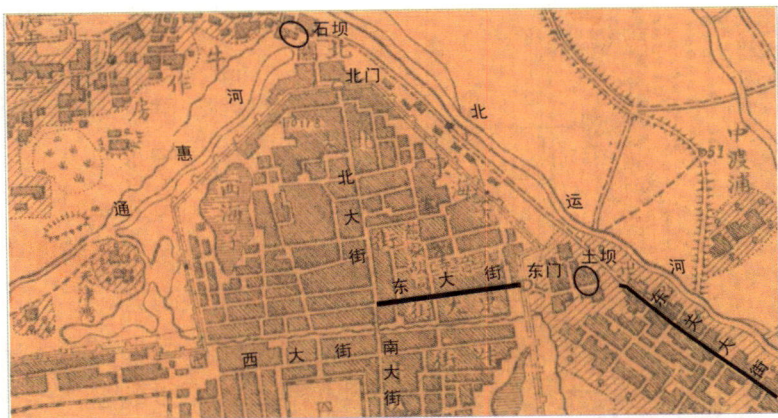

东大街位置图
（本图系在 1915 年京兆 1:25000 地图通县图幅标注而成）

上世纪 90 年代重修新华大街时，本该叫作通运大街的"东关大街"被新华大街吞并了。

东关大街是条弯街，过了东门外护城河上的石桥，向东走不多远儿就向东南方向拐去了，直到罗家口胡同，这拐过来的东关大街，在 1946 年的时候，为了纪念缅怀国民党军队里抗日牺牲的将领赵登禹将军，改称为赵登禹大街，长有 700 多米。1981 年提出不能以人名当地名，把这类地名全改了，这条街又恢复了原来的称呼。叫东关大街没多久，在 1985 年 10 月，为了纪念抗日战争胜利 40 周年，改回了赵登禹大街。

在秦始皇统一中国后大修驰道的时候，东城门外的大道是蓟襄驰道（从今北京的广安门一带到今辽宁省的辽阳市）中的一小段，由今天的东关大桥处穿越沽水（今北运河）。明朝的嘉靖七年以后，今东关大桥以北，朝廷设了官廷码头，皇木金砖食盐码头、石坝土坝漕运码头；东关大桥西头稍南，朝廷设有潞河驿驿船码头；驿站码头以南，就是长长的民用商业码头；商业码头以南是大运河北端的民用客运码头。这么多码头，分工明确，等级森严，其中最红火的码头就是商业码头。

这商业码头上，南方产的从大运河运到的各种货物，如陶瓷（紫砂、瓷器）、丝绸、茶叶、粮米、药材、竹木、

赵登禹大街近照

水产、金属、纸张、珠宝、玉石、棉麻等等，都在这个码头上批发销售，北方出的要卖到南方去的各种物品，如山珍、皮毛、水果、豆麦、药材等等，也都在这个码头上交易转运，南北方成山成海的百货在这里买卖，需要店铺、货栈以及为商人们、运输人服务的各种行业门店，自然地形成了一条和大运河走向一致的大街。这条大街往东发展不了，因为往东到了运河大堤，所以东关大街不得不顺着大运河的方向拐了弯儿，这就是通州运河文化的特色，是很难得一见的景象。

在赵登禹大街的两面有几条胡同，如常家胡同、白家胡同、上香儿胡同、下香儿胡同、青龙胡同、石虎胡同、堂子胡同、财神庙胡同，还有没有叫胡同的罗家口，都是明嘉靖七年以后开始形成的，多是在东关大街开设店铺、建立货栈的商户在这里居住，在这些胡同里有许多服务性的旅店、饭馆、杂货铺等。里面的以姓氏为名的常家胡同、白家胡同、罗家口等3条胡同，或者是因为开店有了名，或者是胡同里的大户，或者是胡同里的住户，或者是开辟胡同的住家，就分别以他们的姓氏为胡同名了。

青龙胡同也不是俗传的和石虎胡同相对应才叫的。"青龙"应该对"白虎"，不能对"石虎"，这两条胡同的由来没有任何关系。

东关上香儿、下香儿胡同。这俩胡同都在赵登禹大街的西面，组成一个拐棒，叫下香儿的东口在大街边，西口有一条胡同南北向，是叫上香儿的，都是明朝的嘉靖七年以后形成的小巷。大约在有了巷子的不久，南北向巷儿里有个叫陈景行的，是个候选的岁贡生，他媳妇儿生了个小丫头，传说在生下来的时候，胡同里的住家儿都闻到了一股特殊的香味，这就给那女婴起了个乳名叫"香儿"。渐渐地就把这条小巷叫开了"香儿胡同"。隆庆年间，陈香儿大了，取了个名叫陈寿，长得好看，让宫里选走了，当上了隆庆皇上的继妃，后来又升了皇后。万历元年（1573），明神宗封了她为皇太后，在胡同南口，大兴土木，建了陈府，连府前的横向的小巷，也连带着称了香儿胡同。

到了清朝，两条香儿胡同分别向北、向东延长，并且分出了上下。古代人们习惯上把北当上，以南为下，竖向的在北，就叫上香儿胡同，横向的在南，就叫了下香儿胡同。

在上香儿胡同的北口，有一条横向胡同的西口相交，这东西向的叫财神庙胡同。财神分文的和武的两种，文财神有两个，一个是商纣王的叔叔叫比干，把自个的心挖出来让侄子看，证明自己直言劝谏忠诚无私的，后来人们颂扬他无偏无向，公平中正；一个是春秋时候越国的大臣范蠡，自动退职，弃官从商，隐姓埋名到齐国做珠宝买卖，赚了大钱都散给了亲朋好友。古人们就把他们俩人当财神供奉着。武财神是赵朗，字公明，是钟山仙人。《搜神记》里说他在秦朝的时候，躲避乱世，隐居山里，虔虔诚诚的修道，终于得道，汉朝时候拜了张道陵天师为师，骑着黑虎，守护着炼丹房，丹炼成了，分了丹吃，就开始变化多端，形状像天师，玉帝封了他为天将，称正一玄坛赵元帅。后来人们就把他当作了武财神。

财神庙里供奉的是关羽关老爷。这关羽的事在前面已经有了介绍，不再啰嗦。因为他忠义千秋，文武双全，古时候全国各地，也是都把他当做财神爷来供祭。明清时候，这里是大运河北的商业码头，南北方各种各样的商人在这里聚会，交易货物，适应商人的心理需要，道教就在这里建了一座关帝庙，在大的粮食市场旁边儿，所以最初叫粮食市关帝庙，俗称粮食市老爷庙。关老爷在这里是当作主财神来供奉的，来庙里烧香磕头的都是求关老爷保佑发财。另外庙里的东西配殿供的是文、武财神像，就这样儿也把关帝庙称财神庙，在庙边形成的胡同就叫财神庙胡同。

在赵登禹大街的南面，曾经有一条小胡同，东西向，叫堂子胡同。因在胡同里有一座堂子得名的。这堂子既不是佛教庙，也不是道教庙宇，而是清朝皇上入关以后传来的一处特殊的祭祀场所，就叫堂子。满族皇帝借取我国古代帝王们在明堂里一块祭祀群神的活动，专设这么一座殿堂，供皇上带着王公大臣到这里来拜祀群神。农历每年的元旦、农历每月的初一，一有大事，皇上率领着王爷、公侯和满族一品以上的官员到堂子里来拜天。清朝时候的各府、各道、各州、各县，都有满族的官员在那里当职，他们也学皇上拜天的活动，在各处也建一座堂子，按照规定的时间，有大事就集合当地的满族官吏，到堂子来拜祀天神，祈祷天神保佑。通州旧城里的堂子，就是在通州的通永道、户部坐粮厅、顺天府东路厅、工部分司、通州镇将、通州政府等各级各部门满族官员按时拜天的场所。

在赵登禹大街的两边，曾经有两个粮食市场，街东的堂子胡同北面的叫东粮食市，明代中晚期以后形成的，也称老粮市，还称外粮粮市；在街西的罗家口北面叫西粮食市，清代形成的，也叫里粮食市。

1954 年 2 月实绘的《通州市区域平面图》上，在堂子胡同北边，有一个方方正正的市场，图上标示写的是"粮食经营处"，表明了这个地方原来是一处较大的粮食市场，离河边的商业码头没多远。跟此处"粮食经营处"斜对面，隔着大街有一片较大的空地，上面只画了一个小圈儿，底下标明的是"白衣庵"，显然这是个大空场。这张图所显示的当时街巷、村落和清代和民国时候的分布情况，基本上没什么变化，是我们今天研究历史地理情况最可靠的依据。

明朝的各省（浙江、江南、湖广、山东、江西、安徽、河南）的漕船约有 11700 艘 至 12000 艘，到了清朝，漕船的数量减到六七千艘，但船的体量比明朝的大，每年由大运河运到通州的粮米不少于 400 万石。漕运官兵、旗丁运粮，朝廷给一定的运费，但是需要打点路上的琐事，这些运粮的兵丁的费用不够，就在半路盗卖漕粮，买一种"涨米药"，喷在粮食上，粮粒发胀饱满，这样的粮米混过关，入了仓，对整库的粮食是

运粮凭证

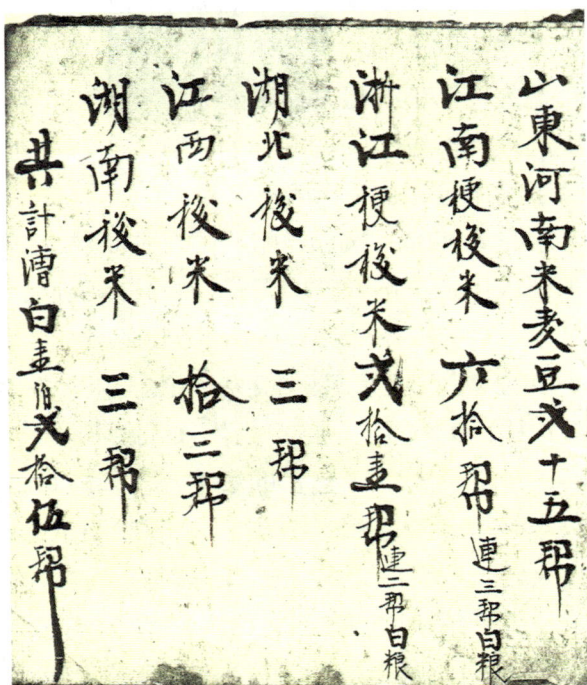

个危害。后来，朝廷发现了这个问题，知道漕运兵丁苦，千里迢迢，千辛万难，给的钱不够用，但又不想多出钱，增加他们的运费，就，允许漕运兵丁从南方顺便带些土特产品，到通州交粮的时候，在通州的商业码头上卖，赚钱补充花销。

明朝的时候，每一艘漕船可以附带土特产品60石，"石"读作"dàn"，是古时候一口袋装的粮食的重量单位，2斛是1石，80斤是1斛，1石就是160斤。那些土特产不一定是粮食，别的什么东西都行，只要不犯错误就成，但不能超过60石的重量，60石是9600斤。带粮食体量小，份量重，所以一般地都带粮米，如果征运的粮米真的不合格、不够数，就用附带的粮米来赔补。附带的粮米就得在这里的粮食市上批发卖完，因为他们在通州交纳漕粮的限期就只有10天，超过这个时限，影响回空，就要挨罚。到了清朝康熙、雍正、乾隆的时候，每艘漕船附带的土特产的限制放宽了，120石、140石、160石。丰富了通州的粮食市场和其商品市场，对北京地区以至直隶（今河北省）的经济生活、稳定社会秩序，都发挥了重要作用。

从另一角度来看通州旧城东门外的粮食市场，也很重要。原来漕运官兵交纳的漕粮若是不够数，朝廷规定要是不足数的先记上账，等到来年把欠的漕粮补足。后来变了，要是交不足数，兵丁就得自己出钱到这里的粮食市场买同样品种的粮食，当年补足。这里的粮食市场对于漕运兵丁的命运，也有保障的作用。

在清朝的时候，通州的国仓主要供应的对象，是北京的八旗官兵和王公大臣，按照一定的月份、一定的程序，到通州来支领俸粮。不少王公大臣俸米较多，他们运回北京，吃不了的就卖成钱。后来这些人反应过来，多余的米拉回北京，费力又费钱，如果就地在通州粮食市上卖了，省钱省力，就这样，王公大臣们的多余俸米源源不断地流入了这里的粮食市场。八旗兵丁也学（xiáo）当官的法子，不管够吃不够吃，也都把刚领出的一部分俸粮卖到这里的粮商，带着部分俸米和钱回京。起初朝廷不允许这么做，后来经过官员的奏请，还是同意了。通州的这里的粮食市场逐渐地扩大了，由街东发展到街西，由一个粮食市变成了两个粮食市。

到了民国时候，军阀混战，京杭大运河不能全线通航，南方的粮米运不到通州的这个粮食市场来，在这里进行交易的粮食大部分都是北方出产的粮食，玉米、小麦、大麦、高粱、谷子、黄豆、黑（hěi）豆、绿豆、红豆、糜子、黍子、红薯、荞麦、芝麻、青豆等等，也有少量的大米，市场上辐射面大大缩小，交易量大大减少，所以，市场的面积也就变小了，逐渐地被民房挤占了，形成了居民点，因建在粮食市上，就把这片区域称作粮食市。

粮食市是通州旧城东门外南北的最大的居民区，它形成的主要原因是由于这里曾经有过一处大运河北的最大粮食市场。在古代，这个市场无论是对于朝廷、对于官民、对于北京、对于京郊、甚至对于直隶省都曾有很大的益处。还有一点，那就是对周边的城乡建设、经济发展、民俗风情都曾经起到了推动作用。粮食市这一个属于非物质文化遗产的地名向我们今人诉说着大运河的丰富文化。

通州的河很多，城乡随河起的地名就有几十个。在介绍新建村时，已然提到了两处由河形成以河为名的居民点，一个同通惠河相关的里河沿，一个同大运河相关的外河沿。巧的是这通州旧城里的东关村，也有两个叫河沿的居住区，一个也叫里河沿，和新建村里的里河沿一个字都不差；一个叫大河沿，和新建村的外河沿差一个字。它们的形成时间和形成缘由都完全一致。

里河沿的"里河"指的是通州旧城的东护城河。在明朝万历的二十二年（1594）的时候，身为户部郎中的于仕廉，为了加快从土坝码头向通州军仓转运漕粮的速度，减少车运的困苦，主持开辟通州旧城的东护城河和新、旧城的南护城河，拓挖疏淤，用来剥运漕粮，被称作里运河，简称里河。这个居民区就在东城门外护城河桥东。

大河沿的"大河"指的是大运河，比里运河大，故称大河。这大河沿同新建村的外河沿，都是顺着京杭大运河西堤的外面建房，形成居住区，以土坝自然村为界，北边的叫外河沿，南边的叫大河沿，外河沿既靠城墙又贴大运河，大河沿只是贴大运河，离东城墙远些，因大运河是西北——东南走向，通州旧城东城墙在东城门以南。同是因一条河形成但居民区的名称不同。

通州东城外，护城河石桥里，有一片居民区叫铜关庙，因为有一座庙宇才叫这个名。铜关庙其实是个简称，全名叫铜像关帝庙，正殿里主神像关羽是青铜铸造的，威武雄壮，庙建在通州旧城的东门，由大运河北来入京的人，要入通州东门，南去的人要是走大运河，经过这里都会来拜一拜，香火很盛，一年四季，进庙烧香的人源源不断。这庙本是郝家府村郝家的家庙，明朝的晚期建成，卖香的、卖祭品的、卖饮食的，渐渐地在庙周边建起了房子，支起了铺子，清代形成了一片居住区，就以庙为名。现在这个地名没有了，上个世纪 80 年代调整地名时给调入土坝里了。

在白家胡同以南，上香儿胡同以西，有一片居民区叫老冰窖。上个世纪 80 年代，通州地区的电冰箱基本普及，冰窖在通州就销声匿迹了。以前，没有电冰箱，古人用凉凉的冰来镇，把易腐的食品放在冰上，降低温度。它还有一种更大的用途，就是造酒厂离不开这种东西，用冰去冷却蒸气制酒。古代通州造酒业兴盛，差不多每一个古镇都有"烧锅"，甚至有不少村也造酒。醉流霞、竹叶青、二锅头等都是通州出产的名酒，大概是从金朝以后就开始兴起来了，大约有 800 年的历史。古代造的都是粮食酒，离开粮食不行，粮食少的地方根本造不了酒。从辽金开始，由于运河的开发，离京城又近，朝廷在通州设了大型的国仓，虽是看得很严，可受利益的驱使，管仓官也会把国仓的粮米偷偷卖给酒作坊主。商船运来大批的粮食到通州，粮食这种造酒的主要原料充实。还有通州的地面一望平川，又多河富水，粮食产量比别处多。这些优越条件，使通州的造酒业不同寻常，因此，需要的冰块也就多了，冰窖是窖冰的必用设施，自然而然地在古代的通州产生了。

冰窖是这样的，挖一个方正的大坑，把土堆在四周，像堤像坝，坑的上面用大竹篾（ｍí）子搭成大棚，留个出入口。每到三九天，坑里、河里的冰冻得最厚最结实的时候，组织人用冰锥把冰凿成一块块方块，再用绳子一块块拉入窖坑里，码整齐，罩棚铺草帘子，遮阳，封口。到暖时候，出卖给商家、造酒业、饮食业。

通州的冰窖最早就设在东关，这里古时候有几个大坑，有较宽的护城河，死水结冰厚，离城远，水干净，冰源透亮。这里又是大运河北的商业码头旁边，南北方的货物在这交易，饮食业发达，需要镇冷的物品也多，冰的需求量大，自然资源的优越和社会人流量的繁多，使得窖冰这一行业首先在这兴起了，建了几个大冰窖，储藏大批的冰块。每到热季，来这里买冰的人川流不息，同旁边的旧粮市、街市、码头都热闹。此后，就把东关的冰窖叫作老冰窖，在它的旁边建了一片民房，就定了个老冰窖的名。

在东关村的圈里，还有谭坡头、顾家坡、黄家坡3个小自然村。这3个小村儿的名都有一个"坡"字儿，这就告诉我们它们的地理环境了，也知道它们都是建在地势倾斜的地面上，3个村分别是谭、顾、黄姓人家，头一户在他们那个斜坡上建房定居，就以姓氏与地貌的结合定位村名了。

在明朝的万历二十二年，户部郎中于仕廉任通州坐粮厅厅丞的时候，对通州旧城东护城河进行了疏挖清淤，以便于用小船转运土坝验收后的漕粮向通仓转运，所挖所清出来的土不能往城墙根外面堆弃，就都堆在这了，形成了南北向的土坡子，又分成三段，年深日久，雨水浸透，沉淀结实，有人在坡上盖房居住，东面是码头大市场，西边是低洼地，可以种菜，供应市场。以北为上为头，谭姓一家条形坡的北面建房，渐成小村后，就叫成谭坡，而黄家、顾家分别在谭家南面的两个小土坡上建房而居，渐成小村后，就分别叫成黄家坡、顾家坡。

上营说故

■ 周庆良

说起"营"字尾的村名来，通州区城乡可多了，柳家营、高家营之类，是由明初军屯起名的；小营之类，是由明初投降的蒙古旗人建村起名的；前、后、东、西、南（今大营）、北、下营之类，是由明朝驻通部队扎营起名的。

上营在永顺镇的东部偏南部位，紧挨着东关村，东边有大运河，西边有通州旧城东城墙和南溪闸的小河（应该叫南溪河），南面是乔庄。这片范围，在 1954 年的《通州市区域平面图》上，标的是"上营村"。这跟村里有个叫"蛮子营"的自然村有关。

在我们国家古代，汉族人把居住在南方的少数民族鄙称为"蛮"，"南蛮"。通州古时候本地人把说话侉的南方人，不管是不是少数民族，都俗叫成"南蛮子"、"侉子"，是一种带有鄙视态度的称呼。"营"指的是一片区域，我国春秋时编辑的《尚书》，在"召诰"一节里记载着这样一句话，说"周公朝至于洛，则达观于新邑营"，意思是说帮助周武王灭商又辅佐周成王治国的周公姬旦，受周成王的委托去营建新的都城洛邑（今河南洛阳市的洛水北岸），早晨来到洛邑，就把新都的区域范围普遍观看了一次。这里的"蛮子营"就是南蛮子居住的区域。

大运河北的大型商业码头在东关村边，大运河北的客船码头就在这里的南面。南方的大批商人在东关的商业码头上大街上经营购销业务，或者搞服务行业，长期地住在通州。他们选上了这块地方建房居住，靠着河边，离码头又近，又方便他们之间的交流，成了一片儿较大的自然村。

在1948年12月14日，通县（今通州区）全部解放，这时，通州城和周边的农村组建了一个县级市，叫通州市，这个市的城墙以外的农村，都属于永顺地区的范围。当时公布的这里的村名就叫上营村。

为什么不叫"蛮子营村"呢？原因有两个，一个是大运河在民国初期停运以来，南方商人不再通过大运河来到通州码头上经商，这里的住户不再增添新的南方商人，在这住了多少辈子的南方商人的后代，口音逐渐地改变成了通州本地人一样的味，分不出是南方人了，已经成了通州人，不能再叫"南蛮子"了，这是历史事实。一个是地名虽然有固定性的本质，但是解放了，新中国就要成立了，人民之间应该团结，不能像封建社会那样鄙视少数民族的人民了。

"上"有尊贵的意思，是敬词，唐朝大诗人王维有一首《晚春严少尹与诸侯见过》诗，里面有一句写的是"烹葵邀上客，看竹到贫家"，这里的"上客"就是被尊重的客人，那么"上营"呢，就是指可尊敬的人居住的区域。

在上营村与南关村之间，有一条界沟，明朝时候是一条小河，流向张家湾，在张家湾镇的土桥村东注入古运河（清嘉庆十三年即1808年以前的大运河）。北面在通州旧城东南角外护城河外岸。历史上没有记载这条小河的名称，只是为了保持护城河的水位，以便行驶剥船运输漕粮，在万历二十二年的时候，在这条小河儿的北面建了一道石闸，史书上称作南溥闸，也有史书称南溪闸。

这上营村里有一条大街，叫江来店大街。在清朝的时候，这条大街就是东关大街的南半段。北从罗家口开始，南到横街，大约长300来米。明朝的嘉靖七年以后逐渐地形成起来的。大街的东面是大运河北端的大型商业码头，商船从南方运到通州的江米（糯米）在里、外粮食市的空场儿上卖，是在这条大街两边的米店里，卖给通州人、北京人，以至整个华北地区，这卖糯米的店铺是鳞次栉比，一家儿挨着一家儿，是一条专卖江米的大街，有一定的特色，大约在民国三年（1914）通州改称通县的时候，一些地名有了变化，当时称东关大街的这条街太长，不便管理，就专把卖江米的这段大街，从东关大街分割出来，叫江米店大街，突出这里的特色，使运河文化更加鲜明。

在上营村的范围里，南北有两个大坑，东关村顾家坡的南面有一个东西横长的大坑，在江米店大街的南面也有一个南北竖长的大坑。通州古代城乡，习俗上都把北叫作后，把南叫作前，横长的大坑在北，所以叫后坑，竖长的大坑在南，也就叫前坑了。这两个大坑不是自然形成的，是通州城内外的百姓建房打坯、搭坑脱坯时挖成的。大约在光绪二十七年（1901）北运河停止了漕运以后，有人家在后坑的附近盖房居住，成了小自然村，以后坑为村名。

在后坑的西北面有一个自然村叫上园，在上营村的西南部位有一个自然村叫下园，两个村子南北相望。俩村都是在清朝的初期实行"圈地"政策才出现的，旗人把汉族百姓的地圈占以后，有的地种庄稼，有的地栽果树，有的地种蔬菜，一般都是雇佣长工给他们耕种或栽植，长工们一年到头像牛马一样地干活，挣不了多少粮食，养不起家。古时候没有地的穷人多，长工好雇，干活在地里，吃饭睡觉就在地头盖的小土房里。这里的两块菜园子，都是一个旗人家的，北面那片园子叫上园，南面那片院子叫下园，这是习惯称呼。种菜的长工们分别住在这两片园子的旁边，渐渐成了自然村，园子的名就约定俗成变成了村名。

在后坑南边，有一个小自然村叫慈云寺。先有的是一座佛教庙宇叫慈云寺，主要供奉的是释迦牟尼佛像。大乘佛教的经书《大智度论》卷二十七说"大慈与一切众生乐，大悲拔一切众生苦"，意思是说佛、菩萨爱护众生，给予众生欢乐；同时又怜悯众生，帮助众生拔除苦难，这就叫慈悲。佛、菩萨以这种慈悲为怀，给众生欢乐，救众生苦难，就像大云一样覆盖着全世界，这就叫慈云。慈云寺的和尚们就是要在这大运河北的大型商业码头旁边，把欢乐给予南来北往的芸芸众生们，帮助他们解除各种苦难，就抬来释迦牟尼像，按照这个佛教宗旨去做，因此把这座寺庙的名称定为慈云寺。在东关村的罗家口北建了一座白衣观音庵，又在这庵的西南面，建了一座慈云寺，主供的是一佛一菩萨，庵里住的是女和尚，寺里住的是男和尚，这男女僧人都看中了这里的大商业码头，迎合着成千上万南北方人的心理，建了庵、寺。在这通州东关的运河商业码头一带，有道教庙宇6座，只有两座佛教庙宇，这两座佛教庵寺的香火都很盛。在清代，慈云寺周围建了一些民房，成了小村，寺名村名合二而一了。

在慈云寺村的南面，又有一个以庙宇为名的小村，叫蔡关庙。这是个简称，原名叫蔡家关帝庙，是蔡姓家族家庙，供奉关羽神像，用关羽讲义气精神巩固家族观念，也祈祷关羽保佑蔡氏家族发财兴旺，简称为蔡关庙。说是家族庙，也对外公开，让这里的众多四面八方人士进庙求拜，感念蔡氏一家的好处，庙也就出了名。于是把原来的村名给冲淡了，剩下命庙名当村名。

在江米店大街西边，青龙胡同的南面，有一片住户叫药王庙，是用庙名作了住区名。这大运河北头大型商业码头上，经商的、扛脚的、拉运的、拉纤的、撑篙的、摇橹的、游观的、卖淫的、服务的……五花八门，人山人海，春夏秋冬，花钱买药、请大夫看病是一方面，更多的人是到药王庙，求药王保佑病快好，平安无事。往往没病的人，也凑个热闹儿，上里面拜拜神，求求签，祈求没病没灾，健康长寿。

这里的药王庙里主神是神农氏，配祀是扁鹊和章善俊，中国古时候的3位药王。庙里有一副对联，是由清朝的一位举人题的，他入京考进士，名落孙山，很丧气，在准备坐船由大运河回家的时候，经过东关大街，看见道边的药王庙山门没有楹联，就进了庙门，从老道借了杆笔和一张宣纸，给题写了一副对联。上联是"密云不雨旱三河，虽玉田亦难丰润"，下联是"怀柔有道皆遵化，知顺义便是良乡"。这对子把当时顺天府里的8个县名儿都搁在里面了。有密云、三河、玉田、丰润、遵化、顺义和良乡（良乡是个老县，比通州建置还早，1958年时分划到丰台、大兴、房山三个县里去了）。8个县名，巧妙地组成了对子。有了这副对联后，来药王庙的人更多了，药王庙的名声也就大了，在周围建房经商的人也多起来了，形成了一片居住区，以药王庙当名。

药王庙住区的西边有个跟药王庙有联带的小村，叫药王庙西坡，这里的土坡同前面提到的顾家坡、黄家坡的土坡是一样形成的，是明朝的万历二十二年挑挖疏理东护城河的弃土堆成的。村子建立的原因和时间也都一样，不同的是前面的全有姓，这没有，其实开头的时候也是以姓氏为村名头个字的，但是没有药王庙有名气，只取药王庙西坡为名。

在江米店大街的南面，一东一西有两条东西向的巷子，东边的叫横街，西面的叫东岳庙，街口相对。

横街的形成和蛮子营村的布局有着密切关系。蛮子营是东关一带居民区的最远一个自然村，处在东关厢的东南角，东边贴着大运河，西边曾经是一大片野地，没有住家，有一道小河儿弯曲地通到南口。村子中间有南北向一条街，街西面有 3 条东西向的小街和中心大街，东边靠南也有一条小街和市中心大街通着，这西面的 3 条小横街是村里人到村西庄稼地干活走的，村里人要是到商业码头上或者去东关大街，或者进城入东门办事、买东西，都得去中心街到北口，然后向西拐，

上营村近照张立朝拍摄

上了江米店大街。这样，在蛮子营中心北口和江米店大街之间，形成了一条横向的短街，因此习惯地称为横街。反过来，谁要是去蛮子营村办事找人，也要从江米店大街过来，走这条横街，入蛮子营的中心街。

和横街隔道相望的是东岳庙住区，东岳是我国的五岳之一，叫泰山，那泰山的位置在四岳（北岳恒山在山西，南岳衡山在湖南，西岳华山在陕西，中岳嵩山在河南）的东面山东，故此叫东岳。道教把这东岳的泰山看作是五岳的根本，是天地的神灵所在的地方，是各种神灵汇聚的地方。东岳大帝有很大的权力和能耐，道教的道长们就按照东岳的方位，在通州的城东门外的这个地方建了一座东岳庙，供奉着东岳大帝神像。这个地方又是在大运河北商业码头的旁边，来这庙里磕头拜神的各方人士就更多了，这庙边建房卖祭品的、卖饮食的、搞服务性活计的越来越多，形成了一片住区，就以东岳庙为住区的名了。

清朝的咸丰十年（1860），英法联军从天津向北京打，想逼着咸丰皇上在屈辱的不平等条约上签字，好取得更大的侵害中国的利益。但是，在天津到北京的顺着大运河的大路两边，清朝的拦截兵马布置了不少，统帅是蒙古科尔沁亲王僧格林沁。英法联军对京津大路的清军布防两眼一摸黑，为了摸清清军防御 部署，这帮老毛子派谈判代表巴夏礼、威妥玛等20多个，顺着大运河右边的京津大道，3次来到这的东岳庙，和清朝派出的怡亲王载垣、兵部尚书穆荫两个谈判代表，进行谈判。当洋鬼子以谈判为名摸清清军的布防以后，就在第三次在这庙里谈判的时候，故意生出事端，找碴儿让谈判破裂，以便用武力侵入北京，强迫清廷签订所谓的合约，竟然在庙里的谈判桌上拍起了桌子，调头出门就走。载垣马上派快马抄小道赶到设在里二泗村南的清军大营，把谈判情况报告给僧格林沁，要僧王派兵把英法联军的谈判代表20多人拿住。当巴夏礼、威妥玛等20个老毛子骑着洋马从大道来到土桥的时候，被清军截住，一网打尽，拿住送往通州扣压。后来，经过八里桥之战，攻入北京直奔圆明园，大肆抢掠之后，火烧了圆明园。

在蛮子营的南口往西，有一片居住区叫龙王庙，以庙而名。住区的西南角外，有一条小河，河上有一座石桥叫东弘桥。这小河是专为排泄村里雨水的，天旱的时候，还可以利用护城河的水浇园子浇地。

那龙王庙供奉的是小龙王，能够兴云致雨呀，这通州古时候竟闹旱灾，老百姓到处建龙王庙，多半是求龙王爷能招来云，呼到雨，解除旱情。另外，龙王还有控制水势的本领，所以在东弘桥的旁边建了龙王庙，叫龙王爷控制住河水，保护石桥。

在上营村的正南边，有个小村叫姜家园，是清朝的初期，姜姓旗人在这儿圈地一大片，就叫姜家园，和王家场（场院）、卢家庄（种地）一样，都是因清朝推行"圈地"政策而形成这一类村名。

八里桥之战（林殿惠绘）

迎熏追忆

■ 周庆良

　　熏门是通州城的南城门。通州城有明朝洪武元年（1368）修的旧城，还有正统十四年（1449）修的新城，两座城都有个南门，这是旧城南门。

　　唐代大诗人白居易在《首夏南池独酌》这首诗里写有两句："熏风自南至，吹我池上林。"这里的"熏"字是和暖的意思。那"迎"字是欢迎、迎接的意思。那暖的熏风从南面吹送过来，就得面向南迎接，因此，通州旧城南门的门额上，嵌上了"迎熏风"这块大石匾，用来表达通州知州等官员的意志：迎来熏风，为老百姓送去温暖。

　　迎熏门巍峨壮丽，老百姓都习惯地叫它南门，顶多加俩字叫旧城南门。古时候城门也叫"城关"，南门也叫"南关"，南门外也说"南关外"。所以迎熏门外也就是南关。南关村是永顺镇的南部偏东区域。

　　南关大街，这大街直对着迎熏门里的南大街，南大街的两边，在明朝的永乐七年（1409）左右，朝廷在那里分别建了两座规模很大的漕粮仓库，是保卫北京的军队的粮饷储存地，所以也叫军仓。那时候起一直到嘉靖七年（1528），这100多年里，京杭大运河的北头儿说是通州，实际上是在张家湾，从南方运来的什么东西都得在张家湾卸船上岸，再用大车或者骆驼，侉子车往通州、往北京、往更远的北方转运。那些年来，国家储存在通仓的漕粮，全从张家湾码头用大车转运来，进的就是这通州南门，南关大街就是必经之途。南门外两边，搞商业的人家儿渐渐多起来，形成了一条大街，位在南关，叫南关大街了。

在南关大街上，护城河上有一座石桥，现在这桥的遗址还完整地存在着。但是有个奇怪的现象，南门桥离南门大约有百十米，南护城河在城门外拐了一个弧形的大弯。

嘉靖七年后，大运河的漕运码头从张家湾北迁到通州城东，有土、石二坝漕运码头。土坝码头验收的漕粮要储存在设在通州的 3 座大仓里，都由车运。万历二十二年，改由剥船转运，走护城河，这南门桥地方就是一处小码头。漕粮搬上岸，还要装上大车，进南门，往东仓放的往南大街以东拐，往中仓方的走一段南大街后往西拐。这么一来，南门外就得有一大片空场停放大车，每辆大车都有驾辕牲口和拉长套的，车拐方向需要一定的范围，再说，往东仓运的在桥北以东的空场，往中仓运的在桥北以西的空场，都要排队进出南门，因此，南门桥就要往南建，叫护城河拐个大弯，让南门外有个大空场，桥和门之间的距离就这样地离远了。

在南关大街的两面，有个带"营"字的自然村，西面的叫西营，东面的叫东营，一听就知道这两处都曾经是古代驻兵的地方。早在明朝的永乐皇上时候，为了保卫北京和北部边防，在通州地区设立了 5 卫兵马，有通州卫、通州左卫、通州右卫、神武卫、定边卫，这 5 卫的军事机关都建在通州城里，大部分军士都扎营在乡村。通州左卫的 5500 多军士就分驻在旧城南关大街的两

20 世纪 30 年代通州南大街

边，分为东西两处营地，当地百姓和军士开始口头上习称为西营房、东营房了。

到了清朝的前期，仍然沿用明朝在通州设立的驻军编制名称，同时，设立的通州左卫营的军士驻扎地点仍用明朝驻军的营盘西营房和东营房。到了乾隆时候，清朝走向鼎盛，国家统一强大，边疆巩固稳定，周围国家争相向清朝进贡，设在通州的国家军队大大减少，通州左卫撤销，这里的营房变成了民房，形成了居民区，开始分别叫做西营房胡同、东营房胡同了。清朝灭亡，中华民国成立，这里在城外，是两个孤立的自然村，同城里的街巷毫无联系，就把"胡同"俩字抹去了，变成了自然村名西营房、东营房。到了新中国成立前夕，这两处住区各形成了条东西向横街，按照南前北后的习俗称为，又各分别叫作西营前、中、后街和东营前、中、后街。但是，一般的不那么细分，还是按自然村那样称呼，称为西营房、东营房，简称作西营、东营。

明朝的通州左卫数千名官兵驻营在南关大街的两边，有着重要的用意，一个用意是保护自张家湾向旧城南门转运漕粮的大道，一个用意是保卫南城墙和南城墙以里的大型国家粮仓，保护住了粮道和粮仓，就保护住了守卫北京和北部边疆官兵的粮饷，对国家首都的安全、边防的巩固、社会的稳定，都有重要的作用。

在通州旧城东南角外，隔着南溥河有两片菜园子，一个是前面说过的上营扎村的下园，一个就是南关村的小园。这小园村在南城墙东头以南，西边挨着东营。甫问，这小园村是因建在菜园子旁边的小自然村。这片菜园子时间不短，是个老园子，明朝的通州城扩展到这的时候，就应该有这片园子了。这出的菜，可以销往大运河的北头商业大码头，还可以供应通州旧城南大街两边的居民，菜园子的主人或者管家和种菜的长工们住在园子边，成 3 个小村。

园子里种有各种菜，开花的不开花的，爬架的不爬架的，一畦畦，一片片，真的好看。园北临护城河，园东有南溥河，吊杆打水浇园，或者踏车提水浇园，更多的是担水浇园，再加上追肥的，蓐草的，摘瓜的、割菜的，一片繁忙景象。在通州古代，有通州八景，还有文昌阁十二景，这十二景是站在通州城东南角楼上四望看到的景致，其中有一景叫"绕郭蔬畦"，指的就是这小园村和下园村这两片菜园子的优美景观。"绕"是环绕，"郭"是城郭，"蔬"是各类菜，"畦"是便于浇水管理的长方形畦。

在南关村的南部，隔着张家湾入通州旧城南门的古道两边，各有一座带"房"字的小自然村，道西的叫小营房，道东的叫三间房，虽然都有个"房"字，但它们的由来可不一样。

这小营房有两处，一处在通州旧城东南角以里，一处在南关村的正南方位，都不是正规军队的营地，而是属于现在公安局派出所性质的军士住所，人少房少，所以叫小营房。在清朝的康熙二十七年（1688）顺天府在通州城里设立东路厅捕盗同知署的时候，在通州城乡的关键地方建立了多处负责地方治安的小营房，里面住着十几个或者几十个军士，管附近区域的防盗、捕贼事宜，也是为监视和镇压反抗清朝统治的汉族百姓而设置的基层机构所在地。

城里的小营房在旧城东南角以里、那个地方地势低洼，有五个大水坑，有的比西海公园的湖还要大上两倍，芦苇丛生，蒲草盛长，没有人家，是盗贼劫匪出没的地方，威胁着通州城内社会秩序，所以，康熙时在那设立了一个治安点；南关村的这个小营房是设立在张家湾入通州旧城南门和新城南门的叉路旁边，在嘉庆十三年（1808）以前，京杭大运河没有改道，还是走张家湾的时候，虽是大运河北的各类码头在明朝的嘉靖七年都挪到了通州城东，可张家湾那里仍然是个不小的百货码头，有些商船还是喜欢在那里停泊卖货，因此，从张家湾到通州的人还是缕缕行行，不绝于道。在由南边入旧城、新城南门的叉道口上，也是一处治安的难点，在这设个小营房，对保证城内和南关区域的社会安定是必要的。

明朝的洪武、永乐年间，山东济南府的协姓一家，被迫地迁到通州旧城的南门外以西，按照朝廷的迁民政策，在这里开垦荒地，进行耕种。盖房居住在地边，辛辛苦苦，在这里传了几辈；人渐众，房渐多，成了个小村，是协姓一家在这里开辟的新村，和祖籍老家对应，叫作"协家新庄"，渐渐地省称为"协新庄"。清朝时候，皇家的姓是"爱新觉罗"，不准在地名里有和他们的姓同样的字，这样，"协新庄"就变成了"协辛庄"；"辛"字在古代的时候，也和"新"字的意义有相同的地方，通用。

　　在新城南门外果园环岛的西边，有个村子叫果园，形成的时间和村名由来同上营村的自然村姜家园是一样的，不一样的地方在姜家园那里种菜，这里的果园是栽果树。这片果园的主人是姓王的旗人，最初叫王家果园，后简称为王果园，到了清朝的光绪时候，爽得就叫果园了，在光绪九年（1883）出版的《通州志》的"村镇"卷里，简简单单地写着"果园"俩字，以后把"王家果园"、"王果园"的原名，抛到九霄云外了。

　　这个村的西面，曾经有块"洋坟地"，是光绪二十七年（1901），美国传教士用以不平等的《辛丑条约》中得来的"庚子赔款"买的果园村的地，立了这块坟地，埋的是在义和团运动中被杀死的外国传教士，所以俗称"洋坟地"，按照中国的埋葬方式，堆个坟头，前面立块碑，大多用英文写刻，有的碑身下面还有浮雕花鸟的方座。坟地里栽了好多针叶松，但在坟地的最南入口的两边，各栽了一棵龙爪槐。1969年建"五七"干校的时候，拆了鼓楼，也砍伐了"洋坟地"的松树。

　　在西营的南面，有个小村叫王恕园。这个"园"可不是指的菜园子，而是指的坟地。明代宫廷里有个叫王恕的太监埋葬在旧城南门外西南处，效仿帝王后妃墓地称园的作法，也称他的这块坟地叫作"园"。古时候，朝廷规定太监不能有更多的私人财产，如果有就在死后收入国库，但是建座庙修个坟不管。那些家产众多的大太监们想办法在活着的时候转移他们的家产，就建庙宇，或者留给他们收的义子。

　　王恕园建有一座三进院的关帝庙，第三重殿是玉皇阁，大五间两层，进深三间，有前后廊。规模较大，建筑恢宏，是通州最大的关帝庙。古时候，这里每年有庙会，还设较大的粥厂，每年冬、春时候，由通州国仓里拨给庙里和尚很多粮米，让和尚用大锅熬粥，分给来通州的灾民吃，度饥荒。之外，王恕还买了很多地，当义地，埋葬无家可归死在通州的穷人。渐渐地在王恕园关帝庙前，盖起民房成了村子，就叫王恕园。

　　在旧城南门外南关大街的南头稍东，有一个小村建在一个条形的土岗上，叫窑厂。是因为明代在这里设窑烧砖所形成的自然村，所以叫这个名。

　　在这块建窑烧砖，可不是一般的窑主，而是朝廷二部把窑厂设在这里，为建筑和修缮官家用房烧砖，跟通州其它 8 个以砖窑而名的村子不同，只有这处儿以砖窑命名的村子称"窑厂"，这个"厂"字儿和马厂、砖厂、皇木厂、花板石厂、木瓜厂、盐厂、碱厂等等一样，都是由国家工部设立的专业厂（马厂不是工部厂）。

明代为什么在这儿设窑烧砖呢？因为这里有一条西北——东南走向的又长又宽又高的黄土岗子，已经有千来年了，土熟，烧的砖结实不裂，挖土和泥就摔砖坯子，土不用晒，烧砖又快又好。这条大长土岗子是一条土长城，北齐的天保八年（557）修筑的。

为了确保北方的军事重镇幽州蓟城（今北京广安门一带）和首都邺城（今河南省临漳县西北里）的绝对安全和稳定，加强防备北方强盛少数民族柔然和契丹的侵犯，北齐在天保八年，在连绵山间的万里长城以内，又修筑了一道土长城，叫长城的重城。这一道土长城从今天的昌平区开始，向东南方向，沿着温榆河、潞河（古运河、港沟河）的右岸修筑，中间经过今天的顺义区、通州区、天津市武清区，直到天津海河口，长约 400 里。为了加强防守这一道长城，朝廷把偏在土长城一端的渔阳郡治（机关）从武清县（雍奴县）北迁到今天的通州旧城北城区域，同时也把潞县县治从今三河市的城子村西迁到通州旧城的北城区域。

这一道土长城同山上的长城不一样，是凭河为险，借河强势，构思严谨巧妙，是我国长城文化的重要组成部分。到了隋朝，国家统一，国势强盛，这一道土长城失去了防御作用。到了唐朝，通州人把长城和潞

北齐土长城遗址

河之间的夹地当作风水好的地方，认为长城似山，在西，有白虎，潞河在东，有青龙，左右有青龙白虎保佑，就把坟地立在长城和潞河之间。在清朝的乾隆时候，窑厂村的东面出土了一合墓志铭，是唐朝时候长丰县令李丕的墓出来的，在志文的后面有几句铭，里面有两句是"屹屹孤坟，长城之东"，在不远的小街村东在 1983 年也出土唐朝的一方墓志铭，在铭里谈到处士公孙封的墓地时说"左潞水兮右长城"，都铁一般地证明了北齐土长城的真实历史遗址。

在明朝的永乐年间，朝廷的户部、工部、兵部、都察院等部门在通州城内外设置众多的机构，需要大批的砖瓦，这样选择这里的土长城遗址，作为上好的烧砖土料，设窑厂烧制砖瓦，挖取晒了近千年的长城土，和泥制坯。把通州城南的一段土长城遗址用去很多。窑工们为防备雨大被淹，在南门外的一段长城遗址顶上建房居住，才有幸地保留下堆一段长 150 米的北齐土长城遗址。

在大运河头第一镇永顺镇里，是既有三河，又有长城，有运河文化还有长城文化，这种两大民族文化集中在一个镇域里的，就只有永顺镇。

西关叙旧

■ 周庆良

  曹雪芹的好友敦敏回忆游通州的一首诗是这么写的："新城直接旧城游，斜日登临上酒楼。遥拟江南风味好，买鱼亲上打鱼舟。"写的是曹雪芹和他的好友敦敏、敦诚、张宜泉等一些人空闲的时候，到通州旧城东门外来观赏大运河漕运的盛景，先进通州新城的西门，走新城北街，出了新城东门，没多远又进了通州旧城的西门，走旧城西大街，过闸桥，走旧城东大街，出东门，沿东关大街，到了大运河北商业码头边的大王庙，登上戏楼，这戏楼前面就是运河，平时道士们把它当作酒楼招待客户，因是 6 省商人集资创建，这庙也有点商业氛围。这些人观景到了吃饭的时候，大概是跟随长辈到过江南生活过的曹雪芹提出来，要像江南那样吃鲜鱼的好风味，就下得楼来，亲自到运河上的打鱼船上，来买新打上来的活鱼。

  提这首诗的用意，无非就是想告诉您那世界上伟大的文学家曹雪芹，和他的好友经常来到通州城东大运河边游玩，先走通州新城西门外的西关大街，出了通州旧城东门又走东关大街，这通州西关大街、东关大街都是大运河头第一镇永顺镇辖域。

  通州西关大街，明朝的洪武元年筑了通州旧城，那西门外就有了西关大街。正统十四年开始修筑景泰元年（1450）完成的通州新城，在旧城西门外偏南部位，离旧城约百来米，旧城的西关大街的一段被圈入了新城，而在新城西门外又有了西关大街，曹雪芹他们来大运河边游览的时候，旧城和新城还没有合而为一，所以才有"新城直接旧城游"的诗句。

不管是老西关大街，还是新西关大街，都是通往北京的交通要道。由大运河乘船而来去北京的各类人士，入京出京要走这条大街，从山海关来京的各种人士，进京出京也要走这条大街。那通州旧城里有东仓、中仓两座大型的国仓，新城里有西仓、南仓两座大型的国仓，在明朝的时候，这些国仓都是军仓，保卫北京的、守护边防的官兵要从通州的军仓里支领粮饷，这西关大街是官兵领取粮饷的必经之途。到了清朝，通州旧城里只有中仓，新城在乾隆时候也变成只有西仓，是北京城里的王公大臣、八旗官兵的俸粮存储要地，来通州领取俸粮，也必经这条大街。清朝皇上去遵化的东陵祭祖，来回多半是走西关大街，大运河北商业码头上销往北京或销往南方的多数货物也得走西关大街。

清朝乾隆四十五年（1780），乾隆皇上70岁生日，那海外的各国纷纷派来了祝贺团，到北京为皇上贺寿。朝鲜的祝寿团有个社会学者叫朴趾源，跟着团沿途写了好多日记，他在过了东关摆渡经过通州城（那个时候通州的旧城和新城已经合连在一起了）后的日记里写道："下船登岸，车马塞路不可行。既入东门（通州旧城东城门），至西门（通州新城西门）五里间，独轮车数万，填塞无回褪处……艰穿条路，寸寸难进……自通州至皇城北京四十里，铺石为梁（石道），铁轮相搏，车声益壮，令人心神震荡不宁。"这可是朝鲜学者亲眼看到、亲身经过以后写的！

这西关大街上的事很多，有一个事值得特别提提，那就是"对槽驴"。原来在西关大街，有一个驴站，养着好多头小驴，由通州去北京朝阳门，40里地，当官的、有钱的坐轿子骑马，没钱的步行，钱不多的骑驴，从驴站处雇一头小驴，得骑还稳当。说好价，认好了驴，当时给钱不给钱都可以。一片腿骑上驴，迈腿就走，驴的主人不跟着，让驴自己带着顾客走，走之前，驴主人用缰绳挽了一个扣。这驴经过专门的训练，沿途不下道，不走别的叉路，怎么打也不走别的道，就走直奔朝阳门的大道，顾客想起黑心把驴拐走，那比登天还难。这驴是死活不下道啊，到了朝阳门外，那里也有一个驴站，顾客下了驴，那里的驴主人一眼看见驴缰绳的扣，就知道顾客在通州西关驴站上给没给钱、给多少脚钱、这里该不该找钱、找多少钱，算清楚了才让顾客走。由北京朝阳门骑驴到通州西关大街，也是如此。这种驴俗称"对槽驴"，也叫"顺槽驴"。这是通州和北京之间交通的特色地方文化，是很重要的通州民俗文化，这种民俗文化就曾产生在历史上的永顺镇。在民国的时候，公共汽车和自行车开始进入通州以后，"顺槽驴"这种交通文化消逝了，但是"二等车"的交通文化产生了。头等车是公共汽车，但汽车有一定的车站，不到站不停车，况且有很多地方儿不通公共汽车，西关大街便出现了自行车驮人的行当，顾客坐自行车后面的架子上，正坐偏坐都行，想上哪就驮到哪，非常灵便，比起汽车来，算是二等，所以坐这种交通工具起路的叫"坐二等"，自行车带人是那个时候兴起的。

在 1954 年 1 月通县镇（县级镇）复称通州市（第一次设县级市通州市时是在 1948 年 12 月，1949 年 8 月改为通县镇）的时候，在通州新城西门外，北起通惠河，南过京山（今京秦）铁路线，西到京承铁路线，这一大片区域设为杨庄乡，一直到 1958 年 4 月人民公社化都没变。城关公社在 1965 年 5 月成立，这片区域从通州镇人民公社脱离出来，转属城关公社，还是杨庄大队内管辖范围。1983 年 7 月，人民公社普遍解体，这杨庄大队称为城关乡的一个村民委员会。在 1990 年城关乡改称城关镇以后，由于通州卫星城区域的扩大，原来杨庄范围里的北苑、杨富店、娘娘庙等自然村划入了新街道，就剩下杨庄、红果园、黄瓜园、五里店、复兴庄这 5 个自然村了。

这北苑可不是因为菜园子才有的名，那"苑"字和"园"字有着概念上的根本区别，两个字在我国历史上从来就没通用过。北苑是对着南苑说的，南苑就习称南海子，主要在大兴区里，通州区的马驹桥镇有些村的地也划进去一些。明朝的永乐时候，朝廷在那里设个游猎场，养了不少种禽兽，四围圈了墙，供皇上行围打猎练习骑射，一直到清朝的光绪二十六年（1900）八国联军抢掠了南苑，这个地方才停止了皇上狩猎活动。

北齐天保八年（557）修的那道土长城，从古代金盏淀（前面说过）西边向南过来，从后来的八里桥的东面接过高粱河（现在的通惠河）继续向南行，到了后来的通州城的西南角，来个急转弯，向东走，以便尽快接近潞河，走到后来的通州旧城南门外后，向东南方向转去，过后来的张家湾、潞县，再穿雍奴（今天津市武清区）县，到达海河口。这北齐土长城又高又厚还挺陡，在通州旧城的西面正好来了个直角弯，形成了一道高大的围墙，北面有高粱河，东面是通州旧城和大西仓，在这个大圈（quān）里，明朝的前期（正统以前），朝廷曾在这里养过战马，和南苑养兽属于同一类性质，因此才把这里叫作北苑。到了正统十四年，为保护国家设在通州旧城外的大运西仓，修筑通州新城，新城的南城墙用的就是北齐土长城向东拐的那段长城遗址。这样，北苑这个养马场废弃了，落了个北苑这个地名。

杨富店，有两块住区都叫这个名，都在通州新城西南角外的一段断头河的两边，在东北片住区的南面还有一座石桥，是明朝时候有个叫杨富的山东人在这里开店出了名，才叫起来的。

这是交通要道，从天津一带陆路入京的人，从张家湾码头往北京的国仓车运漕粮，都不入通州城，从今梨园镇的梨园村东，经北杨家洼村南，奔新城南门外，顺着潞河中学北门那条道，到复兴庄北口向西拐，过桥奔五里店东，向八里桥走去，入朝阳门。相反，出北京朝阳门陆路到张家湾、河西务、天津，仍然走这条大道。杨富选择这条大道拐角儿的地方开店，是旅店也好，是饭店也好，还是很有眼光的。不是杨富这个人第一个在这里定居又开店才叫杨富店，而是杨富在这交通要道边开店有了名，带动了这个村的名声，把原来的村名掩盖了，才产生这个村名。不谈这条交通要道，或者没有这条大道，偏僻的地方开什么店也没人去，也就开不起来了，也就叫不成杨富店了。

在杨富店村的西北入京大道的旁边，有个小村叫娘娘庙，是个道教庙，供奉的主神是九天玄女。九天玄女是上古女神、是真仙，曾经是黄帝的老师。在黄帝和不听从命令的蚩尤大战在涿鹿荒野的时候，蚩尤兴作三日大雾，里里外外都昏昏迷迷，黄帝眼看要败，王母娘娘立即派弟子九天玄女下凡，授给黄帝兵符和宝剑印信，还给黄帝制作80面牛皮大鼓，击鼓大战，终于打败了蚩尤，取得了胜利。后来，世俗都把她叫做九天娘娘，并且赋予了她一个送子的功能，所以，到处建九天玄女庙，简称娘娘庙。世上叫娘娘庙的很多，但里面供奉的主要神像不一样，由主要供奉送子观音的，有主祀张仙的，有主祀顺天圣母的，有主祀金花夫人的。这里的娘娘庙主祀的是九天娘娘，和大道西边的佛教庙宇太平寺斜对着。

在旧社会里，为了传宗接代，家家户户都愿意有个男孩子，当爹的这么想，当妈的也这么想。道教就顺应世间的这个强盛的俗念，到处建娘娘庙。在陆路入京的大道旁建了这么一座娘娘庙，香火很盛，旧时还举行过庙会，形成一个小村后，就叫作娘娘庙。

在杨庄村的西北部位，有个自然村叫五里店，这个村北面挨着京通间的大道，从通州城里出来的入京道和从通州城南擦边过来的入京道，在村的东北角外会合，这个地方显然就更热闹了，在这里开店是供不应求，形成个村子不算什么。

在通州新城建成之前，从旧城西门出来往北京朝阳门、崇文门去的大道经过村的北面，从天津一带入京的大道也经过村边，在合道点的旁边开店很有名，从旧城西门起到了这里正好是五里的距离，因此叫五里店。

在五里店的西南曾有一条较宽的河，有一座小石桥，这是一座元代通惠河上的一道水闸，叫通州上闸，明朝的嘉靖七年以后，元通惠河下游的4道闸（通流上下闸，广利上下闸）废弃了，这道闸改建成了桥。现在这道石闸的遗址还在，知道这些闸址，就知道元代通惠河的走向。

在杨庄村的西南部位，有3个自然村，分别叫杨庄、红果园、黄瓜园。这3个小村和前面提到的果园、姜家园等，是同时期形成的，都是清朝初期推行"圈地"政策后产生的小自然村。杨庄最初叫杨家庄，是杨姓旗人在这圈了大片的土地，雇佣长工给他耕种，在地边盖了简易土房子居住，杨姓旗人当庄头，所以叫杨家庄，通州区乡间这类村子很多，得有好几十个，都是第一个字是姓，中间字是"家"，通州人读音位轻声"jié"，第三个字是"庄"，通州人读成儿化韵，"庄"后带"儿"。由于通州人习惯上把地名简化，就叫"杨庄"了。

黄瓜园、红果园都是清朝初期旗人在这里圈地后种菜种果形成的村子，最初也是以姓带头的村名，如张家湾镇的姚家园、施家园、台湖镇

的桑家园、建国门外车站郎家园等，
这里也叫"×家园"，因为种的黄
瓜和红果出名，把姓就渐渐地淡化
了，而突出这的产品，才叫起了这
样的名字。

在通州新城的西南角外，有一
个较大的自然村叫复兴庄，复兴庄
叫晒米厂，地势比四周稍高，也比
较平，明朝的时候，这里离护城河
近，土坝码头验收粮食时发现有潮
湿的粮米，或者通州城里的几座大
型国仓里因漏雨而潮湿的粮米，都
要由船运到这里来晾晒，是朝廷的

1900年劫后
的通州塔

晒米厂，里面建有临时库房和大晒场（cháng），
设专门官吏进行管理。周围渐有商户或农民建房经
商或居住，形成了自然村，就用晒米厂为村名。

清朝的光绪二十六年（1900），通州的城乡老
百姓，痛恨在通州传教的外国传教士，他们勾结一
些入教的封建把头、各行业的作坊主、农村的土豪
劣绅等，欺压平民百姓，打起官司来，通州的地方
官还偏袒外国传教士，这老百姓受尽了封建的剥削
和压迫还不够，又多了一层外国老毛子的欺凌，有
苦有恨无处申冤诉苦。当山东义和团兴起的消息沿
着大运河传到通州以后，通州那些饱受三座大山压
迫的老百姓，振臂而起，一呼百应，在通州的北关、
东关、南关、西关以及广大农村，纷纷自发组织起
来义和团、红灯照（未婚女青年）、蓝灯照（已婚
妇女），矛头直接指向了洋教堂、洋教士和与洋教
士勾结欺压百姓的豪绅、场主、把头，以及给八国
联军暗暗通信的一些里通外国的教民，杀了不少这

样的外鬼国贼。他们还自动起来，赶到天津，去英勇抗击八国联军的侵略，阻止洋鬼子们入犯北京。

但是，清朝政府没有真心阻击八国联军，慈禧太后和光绪皇上逃到西安，由李鸿章等处理国事，同八国联军签订了极为屈辱的不平等条约——《辛丑条约》，还联合镇压了义和团。义和团运动失败了，八国联军搂足了，还两手沾满了中国人民的鲜血，到头来，美国传教士从《辛丑条约》的规定中，强迫清政府拿出 10 万两白银，又单独例外地强迫通州地方政府拿出 6 万两白银，作为在通州损失的赔款，叫"庚子赔款"。

美国传教士拿到了这笔所谓的赔款，在通州新城南门外以西，强行收买葱市口、谢家园、晒米厂 3 个村的村址和耕地，把那里的老百姓赶出家园，然后在这大片的中国土地上建起了学校、医院和教士楼，还在新城内的南仓遗址上盖了大教堂，通州人称这片地方为"小南地"，成了帝国主义的殖民地。

此外，帝国主义的传教士们还在果园村西买地建坟，埋葬那些在义和团运动中被杀的教士和教民，所以人们习称作"洋坟地"，又在晒米厂和晒米厂村建了好多民房，把通州城里教民的遗属，部分地集中到这里来住，就以复兴基督教的意义起村名叫复兴庄。

永顺回眸

■ 周庆良

　　大运河第一镇永顺镇来源于 1958 年 9 月成立的通州镇人民公社的永顺生产大队，永顺生产大队来源于 1949 年 1 月成立的通州市的永顺村，历史上并没有用"永顺"两个字在这个地区作村名的，在通县解放后，中国共产党领导的人民政府，希望这个地区的人民群众各个方面都永远的顺利、顺当、顺畅、顺心、顺意、顺和，就以"永顺"这个吉语来作新建的这个村的名称。永顺村的人民在党和政府的正确领导下，经济社会全面发展，思想文化不断提高，特别是 1983 年 8 月永顺村委会成立以来，更加繁荣进步。

　　永顺村里有 4 个以姓为头的俩字村名，分别是卢庄、辛庄（分大小）、岳庄、贾庄，都和前面说过的杨庄一样，全是在清朝顺治、康熙的时候，卢、辛、岳、贾 4 个姓的旗人来到这里圈占土地以后形成的村子，不必细说了。那辛庄开始形成的村子时今天的大辛庄，开头叫辛家庄，在长期的发展中，辛姓的家族分出一支，老村的东面又建了个村，比老村子小，但也是辛家子孙建的，叫小辛家庄，自然地把老而大的辛庄称作大辛家庄，渐渐地省称为大、小辛庄。

　　永顺村里有两个因为建窑烧砖而形成的村子，全是清代形成的。两座窑址一在南，一在北，都是一家开办的。先有的南窑，因为离城近，拉运方便，所以，先在近处建了这砖窑。窑主建窑烧砖要挖土，要买农民的地，农民的地是一块一块的，这家卖了地，挨着的另一家不一定愿意卖地供烧砖用，再加上拉砖的牲口糟践庄稼，因此，窑主买了一块地，取土的利用率不高，不能影响临家的地。还有，挖土的地黄土层浅，地下全是沙土，不能用，一个窑用不了多长时间就得挪地，建另一座砖窑，这样就产生了北面的离城远的那座砖窑。或者不是这样，而是一家窑主同时买了两块地，同时开办南北两个砖窑烧砖，满足城里百姓或官方用砖的需求。两种情况都可能的。习俗以南为前，以北为后，就有了前窑、后窑的称呼，烧窑的工匠在窑边的房子里住，渐成村子，就称为前窑、后窑了。

这里的窑主不打名号打字号，如通州城里的老灰砖房子，拆除时有好多带着印的砖，印上有清晰的阳文字号，如"顺行窑"、"四义窑"等等，可是通州古代的老百姓就喜欢名称要简洁明快，一听就懂，一看便知，比如通州旧城的北门叫"凝翠"，东门叫"通运"，南门叫"迎熏"，西门叫"拱阙"，可老百姓不怎么识字，就说是北门、东门、南门、西门，宁可说旧城南门也不说迎熏门。这砖窑的称呼也一样，不说字号，就称前窑、后窑，渐渐地把字号忘记了，特别是停烧以后，字号就没人提了，又不能用字号当村名，也就剩下前、后窑了。

在永顺村的西南部位，曾有3个以坟墓名称作村名的小村，东边的叫霍家坟、中间的叫李家坟、西边的叫袁家坟，东西排列。

在古时候，通州人要建房、要立坟，全得看风水，就跟皇上王爷立坟地都先看风水选吉地一样的。这是个迷信做法，西方国家就不讲这个。在清朝的时候，3家坟地的北面有几处地势高的地方，还有几个高土坨子，是封土，人工堆成的，下面是大的汉墓，砖砌的，是汉朝时候的地主庄园的墓地，坟地选在这汉墓大土坨的前面，以为背后靠着山，象征着家族的稳固，预示着未来地位的高大。3家坟地的南面有一条通惠河，河水长流不断，象征着家族子子孙孙繁衍下去不断代，财源源源不断地流入，越来越兴旺发达。

那时候，盗墓的多，老年前传下来说南蛮子憋宝，就是指南方的盗墓贼，到北方来偷坟掘墓，捞取珍贵的随葬品。对盗墓的防不胜防，有钱有地位的人家就在墓地旁边盖几间房，雇没家没业的穷人给看坟，长年地住在那里，不给钱，坟墓的占地叫看坟的白种，打下的粮食就算是看坟的工钱了。也有的不雇人，让自己家族里比较贫困的家在那里住，看坟带种地。

有的人家的坟墓想了不少措施防盗，比如张家湾镇土桥村西，在建京通轻轨铁路终点站时，发现了几十座汉代墓葬，其中有3座墓里，满用各种纹饰的碎瓦片包盖着棺木，叫盗墓贼刨不动。一刨就散下来，盗不成。还有这个镇的张家湾村西的大扇地（曹雪芹家的600亩地）里，有一个圆形的大坟圈子，圈子里有两眼离得不远的砖井，砖用灰砌的，不是干码的，西北——东南排列，离有20米来远。头一眼井的后面有看坟的房子。据考古专家说，这井不是用水井，井底下是王爷一级的墓葬，在海淀区就曾发觉过这样的坟墓。这井是防盗的，从远处掘洞，井可以传声，有震动，井水有水纹，看井水就知道有没有盗墓的，万一不知道，盗墓的贼就把盗洞挖到了坟的跟前，井水哗啦一下子流入盗洞，就把贼淹死在洞里。那坟圈子里出了曹雪芹墓葬刻石，证明曹雪芹就埋在那里，不少人估计，那两眼井下埋的是曹雪芹的上辈人。

这里的3家坟地只是有看坟的，就没有这样的防盗办法。看坟的人一辈传一辈，渐渐成了小村子，就以坟主人家的坟地叫起了村名——霍家坟、李家坟、袁家坟。

在岳庄的东南方向不远，有一个村叫僧官园，和尚当官可不是短年头了，在辽国的时候，皇上和后妃们都好佛，带的文武百官也都信佛，上上下下都信佛，和尚就被捧上天去了，有的和尚竟然当了朝廷中央的三公（太师、太傅、太保），品级到了正一品，虽是个虚衔，也显示了很高的地位。可这僧官园里的"僧官"不是上面说的情况，那僧官园里的僧官是指管理和尚的和尚，朝廷里设这么个管理和尚的机构，叫僧录司，掌管全国的寺院、僧人的档案和僧官的任命和补充，就跟现在国家设的全国佛教协会的性质和权限差不多。

最早的是在十六国时候的后秦（384——417），统管全国的寺院，官名儿叫僧正。据史料记载，僧正的"正"就是"政"，自正正人，能够符合政府的法令。从汉朝佛教传入中国以后，很长时间对佛教和和尚都没有法律来约束，就像光屁股马一样没有缰绳，就像老牛没用绳子穿鼻子一样，控制不住，渐渐地染上了世俗风气，将要把佛经里的规则都违背了。所以要设立一个管理教育的机构，让德高望重的和尚当僧正，用法律来管教全国的和尚使他们都归于政，听从政府的法令，因此叫僧正。一直到南北朝的时候，朝廷中央都设有僧正这个官位。

到了唐代以后，一般在各个州级政府里设立僧正来管理本州里男女和尚的事务，这以后一直到清朝，州郡级的地方政府都设僧录这样的官职，由某一座当地有名望的寺院的方丈当僧正。在金代的天德三年（1151）就开始称作通州，通州城内有了州级政府机构，才允许有僧正这个和尚官，当时不叫僧正，叫"都纲"，通州政府设的僧官叫僧录、僧正，管理着全州域内的寺院，那时候僧正一直由华严寺（在原华严寺胡同，今中仓小区内）的老方丈当僧正，全州域的寺院或和尚有什么事、出什么问题，全由华严寺的方丈来处理。

管理全通州辖域内的寺院，也得有一定的经费，光靠华严寺的香火钱不够用，通州政府拨给他们一块地，要他们经营管理，收入就当作管理费用，这块地就选在了僧官园的这个地方，地平又肥，离河近，和尚们在这块地里种蔬菜，一方面供本寺吃用，一方面还可卖钱，补充管理经费的不足，所以，就把这片菜园子叫僧官园。

清朝的宣统三年（1911），辛亥革命，推翻了最后一个封建王朝——清朝政府，建立了中华民国，通州政府的僧正取消，僧官园儿没收，允许当地百姓在那里盖房居住，一下子盖了一片民房，成个村子，就以原来是僧官园子，称这个村子为僧官园。有人东拉西扯，张冠李戴，把这村子说成是由大悲林发花禅林的菜园才起的名。

在僧官园的东面不远，有个自然村叫观音庵，这和前面的好多以庙宇为名的村子的形成是同样的，清代有了这个小村。

这"庵"原来指的是隐形修行的人居住的茅屋。后来，佛教的习俗和尚修行大多居住在庵里。实际上，比丘尼所居的寺庙叫庵。比丘尼也叫"沙门尼"，俗叫"尼姑"，也简称"尼"。指女子出家后受过戒的和尚，女僧人。这样儿您就知道了叫"庵"的佛寺是女和尚居住修行的庙宇。

在大运河北的各个皇家码头的西面，在码头去北京的大道旁边，佛教选择在这个地方建了座观音庵，和在它的正北方不远的铁佛寺（男和尚居住修行的庙宇），南北呼应，男女僧人的修行场所，适应男女信徒的需要，是古代僧寺布局的一般规律，这通州的北关区域，这繁华的地方，也没有脱离这一个普遍规律。

观音庵香火很盛，在庵边，明朝的时候已经有了民房，有了人家，为便于民间交流，就叫观音庵。

在永顺村的西北角，京承铁路和通燕高速的交会的地方旁边，有个小村叫许家场，和前面提到的新建村的蔡家场，是同类性质的村子，成村的时间和村名的由来都是一样的，只不过是旗人的姓氏不同罢了。但是，曾有一段时间，特别是许家场的名形成之后，这许家后代旗人看到种庄稼不如种菜来钱，就把大田改成种菜，庄稼地改成菜园子。先前种庄稼的时候，在地头要设个打轧粮食的场院，后来改种蔬菜，就没有必要设场院了，原来的场院或者盖了房子居住，或者改成了菜畦。这许姓旗人种的菜在城里市场上有了名，打出了品牌，谁要问这好吃的菜是哪出的，就说是许家园子的。因为人们的习俗是先入为主，也有些怀念老地名，所以，这个村子的那两个村名都传下来了，有的时候有的人叫许家场，有的时候有的人就叫许家园子，混着叫。

在僧官园的南面，有个小村叫前上坡，很明显的这个村子是最初建在一个小土坡上的。按照地名一般的规律和人们的认识常识，有个前上坡，就有个后上坡，不过，后上坡没有民房没成村子就是了。

从 1954 年 2 月画的《通州市区与平面图》上看，在前上坡的南面和东面，有两个大水坑。看来在古时候这里是一片大水面。在雨季高粱河发大水，洪水流到这里时形成旋流，流速减慢，把卷带的大量泥沙堆积在岸边，洪水落了后，泥沙堆积的地方形成了土坨。元代的至元三十年（1293），由大水利专家郭守敬开凿的通惠河成功，把高粱河南支的水导向今张家湾村东入潞水（古大运河道），并且设闸节节控制，这里断了水源，形成了几个大水坑。明朝的嘉靖七年（1528），吴仲重修通惠河，这里的高粱河道经过疏治，成了向北京剥运漕粮的河道，仍然有5 道水闸控制水流，同时在正统十四年修筑通州新城时，又引了上游一部水到护城河里去，这的河道和水坑得到了稳固。附近的百姓敢在土坡上建房居住了，到了清朝，成了个小村。

在前上坡的东北角外，那个更大水坑的北面也有个淤成的土坡，离滚水坝近，发大水还是有点危险，就没有人在这个土坡上建房。建房的土坡在南，习俗上称前，所以把上面的村子叫前上坡。没建房的土坡渐渐被附近或城里的居民用土挖没了，就剩下了盖了房成了村址的前上坡了。

在永顺村的西南部位，有个自然村叫取中庄，这可不是选取择定一个中间的位置的意思，这个地方对东西、对南北的村子或者什么标志性的建筑、道路等，都没有"中间""中央""半截"的概念，以方位的角度来分析这个"中"字，已经是不行了。

从村史来看，是清朝顺治的时候由正白旗人圈占土地才形成的，旗人圈占了一大片地，旗人本身不劳动，他得雇佣很多穷苦的人给他耕种，长期地住在地边的房子里，一年到头，黑夜白日给他干活，打下的粮食除极少量地给长工一点外，绝大部分全收走，不是卖，就是放高利贷。雇佣的人聚集在这个地方，古时候叫作"取"，这里的"取齐"就是"聚齐"的意思。

"取中庄"里的"中"，指的是古时候对男女年龄段的规定的称呼，历朝也不统一。取中庄的旗人雇的长工很苛刻，不要成丁（明朝 16 岁以上的男子）的人，只要不成丁的中人，就是都要 16 岁以下的男性穷孩子，工钱少，有冲劲，听话，俗称"小伙计"，通州人称这种人叫"扛小活"。因为旗人雇用了一帮未成年的孩子给他耕种被圈占的地，聚集在一块吃住干活，形成小村后，就把这样的村子叫"取中庄"，取"聚集中人"之义而名。

钩沉琐记

■ 周庆良

　　永顺镇里除了前面说到的几十个自然村子和街巷的名称以外，剩下的还有 29 个自然村。这些个村子中，有一群村名是前有姓后带"庄"字的村子，还有的前面加个方位词的，如镇域西北部位的西马庄、北马庄、纪庄、范庄、东北部位的刘庄、李庄、焦庄、王庄、耿庄、东南部位的乔庄、霍庄等，共是 11 个。这些个自然村都和前面提的杨庄、卢庄、贾庄、岳庄等自然村的村名由来是一模一样的，但是有两点需要给您说明一下。一个是西马庄和北马庄，都是清初正白旗两家姓马（改成汉姓）的人在温榆河的两边圈占了地而出现的村名，开头都叫马家庄，对外交流经常发生

西马庄村旧照

误会，两个村离的又较近，离通州城也都不远，都在通州城外的西北方位，极容易弄混，又不能分出前后、大小，只好用方位把它们区分开，因此在形成村子的不久就分别称为西马家庄、北马家庄，后来简称为现在这个样子；一个是焦、王、刘、李、耿5个小村在古时候潮白河的西畔，在村西边又有小中河，两条河一大一小，是河水经常泛滥区，所以开发较晚也较慢，清朝的顺治时候，正白旗里5个姓的旗人争抢在这片荒滩上圈地，连着形成了5个小村，发展也不快，但在1939年潮白河从顺义县苏庄冲毁大闸改了道，河水夺了潏潏河河道，这里的老河道淤小淤浅了，荒地增多，人口增加，才有了比较快的发展。

这剩下的自然村名里还有一个组团，也是在清初正白旗人圈地后形成的村子，有的村名前面加个方位词，或者加个"大"、"小"。这些村子有镇域东北部位的王家场，东南部位的大梁家场（大梁场）、小梁家场（小梁场）、东张家场（东场）、南张家场（南场），共有5个，这些小小的自然村都和前面提到的蔡家场、许家场一样来由一样时间起的村名。

镇域里有3个带"坨"字的自然村，苏家坨、顾家坨挨着，在东北部位，北坨子在东南部位，虽然都是因民房建在土坨上才有的名，也是同时间建的村子，全是因为洪水形成的沙陀子，但还是有些区别的。

北面的两个土坨子是沙陀子，由古时候潮白河发洪水淤成的，当时的坨子有多高，发水时河就有多深。清朝顺治时候，正白旗的姓苏、姓顾的两个旗人到此圈占沙荒地，两家所雇佣的长工们分别居住在两个沙包子上，防备发水的时候别给淹喽，形成两个村子，开头叫苏家庄、顾家庄，当时这一片自然村叫这类的村名较多，只有这两个村建在沙陀子上，很特出，渐渐地按村子位置的特色地貌；分别称为苏家坨、顾家坨了，后来苏家坨简称为苏坨。

南面的北坨子，曾是十几户人家的村子，在小圣庙村的北面，始终是小圣庙的附属村，所以叫北坨子。在清朝的嘉庆十三年（1808）前，大运河发生了3次很大的洪水，把从小圣庙东北拐向张家湾的老运河道淤塞了，运河改了道，就是现在的运河道。这时候小圣庙的北面出现了个大沙陀子，每到冬季春天，北风呼呼一叫，沙陀子上沙尘漫天，环境十分的恶劣。过了一些年以后，沙陀子上长出了树，长出的草也茂盛了，环境好多了，小圣庙的个别人才来到坨子上盖房居住，形成了小村，已经很晚了，比上面两个因为沙陀形成的村子晚了一百好几十年。

在取中庄的南面，过了通惠河上的桥，有一个小村，叫筛子庄。这个村北靠通惠河，西贴通州西护城河的引水河，在两道河的夹角，有着天然的自然条件。

筛子是一种农具，由竹子皮、竹子瓢（竹篾）编织成的，筛子底、帮用竹子皮十字编，留有小方孔，孔稍大点的叫粗筛，小点的叫细筛，筛不同的粮食用，竹皮光滑，筛起来省劲；竹瓢糙，成把地圈筛子口沿，口沿对面包一层竹皮，不扎手，握着舒服。在打谷场上，有4个技术活叫筛、簸、扬、拿，这筛子活是少不了的。轧完的谷子、高粱、豆子、麦子，择完的棒子（玉米），在装口袋、麻袋之前，都要把粮食粒夹杂着的土星、梗叶等去除干净，这时候就得用筛子来筛，把土星漏下去，把梗叶筛到粮粒上面来拣出去。平常日子晾晒粮食、喂牲口筛草，也都用筛子筛干净。筛粮食手艺好的，把布鞋脱下来放在筛子里粮食上，不管怎么摇转，那只鞋总是在筛子的中心转。通州地区河多、湖多、坑多、沟多，处处有鱼有虾，好逮鱼、能捕鱼是通州人自古就有的本事。逮鱼有多种办法，其中一种办法就是淘鱼，用土截断一片水，或者二八月地如筛的时候，小沟小坑水渗下很多，很多人用桶、用盆把水淘干，劈哩扑噜拿鱼。怕淘水时把鱼淘出去，就得在淘水坑的前面用住筛子箅着点，不让鱼过筛子，淘水淘不出去鱼。

总之，在通州城乡，用筛子的地方很多，因此需要量大。同时，通州又是南北方物产交易的大集散地，往外销的筛子也巨多。加上南方的竹子沿运河运来首先到的就是通州，这村子的不远还由国家设了个竹木厂，竹源丰富。所以，在明朝的嘉靖七年（1528）以后，南方的竹编工匠选择在这个两面都靠河，离竹厂又近的地方，建房居住带编织筛子，渐成自然村子，以出产筛子就叫筛子庄。筛子庄划入北苑街道管辖范围，只是这些年的事。

在乔庄的东南，大运河的西畔，有两个因为两座道教庙宇起了名的自然村子，一个叫大棚村，一个叫小圣庙。

在清朝的嘉庆十三年（1808）以前，那大运河北段的北运河是这大棚村的旁边走的，往前推到明朝的嘉靖七年（1528），在这280年间，大运河北端的客船码头，老是设在这里的。大运河里的客船惹不起各种商人的货船，民用的货船惹不起国家的漕船，漕船又惹不起宫廷用的黄船，因此，那大运河北的各类专用码头里，客船码头排在了最后，就设在叫大棚村这一带河西岸了。由这上岸，进通州旧城东门、南门和通州新城南门都有大道可通，去北京朝阳门、崇文门也都有大道相通，入京从这下船登岸，出京去南方由这上船顺流而下，每在解冻开化到上冻封河这多半年里，这里是人来人往，热热闹闹。道教的老道们相中了这块地方，在这建了一座关帝庙，供奉着财神爷关羽神像，深得南北方旅客的欢迎。更爱受欢迎的是，道士们在庙前搭了一个大草棚，在棚里设座卖大碗茶，一边歇息，一边喝茶，一边等船，一边等车，不等车的喝碗茶，问问道，绷会就进京。

附近的百姓看见了道士们卖茶赚钱，也有一些人在庙边盖房居住卖零碎东西，渐渐地成了个小村，开头叫茶棚关帝庙，这地方以大茶棚出了名，干村把"关帝庙"和"茶"字都省去不说了，就叫开了大棚村。

乔庄关帝庙门枕石

小圣庙，原名叫小神庙。这个村子挨着大棚村，也是大运河北头的客船码头所在地。庙里供奉的是河神。这

河神叫河伯，姓冯名夷，是陕西华阴潼乡提首人，有一年农历八月，他在渡黄河时被淹死，玉皇大帝封他为黄河水神，叫河伯。他曾化作白龙，游在水上，被善于射箭又好为民除害的后裔射瞎了左眼。他还曾授给大禹用来治水的地图。世上就把他当作河神。在码头处建河神庙，用来镇水中妖怪，保佑乘船安全。在大运河北头的商业码头上，那里建了一个大王庙，这大王是玉皇大帝封的金龙四大王谢绪，也是河神。两座河神庙相距不远，都在码头处，北面的主神是金龙四大王，比河神这个封号大，南面的主神河伯名号比金龙四大王小，虽都是河神，河伯小，所以当地百姓管这里的河伯叫作小河神，庙也就俗叫小河神庙，简称小神庙。

小神庙这个村子是建于元代以前，从村的附近发现元墓群就可以做个见证，但是叫什么名，没有记载。在这里设了大运河北头的客船码头以后，又建了一座小河神庙，登岸的旅客进庙烧香祀神，祈求河神保佑一路平安，香火很盛，名传远近，小河神庙出了名，也就把原来的村名掩盖住了，而以庙名叫村名，后一韵之转称小圣庙。

在镇域的东南角有上面两个因庙宇而称的自然村子，那在镇域东北角的地方，也有一个由庙而起名的自然村子，叫龙旺庄，古代潮白河经过通州时不是现在这个走向，是从今天宋庄镇平家疃入界，沿大庞村、沟渠庄、双埠头、疃里、永顺镇李庄、苏坨、龙旺庄、潞城镇杨庄、郝家府一线，到了现在运河，再由小圣庙向张家湾流去。由于洪水泛滥，在永顺镇、宋庄镇域里河道两侧淤积不少大沙坨子。特别是 1939 年潮白河改道从㳽㳽河走后，老潮白河故道成了涓涓细流，留下的大沙坨子和周边的地经常闹旱灾，种不上庄稼，或者撒了种，出了苗，被旱死。过去，广大农民在辛苦抗旱的同时，也把希望寄托在龙王身上，迷信那四海龙王能够呼风唤雨，解除旱情。这样，道教就在沙土地上建了一座龙王庙，供奉四海龙王，一遇干旱，附近许许多多老百姓前来这里拜求龙王，兴云布雨，保佑庄稼不死。

明代形成村子后，最开头应是叫龙王庙庄，渐省"庙"字，叫龙王庄。通州人喜欢用吉祥词说村名，比如永乐店镇兴隆庄、台湖镇的永隆屯、通州旧城东南角以内的太平庄、宋庄镇的大兴庄、马驹桥镇的柏福村、潞县镇的东定安村、新华街道的前安福胡同、新华街道的多福巷等等，又渐渐地把龙王庄称为隆旺庄，取兴隆旺盛的意思。通州人好编故事，说清朝的乾隆皇上经过这里张望什么，又称龙旺庄，编故事笑话可以，但绝非是村名由来的依据。

在永顺镇域的西部，通惠河北岸，有一个自然村叫竹木厂。通州区内带"厂"字尾的村名挺多，比如本镇域内的皇木厂、金砖厂、马厂、窑厂，张家湾镇域的皇木厂、砖厂、瓜厂和台湖镇域的碱厂等等，大多数是由国家工部设置的建材厂、制造厂、存货场、养马场等基层管理机构才形成的村子和起的村名。这竹木厂也不例外，和上面那些村子属于同一性质。

在明朝的永乐年间建设都城北京的时候，因为张家湾和通州之间40里距离大运河河道（白河、潞河）淤浅，河水漫散，水不胜舟，大运河的北头综合码头设在张家湾，皇家的建筑材料，国家的征调漕粮以及民间交易的各种物资，只能由大运河运到张家湾上岸储存或交易，然后陆路输往北京各地或华北地区，通惠河时修时淤，指望不得。建设北京，皇家需要大批从南方采办来的珍贵大木，同时也需要大批附带的用材，比如搭架子的杉木、搭工棚的竹竿、铺脚手架的木板等等，也都要从南方采办并由大运河运到张家湾。因此，国家工部在张家湾设有竹木厂，储存竹竿、杉篙、木板等。国家户部还在那里设置竹木局，负责征收民间竹木交易的利税。

到了明朝的嘉靖七年（1528），通惠河重修得到了彻底治理，河口从张家湾挪到了通州城北，张家湾到通州的大运河道也进行了大规模疏浚，皇家的、国家的、民家的不同功能的码头，也由张家湾挪到了通州。竹木厂随着从张家湾挪到了今天永顺镇的竹木厂村这个地方。挨着通惠河北边，有大水塘通着河。竹木厂是国家设的，主要供应北京国家建筑用材，可以走通惠河转运，不用过第二道水闸普济闸（今朝阳区杨闸村南），也不用过八里桥桥洞，就直接运到这里的大水塘里，杉篙、木板上岸存储备用，竹竿怕风吹日晒干裂，就泡在水塘里，防裂。这样，渐成村子，就以竹木厂为名。

在永顺镇域的西北角，有个村子叫邓家窑。这里曾经是辽、金时候金盏淀的范围，元朝时候，温榆河发大水，带来大量淤泥，把金盏淀淤小淤浅，有的水域淤成了陆地，邓家窑村子附近的地面就是这样形成的，土质或黄或黑，粘性较大，粘土层也厚。

这里古时候有温榆河、高粱河和金盏淀，自古水草丰盛。明朝政府为了抗衡蒙古骑兵，在北京地区设置大型养马厂，主要养马厂就设在邓家窑村以西以南的大片区域，养马总部设在今朝阳区的郑村坝，俗称东坝（元朝修坝河时候的一道坝址）也是汉代安乐县县城所在的地方。不管是从西南、西北少数民族地区用东西换来的马，还是朝鲜国贡献的马，有一部分都拨到这块地方来养来驯。因此需要很多的马棚和管理人员的房屋，就要有大批的砖瓦木料。就地取材，就地烧制砖瓦，省钱买，省钱运，近便，窑主就选择了邓家窑村这个地方设窑烧制砖瓦。窑主姓邓，窑没有另立字号，就叫邓家窑。雇来的工匠长期住在窑边的房子里，来这里开荒种地的百姓也多起来了，形成了一个自然村，就用邓家窑的窑名当作村名了。

在永顺镇域的东南部位，乔庄的西面曾经有个小村叫西园子，这村名里虽说也有个"园"字，但和前面提到姜家园、红果园、黄瓜园不一样，倒都是以菜园、果园而起的名字，但形成的时间和园子的主人可不一样了。这个西园子的主人是乔庄里的某个地主，看到种菜比种庄稼赚钱，俗话说"一亩园，十亩田"，一亩园子的收入等于十亩大田的收入，加上离通州城，离东关码头又近，就在自家的大田地里，开出一部分园田，种菜。雇佣的长工在这块园田边居住，慢慢有了十几户人家，成了个小村，在乔庄的西边，就习俗称为西园子了。一个是比前面提到的以园为名的村子成村晚，一个是前面的园子是旗人"圈地"形成的，这的不是。

在永顺镇域的北部，北马庄的西面有个村子叫西刘坟，是个城里的刘姓旗人的一块坟地，叫刘家坟，刘家的家奴或者刘家雇的长工在这里连看地带种地，渐成村子后叫刘家坟。没几户，是北马庄的附属村，方位在西边，北马庄人习惯上称它的这个附属村叫西刘家坟，叫着绕嘴，又省称作西刘坟，通州方言好带个"儿"化韵，口头叫西刘坟儿。

1953—1965 年现永顺镇河东部分乡村的区划演变

■ 刘正刚

1949 年 10 月新中国成立后，通县在行政区划上开始设区管理，届时通县下设八个区。

1950 年 5 月 13 日，中共通县地委、通县专署为贯彻执行河北省委关于"整编指示"精神，将顺义县五、九、十区管辖的 76 个村庄划入通县。1950 年 6 月，通县区划重新调整，由八个区改设七个区、一个镇。

一区：区公所驻地宋庄；二区：区公所驻地西集；三区：区公所驻地最初在朝阳区金盏，后移至尹各庄，又移至楼梓庄；四区：区公所驻地永乐店；五区：区公所驻地牛堡屯；六区：区公所驻地张家湾；七区：区公所驻地马驹桥；一个镇为通镇（内称城关区）。

1952 年 12 月，通县行政区划有所调整，在原来七个区的基础上增设第八区、第九区，届时全县共辖九个区，原属通县三区管辖的部分村庄改为由九区管辖。以上时期基层行政管理上实行区直接管村的模式。

为消除"区管村"模式"大而散"的弊端，促使农村行政管理更加细化，有利于对基层各项工作推动与指导，1953 年 3 月至 7 月，通县分两批次进行民主建政和区下划乡工作。一区（区委、区公所驻地宋庄）下辖 16 个乡，其中涉及现永顺镇河东（泛指温榆河与北运河交汇地段）的乡、村行政归属为：

设焦王庄乡，焦王庄乡管辖焦王庄、刘庄、刘坨（后并入李庄）、苏坨、李庄 5 个村。

设龙旺庄乡，龙旺庄乡管辖现永顺镇的龙旺庄、小潞邑、王家场、耿庄、孙各庄（后划入胡各庄公社）。

九区（区委、区公所驻地楼梓庄）下设其中的富豪乡，管辖现永顺镇的北马庄、范庄。

当时的乡级建置体量很小，面积大、人口多的村庄实际上就是乡村一体（如平家疃乡只辖平家疃一村），所以当地干部、群众在回顾这一历史时期的乡级建置时，习惯地称之为设"小乡"阶段。

1955 年 3 月，上级决定把通县下属各区由数字序列命名改为以各区委、区政府驻地命名。通县一区改称"宋庄区"；九区改称"楼梓庄区"。

1956 年 6 至 7 月，由于农业合作化运动的蓬勃发展，原有的区级组织形式和规模较小的乡级建置，已不适应经济发展的需要。因此，根据河北省人民委员会 1956 年 5 月 13 日关于并乡撤区的通知精神，通县采取"先并乡，后撤区"和"整乡合并，个别调整"的办法，于是年 6 月开始至 8 月中旬结束，撤销原有的九个区级机构，将 120 个乡合并为 44 个乡。龙旺庄乡、焦王庄乡（另有六合村乡）合并后单独建置，成立龙旺庄乡。组建龙旺庄乡党总支部，后改设乡党委，龙旺庄乡管辖焦王庄、刘庄、刘坨、苏坨、李庄、龙旺庄、小潞邑、王家场、耿庄等 12 个村。

将楼梓庄区管辖的富豪乡、葛渠乡、岗子乡 13 个村合并，成立尹各庄乡，现永顺镇的北马庄、范庄时属尹各庄乡管辖。

1958 年 3 月 29 日，北京市人民委员会（58）市张字第 76 号命令决定，自 4 月 1 日起将原通县和通州市合并改为北京市通州区，是年 5 月增设城关乡，其余 44 个乡办公驻地、辖域未变。

1958 年 5 月，通州把所辖的长营、公主坟、楼梓庄、咸宁侯 4 个乡划给朝阳区后，又将其余的 41 个乡合并为 23 个乡。龙旺庄乡所管辖的村庄与辛店乡、邢各庄乡共计 30 个村合并，成立宋庄乡。

原尹各庄乡、徐辛庄乡、翟里乡管辖的 27 个村合并，成立徐辛庄乡，北马庄、范庄为徐辛庄乡管辖。这个时期被当地称为设"大乡"阶段。

1958 年 9 月，通州区将宋庄乡、徐辛庄乡、南刘各庄乡的 44 个高级社合并，成立"宋庄人民公社"。

由于公社区划范围较大，为有利于工作开展，1959年2月，宋庄人民公社下设置8个管理区，苏垡管理区为其中之一，辖域为原龙旺庄乡所辖村庄。

1961年7月，通县对人民公社的体制和规模进行调整。除通镇公社外，全县其它7个公社统一改为农村工作委员会。"宋庄工委"下设6个公社，苏垡人民公社为其中之一，六合、瞳里两村划入苏垡公社。北马庄、范庄由"宋庄工委"下属的尹各庄公社管辖。由于这个时期所设的公社比1958年9月成立的人民公社规模小，所以被当地群众习惯地称为设"小公社"时期。

1965年5月，以社会主义教育为主要内容的"四清"运动基本结束，全县进行调并公社工作。在此次调整中，苏垡人民公社所辖的村庄除六合、瞳里两村外（划入宋庄公社），全部划入城关人民公社；由尹各庄公社管辖的北马庄、范庄也同时划入城关。

人民公社成立盛况（文献资料）

时城关人民公社共辖城关、北马庄、刘庄、李庄、范庄、焦王庄、耿庄、苏坨、小潞邑、龙旺庄、王家场、邓家窑、永顺、新建、西马庄、竹木厂、取中庄（史料中也有记述为取灯庄）、果园、杨庄、乔庄、南关、上营、小圣庙 23 个生产大队。

（刘正刚，通州区政协特邀文史委员，宋庄镇政府史志办主任）

走向城市化的永顺镇

■ 崔洪生

永顺镇的前身为城关乡，位于通州区西北部，北京城市副中心155平方公里范围内，镇域东与宋庄镇、潞城镇交界，西和朝阳区相连，南与张家湾镇、梨园镇接壤，辖区环绕通州老城区。

——

1914年，今永顺镇属于河北省通县第一自治区；1936年改属冀东第一警区；1948年其大部分为通州辖区，小部分为顺义县、朝阳区；1948年12月为通州区属地。1958年9月，为通州镇人民公社辖地；1965年5月成立城关人民公社，与通州镇脱离，为城关人民公社辖域；1972年将城关人民公社南部12个生产大队划归梨园人民公社辖域。1983年7月28日，经北京市人民政府批准，在城关人民公社管辖范围基础上，建立乡级政权组织，称城关乡。1990年2月乡改镇建制。1997年撤销城关镇，设立永顺地区，组建地区办事处。2000年7月，在地区设立建制镇——永顺镇，行政区域不变，与地区办事处实行"一套人马，两块牌子"。

永顺镇为京东交通枢纽，镇域境内有京哈、京塘、通（县）顺（义）、通（州）胡（各庄）公路和京秦、京承铁路在此交汇，东可直达山海关、秦皇岛，西可到北京市区，南抵香河县、武清县及天津市，北到顺义、怀柔、密云等区（县）。

境内西部有明代建筑永通桥，因距通州城八里，亦称八里桥，记载清代所建通州至北京朝阳门石道的碑记等文物古迹。1860年第二次鸦片战争期间，为抗击英法

八里桥旧照

联军进攻北京，发生了著名的八里桥保卫战。至今保存完好。

从地理位置和历史文化角度所察，永顺（城关）地区为典型的城乡接合部，内扩其城镇而外格于乡村，按体制上的城乡分立，归于农业农村之列，实在经济社会发展进程中，或带有某种程度的市井和工商业基础，使之呈现出城镇化的外部特征和发展趋势。其他乡镇（梨园除外）社会形态和产业结构则均属于农村性质。而永顺地区则不同，其成立之初，谓之城关，辖域坐落于通州镇周边区域，有些村落、街区尚与城镇街道实行共管。永顺东街为通州镇北城办事处与永顺镇共管；永顺西街由通州镇北城办事处天桥湾居民委员会与永顺镇永顺村村民委员会共管；运河东大街由通州镇南城办事处与城关镇（永顺镇）共管；通惠北路由通州镇与城关镇（永顺镇）共管；新华北街由通州镇西城、北城办事处与城关镇（永顺镇）共管；滨河路由通州镇西城、北城办事处和城关镇（永顺镇）共管。在农业时代和卫星城建设初期，城乡户籍制度以居民、农民划分，地

处城乡接合部的部分村庄，历史性地形成了居民、农民混合居住区，这类村庄有上营村、大悲林村和贾庄村。同时，由于一些国营工业企业选址在城边地区、城镇附近，还有中央、市属单位靠近城关和跨境交通量加大，非农人口比例较高，有些靠近城边的村庄也散居着一定数量的居民。

永顺镇（城关镇）因其所处区域和名称，地名文化中已蕴着含城镇文化色彩。在农业文明时代，产业经济和居民构成仍归属于农村，但在某种意义上与城镇保持着千丝万缕的联系，以后，随着经济发展和社会进步，特别是通州区进入城镇化发展阶段后，通州区被确定为北京新城区的发展战略，永顺镇以其靠近通州镇、城郊边缘和固有的交通要冲等区位优势，较早的步入城镇化发展进程。

20世纪80—90年代，城关镇（永顺镇）的部分村庄即已不同程度地融进城镇文化元素，或已初步具备城镇化的雏形，农村城镇化进程也早于通州区其他乡镇。凭借道路街区与通州镇的连接，坐落多家中央、市属企事业单位，还有数量庞大的流动人口，大量资源要素、信息资讯的涌进，城关地区工商业、服务业和建筑房地产起步较早，并吸纳许多新的生活方式和城市文明。大约在90年代初，城关镇（永顺镇）46个村中已有23个村落嵌入或划入的通州卫星城区域之内。

早期的城镇化是一个渐进、缓慢的发展进程，在工业化进入城镇化的背景下，一些经济实力比较强的村，按照镇域规划和通州城老旧城区改造的实施，通过旧村改造和房地产开发，农民搬迁上楼，传统的村落变成城镇化的新区，逐步向城镇化的方向迈进。

早在20世纪80年代中后期，由于北关环岛、京哈高速路的规划建设和通州城新华南北路改造工程的实施，城关乡已有果元村、北皇木厂村、盐滩村和马厂村全部或部分拆迁改造。

进入90年代，经过一个时期的产业结构调整，永顺镇第一产业的农业比重下降，第二、三产业迅速发展，成为全镇经济的主体。1996年，全镇工农业总产值7.88亿元，其中工业产值7.72亿元，农业产值1539万元。镇村企业发展建成兴苑、运乔、营力、滨河、天旭、检修、北通、富友、新马、永成十大企业集团，形成木器家具、服装纺织、印刷装订、食品加工、建筑建材、机械加工、冶金制造、汽车检修、交通运输、饮食服务十大行业。1992年建成的八里桥农贸市场，被国内贸易部评为第一批国家级农副产品批发市场。90年代初，为了改善村民居住条件，结合旧城改造，该镇西马庄、乔庄、杨庄、永顺等11个村实行旧村改造，总投资近10亿元，建成居民小区100万平方米，2500户农民搬进楼房，人均居住面积20平方米，占全镇总户数的21%。

按照北京市确定的建立京东卫星城的城市发展规划，通州区"十五计划"将原卫星城15平方千米扩大到51平方千米。永顺全镇划入中心城区域内，在产业定位上实行升级换代，要求该区域内不再发展工业项目，现有工业企业实施产业置换或逐步外迁。在推进城市化的同时，实行管理模式的转换，逐步建立街道办事处，加大城乡接合部的管理力度，强化卫星城的现代化管理。

2001年，通过旧村改造和房地产开发，全镇建成10万平方米以上规模住宅小区16个，农民累计搬迁上楼6320户，占全镇总户数的近50%，其中乔庄、小潞邑、西马庄、竹木厂、龙旺庄等5个村全部入住楼房。大规模整体性的旧村改造，带动了建筑和房地产业的迅速发展。2002年，镇属房地产开发企业达34家，天赐良园、格兰晴天、月亮河休闲公寓、在水一方、新潮家园、西潞园小区、东阁雅舍、富河园小区、东潞苑小区等较大房地产项目先后竣工。是年全年开复工面积107.24万平方米，商品房销售30.85万平方米，创税收6700万元，占全镇年税收总额的40.6%，房地产业和建筑业成为全镇经济支柱产业。随着城市化的推进和建成区域的扩大，经济结构加快向城镇型经济转型升级，在相继建成运乔建材批发市场、八里桥农副产品批发市场、明珠建材城和月亮河度假村四星级涉外酒店等大型商业服务业后，新发展商业、饮食、服务业、房地产业79家，投资总额7.25亿元。2002、2005年，永顺镇两次被评为京郊二、三产业先进镇，传统的城郊经济加快向城市经济转变。在此基础上，着力改造城中村，相继实施世纪星城二期、珠江国际城、万福家园、芙蓉花园等10个开发项目，加快城乡接合部城市化步伐，进一步提高新城建设标准。

随着越来越多的城中村改造和城市新区的逐步建成，永顺镇作为中心城区域形象的树立，自"十二五"规划起，坚持旧村改造和城市开发统筹推进。2009 年，全镇房地产业发展态势良好，共开发和旧村改造 21 个项目，临空新区、运通人和良园二期、世纪星城二期等项目进入区绿色审批通道，为土地上市奠定基础。配合新城基业，按期完成 2156 户村民住宅的拆迁任务，确保上营棚户区改造的顺利进行。运河核心区拆迁涉及新建、永顺、前上坡、岳庄 4 个村 640 亩，2010 年底完成拆迁。2011 年全镇有 11 个项目陆续开复工，其中包括珠江国际城 3 期、京贸家园、巴喱岛等 5 个开发类项目以及李庄自住楼、焦王庄自住楼、刘庄自住楼等 6 个旧村改造项目，进一步加大城市开发和旧村改造工作力度。

至"十二五"末，永顺镇已基本实现城市化，原有的低端污染耗能企业得到彻底腾退，非首都功能进一步疏解，实现整体产业转型升级。2015 年后，在新城核心区和城市繁华地段，先后建成万达广场、富华、华业、保利、长城国际、京杭府等新型现代商务服务业态，形成比较发达的城市经济和服务性经济，为符合副中心功能定位项目入驻提供产业承载空间。

二

进入 21 世纪，根据市委、市政府关于北京城市发展战略的调整，城区发展布局沿长安街两侧东扩，通州区处在东部发展带节点上，其发展定位为北京的一个新区。2004 年 1 月初召开的通州区第三次党代会，提出用 5 年左右的时间，打造北京新城区基本框架，用 10 年左右时间，把通州新城建设成为北京新城区。北京新城区基本框架是"一城（通州中心城）、五镇（宋庄、西集、漷县、永乐店、马驹桥）、双走廊"，永顺镇已全部纳入中心城区。

2004 年，落实"十一五"规划任务，首先对永顺西街进行彻底改造。永顺西街贯通通州新华北街和通惠北路，全长 1191 米，原路面年久失修，坑洼不平，给群众出行带来不便。永顺镇投资 320 多万元，对这条路包括下水、通信等方面进行改造。同年，投资 2500 万元修建铺设规划七路，该路南起京榆旧路，北至潞苑北大街，全长 2699.5 米。规划七路的开通，改善了永顺镇运河东各村的交通条件。

2007 年，在实施朝阳北路东延线二期搬迁涉及范庄、焦王庄、李庄、刘庄 4 个村 239 户搬迁工程的同时，逐步完善新城基础设施框架。朝阳北路东延一期、温榆河西路、温榆河东路一期顺利竣工，潞苑北大街的拆迁任务顺利完成，朝阳北路东延线二期（通顺路——东六环西侧路）的拆迁工作顺利推进，新城北部地区基础设施网络基本形成。

2009 年，完成研发正元矿业大厦项目用地规划，落实北京通州商务园金融街园中园项目，北京市电子商务聚集区正式挂牌商务园，通州商务年会电子商务专场在商务园成功举办，乐友、大唐高鸿、凡客尚品 3 个项目签约入驻，商务园的电子商务聚集效应日益显现。2010 年末，配合通州新城运河核心区拆迁，完成新建、永顺、前上坡、岳庄 4 个村的集体土地 640 亩土地腾退；完成商务园和北马庄 22 户宅基地的剩余拆迁工作，8 个授权地块全部完成拆迁。

2012 年，配合区政府全力推进朝阳北路二期建设工程、北苑 110 千伏架空线迁改工程评审、地铁六号线物资学院站工程、地铁六号线新建盾构井工程、东六环西辅路工程、潞苑三街道路工程等六项工程。完成陈列馆路北延、陈列馆路北街、靶场路东延和焦刘路的建设、榆纪路的大修工程；小圣庙西环路、小圣庙西环北路、小圣庙南路和靶场路、永顺南街的大修等工程，有效缓解城北交通网的出行压力。总投资 2951 万元。

2013 年，主动对接区属折子工程、镇域内重点项目，完成运河核心区长安运河项目、北京中心项目、保利项目、绿地项目的注册。万达广场项目开工建设，招商引资工作同步启动；乐视网网络视听产业基地、东方雨虹总部基地、联想科技城项目、中国移动互联网产业园等一批优质项目相继落地。"十二五"规划中期国民经济和社会事业均达到预期目标。区属保障性住房项目苏坨、刘庄拆迁；辖区 6 个保障性住房项目全部复工；落实河东水厂项目征地手续，配合新华医院开工建设和北京五中分校项目地块整理工作；落实区政府重点折子工程，推进东方化工厂搬迁。城市基础设施建设完成 8 条道路的大修工程；投资 2000 万元，完成电台沟、李庄南小区、团结沟、火化厂路边沟等防汛排水工程整治改造，清理河道沟渠白色垃圾 1 万延米；启动河东 8 村排水规划编制工作，为新城北部地区整体开发建设夯实规划基础。

2014 年，协调市级重点挂账杨庄村相关手续办理、协调、配合新华医院、北京五中通州分校、杨庄小学等项目完成各项征地拆迁工作；配合完成小中河改造工程和镇域内公租自行车布点工作；推进朝阳北路东延二期、六环西侧路北延、潞苑三街、潞苑五街、潞苑中路、竹木厂路等道路工程前期各项征地拆迁手续办理。

2017 年至 2018 年，完成北京城市副中心绿心棚改区改造项目永顺片区住宅区域（小圣庙村）、八里桥市场棚改项目二期签约；潞苑三街、朝阳北路东延二期等 7 项道路工程稳步推进；完成通州区 0203 街区焦王庄地块、临空新村南部地块等土地一级开发项目上市并挂牌交易；东方化工厂周边棚改项目小圣庙村及安置房区域完成拆迁；城市绿心土地整理项目。安置房项目动土开工建设、通惠河水环境综合治理二期工程完成拆迁；广渠路东延拆迁项目按期推进。

三

永顺镇长期处在通州城区周边地区，是典型的城乡接合部，兼有农村和城镇的双重属性。近 20 年来，随着通州区整体城市化的发展，永顺镇部分村庄实行旧村改造，逐步建成城镇化的新区。农民搬迁上楼，按有关政策实行农转居，相应地，农村村委会逐步向社区居委会转变，由农村管理体制向城市街道体制过渡。

由于历史的原因，早在 20 世纪 80——90 年代，当时的城关镇已经存在几个由乡镇和街道办事处、社区居委会共管的村。为适应当时农村乡镇和城镇体制共存的状况，1997 年撤销城关镇，设立永顺地区，组建地区办事处。2000 年地区设立建制镇，行政区域不变，与地区办事处合署办公，实行建制镇和城镇街道两套管理体制。

"十一五"规划明确规定：永顺等靠近城边的乡镇。要突出强化对城市的管理职能，加大对卫星城和城乡接合部的管理力度。2005 年，永顺镇户籍人口为 49930 人，其中农业人口 22185 人，非农人口 27745 人，非农人口已超过农业人口，人口的城市化率达到 55.57%。

是年，永顺镇原有的 46 个村减少到 24 个，已建成居民小区 31 个，镇域内形成 8 条主要街道。由于新建社区、街道的增加，出现了与之相应的新地名，经过清理整顿，共设立新区域名 14 处，分别为：安顺北里、潞苑北里、东潞苑、枫露苑、枫露南里、潞苑南里、潞邑、龙旺西里、芙蓉园、永顺东里、永顺西里、复兴北里、杨庄南里、翠屏北里；更新主要街道 8 条，即：新华北路、永顺路、永顺西街、陈列馆路、安顺路、富河大街、潞苑南大街、乔庄北街。

适应城市化进程中农转居和社区居委会的逐步建立，为提高社区专职工作者的业务水平，组织全体社区专职工作者参加社区建设知识的培训，探索乡镇体制下居委会发展模式，为新建开发小区管理、方便居民生活提供边界服务。通过社区居委会换届选举，加强城市社区服务站建设，推动楼门文化和群众性业余文化活动的开展。自 2011 年起，永顺镇与开发商协商，为辖区内居委会争取办公用房，提供良好的办公条件。至 2012 年，辖区内 22 个居委会已有 19 个居委会办公条件达标，完成 402 个文化楼门建设。2013 年，加强城市运行秩序管理，开展街面环境卫生净化行动。针对辖区内无主管理老旧小区多、设施老化严重、历史遗留问题复杂的状况，镇政府制定《无主管理老旧小区环境设施整治提升方案》，确定"调整现有管理四至，强化软件管理，加大资金投入，补齐硬件旧账，制定社区规划，实现动态管理"的工作思路，启动无主小区改造工程。年内，按照"平安创建"工作部署，投资近 2000 万元，建成全镇社会防控体系监控网络，架设 1086 个高清探头，在镇级社会服务管理大厅设立总控平台，并与网格化系统实现联网对接，提高了本镇社会服务管理精细化、信息化水平。

2016 年，持续优化"大城管"工作体系，建成永顺综合管理中心，推行"扁平化调度，协同化作战，智能化支撑"的综合执法机制，规范各类执法行为。全面推行街巷长制，完善环境考评体系，有效改善了永顺镇整体面貌。在通州区"创城"活动中，积极引导市民文明行为，大力发展志愿服务事业，形成"和谐永顺文明创建活动""德耀永顺"等具有影响力的活动品牌，市民群众的文明素质显著提升。2017 年，永顺镇基本形成党建引领"吹哨报到"的工作格局，建立实体化的综合执法平台，"小巷管家"实现全覆盖。创新老旧小区物业管理模式，设立老旧小区物业补助基金，推行老旧小区物业缓冲期内保底代管及账单式服务，改善老旧小区的整体面貌，与新城新区建设管理同步推进，协调发展。

作为一个从城乡接合部向现代城市新区发展的建制镇，在全面落实规划、整体推进通州区城市化的进程中，永顺镇根据原来城乡接合部的特点，结合城中村的改造和新型社区建设，进一步加强对环境卫生的治理，取得显著成效。2005 年 5 月，镇政府成立环境建设指挥部，设置"2008"环境建设办公室，由公安、工商、城管、协管等 13 人组建综合执法队伍。投资 1000 万元在永顺镇小中河西岸，建一座占地 10 亩、日处理垃圾 400 吨，全区最大垃圾转运站，提高本镇垃圾清运能力。2005 年，永顺镇共投资 1450 余万元用于垃圾封闭化管理，全镇 24 个村全部实行垃圾封闭化管理。龙旺庄村被评为国家级卫生村。

2008 年，组织各村开展春季环境综合整治大会战，全镇出动人员 2 万人次，大小车辆 200 余辆，改造永顺西街地下垃圾大箱 2 个，新建龙旺庄学校、北马庄、乔庄地下垃圾大箱共 8 个。全年累计治理乱堆乱放 41 处，拆除私搭乱建 400 平方米，清理垃圾 19344 吨，平整硬化道路 1.52 万平方米，整治坑塘 1200 立方米，绿化美化近 10 万平方米。

2009 年，以创建卫生区为契机，加大镇域内环境综合整治力度，投资 1200 多万元，改造旱厕 37 座，改造翻新垃圾大箱 83 座，新建水冲式公厕 6 座（每座 15 万元），垃圾箱入地项目完成 16 座（每座 7 万元），改造垃圾站 60 处（每处 0.5 万元），清理各类垃圾渣土 2 万余吨（约计 30 万元），捡拾白色污染 200 千克，清理卫生死角 20 多处，清除残标广告 1 万余张，粉刷油饰小广告 5000 余处，彻底整治冠榕大酒店北侧、乔庄西园子、六环西侧路小圣庙段等处长期存在的环境脏乱问题，顺利通过北京市卫生区考核验收。

2013 年，开展街面环境秩序净化行动，深化"门前三包"责任制，多措并举严防严控非法小广告。2015 年，开展地下空间、危化行业、食品卫生等重点领域安全大检查。加强城市精细化管理，持续开展打击"两违"、无证无照经营、地下室、群租房等专项整治，集中消除危化、消防、天然气管道占压等各类安全隐患，破解城市管理难题。2017 年，统一规范京榆旧路等重点道路的环境秩序，完成 20 条道路环境整治任务，提升城市公共空间环境品质。2018 年，推动垃圾分类工作，453 家餐饮单位餐厨垃圾实现规范收运，2 条建筑垃圾资源化生产线投产运行。通过一系列环境治理和城市卫生基础设施建设，提高镇域环境卫生质量，塑造建设中的北京城市副中心的崭新形象。

　　按照通州区城市化战略的空间布局，永顺镇正好处于"一核三区"的一核之中，承担着现代化国际新城拓展区的空间支持功能。为了打造功能齐全、布局合理的现代化新城，永顺镇在不断加大城市环境整治力度、开展大规模环境综合整治的同时，从"十一五"末开始，随着城市建成区域的扩大，配套实施绿化美化工程。

　　2009 年，累计投资 196 万元，完成三八国际友谊林、温榆河绿色通道、六环路绿色通道、东方化工厂环厂林、上营发电厂林地、小中河西侧绿地、京哈公路北侧林地等处 2000 余亩的补植管护；完成物资学院路、永顺南街、永顺路、永顺北街、规划七路、潞邑西路的 7 万多平方米景观绿化带的养护；配合区园林绿化局、水务局等有关部门推进万亩滨河森林公园、温榆河生态公园、运乔家具城西侧路、玉桥中路东侧等区域的绿化美化；完成苏坨新村、龙旺庄学校市级花园式单位和运乔嘉园市级园林式社区花园式单位的创建。

　　2011 年，完成镇域内 12 万平方米绿地、121 万平方米林地的补植补造及春夏季管护，城市环境明显改善。2012 年，投资 120 万元，完成六环路、温榆河、小中河永久绿化带，镇属道路绿化及大面积林地绿化管护任务，总面积 3000 余亩。

温榆河大桥

2016 年内，深化"1+10"环境建设体系，充分运用社会监督和视频监控，广泛发动群众参与环境建设。投入 2000 万元设立村级环境建设奖励基金，建立健全村级环境卫生考核评价体系。强化大气污染和水环境治理，改造燃煤锅炉 128 蒸吨；全面治理镇域内黑臭水体，完成镇域内黑臭水体治理工程，制定"河长制"实施方案，构建镇村两级水环境管理体系。

至"十二五"末，永顺镇已基本实现城市化。从"十三五"开始，落实全区深度城市化战略，即以重点功能区建设为带动，大幅度提升城市交通、生态和文化品质，深入推进城乡接合部棚户区改造，全面优化城市空间形态。"十三五"时期部分重大园林绿化项目有永顺城市公园、刘庄公园，加上其他周边地区共有 11 处新建城市公园，整体的城市形象和生态环境实现进一步提升。复兴西路、富河园路、前上坡中路、果园大街获得 2018 年度首都文明街巷，果园路获得 2019 年十大"北京最美街巷"，复兴里西路获得"北京最美街巷"提名奖，乔庄后街、物资学院东路获得 2020 年首都文明街巷。

"十四五"期间，永顺镇将坚持经济发展高质量、社会建设。高水平、居民生活高品质，集中优势资源，突出重点，集中攻坚，着力补短板，建设成为展示城市副中心独特城市形象的魅力地标。

（崔洪生，通州区政协特邀文史委员，原台湖镇调研员）

刘庄公园、永顺公园、西马庄公园

小圣庙的前世今生

■ 任德永

　　老通州人都知道小圣庙。早先是通县城关镇的一个庄，后来调整为通州区永顺镇所辖的一个行政村了。小圣庙在《通县地名志》中是这样记载的："明代已成村，因位于北运河畔，建庙一座供奉河神，相传为小神爷骑独眼龙神像，以镇水怪。漕船至此焚香上供以祭河神，祈求圣灵，保佑漕船平安返回故里，习称小神庙。形成聚落后，村依庙名依谐音称今名（小圣庙）"。由此可知：小圣庙村因小神庙而得名，此地先有庙后有村。村庄也依河而建位于大运河右岸，庙临河建于村东以求镇水保过往大运河漕船的平安。

　　历史上，在通州大运河西畔自潞河驿与黄亭子而南不远的地方，曾经有过两座与祭祀河水有关的道教庙宇，分别称之为大王庙与小神庙。大王庙供奉的是龙王爷，而小神庙祭祀的是河神——河伯冯夷。河伯据说是古代神话中黄河的水神，一个出生于华阳县潼乡民间俗名就叫冯夷的人，在河中不慎被水淹死而被玉皇大帝封为水神，以镇水来护航往返于水上的各色船只等。

　　元明清三朝定都北京后通州作为大运河北端大码头，每年承载着皇家四五百万石漕粮的艰巨任务，除了实行严格的坐粮厅与军粮经纪密符扇制度外，还辅以道观寺庙信众之民俗文化，为此大王庙与小神庙应运而生。光绪版《通州志》记载：紧邻通州城的东西历史上各有一座黄亭子。今通州北苑高架桥北辅路之南侧的黄琉璃瓦覆顶的始立于清雍正十一年（1733）的通州御制石道碑（亭），就是通州城西侧的黄亭子，那么东侧的呢？东侧的因战火早已灭失。而《古韵通州》这本书却记载下了它的功用：除供帝王休憩外还有界分漕运码头之功效——自元以降张家湾成为大运河北端第一大码头，直至明嘉靖七年（1528）后，吴仲将元时郭守敬所修通惠河口调至通州城燃灯塔下大光楼处，土坝与石坝遂成为大运河北端漕运大码头，而民船客船等则沿大运河西畔停靠，自东黄亭子以南至张家湾依次布列成为码头集群，十余里的水面则是轴舻蔽水、帆樯林立、万舟骈集之盛景。为保障漕船停泊与装卸遂在漕运码头南界立黄亭子一座，民间称其为东黄亭子。亭子西侧就是临河的大王庙，大王庙两层坐西朝东前置戏台，相传曹雪芹与朋友经常登临此楼把酒临风吟诗唱诵成为美谈。再向西则是历史上的潞河驿站，即今通州运河大桥西南侧高楼北面空地。听老人常讲：在东黄亭子曾立碑通告：凡民间客商船只，一律不许越亭北上，只准沿亭以南停靠。

所以祭祀龙王的大王庙位列其北首，而其下之十余里开外小圣庙村用以

小圣庙北发电厂水塔

祭祀河神的小神庙则位列其南端。历史上通州城内外还有过用于祭祀海神妈祖的天后宫两座，这些均与南漕北运的大运河有着密切的关系。大运河很长一段时间被称为潞河，由于它主要吸纳了潮河、白河与温榆河的水量，一来便于漕运，二来也有不利的一面，那就是水患比较多，及至清雍正四年（1726）因治水得力此河始称北运河。前人在大运河西畔广建海神与水神道教庙宇，用以祭祀海神（妈祖）水神（龙王、河神），本意是希望企求行船平安利国利民。所以在漕运码头之南客船大码头处建有小神庙，以方便往来南北上下船的游客进香祭拜保旅途人财平安，后来附近又开了许多店铺逐渐形成村庄，亦以庙名之成为小神庙村，叫白了就成小圣庙了。

据载自清嘉庆十三年（1808）以后，北运河在小圣庙村东冲决左岸，只沿康家一线沟湍流而冲出新的河道至今，从此便形成今天的走向遂不复流往张家湾了。可见，小圣庙村除了作为大码头之外，因其地势高耸，本就介于大运河新旧河道的高台之处，所以地理标识的意义也非常显著。

2015年后，通州华丽转身成为北京城市副中心，位于副中心行政办公区西南侧永顺镇的小圣庙村也拆迁它址，这里连同村子东南侧的北京东方化工厂、张家湾镇的北马头村与张辛庄村等于2020年9月29日一并成为北京城市绿心公园。目前正在建设中的位于绿心公

小圣庙村旧照

园西北角的北京城市副中心的三大地标性城市文化建筑——北京大运河博物馆（首都博物馆东馆）、首都图书馆东馆和大剧院已经封顶，预计明年2023年下半年将对外开放。此前，经北京市文物勘探部门对此进行文物地勘后发现并保留了小圣庙村庙的遗址。如今，绿心公园里的三大地标建筑形成犄角之势，也似众星捧月般的拱卫在庙的遗址四周，凸显着它的历史地理与人文的价值，使它成为永顺地区又一处见证大运河兴衰起落珍贵的文化遗存，不久将与游客见面，让我们期待着。

（任德永，通州区政协特邀文史委员，通州区文物管理所工会主席）

三大建筑实景

漕运文化

漕运码头和石坝土坝

■ 王文续

潞河八景·万舟骈集

清 李焕文

雄关纵目大光楼　八省军门此驻骖

玉粒香粳齐挽粟　吴头楚尾竞停舟

帆樯林立人如蚁　灯火星罗浪泊鸥

万国梯航兼贡献　宝夷蛮女尽怀柔

石坝土坝　盛况空前

　　明清两代封建王朝，沿袭旧制向全国征敛粮食，千里迢迢从大运河运往京城，史称漕运。朝廷每年要把关系封建王朝兴败存亡的几百万石漕粮，连转汇集到通州的石坝、土坝，然后转入京、通各仓。因此，通州的政治、经济、军事、文化各方面都曾鼎盛一时。尤其石坝、土坝这两个漕运码头，更是通州最繁华所在。正如当时在通州流行的一段民谣所说："穷南关，富北关，吃吃喝喝是东关。"这穷和富是相对的提法，石坝在北关用富形容其繁华；土坝在东关用吃吃喝喝形容其热闹；南关和西关相比之下略有逊色，用对比来突出石坝和土坝的盛况。

　　为什么漕粮运到通州要使用石坝和土坝两个码头呢？这是因为漕粮

按照项目征收。主要分正兑和改兑两大类。所谓正兑就是按照定制，正式应征的漕粮，多属质地较糙的白米，供作旗兵军饷、旗人俸米之用，也称军粮，由石坝验收后转输京城各仓；改兑是由其它税项改兑征收的漕粮，是质地精细的白米，故也称白粮，供应宫廷和京官需用，在土坝验收后运入通州中、西等仓。可见这两个码头是有明确分工的。

所谓"坝"，就是在运河岸边选择一块适当空旷地方，加以整治后，用作堆贮由漕船经过察验、过斛、装袋，卸下来的漕粮，准备搬上剥船（小号船）起运入仓的场地。即类似今天内河航运的港口或码头。还有一种解释："坝"，就是用土或砖石筑垒的小矮墙，围成广场，用作堆贮由漕船经过验收、过斛、装袋后卸下来的漕粮之所。

石坝和土坝是朝廷颁诏钦定的漕运专用码头，任何私人商船客舫一律不准使用或停泊。为此，特建造黄亭子立碑诏示公众遵照执行。

石坝位于通州北门外，南倚城墙，北临通惠河，东濒运河西岸（此处无堤），西跨官道与葫芦头相接。明嘉靖七年（1528）由巡按御史吴仲倡议并经办，在北关置石坝。四百年间不仅它本身日益发展壮大，也为漕运事业作出了卓越的贡献。石坝设州判一员，原在州衙门内办公，后移至石坝掣斛厅，又称督漕公廨（位于今石坝遗址公园东侧）。下设书吏 19 名、小写 4 名，河兵 15 名，军粮经纪 100 名，白粮经纪 25 名，船户 20 名，水脚 104 名等官胥役夫。

在石坝东南高岗处有一座大光楼，取《周易》"益卦""损上益

大光楼（赵树生）

验粮图

下，民说无疆，自上下下，其道大光"之义。有文献记载"大光楼在石坝之脊"，故有楼高逾城之说，是验粮官员办公休息之处。应该说它是石坝的标志性建筑，所以旧称石坝为石坝楼简称坝楼。大光楼面向运河，背靠州城，上下两层，下层为一拱式门洞通道；上层是些山脊建筑，单层双滴水。面阔3间，进深3间，四面围廊带护栏杆。有楹联一副，上联是：高处不胜寒，数沙鸟飞帆，七十二沽丁字水；下联是：夕阳无限好，看燕云蓟树，百千万点米家山。同治十一年重修时在楼两侧各增建平台三间。光绪二十六年义和团曾在这里操练团勇，同年八国联军入侵，大光楼遭列强焚毁。

在大光楼旁有一座潞神庙，是祭祀河神小白龙的小庙，仅有正殿3间和东西配殿。正殿的神像是一位神情潇洒、半躺半卧的白衣秀士，老百姓称他是"逍遥自在小白龙"。两侧排列虾兵蟹将，殿内墙壁上有各种姿态的蛟龙，吞云吐雾，倒海翻江的壁画。这是当年官民祈祷河神保佑漕运平安畅通、漕粮顺利验收入仓的一种精神寄托。

在石坝的南端有号房（也称窝伙）94间，是备役员休息的地方。

在坝楼迤西咫尺之遥的里河沿，有祖斛庙，俗称斛神庙（今里河沿72号郭元云院内）。庙里的木架上放着一张铁质的"祖斛"。斛是坐粮厅统一制作下发的量米用的木质量具，上边烙有火印以示标准官斛，每次领到的新斛或使用中发生故障，要用八个轿夫去斛神庙抬出"祖斛"套对新斛是否准确，每次抬动"祖斛"要给轿夫一两白银，已成惯例；在祖斛庙的西部是下袋厂，为存放装运漕粮用的十几万条口袋的地方；在下袋厂的西部为小驴厂，是饲养漕粮起运时给驳船拉纤用的小毛驴儿的地方；在坝楼的西南侧（今石坝遗址公园西南角两棵槐树的地方）是江苏漕运分局（江苏漕运总局派驻石坝办事处）。

　　每年漕粮上坝，古老的运河就停满了各省按照规定的时限陆续到达的漕船。其中有扬帆捩舵，满载漕粮的重船叫"重运"；有卷帆抽舵，以尾推行的空船叫"回空"。此外还有在水面游弋的坐粮厅稽查的瓜皮艇；和因水浅船重难以靠岸，用作拖引的驳船；以及对漕船"礼让"的私家商船、客舫等等，这些密密匝匝以漕船为主的各种船只，从石坝逶迤排列一望无际。《石坝须知》对此也有描述："南船来往，停泊坝外，篙眼积如蜂窝"。意思是撑船的篙把堤岸扎的像蜂窝一般，从侧面形容船只众多。总之真可谓帆樯林立，鳞次栉比。

　　堤岸上更是车水马龙，川流不息，人群如蚁，喧嚣聒耳。每当晨光曦微，徐风拂面，几千个扛夫挤在坝楼的各个角落，有的懒洋洋地蹲在旮旯或席地而坐，愁眉苦脸，默默沉思；年轻的三五成群谈天说地或笑骂追逐；骨瘦嶙峋的老弱者，步履蹒跚地踱步徘徊；个别的点头哈腰跟在把头屁股后头像是央求着什么；还有的坐在饭摊上，狼吞虎咽吃着早餐……这就是坝楼为数最多的一个劳动群体——扛大个儿的，林林总总，形形色色，等待着漕粮验收的开始。各省督运漕粮的官弁、旗丁、船主，他们有的拎着"小包米"，有的怀揣银票，为疏通各种"障碍"，打点那些贪官污吏而东奔西跑，大汗淋漓。至于经纪、斛头、督管、水脚、车户一班人等也都七手八脚忙着为自己要干的活儿作准备。

　　石坝边缘的街头巷尾，也热闹非凡。卖大饼、烧饼的掌柜，拿着擀面杖在面案上敲着清脆的花点；现出屉的馒头、包子、蒸饼，热气中散发诱人的香味；油果铺冒着浓重的油烟，炸制通州独特风味的食品——油炸鬼（简称油鬼。是通州独具特色的风味食品，目前几乎失传。它与现在市场流行的油饼、油条从形状到做法及口感均不相同。油饼、油条都是用油案作剂；而油鬼是用面案作剂）；切糕车子围着一群抽签儿的顾客，呼么喝六叫着和掌柜的一赌输赢；还有馄饨、热汤面和热腾腾的窝头、香喷喷的煮丸子炸豆腐……各种不同档次、不同口味的食品应有尽有，为人们特别是扛大个儿、水脚等出卖劳力的群体，供应丰富多样、实惠价廉的早餐。

一棒锣响，由仓场总督委派的属员，和坐粮厅厅丞组成验收官（通称老爷），率领坐粮行二宅、三宅及八科中有关各科官胥及社人等，在相应品级的旗锣伞扇和各种执事的前导下，有的乘轿，有的骑马，有的徒步，威风凛凛，浩浩荡荡来到石坝。本来验粮官应该亲身登船察验漕米的成色，有无杂质，是否潮湿霉毁，但由于漕弊日深，官习日惰，演变成验粮官不再亲登漕船，只坐等在大光楼内，社人高喊："开关！打样！"然后由经纪派人上船舀一巴斗漕米，双手托举称"托塔"，下船交样，再由社人用托盘把米样呈送验所，请老爷察验。当年社人都身携带好坏不同的米样，如船户行贿则通过掉包呈上好米样，则可验收通过；如不行贿就送交坏米样，其结果是不合格，就要由船户雇工把粮食运到空地，进行筛、扬、晒，还要给经纪一定好

通惠河五闸
水位示意图

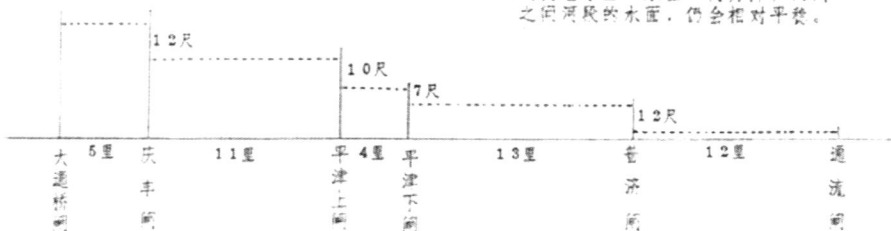

通惠河"五闸"水位示意图
（根据《石坝须知》文字记载制作）

（说明）图中所示水位数字，应该不是绝对不变的，但不管是旱涝或其它原因，水位如何升降，两闸之间河段的水面，仍会相对平稳。

处。验收合格，就由经纪名下的斛头上船过斛，由督管刮平、倒斛装袋，这一倒一刮又可大作手脚，凭看他们的"绝技"，如递包行贿则可盈余；否则就会亏绌。从掉包换样、过斛盈亏，可见漕弊之一斑。两斛装一袋称一石（约150斤），

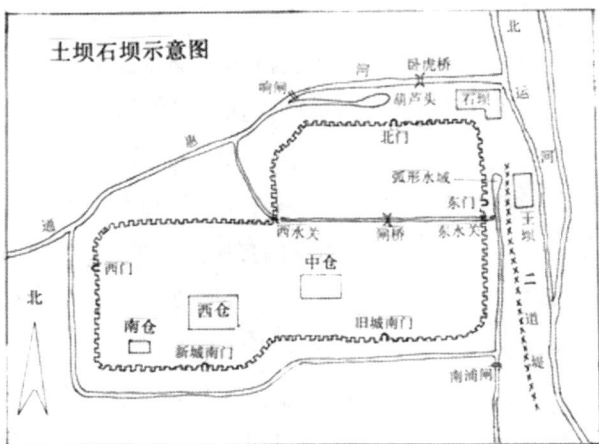

土坝石坝示意图

由扛大个儿的像蚂蚁搬家似的扛上石坝，临时码垛囤贮，称为"坐粮"。然后再扛到葫芦头装上驳船（又称小号船），每船240袋（另说每船100袋），经通惠河转运京城各仓。每年在石坝验收、转运的漕粮约三百多万石，每日起运最少三万石。扛大个儿的都是临时雇工，各自依附某一把头（把头也都依附某号经纪），扛包脚钱不固定，按路途远近，任务缓急，天气变化，临时增减。每扛一袋领一根长约一尺左右的竹签，称"筹"（也叫筹码），每天凭筹码多少领取工钱。

　　驳船在葫芦头装满漕粮，依傍减水闸（俗称闸簸箕）入里河沿的一段护城河（今已被填平并在葫芦头西端堆土成丘，上构"望古"石亭一楹）西行，再傍响闸入通惠河，过八里桥经普济等五闸，到大通桥卸船，车载入京城各仓。所以当年在京通地区流行"五闸二坝"之说，是家喻户晓，妇孺皆知。

　　所谓二坝就是石坝和土坝。五闸是指由石坝到大通桥这一段通惠河上修建的普济闸（又名杨闸）、平津下闸（又名花闸）、平津上闸（又名郊亭闸）、庆丰闸（又名二闸）、大通桥闸（又名头闸）。为

什么要在仅四十里的通惠河上修造这么多闸呢？因为京城与通州的地势高低相差悬殊，通惠河自西向东水流湍急，比降很大，满载漕粮的驳船，逆水西上，十分费力，因此建造五闸把水位逐闸拉平，改造成阶梯型河道。各闸备驳船，置水脚，逐闸盘倒，依次西行，直抵大通桥。

《石坝须知》对五闸有如下解释：普济闸位于通流闸（闸桥）迤西12里，其水面高于通流闸12尺；再西行13里的平津下闸，水面又高7尺；再西行4里的平津上闸，水面又高10尺；再西行11里的庆丰闸，水面又高12尺。

可以想像，漕船行驶在这样一段一段相对平稳的阶梯型的河面上，自然是既省力又快捷。同时桥、闸一体方便两岸交通。并且每闸都建有滚水坝（溢洪闸）、月河等配套设施，调节水量，防止或减轻旱涝等自然灾害对通惠河航运的影响。这些都显示了我们的祖先在水利治理上发挥的聪明与才智。

土坝位于东门外，在原大堤西内侧、二道堤东外侧之间，今东关大桥一带，是验收改兑漕粮，转输通州中、西二仓的漕运专用码头。土坝设州同1员、书吏4名、车户50名、船户15名以及若干经纪等。土坝州同的督漕公廨是清乾隆二十七年，把业已塌毁的给孤寺改建为土坝掣斛厅。土坝也有下袋厂和约30多间号房。在土坝迤南的东岳庙是贮存土、石二坝备作铺苫粮垛、扬晒漕粮等项需用芦席的席厂。在土坝验收的白粮，最初以车挽进东门漕运专用的南小门，送入中、西各仓。明万历二十二年（1594）郎中于士廉视察并疏浚了护城河，建闸一桥四，改陆运为水运。从二道堤内西侧，即护城河北端形成的弧形水域（俗称"二道堤坝里"），装小号船沿护城河往南（即今故城东路——盖板路），傍南浦闸（今锻压机床厂新开的东门外附近）折而往西，经护城河至旧城南门外卸船，车挽入中仓；如过旧城南门沿护城河继续西行（即今玉带河大街——盖板路）至新城南门外卸船，车挽入西仓。土坝验收的漕粮年约七、八十万石。土坝验收的过程和当年繁华的盛况与石坝相同，不再赘述。

商船辐辏　贸易兴隆

在明清漕运鼎盛期间，客旅货运也依赖大运河转输，通州就成了江南塞北山泽百货物资交流的枢纽，因此曾流传着："南通州，北通州，南北通州通南北"的佳话。

每当春暖花开，河水解冻，数不胜数的民用商船——荷包船，密密麻麻地停泊在北运河两岸，拥挤得几无隙地。

骆驼店

由于土坝、石坝严禁私人船舶停靠，在土坝黄亭子以南，凡由淮河流域各省运来的麦、稻、杂粮的商船在此停泊。在附近的大王庙口内大街，有德裕等11家麦子店，专营存贮、经销南粮的业务；再往南有堂子胡同口、佟家胡同口、罗家口、药王庙口等处，都是装卸零星货物的泊岸口；再往南有江米店口、东岳庙口，是装卸大木料及粗笨货物的泊岸口。

自土坝北侧的善人桥往北至石坝以南一带，是装卸杂货及竹木板片的泊岸，俗称卸货场。靠近城墙有几家货栈，都有宽绰的堆货场，这里的货物若进城只准走北小门。此外，还有一些茶棚、饭摊和赌场也在此各占一席之地。

石坝以北即通惠河口的下关至浮桥一带，是装卸皇木、金砖、大盐和南方的山泽百货、茶叶、磁器，以及塞北的皮毛、土特产的泊岸。所以附近有皇木场、金砖场、盐滩和瓷器会馆——万寿宫，以及应运而生并极盛一时的两个行业即十八家骆驼店和几家茶局子。真可谓商贾云集，市肆兴隆，一派繁荣景象。下面对骆驼店和茶局子略予阐述。

（一）骆驼店

所谓骆驼店，并不是像今天奶牛场那样饲养骆驼的畜牧企业。而是把从运河运来南方的山泽百货，落脚通州的骆驼店。除少量在京通销售外，大部分货物再用骆驼远销热河、承德、张家口、绥远、包头、外蒙古等地。同时，把塞北口外皮毛、土特产品用骆驼驮到通州骆驼店，再经运河运往南方各地。由此可见骆驼店承担南北货物的转运业务，它的正式名称应该是"转运货栈"，简称"栈房"。由于从通州到塞外往返运输都靠骆驼，因此人们习惯称之为骆驼店。

当年在石坝附近的赦孤台、牛作坊、皇木场、盐滩、前后窑、马厂等地，开设有复兴店、天庆店、德聚店、三和店、乾元店、通顺店、德丰店、德隆店、福兴店、聚和店、大和店、义兴店、三义店、玉成店、太平店、富兴店等十八家骆驼店。

骆驼店既然是转运货栈，所以都备有宽敞而又功能齐全的货场，并派有经验的人，为货主储存保管货物。保证不能出现雨淋、日晒、鼠咬、霉烂以及失盗、失火等各种意外事故。

骆驼店对客商的接待十分热情、周到，不但提供舒适的客房、丰盛的美餐，保证客商吃的美、睡的香。为了满足客商的爱好，娱乐生活也安排的丰富多样。

骆驼店还承担货主与客户双方交易的掮客，用现代的话说就是代客推销。成交以后对于货物运送，结账收款，报单纳税等一系列业务，全方位服务。货主躺在栈房里吃喝玩乐，不用操一点儿心，费半点力，大把的银子就赚入腰包。因此当年的栈房"诚信"所致，各店都有一批熟客，每次来通必定认准某家栈房。另一种情况就是为了使货物销路通畅，较大的骆驼店在口外都开设一家或几家分号，沟通各地供需信息，便于拓宽成交的渠道，争取商机，赢得买卖双方的满意与信赖，栈房的声誉越高，回头客商越多，生意越兴隆，财源越旺盛。

骆驼店除了经营上述正常的营业外，当年多数漕船都夹带走私货物，如绸缎、夏布、茶叶、雨伞、纸、糖等。这类私货既省运费，又逃避纳税，其价钱自然便宜，但是不敢公开出售，多委托骆驼店代销，以逃避坐粮厅巡社的稽查。这也是骆驼店一条不正当，严格地说是违法的经营渠道。

再说一说骆驼队。骆驼店除少数大店喂养骆驼，绝大多数栈房不自养骆驼，如有运往口外的货物，临时雇用驼队。

驼队有"草屉"和"大屉"两种。"草屉"是用草包披垫枷棍来垫护驼背的；"大屉"是用毡子做成椭圆形、中有长孔的垫屉，外面用皮子包裹，并用大线纳结，围在驼背上，舒软、美观而且耐用。草屉驼队多跑长途运输；大屉驼队以盘短为主。驼队的规模大小不等，大骆驼店有的喂养三、四百头骆驼，雇有管事的、跑外的、饲养的、拉运的一套人马；喂养二、三十头骆驼以上的中等户，看情况雇用工人；一般小户只养几头骆驼，那就自喂、自拉、自管了。跑远途运输的骆驼，每头要驮二百四十至三百六十斤重的货物，以七、八岁口为宜（"口"是计算骆驼年龄的），老口就不能跑长途了。如走西口，由通州到张家口大约500里路程，要走7天。从张家口到库伦（今乌兰巴托）大约3000里路程，要走一个月。到口外要比关里走得快，因为关里路窄人稠，一槽（串）骆驼（几个骆驼一个连一个拴成串，只用一个人牵着头一个骆驼即可前进，这一个人拉着的一串骆驼叫一槽）在关里只能拉六、七头骆驼，到了张家口以后，一片广阔的大草原，一槽可拉12头骆驼。每天必须要赶一百里路，否则就会错过食宿地点。可见骆驼队是十分辛苦的。

骆驼的脖子上挂着一个大铃铛，就是人们常说的"驼铃"。骆驼迈着稳重的大步，驼铃随之摇摆发出沉闷而响亮的驼铃声。据说这个驼铃声在城镇可以使行人让路，特别是到了塞外草原可以惊散野兽的侵害，保护驼队的安全。

在交通十分不便的年代，跑一趟外蒙，如不发生意外，可以净挣一槽骆驼，可见获利颇丰。

（二）茶局子

茶局子也是通州一百年前，和骆驼店经营方式相似，而经营内容不同，专门经营茶叶的一种行业。

当年在通州有点名气的茶局子，主要有三家，都集中在石坝附近。一家是公祥茶局，地址在牛作坊；另一家是振兴茶局，地址在皇木场；再一家是同善茶局，地址在盐滩。茶局子经营的业务，一是接待茶商，像骆驼店一样热情款待食宿，安排包括灯红酒绿的各种娱乐活动。另一种是代客保管、推销茶叶。当时经营的茶叶主要有三大类：其一是"砖茶"，就是把茶叶制成砖形块状，每块为一片，装入用竹篾子编制的茶箱内，外用竹皮条儿捆绑，既坚固又防潮；其二是一种大梗大叶的"串子茶"，多用竹篓包装；其三为"红茶"，也是用箱包装。茶局子经营以砖茶为主。

茶商多系山西省籍，当时著名大户有长盛川、三玉川和大德恒等几家。这些腰缠万贯的大老板一到通州，就一头扎进茶局子，茶局子对其敬之若神。他们终日吃喝玩乐，挥金如土，尽情享受。运来的茶叶则完全交给茶局子代为处置。

茶叶一般是春夏时节运来。茶船靠岸后，搬运工人卸下来，再用车运到茶局子的大敞棚里，然后要由有经验的工人一面检查，一面倒入堆房码垛。在检查时每拿起茶箱或茶篓一掂，就能准确地判断出是否残、缺，如发现残缺，一面通知船主，一面拆开箱，把霉毁的茶叶剔除出去，把亏损的补足，最后码垛。茶叶贮存在堆房里，要等到秋后才往外地推销，虽然拖延的时日略长，但茶商和茶局子都能获得丰厚的利润。

既至晚清，天津开埠，北宁筑路。同时潮白河改道，北运河水源锐减，致使航运滞涩，通州商业随之日趋萧条，茶局子和骆驼店也就纷纷倒闭了。

两坝风情　积陋日深

本文采录一些逸闻，其内容与漕运密切相关，对了解石坝、土坝的全貌有所裨益。

闲待与扛大个

所谓"闲待"即指没活干，待在那里等候雇主，出卖劳动力的搬运工人。当年在东关、北关河沿各胡同口，都由许多固定的把头承揽业务，他们各自掌握一批扛夫，独霸一方，不准他人涉足，是一群狡诈凶狠的地痞无赖。"闲待"对搬运货物各有擅长，各司专业，有的擅扛盐包，有的擅扛木料，有的专运杂货，有的专扛粮食，有的专扛茶包。他们可以任意投靠把头。把头之间常常因争地盘，争买卖等原因发生争执，甚至酿成械斗，造成惨重的伤亡。在石坝、土坝专扛漕粮的人更多，人们称之为"扛大个的"；把头也多，这些把头都依附于经纪号主。至于扛夫的佣价没有一定标准，视情况议价，一般最远的扛一个（即一袋米）大约可挣二十五个制钱；最近的扛一个可挣五、六个制钱，如遇特殊情况临时增加脚钱。年富力强的扛夫每天能扛二、三十趟甚至更多。但昔日的扛夫由于挣钱容易，养成一种惰性，不管天色早晚，只要他们认为够花的了，就撂下不干了。很多扛大个的领了钱，酒足饭饱之后，或去宝棚赌博，或寻找野妓嫖娼，次日囊空如洗，只好把身上穿着仅有的衣衫押在当铺，换一顿早饭钱，然后上坝扛粮，挣了钱再赎回衣裳。如此这般花天酒地，待到隆冬封河，南漕停运之时，身无积蓄，又投奔无门，冻馁毙命者大有人在。

饭摊、饭铺

土坝、石坝附近大大小小的饭铺饭摊比比皆是，高、中、低各类档次俱全。最低档次饭摊卖的是玉米面贴饼子、窝头、熬红豆腐（猪血）、小米豆粥、咸菜一类专供穷苦大众食用的廉价饭食；稍好一点的饭棚，供应馒头、大饼、猪头肉或牛杂碎，以及包子、馅饼、面条等一些实惠，可口的饭菜。以上都属于大众化为贫民准备的，摊点多、经营品种也多种多样。中档的饭铺就有鸡鸭鱼肉，煎炒烹炸稍微象样的酒菜，为那些验收的官吏、社人、经纪、外地旗丁等此较富有者来此就餐，有些扛夫偶尔挣了大钱，也可能来此一享口福。高档的饭庄备有美酒佳肴的上等酒席，专供贿请验粮的贪官污吏或宴会宾朋，出入其间者多是衣冠华丽，顶戴朝服，大腹便便，脑满肠肥之辈，一般人家不敢涉足。至于茶馆酒肆更是星罗棋布，座无虚席。

小押

在石坝附近还有一种特殊行业——"小押"。小押是当铺的一种分支，或者说它比当铺典当或回赎的手续都比较方便。一般当铺不收的破烂、小件，凡不是违禁品都要，故名小押。它当期短；当价低；利息重，是一种剥削残酷，高利贷型的小当铺。

石坝、土坝是当年通州漕运政务最为繁盛的地方。当前挖掘运河文化，恢复人文古迹这一任务中，应作为重中之重。

（王文续，原通州区教师进修学校教师）

漕运码头——黄船坞

■ 孙连庆

通州八景之一黄船坞,坐落在通州城北关以北,距离通州城五里左右温榆河上。清光绪《通州志·山川》:旧志云,在州北门外五里有黄船坞,河水潆洄,官柳掩映,永乐中设黄船十艘,以其半轮往江浙织造。俗名"黄船坞"。原书作者按:黄船移置天津。今土人犹仍旧名。

黄船坞示意图
（天津黄船埠）

"通州八景"形成于明代,历朝文人吟咏黄船坞诗作不少,其中明代王宣有诗:

御舟连泊俯清漪,
垂柳阴阴翠作围。
凤采龙文壮图画,
鸥沙鹭渚湿烟霏。
云穑浓润涵朝雨,
水殿高寒晃晖晖。
圣主端居际昌运,
年年锦绵傍苔矶。

　　王宣，明嘉靖年间通州分守，籍贯与生卒年份不详。在它的诗中，对黄船坞的位置、环境、作用作了大致的交代，结合光绪《通州志》的记载，我们可以对黄船坞作概略的描述：在距通州城五里左右温榆河右岸，明代主要为停泊皇家专用船只设立了专用码头，名曰：黄船坞。皇帝的专船"上用水殿"、皇后的凤翔艇也停泊在这里。黄船坞河岸柳树荫郁，水上时有水鸟翔集，环境幽静。岸边的码头是石质的，"年年锦绵傍苔矶"中的"矶"，意思是"突出江边的岩石或小石山"，在这里是石块垒筑的意思。恰巧在1960年，在建北关分洪闸施工时，在黄船坞旧址发现很多条石，说明当时的码头是由条石砌筑。近年来，附近施工或取土时，还出土了大量元明清三代的瓷片。从中我们可以引出以下论断：其一，通州的漕运码头中，有两座是石质码头，一是明嘉靖七年（1528）吴仲在治理通惠河是所建的石坝码头，另一座就是黄船坞码头。其他码头或是排桩修筑，或是在适当地点搭跳板装卸货物。其二，黄船坞始建于明代，码头遗址发现元代瓷片，说明有可能明代承袭元代，也就是说，这个码头有始建于元代的可能性。其三，元、明、清三代接续起来有近千年之久，由此看来，那里也不仅仅停泊皇家船只那么简单了。如果仅仅是皇家专用码头，那么，就不应该出现大量的瓷片（瓷器）；由此还可以作出推论：当时除了卸载瓷器，也还会有其他货物。为什么说是"皇家专用码头"，下面我们还会深入讨论。从上面的史料中，还可以推导出一个疑问：在康熙五十二年（1713），原来在黄船坞停泊的皇室专用船只，移至天津海河，而通州原来的黄船坞，仍然保留到清末，那么，是什么原因使它保留了两个半世纪呢，它的作用又是什么呢？

　　下面我们来讨论黄船坞的作用问题，先来讨论"皇家专用码头"的问题。

　　所谓"皇家专用码头"，它主要的作用是停泊皇家专用船只。光绪《通州志》说永乐年间停泊十艘，但到了清代，皇家专用船只共有十一艘，其中御题安福舻座船一只，长九丈三尺，宽一丈九尺。这就是所谓"上用水殿"。御题凤翔艇座船一只，长八丈八尺，宽一丈六尺；御题行春舫如意船一只，长四丈五尺，宽九尺五寸；第一舟一只，长三丈四尺，宽七尺五寸；二号沙飞船一只，长八丈六尺，宽一丈六尺；三号沙飞船一只，长八丈六尺，宽一丈六尺；新沙飞船一只，长九丈一尺，宽一丈八尺；头号湖船一只，长四丈四尺，宽九尺四寸；二号湖船一只，长四丈三尺，宽九尺三寸；乌图里船二只，长二丈六尺，宽五尺二寸。上述共十一只船，也就是曾经停泊在通州黄船坞的皇家专用船。其中，"安福舻"是皇帝的座船，"凤翔艇"是皇后的座船，其余是皇帝随身大臣、太监、宫女、侍卫的座船，以及传达皇帝旨意的联络船。当然，所谓"皇家专用"，并不包括随行护卫等服务性的船只和在运河上停泊的吏、户、礼、兵、刑、工六部的专用船只。但到了清代，在康熙五十二年（1713），朝廷在天津海河口附近新建黄船坞。这第一项功能由此转移到了天津。那么原来的黄船坞还有什么用处呢？那就是第二项功能。而且，这第二项功能并不是从清康熙五十二年（1713）以后才开始的，在明代，甚至在元代就已经开始了。

黄船坞的第二个功能，就是接收并向京城转运皇家专用物资。前面所说的大量瓷片（瓷器）只是诸多品种中的一种。建筑材料，也是皇家专用物资，接卸与存放，有位于张家湾和通州北关的皇木场（竹木厂）、砖厂、花板石厂等等，而黄船坞是接卸和转运皇家生活物资的专用码头。在封建社会，皇室成员出身高贵，生活奢华，所以消费水平无以伦比，所享用的物资无论质量数量也是最好最多的。因此，每年消耗的物资品种与数量，也是极其庞大的。而北京周边所产有限，需要全国各地向北京源源不断地输送。

每年各地向北京输送的生活物资都有什么呢，已故黄仁宇教授在大作《明代的漕运》中记载了明代全国各地，向京城运输皇家御用生活物资的情况。黄先生是美籍华人，书中所使用的计量单位是"磅"，1磅等于0.907184市斤。书中所列举的，是万历二年（1574）一年的情况，下面文中所采用的数量都是经过换算的：

这一年，明政府向浙江省和长江中下游地区征收的黄蜡，共45.36万斤；茶叶11.43万斤；灯心草181斤；染料13种，共45.36万斤；生漆11.79万斤；明矾5.08万斤；桐油10.89万斤；黄熟铜2.45万斤；锡共3.3万斤；每年向各地征收的药材11.79万斤。以上共147.63万斤。另有牛皮1000张。染料中的大多数品种来自于长江中下游河谷地区；牛皮和桐油来自于淮河流域；锡来自于湖广；漆产自于浙江、南直隶、广东、福建和四川；生漆产自于浙江温州地区。此外，宁国府每年提供毛笔 5000 支，南直隶太平府提供 5000 支，浙江省提供 1000 支，共 1.1 万支。

明政府每十年向浙江、江西、湖广地区派征红纸 66.67 万张和白纸 133.33 万张；向湖广派征各色装饰用纸和布告纸 260 万张；每三年至五年，采购办公用纸 160 万张。其中，宫廷每年印刷书籍 50.97 万册，每年派征的印制用纸总重达 6 万斤。向安徽池州府每年征用扫帚 5481 把、竹箅子 3913 把。

为了制造火药和军器，每十年朝廷征收硝酸盐 362.87 万斤，硫磺 181.44 万斤，铁 83.24 万斤。以上共 627.55 万斤。

据《宁国府志》记载，该府每年向北京缴纳的物品，有黄蜡、蜂蜜、肥猪、鹿、药材、鹿皮、箭杆、扫帚、日历纸、山羊、铅木、金箔、丝线等。江南地区每年向北京缴纳的牲畜，超过 10 万只。其中包括猪、牛、羔羊、鸡、鸭、鹅以及 1.18 万斤的熏鱼。

丝织品也是朝廷所需的重要日用品，每 10 年就要采办丝织品 15 万匹。但《大明会典》记载，每年运到北京的丝织品有 2.5 万匹。瓷器也是宫廷用品中的大宗。宣德八年（1433），运到北京的瓷器有 44.35 万件。隆庆五年（1571），运到北京的瓷器有 10.58 万件。万历十九年（1591），朝廷下达的生产任务是 15.9 万件，接着又增加了 8 万件，这项任务直到万历三十八年（1610）才全部完成。每年朝廷需用的酒瓶 10 万个，以每 30 个为一小包装。以上物资，包括丝绸、布匹、瓷器、酒瓶等等都经水运到达通州，在皇家码头卸载，再转运京城。

茶叶、荸荠、竹笋、荔枝、葡萄等时令果蔬、水产品、海产品、野味、香油、调料和花椒、大料、桂皮、胡椒等香料，也是宫廷需用品的大宗。品种既多，且有时限要求，每年需要南方各地用专船运送。当时南京一地，仅是用于运送鲜活食品的船，就有 160 只。为了保鲜，朝廷规定，沿途各地要设置冰窖，以供给过往的船只用于冷藏食品。通州东关的"老冰窖"，就是这样的地方。时过境迁，如今，只留下了地名。朝鲜贡使在北京，就享用过明政府供给的樱桃、龙眼、鲜藕、葡萄等时令果品。

此外，每年宫廷还需要祭祀用的香 7 万斤，食盐 46.8 万斤。每年夏秋两季运河之上船只拥挤，通行不畅，但为朝廷运输物品的船则享有特殊待遇。比如运盐的船，桅杆上垂悬"钦赐皇盐"字样的大旗，这无异于"特殊通行证"。远远见到这样的大船，其他所有的船，包括漕船统统让行。

设想一下：10 万只家畜家禽，如以每船运载大牲畜 20 只、鸡鸭500 只计算，约需要 2000 只船来运输；上述所有物资，又需要有多少船只来运输？仅当时的南京一地，为朝廷运输供应品的船只就有 2000多只。

进入清代，朝廷所需生活物资与明代大同小异。在增加的物品中，最突出的是铸钱所需要的铜和铅。比如道光二年（1822），云南所产的铜，每年运入京师 570.4 万斤；白铅、黑铅产于湖南、贵州，每年运入京师白铅 384.19 万斤、黑铅 70.57 万斤；锡，产自于南方各附属国，各国船舶到广州时，每年采买 21.17 万斤。总数达 1046.33 万斤。一每船载重量 500 石计算，需要 14 只才能全部运载。

在此前，已有很多资料说明在每年夏秋两季，通州各个码头繁忙的情形，其中就包括了漕粮码头、商货码头、客运码头。而上述如此大量、如此频繁而且时限紧急的生活物资运输，就不可能在其他码头插空卸载，而只能在专用码头接卸。黄船坞就是这样的码头。

通州的黄船坞存在时间很长，但对于它的作用，史籍没有记载，近年来，陈乃文等老先生的文章中偶有提及，但大多语焉不详，这与见存史料不丰有关。笔者认为，造成史料欠缺的主要原因，是黄船坞属于皇家御用码头，警备森严，对于一般平民百姓来说，无疑是"禁地"，所以，史籍中很少提及。再有一个情况是，在一般情况下，黄船坞码头并没有漕粮码头、商运码头和客运码头热闹，平平静静，稳稳当当，按部就班，所以难以引起一般文人的关注。因而，也就没有多少文字记载。

通州的民用码头

■ 孙连庆

漕运年代的通州，是大运河的起点，也是漕运的终点。大运河的各种作用，在通州得到集中体现。那个时代的通州，流金淌银，寸土寸金。特别是靠近通州城的河岸形成了几座码头，各个码头各有分工，各有特色，各自承担着接卸漕粮，往来客运与商货转运的重任。

在叙述通州码头之前，还需要啰嗦几句：运河上的码头，除了官府修筑的几个专用码头之外，一般的只是排桩码头，就是在河岸的打下排桩，后面用荆笆、树枝或模板栏住泥土，形成切面，以利于航船停靠，然后搭上一两块跳板，把船和岸连接起来。行人上下船，货物装卸，都要从跳板上经过。比如张家湾附近的里二泗村、瓜厂、西集镇的和合站、漷县镇的东码头、台湖镇的新河、永乐店镇的陈辛庄等村的水运码头，都是这种情况。

通州城附近的最重要的民用码头有三个，以通州城为基点，最南边的是茶棚村，也就是现在的小圣庙发电厂那个地方；其他两个在东关南侧和北关通惠河口以北。

茶棚村，也叫大棚村，是通州的客运码头。在旧时代，亲友远行，不但路费不菲，也许今生今世就难以再次相见了。不像现在，打个电话、视频、短信，即使远隔千里，就像跟隔壁房间的人打招呼一样，再就是高铁、飞机往来也十分便捷。真正是"咫尺天涯"。所以，今天的人们把长途旅行看作是很惬意的事情。而过去，由于交通不便，人们对于远行是极其慎重的。亲友临行，路费、干粮、衣物等等要做好充分的准备，千叮咛万嘱咐，惟恐有想不到的、说不到的；出行时，在北京的近者送出几十里，近者到高碑店，远者送到通州茶棚村、张家湾。出发后，经几十里到了码头，车马劳顿，需要暂歇；亲友即将离别，都珍惜离别前的那一点宝贵时光。一些精明的商家看到了这里的商机，在码头附近搭上个大大的凉棚，设置些长凳和桌子，出售茶水和糕点、瓜子等小吃食，既给出行、送行的人提供了暂憩方便，也收到了经营上的实惠，一举两得。人们在这里小憩片刻，直到船家催行，然后行旅上船，与送行者依依不舍，双方洒泪而别。行者随船远去，送行者泪眼婆娑，目送"孤帆远影碧空尽"，惟见运河天际流。久而久之，这里就成了远近闻名的客运码头，居民渐多形成聚落，就是今天的大棚村。

不过，比起张家湾客运码头来，茶棚村的名气就小了很多。所以，"张家湾"出现在文艺作品中的几率比较多，像《红楼梦》《三言两拍》等书中都曾提到过，而"茶棚村"似乎还没进入过小说家、文艺家的视野。

茶棚村在通州城东南，距离七八里，离城有点远。有人会问：为什么不在距离通州城更近的地方呢？那是因为更近的地方除了漕运码头之外，就是商货码头了，而客运码头只能在商货码头更往南的地方设立。所以说漕运年代，通州寸土寸金！

通州东关土坝是漕粮码头。凡需要运到通州中、西仓储存的漕粮，在这里卸船，然后由剥船经护城河，分别到旧城南门、新城南门卸船装车运入漕仓。在土坝码头稍南百余步，官府设立一座黄亭，黄亭内的碑文明示，"黄亭"是漕船与民船码头的分界。民船不得越过黄亭，到漕粮码头卸货。

黄亭以南主要是粮食和杂货码头。南来的杂货、布匹、竹木器等在这里卸载。每年在这个码头下船的粮食，有几十万石。大王庙口内有麦子店八家，收购河南、山东、河北小麦，店家同时也是经纪人，在买卖双方进行交易时，评定质量，说合售价，收取佣金。还有永茂、永成、福聚、涌源四大堆房，专门从事粮食存储与营销业务，销路以北京居多，每年转手的粮食不下五六十万石。

大王庙以南堂子胡同口、侗家胡同口、罗家口、药王庙口等地为零星货场，再南江米店、横街、东岳庙口，则为大件或粗重货物货场。

明清两代，南方的竹器、木器，包括苏式、广式硬木家具，就在这里下船进入北方市场。

在清朝晚期，帝国主义对中国进行经济侵略。美国的美孚石油公司、德士古石油公司，英美烟草公司都曾经在通州设立分支机构。在东关，外国资本家曾经开设萨宝实、太昌两家洋行，主要进行石油、面粉、布匹、烟草、皮毛等进出口业务。通过京杭大运河，把他们的商品扩散到中国的其他地区。

从上述记述中读者可以看出，通州东关以南的民用码头，是以辐射北京及周边地区为主的。那么，在辐射边远地区的货物集散码头在哪里呢？在通州北关。那里是漕运年代，通州最繁华、最热闹的地方。

通惠河口以北至浮桥运河西岸，是山货、竹货、盐包、茶篓、瓷器、茶砖泊岸。在漕运年代，很多茶商在通州设店经营。茶商多为安徽、闽浙等南方人，他们的业务，主要是把茶叶从产地运至通州，再由经销商转销它地。而经销商多为山西人，是瓷器、丝绸、茶叶的主要买主。购买茶叶后，转手将茶叶、瓷器、丝绸、竹木制品等产自南方的商品扩散到西北、蒙古、东北等边远地区。

直至清末，通州还有八家茶局

通州民用码头

子，专门从事收购、批发茶叶的业务。它们属于经销商。城内最大的茶局子是山西茶商开办的"玉川""大盛川"和"大德恒"，北关则有"公祥""振兴"两家茶庄。从南方运至通州的茶叶，卸船后，运到茶局子储存销售。当时的茶叶包装大致有三种方式：第一种是茶砖，每箱装 36 片重 180 斤和每箱装 27 片 120 斤。第二种是串子茶，也称大梗大叶茶，是装在竹篓里的，每篓重 30 斤。第三种是红茶。每年销量达 10 余万箱上千万斤。三种茶叶主要销往蒙古、新疆等游牧地区和东北以及俄罗斯等地区。换回的皮毛、筋革和山货、土特产品等再经通州，由水路转销内地其它地区。

在北方，骆驼队是主要的运输工具。为了把南方的土特产品运往蒙疆或东北、俄罗斯等地，每年有大批骆驼商到通州进行交易。当时，通州北关附近有骆驼店 18 家，分布在北关牛作坊、前窑、后窑、皇木厂、马厂等地。马厂，就是现在的北京胸部肿瘤结核病医院所在地，最大的骆驼店天庆店就设在那里。天庆店设有两个店场，自养百十峰骆驼，以供客商倒短租用。店内设有旅店、驼棚、货场、面铺、杂货店、花园等设施，接待东北、蒙古、新疆乃至俄罗斯客商。比天庆店稍逊一点的有三和、德聚、德丰、福兴、太和、通顺、乾元等店，经营各有特色。骆驼店除了接待住宿、喂养骆驼之外，还代替骆驼商办理买卖交易、揽货、报关纳税等手续，收取佣金。

瓷器，是中国历史上中外驰名的手工业产品。在漕运时代，经大运河运到通州的瓷器，品种和数量已经多得无法说清。前面在说到张家湾码头时，已经说到在进行旧村改造时，皇木厂等村出土了大量的瓷片。同样，在通州城里，有江西商帮的多家瓷器商，从事批发和就地零售业务。年深日久，形成了一条的街巷叫"瓷器胡同"。在温榆河畔原皇家专用码头附近，也曾出土过大量瓷片。

通州城附近还有第四个码头，就是位于东、北关之间的码头。土坝北侧有一座桥，叫善人桥，这座桥以北，至石坝以南，是杂货、竹木、板片的卸货场。场内有堆场，靠近城墙下，还建有货栈，是竹木卸货的码头，也是交易的市场。这里原来是漕船停泊地，不准民船停靠，当然也不能卸载竹木板片。清咸丰（1851—1861）以后，大清国内忧外患，国运大衰焦头烂额。外有强敌入侵，内有太平天国、捻军等农民起义，"按下葫芦起了瓢"。战争赔款、军队粮饷应接不暇，财政捉襟见肘。不得已，清朝统治者每年都把近二百万石漕粮改折征银。这样，来通州运送漕粮的漕船数量减少了一半多，土坝、石坝之间原来的锚地空了出来，形成了商货码头。

由于京杭大运河的开通，由于通州的官民码头成年累月的吞吐作用，使通州在漕运年代成为漕运枢纽、京东行政、经济、商贸、文化中心城镇，经济十分繁荣，由一座县城一跃而成为闻名中外的名城。而今天永顺镇所辖的北运河、温榆河、中坝河沿岸，是码头集中的地段，数百年的水运繁华，留下了很多故事。

军粮经纪与验粮密符扇

■ 陈乃文

通州自金代起就为漕运重地，特别在元代建大都（今北京）后，通州地位就更为重要。明、清以来，通州发展成京东地区经济重镇，每年都有大量漕粮由水路运到通州城东，再转运京、通各仓。永顺地区的漕运发挥了重要作用。

军粮经纪

漕粮入仓，要经过查、验、运、纳粮入仓等手续，历代朝廷均有专门机构司理其事。清代人王庆云所著《石渠余纪》记载："凡收漕粮，坐粮厅掌督催（所属石坝军粮经纪一百名，白粮经纪二十五名……），大通桥监督掌抽查，而莅以仓场侍郎。"其中提到的经纪并非政府官吏，而是在坐粮厅备案，经官方承认，处于押运漕粮运军与仓场间的中间人，对双方负责。经纪始于元代，盛行于明代，原来都聚集在张家湾。嘉靖七年（1528）吴仲整修通惠河后迁到通州。清承明制，仍设经纪，代验、代运、代纳漕粮。明代经纪多达330名（也称家或号）。清初仍如明数。雍正五年（1727），裁并军粮经纪为100名。军粮经纪领家（领头人），沿明代习惯仍称"天字一"，其义取自《千字文》首句"天地玄黄"第一字，就是第一家之意。"天字一"每三年或五年更换一次，由百家经纪公推（推选）并经坐粮厅认可。他和百家经纪公认的头面人（代表人物）商量当差、办事，与坐粮厅接头安排各家经纪到坝楼轮值抽签，确定某家验某帮某船漕粮。"头面人"有十数家，是凭个人声望自然形成的，也自然更迭。据说，使用"通州"符的经纪人，就是公认永久的"头面人"，但不能当"天字一"。每年漕粮（军粮）约300万石，糙、籼、麦、豆、都要经军粮经纪交京、通各仓。经纪领有斛夫二三人，负责量米过斛；扦手一人，负责取米样；每家军粮经纪还领有通惠河上的驳船三只。转运漕粮的车户或船户也附属于经纪。

经纪负责按照朝廷规定的漕粮质量要求，对照验粮厅验查过的"样米"，检验漕船所载的漕粮质量，核查数量，代运军将漕粮转交京仓或通仓。清代规定经纪十年一更换，但形同空文，各家经纪都是世代相传，也可出卖或转让，是一种商业性质的社会职业，担当经纪的人家视之为产业。

据《石渠余记》载：经纪的收入是以贴补名义收取的，"每米一石，运军贴经纪车户钱二十二文。"嘉庆五年"外增加五文。"再有是每验一船米，可收取样米一斛。前者是官府规定，后者经官府承认。运粮入仓，官府按照运粮数量、里程的远近，据规定发给银两。还有的是借机敲竹杠吃私，以漕粮"蒸湿"（即粮米因含水量过高而发热，如在锅内蒸，又热又湿）、"烂"（即米遭水湿而霉坏）、米质"粗恶"（含糠量大，兼砂、秕、碎米过多等）为口实，迫使作弊（如：向漕粮内掺糠使水）运军送给银两，少则十数两，多达三五十两，至于接受运军馈送的土特产，如绍兴腐乳、宁波花旱伞等，更属常事。经纪将其非法所得的一部分送给坐粮厅官吏，送给仓场总督师爷，所以官府明知其弊却不追究。经纪对其所属杂役份子钱（计量工资）及车、船户脚费，是根据验粮与运粮数量当天或隔数天结算一次。经纪每月要向坐粮厅与仓场纳月例银，灯油火耗银、饭银、茶果银等名目繁多的费用，月需银三五十两。另外还有为争取多验粮船而使用的花销。除去这些开销外，每年净收折银，一般年份在一千两左右，"全粮上坝"（即年抵通州两坝漕粮达三百六十万石到四百万石）年份可达两千两。

清代征运漕粮，承袭明制，据《石渠余记》记载："各省漕粮，有正兑，有改兑，有白粮，有改征，有折征。五者漕粮本折之纲也。"所谓"正兑""改兑"和由原征粮种"改征"它种的漕粮，是指由东南各省所纳的糙、籼、麦、豆。验收这些漕粮的经纪称作军粮经纪。向京仓转运的"正兑"与"改征"漕粮，验粮卸粮地点，在通州北门外东面运河西岸大光楼前（也称石坝或坝楼，现通济桥南100余米处）。漕粮验后装入布口袋，由人肩扛背负到北门外西面葫芦头"石坝码头"（今西海子公园葫芦头东岸），这是衔接北运河与通惠河的漕运码头。石坝之名源自明代吴仲在通惠河航道东端葫芦头东边筑的石坝。《日下旧闻考》有"石坝在州城北，嘉靖七年建，（储）京（仓）粮从此盘入通惠河。"的记载。前述运河西岸是因此坝而得冠以石坝之名。

"改兑"粮入通仓。改兑是指将原入徐、淮、临、德四仓之粮，改由民船在水次（指江河边便于兑运漕粮处）直接兑付与运军，由官船运到通州的漕粮。改兑也是由军粮经纪检验入仓。其验粮、卸粮地点在东门外运河西岸土坝，然后再用车或船运入通仓。《通粮厅志》载"土坝在州城东南角，防御外河，……万历二十二年，郎中于仕廉，……通隍济漕……驳船二十只，至新、旧城南门外，起（装）车进通仓交纳"。"土坝"是善人桥北侧为防运河外溢之水

验粮盘

的挡水土坝，经改造，利用城濠驳运储于通仓的漕粮，因之成为东城濠北端的漕运码头，前述运河西岸也因此而得名。

通惠河上的驳船由各家经纪分别管理，协同使用。每船载粮由

一百斛到三百斛不等。各家经纪按照安排，轮流到设在城东北角的坝楼值班，当值各经纪，在设于官座前的签筒内掣签，以决定某经纪验收某帮某船所载漕粮。

经纪都有一定的验粮技术。据老人们说，他们检验漕粮时，能单臂插入船舱米中，由舱内取出米样，凭手臂在米中感觉与手攥米样时的涩滑感，就可判断漕粮是否"蒸湿"。对温度高、含水量大的蒸湿漕粮，据情采取晒、扬，或一晒一扬到三晒三扬，甚至使用扇车扇，以提高粮质。对检验合格的漕粮要核查数量，这叫"起米过斛"，就是将米由舱内取出，用斛量。过斛时用拉长声的腔调报数叫"唱斛"。有"唱斛之声相闻，米浪之景时见"之说，指的就是过斛与扬晒漕粮时情景。

过斛后装入布口袋，由验粮的经纪用称作"福炭"的上好木炭在口袋外面画上自家专用密符，这称作"戳袋"，表示已由某家经纪验讫，由这家经纪对其质与量负责。这样做既可备抽查到不合格的漕粮时便于追查，又可防止他人伪造与经纪作弊，具有一定的安全性与保密性。

验粮密符

各家军粮经纪所用密符，画在一幅称作"军粮经纪密符扇"的折扇面上。据先辈讲，当年百家军粮经纪均有持扇上坝习惯。笔者家现在所保存的绘有全部密符这样的一幅扇面，是先高祖陈培芳在清道光丁未年（1847）担当军粮经纪时，由前任经纪移交的。扇面为宣纸，（边内盖有制造作坊"聚成公制"朱记。）当时粘在扇骨上，装在扇袋内。袋一面绣"南纳北收"，一面绣"东装西卸"。这幅扇面展开后，上边弧长61厘米，下边弧长26厘米，宽17.5厘米，每面各绘50个密符，两面共100个密符，每个密符都由两部分组成，上面绘符形，下面用楷书注明符名，符名就是该家军粮经纪称号，但不是其姓氏。如"牛"形符，下注罗锅，表示这家军粮经纪称号是"罗锅"。"牛"是符形，取牛用力拉物时低首弓肩似驼背，像罗锅而已。这扇面上所绘百个符号，笔法娴熟，富于浪漫色彩，写实、会意、明比、暗喻，表现手法各自不同。

相传验粮密符的使用始于明代。起因是经纪人在验、运、纳漕粮过程中，常常发现漕粮短少、不合格的事情。如运丁对过斛后已装袋的粮米多方隐匿、重报多报；闸夫把过闸盘坝的一些粮袋装入他船；大通桥监督对抽查的粮米掉包换袋；各仓监督将未入廒粮袋混杂堆放；更有贪利之徒、枉法官吏依势挟私、打击报复、开包抛散、阻侵漕粮，因此造成的损失，不仅要由经纪弥补，更损害经纪人的信誉。故此，军粮经纪人为保护自己权益而创制了密符。经纪们在使用密符时，只画图形（画花押），不书写符名，局外人望花押而不知何名，即使知道符名，也难知这符属于何家，具有双重保密性，发生事件时也易于追查。清初，随着漕运制度的日臻完善，在雍正年间裁并军粮经纪后100个密符也全部定型，有地名1个，舟、车名2个，店铺名2个，花、果、瓜、蔬名12个，兽、鸟、虫名17个，日常用具名16个，古人、时人名字绰号50个。密符也得到坐粮厅认可并将符形、符名与使用者姓氏备入案卷。坐粮厅又把100个密符按照使用者身份部分或全部绘在折扇的扇面上，据情发给各家军粮经纪，以备查阅并充当标志。自此以后一直使用到清末，符形、符名始终未改变，但使用密符的姓氏人家则是随着经纪的易主而更换。密符是由最初担任军粮经纪的人，按照自家想法或混名绰号创制的。百个密符来历不同各有含意，老辈对此有些传述，经与花启清等同志共同研究整理，并得到周庆良同志指正，现将部分验粮密符试作粗浅译释，供大家欣赏验粮密符扇时参考。

100个密符中，以地名命名的仅有"通州"1符。此符将两个飘逸的草书"十"字并联在一起，酷似一个州字。两个十字，分别象征土坝、

陈乃文家藏祖传的军粮经纪密符扇"李面"

石坝，这形象地说明通州与两坝的紧密关系。两坝有通州坝之称，两坝使通州繁华起来。此符将两坝相连，是表示两坝同处运河河沿儿，同为运河北端卸粮码头。有

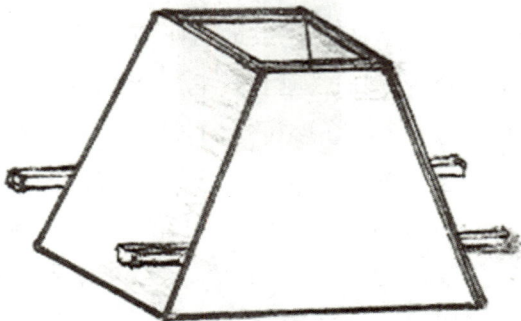

旧时量粮食的容器，方口、方底，口小底大。明清时1斛等于5斗，折今约35.8千克

了运河才有两坝，才有通州，才有"潞河为万国朝宗之地"陈乃文家藏祖传的军粮经纪密符扇"李面"的美称。"十"字表示四通八达，象征运河北端新旧两城紧密相连的通州，其经济网络，上可达大通桥，下可达江淮，东连三河、蓟州等地，北至张家口或更远地区。

父老相传，通州府符是为纪念吴仲而创制的，使用此符的经纪，持有绘着全部密符的扇子。通州符在百家军粮经纪中受到特别尊重，各家经纪在行船、过闸、纳粮入仓时，遇到此符都主动退让，押粮的经纪也侧身而过，以示谦让。

以运输工具为密符的有"小舟"与"车子"符。小舟符形如"斗"，意指小舟只如斗大（指酒斗，类似今酒杯），小舟是转运漕粮的驳船。祖上传述说，符形似帆影水中映，人踞舟上观。在繁闹的通惠河上，居然有这种闲情逸趣的人，以"舟摇摇以轻扬"为乐，喜爱水色与两岸美景，大有《论语》所谓"智者乐水"之意。车子符形似古老的"四辋大车"车轮，这种车轮辐形如"十"字，轮与轴固定在一起，车轮滚动时连轴一起转动。它是京通石道上为王公与朝廷大员们运输俸米的兽力大车。

　　以店铺字号为符号的"小楼"与"王麻"，各有不同来历。两条交叉的斜线象征剪子，北京地区王麻子刀剪以锋利著称，创符者以此比喻自己办事"利索"。画上一笔当作鱼身，两条夸张的弧线比喻鱼须，这符是小楼，是指自道、咸（1821—1861）甚至是雍、乾时期或更早年代开业，至今仍在营业的老字号小楼饭馆。此符借用以烧鲇鱼而出名的小楼饭馆字号，故形似鲇鱼。小楼意味着烧鲇鱼，人们一见鲇鱼就想起小楼。过去每年"南粮上坝"期间，部分经纪人常在小楼聚会，某个经纪人就顺章取义地将这饭馆字号作为验粮符。

　　以植物名命名的密符中，有"冬瓜""西瓜""甜瓜"，有"石榴""樱桃""莲蓬""荷叶""核桃""葡萄""香圆"，还有"红花""花椒"。在这 12 个密符中，略谈几个有趣的符号。

　　画朵莲花表现莲蓬符，这符传述有"花开迎朝日，花落露莲实"之说。暗喻在美好的荷花凋落后还有其果实，这果实俗称为莲蓬。古有君子爱莲之说，创符人自拟为君子，故以莲花为符名。莲花取其"出淤泥而不染"，莲蓬取其实利。君子也希望名利双收。莲蓬符就是这位创符君子心理的表露。荷叶符形是个行书变体"也"字，传述取"也与叶音同而声近"。这符既潇洒又别致，与莲蓬符对映成趣。创荷叶符经纪或是长年生活在水乡泽国与荷叶为伍，捕鱼捉虾的渔夫。石榴符形象逼真，真似一个有着玛瑙般籽儿，酸甜适口的大石榴。传述有"榴开见子"之说。葡萄符形，宛如茁壮青翠的葡萄须。葡萄与"福到"音近似，暗喻福到。石榴和葡萄两符，都是吉祥如意的象征。这两符既写实，又富于浪漫色彩。核桃符则是用写意手法来表现，两个相连圆圈是其符形。创此符者，

大光楼旁边的桥　赵树生拍摄

大光楼　赵树生拍摄

或是小绅士之流，逐日提笼架鸟，手中转动着用作舒筋活血起健身作用的山核桃，悠然闲游乱逛。当了经纪，就用所偏爱的核桃当作密符。

以兽类作符名的，有以吃苦耐劳而受到主人喜爱的"驴子""牤牛""骆驼""骡子"，有兽中之王"老虎"，有称雄于兽群的"狮子"，有逗人喜爱的"黄猫"和"猴子"，还有传说中的瑞兽"麒麟"。

以禽类为符名的"黄莺"，是主人的宠物。叫声喳喳的"喜雀"（鹊）以它的叫声预示着"喜临门"，因此得到人们喜爱。传说中百鸟之王"凤凰"更得到创符人青睐。这三者都当作密符之名。普通家禽"公鸡"与"鸭子"也登上密符之列。创公鸡符者以公鸡冠象征其威武，以（鸡）喻吉祥永在。当时斗鸡、斗鸭在通州也风行一时。除上述外，还有"河蟆""蝎子""蚂蚱"，也登堂入室，成了密符符名，真可谓雅俗共赏。动物符中有几个饶有趣味，分别叙述如后。

驴子符形，取"对（顺）槽驴"缰绳或笼头上系的乘驴"脚钱哑号"。符形酷似当时商业用的竹筹码，由这里可以寻觅到"上古结绳记事"和由结绳为记而过渡到书面符号的痕迹。牤牛符形，是用一变形的牛字作符形，夸张地画出牛的大肚子，真似一个大腹膨起，便便然出现在眼前的"大公牛"。老虎符符形，用笔传神，虎头特别大，虎目圆睁，张牙舞爪，猛向前扑，似呼呼生风，大有传述中所谓"风从虎"之势，威武而又可爱，富有民间艺术风格。黄猫符形，为一草书王字，猫岂可称王？相传"猫是老虎师傅"，虽小而称王，老虎也得让师傅几分，用王字表现黄猫有何不可。狮子符，似是草书孔字。此符用写意手法抽象地绘出一头昂首垂尾悠悠然向远方眺望威慑兽群的雄狮。这符形与西方天文图中的狮子座神通而形似。狮子（座）的胸部亮星，为我国"星宿"（属南方朱雀）中喻为皇帝之星的"轩辕十四"。这或许是受西方天文学的影响，也是中西文化交流的例证吧。麒麟是融牛、马、獐等动物形态于一体的神兽，是神话中动物，为四灵之首，比喻为杰出人才，有麒麟送子之说。封建统治者为粉饰太平，将这兽说成是祥瑞的征兆，有"王者至仁则出"之说。创符者用此符名既是鼓吹自己是人杰，又讨得统治者欢心，可谓一举数得。

以物品命名的 16 个密符，虽都属于当时常见常用之物，但命名时各有用意，选述几个。如"笊篱"符，符形是个井字，用写意手法绘出悬于乡村野店门外当作卖饭幌子的破笊篱。或许是一名小店伙计或破产的小饭铺掌柜，抱着到通州坝寻出路谋发展捞一把的心情，谋得一个经纪人差使，自觉或不自觉地用笊篱当作验粮符。"筢子"符，形象地画出一只穷苦人家搂柴草用的筢子。通州民谚有"男人是只筢子，女人是个匣子"之说。筢子比喻能挣钱的男人。选用筢子作为验粮密符，流露出筢子主人想发财的心情。"筐子""篮子"符，反映创符人的心情，是只求温饱，不妄多求，满篮、盈筐足矣。"万贯"符形似一串穿在一起的制钱交叉迭放，又如古代五铢钱的五字。一千钱为一贯，万贯是形容钱财之多，创符人对钱财是多多益善，喜爱钱财之心，充分表露在此符中。创此符者，不是富商大贾，就是私铸铜钱者之流。"元宝"符形是一个草书变体宝字，又似一草体贝字，创符人毫不隐讳对元宝的喜爱。形象逼真的"灯笼"符，画出官府或贵胄之家，在喜庆日子里，挂在门庭中用以施威风显气派的一盏宫灯。"帽子"符形是簪缨之家表示地位的冠缨。"攒（躜）天"是风筝中一种叫作沙燕的别名。创符人以风筝可乘风直上青云，不断上升，希冀可指日高升，想不断往上爬。"褡狼"（裢）指中间开口，两边是袋，下饰以穗，长方形的装钱袋子。褡裢掖在腰间，内装银钱。腰中有钱有"腰里硬"之说。"方块"符，源自读书人头上戴的方巾。方巾正面有方块形饰物，故此符形是巾字，符名方块。此符原为读书士子所创，士子沦落为四民（士民工商）之末——经纪，仍不忘怀士子身份，故以方块为密符，隐然有高人一等的优越感。

以人名、绰号为验粮密符的占总数之半，这之中使用儿化韵和以子字作尾音的有 25 个，这样叫起名字来显得亲切，也反映了通州地区口语习惯。这 50 个密符中，以孩子名字命名的有 20 个，所以使用孩子名，是创符人希望从对孩子的祝福中实现自己的愿望。如"狗儿""鹿儿""马儿"符，是反映长辈们希望孩子长得像狗、鹿、马一样健壮可爱。也有反映孩子们肤色与形态的密符，如"黑子""白子""胖子"等。有些密符则是反映孩子出生季节与性别的，如"杏儿""菊子"等。至于"傻子"，是故意给孩子起个这样名字，是反其意而用之，是对娇惯的孩子昵称。盼子心切老来得子的，生儿子叫"来子"。希望孩子成人、成名的叫"成

儿"，这成儿符是一个变体草书李字，表示是李家的成儿，这也是宗族观念的反映吧。有趣味的是，同是用"子"字作符号，不同字体就有不同的符名与含义。如书写端正、美好的子字，是"宝儿"符，是夸耀自己儿子生得庄重、大方，大有贵样。另一个书写流畅的子字，是"我子"符，这符形神态宛如一个跳动的婴儿，显示了我的儿子健壮又精神的欢势劲儿，胜过宝儿。"喜儿"符，画两条粗竖线，象征小姑娘的两条短髻，姑娘有"千金"之称，更胜儿子一筹。创符人争强好胜之心隐在密符之中。

以混名、绰号为密符的，有以长象特征起名的，如"大嘴符"，这符只画出一副大嘴巴，可谓嘴大吃四方。"聋子"符，在头部示意性画出两只下垂的耳朵，俗话有"聋子耳朵——配饰"。创符人甘当配头，只求温饱。这与大嘴符的创符人可谓心息相通，不同符而同含意，可谓异曲同工。"侉子"符，通州方言称外地人为侉子。以艺术化仁字为符形，义取儒家经典《大学》中"亡人无以为宝，仁亲以为宝"句，意思是说由外地来通州谋生的人，以仁为立身处事前提。抽象地画个圆圈表示"榔头"符，圆圈是榔头的横断面，榔头是锤子的意思，榔头符充分表达了创符人"鲁莽"直爽的性格。无独有偶，"棒槌"符用人形图案形象地说明创符也是"直肠汉"。"铁头"符，符形是当时俗体头字，头硬似铁，确是一名硬汉子。简略地画粗粗一条横线是"石头"符，旧时用块石碣刻上"泰山石敢当"，有敢挡庞然大物之意。用石头作符名，是借石头之坚硬，泰山之高大来比拟人。重叠连两画个圈是表示双钱，是"秃子"符形。民间偏爱成双成对，双数为偶，内含奇数，暗喻数多，所以双钱也暗喻钱多。

密符中有直接用经纪人名字作符名的，如"刘三""周元"。有用古人姓名当作符名的，如画一对双鞭暗喻唐代名将尉迟恭，符名"敬德"。画一个示意性的酒杯口，写一个中字，象征好酒贪怀，常醉不醒，驱邪吃鬼的"钟馗"。"李奎"（逵）符形似旋风，以此象征其绰号与爽朗性格。

"押会"陋习在密符中也有反映。押会是一种赌博方式，押者可以任意押某名某代号。侥幸押赢的人以为自己有福气，值得夸耀，就将押赢的代号作为密符，如升儿符，这符形似观音念珠。押会与前述斗鸭，传述都是由南方各省运军带来的。这也是南北文化交流的一种反映吧。

　　"老千"也是验粮密符之一。老千的含意是贼是骗子。这些人以偷、扒、骗等潜在手段猎取钱财。因钱、潜与千同音，故引称千行或老千儿。这些社会渣滓与官府勾结为害一方。但创符人不以此为耻，公然打出老千儿旗号，以两个并列十字类似通州的符形为其符号，其逞强梁，立字号"闯通州坝"的无赖形象暴露无遗。旧社会有钱就可买动官府，建立势力范围，独霸一方。由此符可见贼人、骗子横行乡里，欺侮、压榨百姓之情。

　　本文所介绍的这些以熟练手法与朴实写意笔调绘出的生动形象，简练而又夸张；抽象而又神似的密符，有其独特的艺术语言，既有实用价值，又有其艺术价值，体现了各种文化交融，体现了汉字独特的、潜在的美，与深刻的、多样的含义，是美与实用的统一，可凭之一窥当年的艺术风格。密符有儒家思想的体现，有江湖气味的流露，有风土人情的反映。密符反映了时代气息，反映了创符人不同的文化修养与不同的经历。这些密符是一定的社会经济、文化在观念形态上的反映。此密符扇是研究漕运历史的一件珍贵实物。

　　（陈乃文，原通州区永顺镇中心小学教师）

天后宫与漕运

■ 陈乃文

　　天后就是天妃，也称妈祖。民间认为她是南海女神。据《莆田县志》记载，妈祖在北宋初年（960）降生于福建莆田湄洲岛林姓家，因出生时不啼哭，取名默娘。她在 16 岁时就在海上救助过不少遇难渔民。北宋雍熙四年（987）她在其故乡因救助海难者而死，民间传说是羽化成仙。传说她或乘草席在海岛间巡游；或穿朱衣高坐桅上以止风暴；救护在海上遇难的船只，世人称之为龙女，南宋绍兴间始被封为灵德夫人。元代时夫人因护佑漕运奇功显著，在至元间被封为护国明著天妃，以后三朝累次加封。清代康熙年间天妃以助施琅收复台湾有功，又加封为天后。天后在道教及我国南方沿海地区民间信仰中占有重要地位。

　　这些地区的信众认为天后娘娘可使水不扬波，佑护在水路航行者的平安。妈祖"福佑众生"。闽、港、澳地区许多人都信奉妈祖。台湾地区信奉妈祖的人也甚多。《广州日报》曾报道，"目前台湾有大小妈祖庙三千多座，信众达一千多万人。许多台湾信众把到湄洲祖庙朝拜作为毕生愿望。近年来，到湄洲祖庙朝拜的台胞络绎不绝，每年多达十万人次。"

　　祀奉妈祖习俗，因漕运而传到北京地区。南方有妈祖庙、天妃庙，北京地区有天妃宫、天后宫。南方沿海地区对妈祖的信仰传至北京地区，这不仅促进了南北方文化信仰的交流，而且使两地人民的关系更加密切。台湾——北京，妈祖庙——天后宫，这古老的文化习俗使中华儿女命运相通，血肉相连，休戚与共。

据《析津志辑佚》记载，元代在祭祀天妃时，奏礼乐的程序是"先用雅乐，而后用俗乐。"《日下旧闻考》记载，明清时期，朝阳门南，大通桥西北处建有天妃宫。由通州里河石坝装运漕粮的船只溯通惠河而上，直达大通桥，这里靠河谋生的人众多，天妃宫也是应漕运而建。位于通惠河东端，运河北端的通州，旧时南接西送，转运漕粮，漕务繁忙。来自南方的众多船户、纤夫、运丁将对妈祖的信仰带至通州，建庙祭祀。每年春季开河后，朝拜天后者日众，直到将要封河，烧香的人才日渐减少。每年农历三月二十三日天后生日那天，与河运有关的人不分南北，均到庙中烧香祝寿，乞求天后保佑他们水运平安，能使漕粮顺利到京。传说天后娘娘还掌管送子之事，兼能"福佑众生"，所以不少当地善男信女也到天后宫朝拜祈子、祈福。先父生前曾讲，他小时家里当着军粮经纪差，年年都跟着他的祖父到北关天后宫烧香。那天宫内香烟缭绕，磬声不断，男女老幼摩肩接踵，人流如云，一片熙攘和睦气氛。

通州旧时有两座天后宫。一座位于城内东北隅，在贡院北边隔城就是运河石坝楼。《光绪顺天府志》记载，此宫"始建无考，明崇祯十三年修。"但父老相传始建于元代。明嘉靖间编的《通州志略》载："天妃宫在靖嘉寺东"。元至正三年（1343）建。印证了父老传述。民国初年在贡院旧址建小学时拆除，现在只留下一个天后宫的地名。另一

原北关小学藏'广被人嗣'木匾

座在北门外，当时是明天妃宫，清代时更名为天后宫。据《通惠河志》载："天妃宫一座，嘉靖七年（1528）新建。建于运河西，通惠河北的三角地带；座落于通榆大街南段西侧，座西朝东。宫门也是过殿，殿内两边有"千里眼""顺风耳"泥塑立像。院内南北均有配房。正殿3间东向运河，比较高大，占地近80平方米，内祀天后泥塑立像，戴冠持笏，比常人略高，后有持扇侍女，两边有侍女塑像群及配祀的龙王和水神。南北两壁间绘有天后巡海图。殿前有一鼎形大香炉。"先父生前曾讲，

泥塑像（绘制）

他在民国初年创办北关小学时，将正殿辟作教室，仅拆除祭台及部分侍女泥塑，四壁涂刷一层白灰浆。解放后，此处是北关小学分校，仍残留有正殿、过殿、部分配房，还有一块由于充当领操台而幸存下来的的残碑，字尚模糊可辨，是记载明嘉靖年间建天后宫的事迹。1957年时，笔者有幸目睹这些残存物，还曾在殿内墙壁上灰浆脱落处断断续续地窥见原绘的天后巡海图壁画。

通州与元大都漕运

■ 陈喜波

元代是北京漕运发展的重要阶段，关于元大都漕运问题，侯仁之、蔡蕃、于德源、吴文涛等学者均对元大都漕运有较为深入探索。但是，长期以来，因现存的元朝漕运史料极为稀少，关于元大都漕运的研究并不十分理想，目前依据有限的史料而形成的一些关于大都漕运的结论需要进一步推敲。本文在新挖掘关于元大都漕运的部分史料基础上，对元大都地区漕运与通州的关系重新进行梳理和分析，提出一些新的学术观点，请学界同仁指正。

一、窝阔台时期的燕京漕运与通州

公元 1215 年，蒙古大军占领金中都，改名燕京，燕京成为华北地区的统治中心。窝阔台时期，燕京即已开始实行漕运，《永乐大典》引用《经世大典》中元太宗五年（1233）的一道关于燕京漕运的诏令，曰：

太宗皇帝五年癸己诏：前令随处官司，就差元设站夫修治运粮河道，……仍仰沿河以南州府达鲁花赤等官，各于濒岸州城置立河仓，差官收纳。每岁税石旋依限次运赴通州仓。其立仓处，差人去取。辛卯、壬辰年元科州府每岁一石，添带一石，并附余者，拨燕京。令陈家奴、田芝等用意催督，一时漕运毋（无）违慢。其通州北起仓，据见可收物处，仰达鲁花赤管民官备木植，差夫令和伯拨泥匠三人、木匠三人、铁匠一人速修。及差守仓夫三十人，半年交替。如失盗，就令均赔。

元太宗五年是公元 1233 年，而辛卯年是元太宗三年（1231），壬辰年是元太宗四年（1232），辛卯、壬辰年已有科派州县漕粮之规定，说明燕京漕粮运输至少在元太宗三年，即 1231 年就已经开始恢复了。

根据元太宗五年诏书所言："仍仰沿河以南州府达鲁花赤等官，各于濒岸州城置立河仓，差官收纳。每岁税石旋依限次运赴通州仓"，此段文字中所说运河州县达鲁花赤于河边设置河仓，派官收纳漕粮，然后按照规定日期运至通州仓。所谓"限次"，是指漕船按照规定日期出发，途中按日期行进，并在规定日期抵达通州。

金代自 1151 年实行漕运，漕粮自中原地区经运河运至通州，然后经陆路转运至中都，已经形成一套规范的漕运管理制度。受季风气候影响，北方春季河开水涨，冬季天寒，水落河封，金朝漕粮运输有明确的规定，"其制，春运以冰消行，暑雨毕。秋运以八月行，冰凝毕。"金代漕法未善，故汛期漕运停止。"暑雨毕"和"冰凝止"均代表金代漕运春运和秋运的截止时间。元代对漕粮抵都也有限次要求，据《至正条格》记载，至少在至元三十年（1293），已有漕运限次规定："税粮，初限十月终，中限十一月终，末限十二月终。"明清两朝对于漕船抵达通州有严格的限次规定，如雍正《漕运全书》记载："漕粮抵通定限，山东、河南限三月初一日到通，江北限四月初一日到通，江南限五月初一日到通，浙江、江西湖广限六月初一日到通。粮船到通，俱限三月内完粮"，"各船抵次之限不得出十一月终。" 1215 年，蒙古大军占领燕京，进而占领中原地区，不久即从中原向燕京运输漕粮，此前蒙古人没有大规模漕运经验，燕京漕运显然沿用了金代漕运制度。

元太宗时期，漕粮首先通过水路运到通州，此时坝河和通惠河尚未开凿，因此漕粮至通州后需要转运至燕京。"其通州北起仓"中的"起仓"是指漕粮缴纳验收合格后，起运入大都仓的过程。元代漕粮运输至通州和从通州起仓至大都由不同的组织承担，"其立仓处，差人去取"，即反映了这种情况。另外，"通州北起仓"和"其立仓处"，也说明粮仓位于通州城北。

关于元代通州城北的粮仓，《元史·河渠志》有相关记载：

至元三十年九月，漕司言："通州运粮河全仰白、榆、浑三河之水，合流名曰潞河，舟楫之行有年矣。……又深沟乐岁五仓，积贮新旧粮七十余万石，站车挽运艰缓，由是访视通州城北通惠河积水，至深沟村西水渠，去乐岁、广储等仓甚近，拟自积水处由旧渠北开四百步，至乐岁仓西北，以小料船运载甚便。"都省准焉。通惠河自通州城北，至乐岁西北，水陆共长五百步，计役八万六百五十工。

由此段文献可知，至元三十年，通州城北有乐岁、广储等五个粮仓，很可能就是元太宗时期通州北所立粮仓基础上发展而来。

元朝时期的大都漕运与通州

元大都漕粮来源及运输方式

中统元年（1260）三月，忽必烈在开平即帝位。至元元年（1264），忽必烈定开平为上都，改燕京为中都，实行两都制。至元四年（1267），在燕京城东北建设新城。至元八年（1271），忽必烈定国号为大元，次年，改中都为大都。元大都集中了众多皇族、文武百官和大量军卫等，对粮食需求量极为庞大，漕运规模超过了金朝。元代漕粮来自于两个地区，一部分来自于原金朝中原产粮区域，称作北粮，一部分来自于江南地区，称作南粮。

金代漕运利用潞水和御河水系将中原地区的粮食运至通州，然后再转运至中都，漕粮运输采用纲运制度。元代北粮漕运是以金代漕运为基础的，也采用纲运之法，据《元史》记载，元代北粮运输队伍有30纲，每编船30只为一纲，共有船九百余只，运粮三百余万石，船户八千余户，每纲皆设押纲官二员，计六十员。

至元十三年（1276），元朝平定江南，开始从江南向大都运粮。最初运送江南漕粮的路线是从浙西北运，涉江入淮，由黄河逆流而上，至今河南封丘境内的中滦旱站，然后用车载牛驮陆运至淇门，入御河，抵达直沽，再溯白河然后抵达京师。至元十九年（1282），元政府开济州河，次年，济州河开凿成功，漕运船只可由泗河入济州河，再经大清河至利津入渤海，至直沽，经由白河至大都。至元二十四年（1287），因利津海口泥沙壅积，漕运不便，元政府遂停止由大清河至利津入海漕运，将漕粮从东阿旱站陆运至临清，经御河转运至京师。为减轻陆运劳顿，至元二十六年（1289），元政府开凿会通河，北起临清，南至安山，与济州河相接。由于山东段运河水源不足，运河常因天旱水浅，河道淤塞而影响漕运，每年漕粮数额在30万石左右。

至元十九年（1282），丞相伯颜命上海总管罗璧、朱清、张瑄等造平底海船六十艘，运粮四万六千余石，从海道至京师。但因初次航海，经验未足，风信失时，次年才抵达直沽，此次海运漕粮成功。于是，元廷从至元二十年（1283）开始推行海运，到至元二十三年（1286），海运漕粮数额达57万石之多。至元二十四年（1287），设行泉府司，专掌海运。至元二十六年（1289）海运漕粮数额约92万石，至元二十七年（1290）达151万石。至元二十八年(1291)，"罢江淮漕运司，并于海船万户府，由海道漕运。"此后，海运成为元朝输送漕粮的主要形式，直至元末。随着海运能力提高，海运漕粮的数额也不断攀升，延祐六年超过300万石，天历二年（1329）高达350万石。《大元海运记》记载："初岁运四万余石，后累增及二百万石，今增至三百余万石。"

元代漕粮海运分为春运和夏运，"二月开洋，四月直沽交卸，五月还，复运夏粮，至八月回，一岁两运"。关于河运漕粮抵达大都日期，在《大元仓库记》关于仓官职务升转制度中有相关记载：

大德五年户部员外郎赵章训言：前往通州、里二泗、河西务等处体知仓官司仓并不同时礼任，所收粮斛不下二十余万石。见设官三员，先到任者始于前界官处一一交盘见数，待同界官员立界收支，其同任官员或三五月，或半年之上，方才到任，及司仓人等到仓，必须重复交量，不唯交量生受，抑且短少粮斛。又都漕运司申：在都省仓三月一日齐界交割，据本司所管仓分，如亦三月一日齐界，实虑仓官短少，卒不敷用，又兼此时正是河仓攒运粮斛辏到，旧粮未尝攒动，诚恐相妨。合依已拟，拟自下年为始，六月一日齐界交割。其六月一日河粮已毕，上年见在攒运赴都新运海粮未到，乘此空隙，各不相妨，公务两便。部议如准本司所拟，自下年为始，六月一日齐集交割为宜。

文中记载，每年三月一日是"河仓攒运粮斛辏到"之时，又"六月一日河粮已毕"，说明利用运河运来的漕粮交漕时间至晚在三月之前开始，六月之前交漕完毕。元代河运漕粮主要以北粮为主。海运漕粮分为春夏两次运输，按上文可知夏运海粮应在六月之后才能抵达。因此漕粮河运和海运之间有一段空档期，故漕运使司建议在此期间让有职务升转的官员进行业务交接，这样不致影响漕务。

通州与元大都漕粮接运制度

大都漕运管理机构最早为元世祖中统二年（1261）所立的军储所，不久改漕运所。至元五年（1270），改漕运司。至元十二年（1275）改都漕运司。至元十九年（1282），都漕运司改为京畿都漕运使司，江南设江淮都漕运司，每年命江淮都漕运司将粮食运至中滦，京畿都漕运司自中滦接运，陆运至淇门，经御河运至大都，此即水陆联运漕粮接运制度。

至元二十五年（1288），为接收海运漕粮，将京畿漕运使司分为内外两个司。内司仍叫京畿都漕运使司，置于大都城内，其职责是："止领在京诸仓出纳粮斛，及新运粮提举司站车攒运公事。" 新运粮提举司因至元十六年开坝河而设，"管站车二百五十辆，隶兵部。开设运粮坝河，改隶户部。" 延祐四年，改名大都陆运提举司，"掌两都陆运粮斛之事"。《大元海运记》记载："京畿都漕运使司站车赴各码头仓般运粮斛。" 外司叫作都漕运使司，"于河西务置总司，分司临清"，其主要职能是接运海道漕粮事务。《大元海运记》记载："京畿都漕运使司于河西务置司，自济州东阿为头，并御河上下，直至直沽、河西务、里二泗、通州、坝河等处水陆趱运，接运海道粮斛及各仓收支一切公事，并隶本司管领。"

京畿漕运使司分立内外两司，实际上确立了海运漕粮接运制度。其外司即都漕运使司，负责接运漕粮入京，在直沽、河西务、通州设置粮仓，将漕粮自直沽依次转运进河西务仓和通州仓，然后转运入大都城内；其内司即京畿都漕运使司，负责在京漕粮出纳和将各码头仓漕粮由站车陆路搬运进大都。

漕粮接运制度改变了漕粮经由通州再转运至大都城的做法，通州成了漕粮接运过程的节点之一。都漕运使司最初设置在河西务，通州的漕运地位下降。但是，由于通州位于运河北端，地处京畿要地，漕粮转运和河道治理等漕务纷繁，河西务则远离大都，漕粮转运事务也不及通州繁忙，都漕运使司置于河西务于漕运管理不便。因此，元代末年即有人提议都漕运使司应移置于通州。丁好礼担任京畿漕运使时，"建议置司于通州。"今通州区博物馆藏有"都漕运使司赵公去思碑"，碑文有"同知赵公之来也，分司通州"之语，此碑立于元至正八年（1348），说明至少于至正八年前都漕运使司已经移置于通州。根据文献记载，通州都漕运司在通州大道之北，具体位置不详。至正九年，贾鲁担任都漕运使，"复以漕事二十事言之，朝廷取其八事：一曰京畿和籴，二曰优恤漕司旧领漕户，三曰接连委官，四曰通州总治豫定委官，五曰船户困于坝夫，海运坏于坝户，六曰疏浚运河，七曰临清运粮万户府当隶漕司，八曰宣忠船户付本司节制。"贾鲁建言"通州总治豫定委官"，则显示了元朝末期通州在大都漕粮接运管理中的统领性地位。

漕粮接运分为南粮接运和北粮接运。《大元海运记》记载的"漕粮鼠耗则例"显示了漕粮接运的各个环节。

至元 25 年和 26 年南北粮鼠耗则例（单位：升）

运输环节	南粮鼠耗		北粮鼠耗	
	至元 25 年	至元 26 年	至元 25 年	至元 26 年
海运至直沽	4	4	唐村起运	唐村起运
直沽仓	1.3	1.3		
船运至河西务	0.7	1.2	0.5	0.7
河西务仓	1.3	2	1.2	1.5
船运至通州	0.7	1.5	0.3	0.5
通州仓	1.3	2	1.3	1.5
坝河运至大都	1	1.5	0.7	
站车运至大都	0.7		0.5	1
省仓	3	4	2.5	3
合计	14	17.5	7	8.2

资料来源：佚名撰：《大元海运记》卷下，第88—91页。

　　南北粮鼠耗则例列举了漕粮接运的运输路线和环节：南粮海运至直沽为一程，从直沽运至河西务为一程，再从河西务运至通州为一程，再分别从坝河运至大都，或站车运至大都为一程。北粮从唐村至河西务为一程，从河西务至通州为一程，再从通州分别用坝河运至大都，或站车运至大都为一程。漕粮逐程递运，依次存储在河西务仓和通州仓，最终运进大都。

　　不过，并不是所有漕粮都按照上述接运环节运输的。元成宗时，曾有香糯白粳自直沽径赴大都交纳的举措。成宗元贞元年（1295）规定："本年为头，糙白粳米就直沽交卸。…。香糯直赴大都醴源仓交卸。"香糯白粳上交于醴源仓，有其特殊用处，"大都醴源仓，秩从六品，掌受香莎苏门等酒材糯米，乡贡曲药，以供上醴及岁赐诸王百官者。至元二十五年始置"。"醴"指的是酒，看来，香糯白粳米与酿酒有关，说明饮酒在蒙古贵族生活中占有重要地位。不过，漕粮自直沽直接运赴大都的做法，系人为原因造成，据《大元海运记》记载："香糯米粮，旧例亦在直沽交卸。在后朱虎龙害众利己，要功同职，将香糯直赴大都醴源仓送纳，转交河船殷剥，经过闸坝，河船户偷盗夹杂，亏折官粮，交割短少，揭借重债，闭纳稽留日久，岁终方回，船户消乏。"香精糯米直接从直沽经通惠河运入大都城的做法，是朱虎龙为邀功而施行的运输手段，结果漕粮在经过闸坝转运的运输过程中被偷盗损失，而导致船户赔累而疲敝不堪。

郭守敬

三、通惠河与元大都漕运

元大都漕运码头在皇城之东

　　通惠河为元代大都地区重要的运河水利工程，是由当时的科学家郭守敬提议并主持修建的，该工程起始于至元二十九年（1292），次年完工。通惠河开通后，漕船可从通州里二泗经通惠河抵达大都城内，元廷专门设立通惠河运粮千户所，专掌通惠河漕运。据《元史》记载：

至元三十年，帝还自上都，过积水潭，见舳舻蔽水，大悦，名曰通惠河。

正是基于此段文字中"舳舻蔽水"的描述，很多学者认为积水潭就是大运河的漕运码头。然而，根据《经世大典》所记载，运河漕运码头并没有设置于积水潭。通惠河开凿成功后，大臣不灰木即提出在大都皇城东门沿河地带修建粮仓的建议：

至元三十年九月二十八日，平章不灰木等奏疏：辟新河，那怀督役公谨，今已成功。河西务、通州仓储粮最多，俱在旷野。东城红门内近新河，有隙地，复迁红门稍入五十余步，广展基址，期数年间尽建仓宇，移致河西务、通州粮甚便。工部杨尚书言乞命那怀董工，庶得早成。上是之曰：不必再虑，尽力为之。

不灰木建议在将大都皇城东红门向内收五十余步，开辟场地，建造粮仓，将存储在河西务、通州仓的漕粮通过接运逐程运至此存储。世祖完全支持此提议，命尽力为之。这次建仓工程历时两个月，至十一月得以完成。另据《经世大典》记载：

至元三十年十一月二十九日，平章刺真阿里等奏杨尚书言：今皇城东沿河建仓，令漕舟于此交卸便。奉旨准。

由此可知，漕船自通州进入通惠河直抵大都城内，并不在积水潭交卸漕粮，而是在皇城东侧沿河处缴纳漕粮，然后运入粮仓。漕粮在漕船进入积水潭之前即已交卸完毕，积水潭应是漕船纳粮之后的停泊之地。

元代积水潭作为漕船停泊地的重要作用，可在明代疏浚通惠河的事例中得到体现。明代北京城内的通惠河被圈入皇城，通惠河只保留从东便门外大通桥延至通州张家湾河段，但明嘉靖七年（1528）之前通惠河基本弃置不用。早在成化十二年（1476）六月，漕运总兵陈锐等人曾一度疏浚通惠河成功，可以通行漕船，但不到两年便不再通舟。其原因除了通惠河上游水源不足和河道泥沙淤积之外，另一个重要原因就是因通惠河河道狭窄缺乏停船之地。

据《明宪宗实录》记载："丁亥，浚通惠河成。自都城东大通桥至张家湾浑河口六十里。……是河之源，在元时引昌平县之三泉，俱不深广，今三泉俱有故难引，独西湖一泉，又仅分其半，而河制窄狭，漕舟首尾相衔至者仅数十艘而已，无停泊之处，河又沙水易淤，雨则涨溢，旱则浅洹，不逾二载而浅涩如旧，舟不复通。"

由于通惠河河道狭窄，漕船鱼贯而入，交完漕粮之后需要有大型湖泊用于停船，使得后续漕船可以持续驶入，这样才能保证漕运顺利进行。由此可见，元大都积水潭的作用在于能够为通惠河上纳粮之后的漕船提供停泊之处，使得漕运畅通无阻。

元代通惠河航运效果分析

《元史》记载，"先时通州至大都五十里，陆挽官粮，岁若干万，民不胜其悴，至是皆罢之。"很多研究者认为，通惠河自开通以后，漕运效果一直很好，直至元朝末期。事实上，通惠河航运效果并非如人们所想象的那样一直很好。《经世大典》中有关于通惠河开凿成功后，设立水站之事，从其设置至其撤销过程则说明通惠河漕运效果并不是特别理想。通州通惠河水站设立的记载如下：

至元三十年十月八日中书省议：通惠河已开，拟于里二泗安置水站，用船三十六艘，除旧有外，以通州车站户补充站户，官为应付，安立讫。

同书另一处还记载了通惠河水站设立之事：

至元三十年十月，通政院呈：通州水旱站，见（现）设二十料小船一十只，每只四户，计四十户，内在逃四户，见（现）有船九只供递。使臣站车五十辆，每辆一十三户，共六百五十户，内在逃八十七户，见（现）在四十三辆。……。又据都水监呈：委边监丞与通政院王都事一同踏迥得通州李二寺仓东濒河，可以安立水站等事，奉都堂议得不敷船五十四只，近后定夺外，准拟于里二泗安置水站，拟拨站船四十六只，内除原有船九只外，就用通州车站户该船三十七只，付税粮房，于刘燦所管船内依数应付。下兵部，行移通政院，依数关支，就便安置施行。

按上述记载，通惠河水站的设立说明元廷还是对通惠河航运怀有较大的期望。然而，通惠河水站的设立并没有延续多长时间，元至大四年（1311）四月三十日，中书省奏：

腹里江南起运官物，浮河而来。自里二泗水站入闸河，迤逦起都，往回四五旬，不得达上下，驿程不接，事涉停滞。乞将里二泗递运之舟，分拨通州、坝河安置，有余船只今作站车，以车船户拨充坝夫，官盖坝房，使之就役。奉圣旨准。

这段奏文描绘了元至大年间通惠河水站的运输情况，一旬为 10 天，从里二泗至大都城，站船通过通惠河水路往返竟然达到四五十天，以至于"驿程不接"，这从侧面说明了通惠河航运效果已经大不如昔，因此水站被撤销。通惠河水站自至元三十年（1293）开通，至大四年（1311）裁撤，总共延续了 18 年。另从漕船的运载量来看，通惠河水站所用船只为二十料小船，其载重量远比漕船为小。元代通惠河所航行的漕船是一百五十料船，作为装载量很小的水驿船只，在通惠河上航行已经如此不畅，可以推断漕船运输也必将遭遇更大困难。

通惠河航运效果不佳在《元史》中仅存的有限资料中也可看出端倪。通惠河航运主要受两方面原因影响：一是上游水源保障，一是通惠河泥沙淤积。通惠河上游水源保障受到两个因素的制约：其一，通惠河从昌平白浮泉引水，开凿白浮瓮山河截引诸山泉水，沿西山进入瓮山泊，再沿长河进入大都城。白浮瓮山河位于边山地带，夏季山洪爆发，往往横冲河道，导致西山之水无法引导进通惠河中。如泰定四年（1327）八月，"都水监言：八月三日至六日，霖雨不止，山水泛溢，冲坏瓮山诸处笆口，浸没民田。"元代多次修筑被山洪冲坏的白浮瓮山河堤，泰定四年八月，"发卫军八千，修白浮、瓮山河堤。"至正十四年（1354）夏四月，"命各卫军人修白浮、瓮山等处堤堰。"其二，通惠河上游河道沿线权势之家，为灌溉农田而私决堤堰，导致上游水源减少。如文宗天历三年（1330）三月，"中书省臣言：'世祖时开挑通惠河，安置闸座，全藉上源白浮、一亩等泉之水以通漕运。今各枝及诸寺观权势，私决堤堰，浇灌稻田、水碾、园圃，致河浅妨漕事，乞禁之。'奉旨：白浮、瓮山直抵大都运粮河堤堰泉水，诸人毋挟势偷决，大司农司、都水监可严禁之。"

通惠河泥沙淤积与建闸蓄水有关。《金史·河渠志》曾记载说："自通州而上，地峻而水不留，其势易浅，舟胶不行"。为保障河道水位，郭守敬在通惠河上建造了 24 座闸，截流蓄水，便于航行。虽然郭守敬引用了西山山泉之水，但并非不含沙土，加之河道土性疏松，堤岸崩塌，河道水流趋于静止，泥沙易于沉积，因而也会导致淤浅。故元代曾多次疏浚通惠河，至元三十一年（1294）八月己丑，"以大都留守段贞、平章政事范文虎监浚通惠河，给二品银印。"延祐六年（1319）九月己卯，"浚通惠河。"天历二年（1329）八月乙巳，"发诸卫军浚通惠河。"

从前述《元史》所记至正十四年（1354）元顺帝"命各卫军人修白浮、瓮山等处堤堰"的记载来看，可以推断通惠河漕运一直持续到元朝末期，但依据《经世大典》关于通惠河水站的记录则反映了漕运效果并不十分理想。元代一直不遗余力地修治通惠河，虽然能够使得漕运得以持续，但不可否认的是，通惠河维护成本始终居于高位。

另外，通惠河开通后，坝河运输漕粮的数量还在增长，大德三年（1299），罗璧疏浚坝河，"岁增漕六十余万石"，大德六年（1302），"岁漕米百万"。据《至正条格》记载："至元二年三月，刑部与户部一同议得：'每岁海运官粮三百余万石，直沽下卸，经由深沟等七坝，运赴各仓。'"此处，"至元二年三月"当为讹误，因为至元十六年才开通坝河漕运，故此处可能为"至正二年三月"；"经由深沟等七坝"是指经由坝河运漕粮入大都。这段文字也说明了元末坝河运粮在大都漕运中发挥着主导地位。《元史·王思诚传》也有一条记载说明元末坝河运粮数量持续增长的事实。至正初，监察御史王思诚曾言："至元十六年，开坝河……坝夫累岁逃亡，十损四五，而运粮之数，十增八九"。元至正二年（1342），元政府还曾在大都至通州之间开新河以接济漕运之举，据《元史·河渠志》记载："至正二年正月，中书参议孛罗帖木儿、都水傅佐建言，起自通州南高丽庄，直至西山石峡铁板开水古金口一百二十余里，创开新河一道，深五丈，广二十丈，放西山金口水东流至高丽庄，合御河，接引海运至大都城内输纳。"丞相脱脱力主开凿金口新河，"欲引通州船至丽正门"，但此次开河失败。坝河漕粮运输数量递增和金口新河开凿，均从侧面反映了通惠河航运效果并不尽如人意。

通过文献史料发掘整理，可以发现：窝阔台时期燕京漕运是在金代漕运制度基础上进行的，元初燕京漕运至少始于元太宗三年，即1231年，最初燕京漕运沿用了金代漕运制度，当时漕粮运输采用按依限次抵达通州的制度规定。自元世祖开始，因创立海运，元大都漕运制度也相应出现新的变化。元世祖时期，元廷实行粮海运，在大都地区创立接运制度，并设置接运管理机构专门负责漕粮运输。漕粮接运管理分别由京畿都漕运使司和都漕运使司分别负责，都漕运使司初期设置于河西务，后期移置通州，通州在元代的漕运地位先降后升。元世祖时期利用坝河漕运，开凿通惠河，皆是大都漕运的重要创新之举，提升了漕运效率。通惠河开凿成功后，漕船可直接进入大都城，漕粮交卸码头在皇城之东；通惠河漕运的实际效果并非很理想，其历史作用还有待于进一步研究。

（陈喜波，通州区政协特邀文史委员，北京联合大学北京学研究所教授）

通惠河漕运图（局部）

元代深沟村和深沟坝

■ 陈喜波

坝河位于北京城东北部，源自东城区东北护城河，经朝阳区东流入通州永顺镇北界汇入温榆河。元代利用坝河实行漕运，在河上建造七座石坝以截水通航，故名坝河。漕粮自通州由坝河逐级分段运输，直至大都城光熙门，然后运入大都城。坝河七坝当中的最后一个叫做深沟坝，位于坝河河口，其位置就在今通州城北永顺镇。

深沟村和深沟坝

《元史》中有记载，"坝河，亦名阜通七坝"。另从"阜通七坝"用语可知坝河以前的名称为阜通河。据《元史·罗璧传》，约在大德年间，罗璧担任都水监，"通州复多水患，凿二渠以分水势；又浚阜通河而广之，岁增漕六十余万石"。雍正《畿辅通志》也有阜通河的记载，"阜通河，在大兴县东，一名坝河"。坝河之名出现后，遂成为民间通称，而原有阜通河之名则日渐消失。早在中统三年（1262），郭守敬就向世祖献策，引玉泉水入中都旧漕渠，东至通州，济运行船，此河即为坝河。至元十三年开始，江南漕粮入大都，漕粮数额日渐增加，迫切需要提高通州至大都之间漕运能力。据《元史·王思诚传》记载"至元十六年，开坝河，设坝夫户八千三百七十有七，车户五千七十，出车三百九十辆，船户九百五十，出船一百九十艘。"元政府为漕运需要而在此河上修筑闸坝，共建有千斯坝、常庆坝、郭村坝、西阳坝、郑村坝、王村坝、深沟坝等七坝。漕船至水坝后，采用逐坝"倒搬"方法，从通州北上进入坝河的漕船从下游行驶到第一个水坝后，由该坝坝夫把粮食搬到坝西面的空船上去，然后继续向西行驶，逐坝递运，最终抵达大都城东北门光熙门。《析津志》记载："光熙门与漕坝千斯坝相接。当运漕岁储之时，其人夫纲运者，入粮于坝内"。"（坝河）岁漕米百万，全藉船坝夫力。自冰开发运至河冻时止，计二百四十日，日运粮四千六百余石，所辖船夫一千三百余人，坝夫七百三十，占役俱尽，昼夜不息"。按每天运 4600 余石计算，以一年当中漕运时间 240 天，则共计运粮 110 余万石，符合"岁漕米百万"的数目。

关于阜通河上七个水坝的位置，因时代久远早已无存。学者蔡蕃对其位置进行过专门研究，他认为位于坝河最西端的千斯坝在元大都光熙门南一二里处，常庆坝应在今东直门外尚家楼村，郭村坝在今坝河上酒仙桥闸稍东，西阳坝在今西坝村，郑村坝在今东坝村，王村坝在今沙窝村附近，深沟坝在坝河入温榆河河口处。不过，根据我的考察和文献分析来看，蔡蕃关于坝河河口的位置以及深沟坝的位置的判断均值得商榷。蔡蕃认为坝河河口就是今天的坝河入温榆河处，但是这种判断显然有误。从元代到现在有七八百年的时间，其间温榆河河道本身就发生过多次摆动，坝河河道也有一定的变化，坝河入温榆河的河口怎么可能在这么长时间里如此稳定呢。

《元史·河渠志》有这样一段记载：

至元三十年九月，漕司言："通州运粮河全仰白、榆、浑三河之水，合流名曰潞河，舟楫之行有年矣。今岁新开闸河，分引浑、榆二河上源之水，故自李二寺至通州三十余里，河道浅涩。今春夏天旱，有止深二尺处，粮船不通，改用小料船搬载，淹延岁月，致亏粮数。先是，都水监相视白河，自东岸吴家庄前，就大河西南斜开小河二里许，引榆河合流至深沟坝下，以通漕舟。今丈量，自深沟、榆河上湾，至吴家庄龙王庙前白河，西南至坝河八百步。及巡视，知榆河上源筑闭，其水尽趋通惠河，止有白佛、灵沟、一子母三小河水入榆河，泉脉微，不能胜舟。拟自吴家庄就龙王庙前闭白河，于西南开小渠，引水自坝河上湾入榆河，庶可漕运。又深沟乐岁五仓，积贮新旧粮七十余万石，站车挽运艰缓，由是访视通州城北通惠河积水，至深沟村西水渠，去乐岁、广储等仓甚近，拟自积水处由旧渠北开四百步，至乐岁仓西北，以小料船运载甚便。"都省准焉。通惠河自通州城北，至乐岁西北，水陆共长五百步，计役八万六百五十工。

深沟坝位于坝河最东端，是非常重要的粮食转运枢纽。从"通州城北通惠河积水至深沟村西水渠，去乐岁、广储等仓甚近"这句话来看，深沟村位于通州城北不远处，深沟坝也在此处，是漕粮从白河导入坝河的第一站，因此元代这里设置了较大规模的仓储设施，共有五座仓群，从乐岁五仓存储粮食约 70 余万石来看，可见其粮食储备规模不小。漕司提出："拟自积水处由旧渠北开四百步，至乐岁仓西北，以小料船运载甚便"。该建议得到了都水监批准，于是兴工开挖河渠，"通惠河自通州城北，至乐岁西北，水陆共长五百步，计役八万六百五十工"。按照此处的记载，乐岁仓至通州城北通惠河积水处大约四百步的距离。按步是中国旧制长度单位，一步等于五尺。另古时一举足叫跬（半步），两足各跨一次叫步，即相当于今天我们所说的两步。若按照现代人迈一步的距离约为 75 公分来计算的话，那么古代的一步约为 1.5 米。乐岁仓距离通惠河积水处约四百步，那么二者之间的距离在 600 米左右，通惠河积水处当为今天通州旧城北的北护城河，及葫芦头以西至天桥湾小区一线，可见乐岁仓等五仓离通州城北大约一里多地，由此推断深沟村很可能在通州城北的盐滩村附近。据此可知，乐岁、广储等五仓也在盐滩村一带。

运到通州的漕粮一部分经由坝河转运至大都，一部分漕粮由陆路运至大都城。在通惠河北岸过去有地名曰"夹沟"，光绪《通州志》载有其事，"夹沟在北门外自圣人庙至十方院旧系夹沟一段，年久失修，深约丈余，行人见阻。光绪六年，民人郭维垣何宽劝捐修垫一律平坦，并立石纪其事"。民国时，夹沟受雨水冲刷，沟又加深。在通州区的旧村改造过程中，发现此沟截面皆为蒜瓣土，显然系古代车马长时期碾压而形成，俗语说"多年的大路走成河"，夹沟当为古代的一条大道。在 1970 年出版的通县地形图上，还可见盐滩村西有一个深沟、断断续续向西延伸至前窑村北，再向西延伸到卢庄村北，一直到京榆旧路，此沟当为一条运送物资的古代大道，经多年碾压而形成深沟。2010 年通州北关地区拆迁以前，此沟中盖满房屋，可以推测此沟最初不可能为河沟。若元代乐岁仓等五仓建在盐滩村附近，那么这两条道路当为元代陆运漕粮的道路。基于以上分析，可见深沟村当在盐滩村一带，坝河故道当为现在的温榆河河道，深沟坝就在深沟村（盐滩附近）东的坝河上。按照《元史》记载，至元三十年，温榆河和坝河在此处尚未合流，温榆河在坝河以东一带，很可能在今小中河河道所在之处。

元初白河、温榆河和白河的关系

按前文已经证明，深沟村约在通州城北的盐滩村一带，深沟坝当在此处。坝河、温榆河和白河在通州城东分流，坝河在西，温榆河在中间，白河在东边。《元史》记载说："先是，都水监相视白河，自东岸吴家庄前，就大河西南斜开小河二里许，引榆河合流至深沟坝下，以通漕舟。今丈量，自深沟、榆河上湾，至吴家庄龙王庙前白河，西南至坝河八百步。"由此文可知，吴家庄龙王庙前白河至坝河八百步，按照一步 1.5 米计算，那么坝河至吴家庄龙王庙前

夹沟所在位置图（资料来源：1970 年出版的测绘地图《通州》图幅的局部）

白河约有 1200 米。本段文字也表明，元代白河与今天的潮白河河道并不一致，而是在吴家庄附近，因此需要确定白河河道和吴家庄的位置。根据民国文献资料，在通州小潞邑一带，有沙龙一道，"沙龙，一在县东五里小潞邑、焦王庄、耿各庄外，有沙陀数道，约长四里，宽二里。一在县东南三十余里，曹庄西口，有沙坨数道，约长三里，宽亦如之。每当朔风起时，沙飞如龙，所以土人以沙龙呼之。"小潞邑附近的沙龙应为潮白河早期河道，河流改道后形成沙坨。小潞邑村西有一个苏坨村，显然是依据地貌而得名，坐落于古河道上。按《元史》记载，吴家庄位于白河东岸，庄前有龙王庙。今焦王庄东有龙旺庄，龙旺庄村即位于沙龙东南附近，该村名的来历当为龙王庄，龙王庄显然是因为龙王庙而得名，也就是说，龙旺庄是龙王庄地名的讹误。按吴家庄在清代志书及古地图上均无踪迹，但龙王庙提供了一个非常有用的信息。结合龙旺庄村西的古河道，民国文献所记载的"沙龙"，还有龙旺庄村的来历，可知元代白河河道在小潞邑、焦王庄、耿各庄、苏坨、王家场一线，龙旺庄恰好位于河东，应是元代的吴家庄。牛作坊村东的温榆河东至龙旺庄村西的王家场古河道一带，其直线距离约为 1200

推测元代坝河、深沟坝的位置和元至元三十年通州城北白河治理示意图

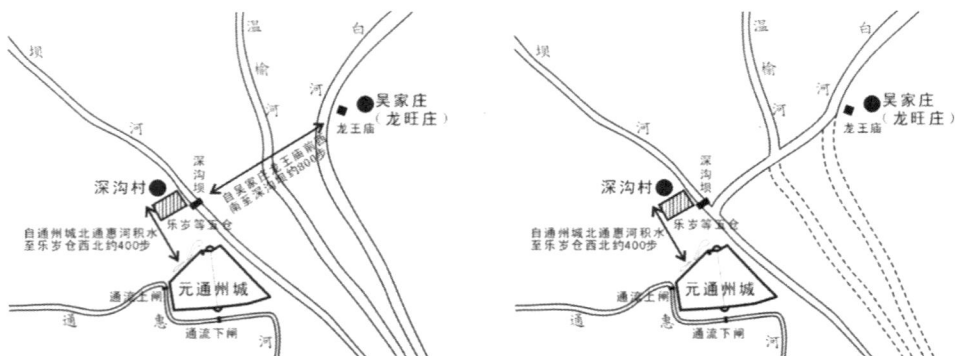

米左右，其方向也为东北—西南向，完全符合《元史》中所说的深沟村、深沟坝与白河、吴家庄龙王庙的位置关系。

漕司提出一个河道治理计划"拟自吴家庄就龙王庙前闭白河，于西南开小渠，引水自坝河上湾入榆河"，按此文中"引水自坝河上湾入榆河"，有误，依据漕司丈量运河时的记载，"自深沟、榆河上湾，至吴家庄龙王庙前白河，西南至坝河八百步"。由此可知，原文当是"引水自榆河上湾入坝河"，按河流位置关系，白河在东，榆河在中间，坝河在西，漕司计划在吴家庄龙王庙前堵闭白河，引河西南行，当先与温榆河汇合而后至深沟坝下之坝河。

对于《元史·河渠志》关于通州至里二泗河道浅涩的记载，明人王琼认为漕司所说通州运河浅涩并非因通惠河截取温榆河上源之水导致下游河道缺水所致，而是漕司受到车户集团所蒙蔽。元代漕粮自通州至大都除坝河漕运外，多为陆运，车户握有陆路运输之利益，通惠河开通显然对车户集团影响很大，故车户集团利用当时天气亢旱，借机歪曲事实，蒙蔽漕司。

愚意元始开通惠河，导神山泉，过双塔、榆河，则榆河亦引而西至都城南，又引浑河注之。二水相合，故河水盈溢而舟楫行焉。其后值时亢旱，二河之源及诸泉皆细微，故河浅而不能通舟。漕司言因引浑、榆二河上源之水，故通州河道浅涩。殊不知浑、榆二水虽引入新开牐河，而其下流亦必至于通州，别无走泄。其浅涩不能载重者，乃时旱水涸之故，非引其上源之所致也。至于脱脱开金口河，则因开河之始，偶值浑河泛溢而至壅淤耳。若当水势平缓之时引之，而又于分流之处为之节制，未必遽尔泥壅也。使果水性善淤如是，则自卢沟以至通州浑河经流之道，至今淤为平地矣，岂理也哉。盖陆运车户得力，而漕卒受害。元时亦多陆运，故接运粮提举司有车户之设，隶都水监，漕司之言，未必不惑于车户之私，因时亢旱而为沮废之计者。

白沫河与白马河

元代以后，坝河不复为漕运水道，失去作用，相关记载较少。嘉靖《通州志略·舆地志·古迹》记载有"长店运河"条目，"在州城北安德乡，有通衢曰长店。店南河源自元旧京城，流出东南，入潞河，元□漕运所历，自此抵京，置坝储水，以□舟楫。"显然这条河就是元代的坝河，在明代已经成为古迹。清代康熙、乾隆、光绪《通州志》，民国《通县志要》均无坝河记载。康熙《大兴县志》则说"坝河在东直门城角"。

在嘉靖《通州志略》中还有一条河流的记载："白沫河，在州城北，源自京清河，合东直门外舆道泉沟潦河，流为白沫，入富河"。从该河的流经路线看，似乎是元代的坝河。民国时期的《京兆通县农工银行十年史》一书中附有京兆通县农工银行营业区域图，图中通县北部一条河流标注"白马河"，流经前曹各庄、娄子庄（楼梓庄）、沙窝注入温榆河，其位置与坝河完全一致。白马，是白沫的同音异体写法。白马河当为嘉靖《通州志略》所记载的白沫河。按照地图河流位置所在，可以判定，白沫河（白马河）为元代的坝河。清代文献中，坝河记载为白马河，《清德宗实录》记载光绪四年温榆河治理时，多次提到白马河。

京兆通县农工银行营业区域图中的白马河（据原图改绘）

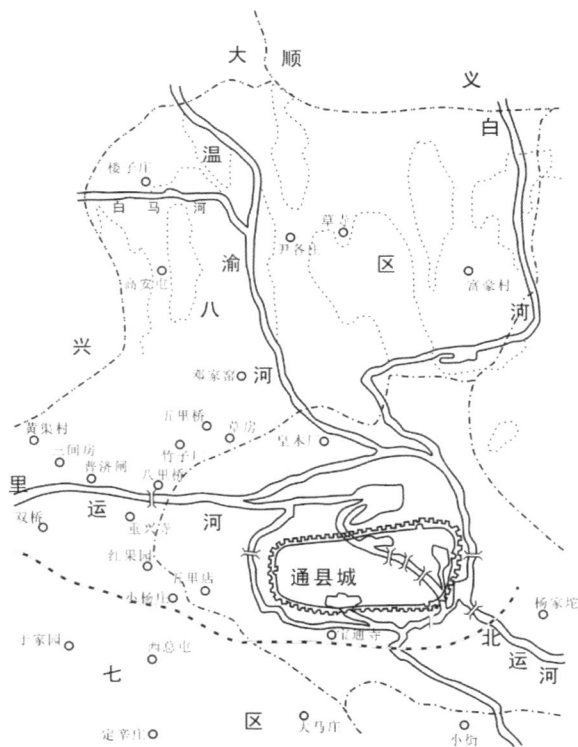

丙辰，谕内阁、广寿、贺寿慈奏遵查北运河上游情形请分别疏筑一摺。据称详查潮白温榆两河泛滥淤塞情形，拟将通州东北浮桥东西两岸缺

口坚筑堵塞，以免潮白西灌温榆之患。另将沙窝村、铃铛口两处缺口修补，于白马河南岸起至西浮桥西岸止，斜筑长堤一道，以为北关保障。至温榆改道之处，宜裁湾取直，挑挖旧河，俾循故道。新旧河相接之处筑挡水坝二道，其东岸通大道处另筑一堤，使河流不至东灌，并将下游自下关口起至小河口止，及白马河下游淤浅处所，均挑挖疏通，使漫流仍由温榆而下，庶有裨益。请饬筹款兴修等语，著照所请，即由直隶总督会同仓场侍郎自行筹款，赶紧兴修，以卫民生而济漕运。

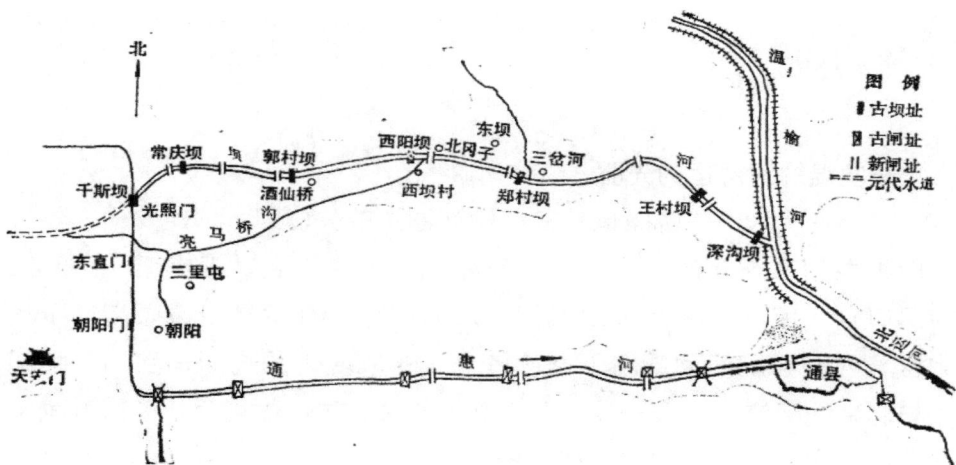

元代坝河行经图

温榆河的漕运

■ 贾长宽

开发温榆河漕运的先驱

有学者认为，"曹操是开发温榆河漕运的先驱"。"建安十一年，曹操于泉州（今天津）凿渠，'自滹沱入瓜水，名'平虏渠'。又从泃河口凿入潞河，名'泉州渠'，以通海。'其意是，曹操沟通了河北省境内的滹沱河和瓜河（今沙河），北京境内的泃河与潞河，把河北与北京的河流勾连成一体。"（引自《温榆河：都城所钟爱的河流》来源：北京日报）该观点有待商榷。

《魏志·武帝本纪》记载，"建安十一年（206），辽西单于蹋顿尤彊，为绍所厚。故袁尚兄弟归之，数入塞为害。公将征之，凿渠自滹沱入㴲水，名平虏渠"。《水经注》："河北有巨马、易、滱、派四水"，派水即㴲水。天津静海大清河入海这段河道《水经注》称之为"㴲河尾"。"凿渠自滹沱入㴲水"，就是自滹沱河开凿平虏渠，北入㴲水，即今天津静海段大清河。"㴲"音 gū，"㴲水"不是"瓜河"，更不是"今沙河"，开发温榆河漕运的先驱也不是曹操。

温榆河发源于北京昌平区军都山麓，古称湿余水、温余水，简称温水，至辽代始称温榆河，又称榆河，俗称沽水。其上源是东沙河、北沙河、南沙河。《水经注》："湿余水出上谷居庸关东，又东流过军都县南。水南流出关，谓之下口（今昌平南口）"。军都县隶属上

温榆河

谷郡，故城在今昌平。《昌平县水利志》以北沙河为正源，其主流源于八达岭主峰下关沟，东南流经居庸关、南口，出关沟与源于北京西山的白羊城沟等河水汇合后，称北沙河。北沙河东流至沙河镇与东沙河，南沙河汇流入沙河水库始称温榆河。温榆河东南流经顺义区、朝阳区，过通州区金榆桥右侧是朝阳区金盏乡，河左侧是通州区宋庄镇，南流至坝河口，河口南侧温榆河两岸是通州永顺镇（老城关区），流至北关拦河闸桥北侧，温榆河与小中河（潮白河故道）二水会流处为京杭大运河之北运河的北端。

温榆河是北京最早开发的一条运河，开发温榆河漕运的先驱有四位。

第一位是东汉的王霸。《后汉书》记载：王霸，颍阳（今河南人）。建武九年（33），皇帝诏书拜王霸为上谷太守（郡治沮阳，在今张家口市怀来县）。建武十三年（37），北方割据的军阀卢芳与匈奴、乌桓连兵，寇盗尤数，缘边愁苦。诏令王霸率解除枷锁的刑徒六千余人，与杜茂治理飞狐道（在今保定涞源县），堆石头布土方，筑起堡垒，自代（今张家口市蔚县）到平城（今山西大同）三百多里。"凡与匈奴、乌桓大小数十百战，颇识边事。数上书言宜与匈奴结和亲，又陈委输可从温水漕，以省陆转输之劳，事皆施行。"

温水即今温榆河，温水通漕运之后，物资军需运往居庸关口极为便利，大省陆路转运之费用，居庸关外的"南单于、乌桓降服，北边无事"。

第二位是三国曹魏的刘靖。嘉平二年（250）镇北将军刘靖在幽州开拓边守，屯据险要。为发展农业生产解决军粮问题，刘靖亲自筹划设计，组织千名军士在梁山（今石景山区黑头山）南侧高梁水首受漯（lěi）水处筑戾陵堰，即《水经注》记载的"高梁水首受漯水于戾陵堰，水北有梁山。征北将军刘靖，使帐下督丁鸿军士千人，立遏于水道高梁河，造戾陵遏，开车箱渠，灌田岁二千顷，凡所封地百馀万亩。"

第三位是三国曹魏的樊晨。景元三年（262），为扩大灌溉面积，主管河堤事务的官员樊晨奉命改进车箱渠。这次改造后，高梁水乘车箱渠，自蓟西北迳昌平，"东尽渔阳潞县"，入今通州温榆河，"凡所润含四五百里，所灌田万有余顷"。

刘靖、樊晨功在国与民之灌溉，也为到温榆河的漕运，开辟了水源与水道。

第四位是南北朝北齐的斛律羡，敕勒族。《北齐书》记载：北齐河清三年（564），"斛律羡转使持节，都督幽、安、平、南、北营、东燕六州诸军事"。"北齐天统元年（565），突厥木汗遣使请朝献，自是朝贡岁时不绝，羡有力焉。斛律羡以北虏屡犯边，须备不虞，自库堆戍东拒于海，随山屈曲二千馀里，其间二百里中（今北京居庸关至山海关北齐长城段）凡有险要，或斩山筑城，或断谷起障，并置立戍逻（驻军城堡）五十馀所"。"又导高梁水北合易京（今温榆河），东会于潞（今通州潞水即北运河），因以灌田。边储岁积，转漕用省，公私获利焉。"

斛律羡修筑北齐长城置立戍逻，保境息民，使幽州今京津冀地区的人民与边疆少数民族友好相处；把高梁水引入温榆河，"转漕用省"即北齐向幽州地区运送粮饷由陆运改为水运，节省了费用，减轻了财政负担；幽州百姓则因边境安定，灌渠的延长而受益，因此"公私获利"。

那时的漕运河道不宽，仅容帆船往来，唐杜工部有诗咏温榆河漕运之帆影："渔阳豪侠地，击鼓吹笙竽。云帆转辽海，粳米来东吴。"

到元代时，昌平镇成为京北交通要道，居庸关开始驻屯军把守。为运送军粮，元世祖至元元年（1264），派兵疏浚昌平双塔河（今北沙河）漕运。双塔河"源出昌平县孟村一亩泉，经双塔店向东，至丰善村入榆河（今温榆河）。"北沙河到温榆河的漕运开通后，设有专管负责漕运的人员。此后，元世祖决定定都燕京今北京，建立元大都，粮食漕运成为必须考虑的头等大事。因此，元世祖下令开通温榆河的支流坝河为向大都运粮的漕河。

元坝河的阜通七坝

元世祖至元四年（1267），开始了元大都的营建工作。营建大都城的总负责人是中书省官员刘秉忠，阿拉伯人也黑迭儿也参加了元大都新宫殿的设计工作，郭守敬担任都水监，负责开通元大都至通州的运河。

中科院院士侯仁之先生在《北京历代城市建设中的河湖水系及其利用》一文中讲到："元大都城兴工于1267年。值得注意的是在尚未动工之前，金中都旧城东北郊外的坝河故道，已被利用起来，进行漕粮运输"。其依据一是，"早在公元1260年以前已建成千斯坝旁的千斯仓，以存储由通州经坝河转而来的漕粮。千斯仓的位置，应在日后兴建的大都城光熙门南0.5~1公里处。"二是，"公元1263年

温榆河新景

郭守敬上言，可以利用'中都旧漕河……以玉泉水引入行舟'。这'中都旧漕河'并非旧闸河，而是坝河。"

元坝河的主要水源是高粱河。高粱河又名高粱水，首见于《水经注》。高粱水流至元和义门（今西直门）北入城，流至今德胜门一带分两支，一支南入积水潭（什刹海）；另一支沿今北护城河向东又偏北流向元大都光熙门南侧出城入坝河。元大都光熙门遗址在今朝阳区东土城路的地铁柳芳站附近。元坝河以此为起点向东流经今朝阳区太阳宫乡麦公庄、将台、酒仙桥、东坝、楼梓庄，在金盏乡沙窝村注入温榆河。途中纳亮马河、北小河等支流。

《元史》记载：在郭守敬主持下，"至元十六年（1279），开坝河，设坝夫户八千三百七十有七，车户五千七十，出车三百九十辆，船户九百五十，出船一百九十艘。"坝河又称"阜通七坝"，因河有七坝故名。《元史·河渠》记载："坝河亦名阜通七坝。成宗大德六年三月，京畿漕运司言，岁漕米百万全藉船坝夫力，自冰开发运至河冻时止，计二百四十日，所运粮四千六百馀石，所辖船夫一千三百馀人，坝夫七百三十占役俱尽昼夜不息。"

阜通七坝自光熙门外起依次是：千斯坝、常庆坝、郭村坝、西阳坝、郑村坝、王村坝、深沟坝。其中千斯坝是在元大都光熙门外麦公庄。《朝阳区地名志》记载麦公庄："该村附近有元代千斯闸遗址，当年漕运的粮食经此坝运抵光熙门入千斯仓。"

坝河的运输能力仍不能满足大都日益发展的需要。至元三十年（1293），在郭守敬设计和组织下，又开通了通惠河，漕运能力大大增加，但坝河的漕运并未因此而废止。元代对坝河十分重视，一直不断治理。坝河由大都城北部经温榆河达通州，通惠河由大都城南至通州，是为大都南北两条漕运大动脉。到明朝时，坝河、温榆河继续发挥"漕运大动脉"的作用，并且在其河畔形成了老通州的"高台丛树""柳荫龙舟""二水会流"等著名景观。

（贾长宽，通州区政协特邀文史委员，原通州区潞河中学历史特级教师）

通州运河上的船

■ 孙连庆

　　漕运年代，通州的河道是十分繁忙的。每年夏秋两季，漕船、商船、客船千樯万艘聚集河面，蜂屯蚁聚，那景象是壮观的，在中国北方也是极为罕见的。自元讫清八百年间，年年如此，通州因此成为漕运枢纽、仓储中心、客运中心、南北货物集散地，进而成为地区性行政中心，一跃而成为中国名城。

　　所有的一切，源自于运河水运，源自于水运的工具——船。人们在议论通州漕运时，通常说每年抵达通州的各类船只有"三万余艘"，但当时的通州人认为每年抵达通州的各类船只有"九万余艘"。"三万"、"九万"，这中间的差距十分悬殊，究竟哪种说法比较准确，今天已经无法核实了，但每年河上船只极多，这是众所公认的。看看有关通州漕运的文章中，屡屡出现类似于"千樯万艘""舳舻蔽水""舸舰簇列"的描写，就

行驶在运河中的漕船

足以证明。那么，来到通州的都有什么船呢！有的读者可能会说：那是几百年前的事，现在谁人能够说清楚呢！的确，时光飞逝，过往的岁月无法追回。但自元迄清，朝鲜使臣年复一年经过通州，每年所见，所历所感，亲身经历，我们可以借助他们的眼和笔，摘取几段使臣们撰写的《燕行录》，来回味一下往昔通州运河上的片片帆影！

明万历年间，国力尚属强盛。明万历四十七年（1619）五月，梨川先生出使中国。返程时，他与随员抓紧难得的机会游览通州运河，看到了河面壮观的场面："七月二十九日庚戌，晴。留通州。食后，三行并辔向船所。龙舟一只，泊在江浒，悬金牌于船头，书：'上用水殿'四字。窗户玲珑，涂以云母。六部画船，以次摆列，制造精丽，无异于龙舟。船各有床，桌子诸具，极其齐楚。守船者率妻儿、鸡犬而居，有同在家生涯。"

"上用水殿"，是皇帝的坐船。明清两代的皇帝坐船，体量不大，制作精好，平时停泊在黄船坞内。使臣到来时，恰好驶出泊地，旁边还停泊着吏、礼、户、工、兵、刑六部专船，这使使臣们一饱眼福。看来，看守六部官船的人是职业性的，家人、鸡犬都在船上生活。

康熙三十二年（1693），国内局势已经稳定。朝鲜国正使临昌君桓抵达通州时，正值初秋。白河之上舳舻蔽水，帆樯林立。游览河干，可谓赏心悦目，一路疲惫与辛苦顿时烟消云散。"时值江南漕船齐到，青雀黄龙之舳，抛列江心如云。大帆望若锦障，凌空桅樯森似林立。举目四望，令人应接不暇。有一船主请登船，遂蹑云梯而上，入座船房，则俨然一巨室也。铺陈甚盛，器物精备。进茶劝饮，遂吃半盅。回问其姓名居住，则答以姓沈，名骏云，伊之家眷老友及鸡犬鹅鸭之类，尽载而来。自离杭州已八阅月。"细读上文，写字官对于通州白河上众船云集的记述，很是精彩。"时值江南漕船齐到，青雀黄龙之舳，抛列江心如云。大帆望若锦障，凌空桅樯森似林立。举目四望，令人应接不暇。"这段话，对"万舟骈集"作了很好的注释。沈姓船主以船为家，不但一家人居住生活在船上，鸡鸭鹅狗也饲养在船上。这令我们这些平日很少见到河船的人，感到十分新鲜。

康熙五十一年（1712）十一月，朝鲜国正使右议政金昌集率使团出使中国。出行前，金昌集大病初愈，其侄儿金昌业陪同。途经通州，已是严冬季节。在白河上游览了一艘南方商船。金昌业记述了当时的盛况："十二月二十六日过白河，河广可百余步，以冰渡，缘岸行。河中大小舸舰停泊者无数，上下十余里，樯杆如簇。近岸有一舟，登之。船长八九丈，而上以板为屋，两旁设窗槛，屋凡八九间，而每间隔以板为房，底亦布板为上下层。下层极深，用梯上下。邻舟之人见吾行，多出见，往往有妇人，似是全家在船者。曾闻南方商舶到此者，船中什物多精丽，至有书画、花卉。见此不虚。元建言：南舶皆归，此则似是此处商船云。船尾插风旗，如我国之制。"从记述中可见，通州的冬季，白河上依然"大小舸舰停泊者无数，上下十余里，樯杆如簇"。我们以为冬季的运河上已是空空如也，但事实并非如此。看来，朝鲜国使臣对于运船的成造结构很是在意，记述也很是细致。朝鲜国属半岛，南西东三面临海，航海业、捕鱼业、造船业尚称发达，使臣们在查看中国航船时，常与本国航船的结构相比较，相互借鉴，我们也从中领略了几百年前中国运船成造的情况。

　　清代乾隆年间，中国封建社会发展达到鼎盛时期。乾隆四十五年（1780）五月，朝鲜国以锦城卫朴趾源为进贺兼谢恩正使，率使团出使中国。朴趾源汉学功底深厚，文笔潇洒，将沿途见闻辑录成书，名《热河日记》。朴趾源书中所写的"舟楫之盛可抵长城之雄"和"不见潞河舟楫之盛，则不识帝都之壮也"描绘了通州漕运的盛况，也凝练地揭示了运河水运对于封建王朝的重要意义。朴趾源和随行人员在通州运河，游览了一艘漕船和一艘运送已故官员灵柩的官船，考察了各船的构造。"漕船皆长十余丈，以铁钉装造。船上铺板，建层屋，谷物直泻于舱舻中。屋皆饰以雕栏画栋，纹窗绣户，制如陆宅。下库上楼，牌额联柱，帏帘书画，渺若仙居。屋上建双樯，帆则以细藤箪联幅。浑船以铅粉和油厚涂，上加黄漆，所以点水不渗，上雨亦无所忧也。船旗大书'浙江''山东'等号，沿河百里之间，密若竹林。南通直沽海，自天津卫会于张家湾，天下船运之物，皆凑于通州。不见潞河舟楫之盛，则不识帝都之壮也。又与三使同登一船，左右设彩栏，屋前设帷帐为棨门，左右设仪仗旗帜，刀枪剑戟，锋刃皆木造。

屋中置一柩，前设桌椅，摆列奠具。丧人据椅碧纱窗下，身披一领绵布衣，头发不削，长得数寸，如头陀形，不肯与人酬酢。前置《仪礼》一卷。副使前为之揖，丧人答揖，稽颡，起伏顿首，复坐椅。副使要余笔谈，余遂书示副使姓名、官衔，丧人顿首书曰：'贱姓秦，名璟，系是湖北之人。亡父游宦京师，官至翰林修撰。本年七月初九日身故。皇上钦赐土地，归船返骸故乡。衰麻在身，有失主仪。'副使又问年甲，秦璟不答。副使书问：'中国皆行三年之制否？'秦璟答：'圣人缘情制礼，不肖者跂而及之。'副使曰：'丧制皆遵朱子否？'秦璟曰：'一遵文公。'窗外斑竹栏杆映纱玲珑，邻船鼓乐喧咽，鸥鸟烟云。楼台之盛，透窗映带，沙堤浩渺，风帆出没，悠然忘其浮家泛宅，若寓身阛阓华堂之间，而兼有江湖景物之乐。副使回身作哂曰：'可谓风波亭丧人。'余亦隐笑。正使使人忙邀，谓有可观，遂与副使同起。背后扑地响，顾视，则副使裨将李瑞龟跌颠，视人而笑。盖船上铺板冰滑，不堪着足，副使方兢兢扶拥，顾嘱未了，带左连右，一溜同颠。帐里四人投纸牌，余就视之，皆满书，不可知矣。或曰此名'马吊'也。深奥处有摆器，其壶尊瓠罐皆瑰丽。出一门，正使与书状据铺板，俯瞰舱艎中。此是厨房，二个老妇髻裹白布，方鼎熟绿豆芽、菁菜、水芹之属，更浴冷水。有一处女，年可二八，佳丽无比，见客笑无羞涩之态，窈窕幽闲执事天然。而绉谷如雾，皓腕若藕，似是秦家叉（丫）鬟，为具朝馔也。船左右遍插蒲扇，书'翰林''知州正堂''布政使'，皆亡者履历也。江中处处船游小艇，或张红伞，或设青幔，三三五五，各踞短脚椅，或坐凳子。床上摆列画卷画轴，香鼎茶枪，或吹凤笙龙管，或据床作书画，或饮酒赋诗，未必尽高人韵士，而闲雅有趣矣。"

这段文字流畅细腻，凝聚了丰富的信息，使读者如临其境。河宽水阔，众船群集，使河面几成平陆。高高的桅杆密如森林，绵延十几里，宛如一道水上长城。中国的长城巍峨高壮，起伏于群山之巅，是中国人民伟大创造力的象征。而运河是运船组成的水上长城，是中国人民发达的水利科技、造船科技和拼搏进取、开放包容、坚韧不拔精神的集中体现。看到运河庞大的船阵，仿佛看到了中国都城的恢弘气象。天气晴好，游船小艇游弋河面，"邻船鼓乐喧咽，鸥鸟烟云。楼台之盛，透窗映带，沙堤浩渺，风帆出没，悠然忘其浮家泛宅，若寓身阛阓华堂之间，而兼有江湖景物之乐"，勾画出了运河两岸的水乡美景，宛如展开一幅绚丽的风景画卷。

嘉庆年间，朝鲜国三节年贡兼谢恩正使李祖源，率使团自北京返程经过通州，他们在运河上看到了高达三层的大船：嘉庆四年（1790）"二月初八日，自朝阳门出瓮城至永通桥，有石碑而书之曰：漕船大泊处。大船铺板于其上，两边有舱，三层船长八九丈，广可五六丈，皆具火炮，插旗打鼓，船内或载美人。"这些大船应是兵船，装备有火炮。"插旗打鼓"，应是船上指挥行动、传递军令的设施。至于使臣说"船内或载美人"，或军士眷属，或邀伶人演艺，未可知。

道光二年（1822）十月，朝鲜国正使金鲁敏途经通州时，记述了白河上舳舻蔽水的宏大景象，他们还游观了一艘官船，看到了来自于南方几艘卖酒的酒船："通州江边所泊者，上下十余里之间，簇立鳞比。其大小虽各不等，而坚完精丽一也。通州之船载物者，皆凑于此。以青布为帆，棕榈毛为缆，遍施丹艧。船上有室，四面开雕窗，壁上遍挂书画，花草盆、禽鸟、茶炉、酒罍及文房诸具，无所不备。案上列书册，篷下置乐器，又别有厨房，此即南方官员所乘之船也。商贾船亦有此排置，特有精粗之异。南方人有以浮家泛宅，率眷恒留者。船屋隔为内外室，妇人处于内，篷舟中（饲犬），辄向人吠，宛有江村之意。船上各竖一竿，揭标号。一船曰'邢（刑）科给事中'，此即江南人之受由归家者也。又颇有官人所（坐）骑船，此等船尤丽。有酒船四五舶，自南方载酒来泊。舟中隔板为井，满储酒。井口覆以板，板中置穴，系器于绠，以挹酒。井深数丈，买者云集其旁。又有数井，酒品各异。舟中群聚娱游，箫鼓丝管，逐日喧腾。"使臣们看到，河上大小各船，均为油漆彩饰、雕窗绣户，制造精好，官船尤其精丽。时值岁末，各省漕船已经返回。通州河上商船最多，间有官船。有的南方朝官居住船上，当值时在朝应差，下朝退居通州河船，即所谓"浮家泛宅"。河上游船，箫鼓管弦，莺声越曲，形成了又一道别样的风景。使臣们见到的南方酒船，是第一次见诸于文字记载。

道光八年（1828）四月，朝鲜国进贡正使南延君球途经通州，游览白河。时值初夏，各路漕船陆续抵达，通州河面，众船云集："舟楫并通自东南，帆樯束立，首尾三十余里，延绵森立，不知其几万艘。或来或去，或系或泛，满江舟楫，真水中大都会也。"读者看到这里，大约能够想象出众多航船里出外进、纷纷扰扰，所谓"万舟骈集"的壮观场面了。使臣们再次见到了一艘三层大船，他们游观了大船的内外陈设："大船则作三层楼于舟中，始入船，则门有金字额及柱联，门内有室，间间隔障，排以椅床。四面设复窗。又其内有外炕，置寝具等属。又其内有内炕，又其内则厨间、库间。其上层，则皆府库也，下腹则开闭板隔，井井若柜藏，皆储杂用。内外舟饰，妆点奇绝。纱窗琉璃，锦幕铺壁，雕绘沉檀，交窗浮栏，极其奢华。船外边幅，用异木雕刻，或作风牡丹，或用鎏金妆刻。铁征竹缆，彩帆绣幡，或揭（竖）数樯。大者至数十间，妇女、物、畜皆载焉。"

看来，当时白河之上三层大船并不鲜见。当然，应该是客船或游船。不是货船。中国造船技术高超，历史悠久。宋徽宗派使者出使高丽王国时，所乘用的"神舟"载重量在2万石以上，相当于1200多吨，船长40丈。南宋时内河的大型航船有的长36丈，而出使高丽国的海船长达50丈，与明代郑和远洋船（44丈）不相上下。使长于航海经常往返于中国、日本的高丽国人也"倾国耸观"，"欢呼嘉叹"。

清咸丰元年（1851）正月，朝鲜国陈奏兼谢恩正使金景善途经通州时，游览白河，重点考察了客船的内部设施："船之大小虽或不同，制样则如一。船底先排横木，上布松板以防浸湿。上加板屋，为物货装积之所。其上每间各掩板门，平铺均正如厅之有井。以黄漆加油涂润，极滑泽。又其上建屋，广狭不下数间，长大不过十间。船头有门，雕刻而丹艧之，高广可容驷车。门内四面交窗，复道转弯处别设对炕，左右为数十窗，皆玻璃。中排器物，极奢丽，此是外炕云。而由炕西北栏后转入，则又有对炕。制如外炕，而多列釜鼎瓮盘之属，此即所谓内炕也。有数三女人献茶相迎，似是船主家属，又有㯭儿在炕，岂或举家共载，真是浮家泛宅耶！抑南方往来者所雇载也！是未可知。屋之前后左右皆有退轩，设雕栏。屋之上皆是楼库，亦用丹漆雕饰。楼上皆布松板，两棹对立，帆幅似是洋布，或青或白，各不相同。"

运河水运便利人员往来，加深了南北各民族之间的了解、融合与团结，促进了经济、文化的交流与发展，这是运河的三大功能之一。而穿梭于运河南北的客船，就是运载行旅的主要工具。这次使臣游览的客船，便是其中之一。

道光九年（1829）十一月，朝鲜国进贺兼谢恩正使李光文，率使团出使中国。他们游览通州白河时，见到了"进贡船"："最南有苏州进贡船，船虽不大，比我国税船洽为数倍。上设船屋，有房有厨，有楼有库，制极奇巧，彩亦鲜丽，衣、粮、家伙，无不存焉。四围作交疏，涂以青纱，张之则四望，阖之则如房室。都是纹木造成，宛如山亭水榭。古所谓'浮家泛宅'者，真此也。"明清两代，南北各地都要向朝廷进贡特色贡品。云南呈贡县，为慈禧太后贺寿，因呈献翡翠白菜而得名。南方盛产鲜活食品，如水产品、海产品、鲜果、菜蔬、香料等等，各地备专船运送。仅南京一地，运送鲜活贡品的专船就有160只。为防止变质，沿途各地要设置冰窖，供过往进贡船保鲜之用。

咸丰二年（1852）二月，朝鲜国以判中枢姜时永 为进贺兼谢恩正使，率使团出使中国。途经通州，游览运河，这是使臣途中一大乐事："八月初二日晴。先来军官李应一、崔建基、李仪秀早朝先发，付家书。余则饭后发行。到通州孙宏家宿所。是日，适值岁科文武举子咸聚于此，来时店舍无以更宿，择一间闲僻屋子留住。日犹未午，与三房骑马至通州河边，为赏南船，故乘一小艇泛向中流。则诸帆簇立，各悬一旗，皆彩缎。有曰'内阁侍读'，有曰'刑部主政'，有曰'某县知县'，其称不一，而概是湖浙士夫之率眷供仕者。故家眷在船内，身则赴供职，而下班则还为来住矣。大抵船上板屋绣户雕窗，重重开设，内外各有房舍。设厨设库，无异陆地所居。篷索皆以铁为之，下碇而立，风雨不动，真所谓浮家泛宅。时值秋早，进贡诸船未及来到云。有一朝士在舱头，备茶果，烧纸钱，屡拜，佝偻合掌祈祝，童役亦皆从行，未知所祝何事。而似是阖眷之安过，官事之平稳矣。"使臣们乘游船游览白河，时值多地官船在泊，船旗各书官衔名号。在道光年间，通州白河上就有朝官住在船上，占据河道。三十年过去，河上依然如故。朝中一些南方籍的中下层官员，无力在京置办住宅，只得在栖身船上。

清朝的中下层京官薪水很低，很是清苦，如果能够外放，那就是"咸鱼翻身"，鲤鱼跳龙门了。没有机会，那就只能苦熬岁月。

同治元年（1861）十月，朝鲜国以判中枢李宜翼为冬至正使，率使团出使中国。途经通州，游览白河，使臣们考察了一户水上人家："撮其大概而言之，江南船之貌样，长可为六七十武，广可为数十步。楼上之层楹叠榭，绣户纹窗，与平地起少无差焉，而鸡鸣犬吠，宛在水中，与刘安之云中鸡犬相仿佛。数十丈层板横卦于船头，以为梯，攀梯而上，船篙师即南边之人也。列立船上，揖拜欣迎。一盅茶，一盅酒次第劝进，仍又笔谈。本以江南之人，三十余年前来泊于此，仍居殖利。妻子兄弟俱在船中，生涯只此一船，生子生女，聚之嫁之，不必还归江南。此盖江南之俗，积年未归，不以为怪。其余天津桥船与江南船大同小异，迷津船舰横亘数十里，其江岸繁华之状，不可详记。"

本文最后，录同治元年（1862）正月，朝鲜国进贺兼谢恩正使徐宪淳的"咏白河楼船"诗一首，作为结尾。水上人家与陆地生活，生活条件、生活环境差别很大，但各有各的优势，各有各的乐趣。然而在朝鲜国使臣看来，水上生活如诗如画，来去自如，悠哉游哉，有如神仙般的情趣：

咏白河楼船

江南贾客大红船，来泊通州已二年。

万里图书浮白浪，一春家眷坐青天。

县门哪识征租吏，平地能成化羽仙。

侬若有钱从汝去，买舟不欲买良田。

浩荡运河水，流淌千百年。在运河开通水运的七八百年间，漕船、商船、客船、皇船、官船、游船纷纷扰扰，往来其间。当时沿河居民，包括居住永顺镇地区的先民，那一定是饱览无余。虽然当代人无缘一见，通过上述文字，读者也可领略一二。

水系盛景

源于永顺镇的两条河流——玉带河和运潮减河

■ 崔洪生

通州区地处九河下稍，多河富水，域内有三大水系，即潮白河水系、北运河水系和温榆河水系，共 13 条河流，温榆河、小中河、通惠河、北运河、玉带河、运潮减河等 6 条河流流经永顺镇，其中玉带河、运潮减河两条河流源于域内，是通州区现有河流中源于同一地区的两条河流。

玉带河

据考，历史上玉带河为明代所开挖的一条护城河，引通惠河水自新城西门外向南，流经新城西门、南门、旧城南门与东水关通惠河水汇合，流经南浦闸至张家湾与凉水河汇合后入北运河，流域面积 10 平方千米，流经通州城区、永顺镇、梨园镇和张家湾镇等地区 13 个村庄，是一条排放城市雨水和兼顾下游灌溉的河流，防洪除涝面积 1.5 万亩。自运河全线开通后，因当时南方各省来通州诸仓的漕粮即循此水道至通州城东土坝，在沿护城河或至旧城南门储入中仓、西仓。以后，随着漕运的衰落而失去漕运功能，逐渐成为一条惠及沿岸的排灌两用河。

作为一条辅助漕运的河流，自开凿后长期以来未曾加以治理，改为排灌两用河后，惠及城关（永顺）、梨园、张家湾等乡镇 3 万亩农田。

为更好地发挥玉带河的灌溉功能，1971 年做为引水工程进行疏挖治理，起点为通州城西门外通惠河右岸，沿西护城河入南护城河，再从南关折向东南，途径窑厂、北三间房东、砖厂东，入京津公路北边沟至张家湾镇梁各庄入北运河，全长 14.1 千米。利用通惠河扎昂的蓄水位，引通惠河水灌溉农田。进水闸位于西门外筛子庄，流量 8~10 立方米每秒。退水闸位于梁各庄村北北运河右堤上，流量 10 立方米每秒。闸体和闸门均为混凝土结构。

在通州南火车站北、玉带河往南开挖一条通惠引水工程，至萧太后河，长 5 千米。上段 1.3 千米为穿南火车站至京津公路地下管道（180 厘米混凝土管）；下段为明沟，底宽 2 米，上口宽 14 米，土方 20 万立方米。

进入 20 世纪 80 年代，随着通州城旧城改造，建成面积的扩大，沿玉带河两岸先后建成两个居民小区、两所医院、八所学校，城区排污量过大，且为雨、污河合排放，致使玉带河水污染日益严重。为彻底解决玉带河城区段水污染，树立崭新的城市形象，通县县委、县政府分三期对玉带河城市段进行治理。一期工程于 1986 年 3 月至 10 月，对玉带河实施盖板工程。西起总后干休所，东至车站路，全长 1641 米。工程分为上、下两部分结构，下部结构为双孔机砖排水方沟，位于南非机动车路下面，排水流量 8 立方米每秒，沟顶盖钢筋混凝土板并包封。上部结构为三幅混凝土沥青路面。盖板工程后，地下为排水河道，地上为玉带路，成为城南一条新的东西交通线路和一条靓丽的大街。玉带河二期盖板工程南起玉带路，北至通惠河，全长 918 米。工程为砖砌双孔排沟，上部为双幅沥青混凝土路面，修建跨通惠河筛子庄桥。第三期盖板工程西起车站路，东至铁路桥，全长约 1060 米。玉带河治理工程全部完工后，不仅治理城镇局部地区污染，而且开辟玉带河大街（长 4554 米）和通惠路两条城区交通要道。

玉带河改用农业排灌河流之后，因长期未经疏挖治理，河道多处狭窄，杂草丛生，淤积严重，过水量小，满足不了农田用水需要。1987 年 3 月至 4 月，通县水利局组织受益乡镇，对北起南关铁路桥，南至张家湾梁各庄全长 10.5 千米玉带河进行治理。参加施工的有城关、梨园、张家湾 3 个乡和市政、驻军及 11 个乡镇水管站。工程主要是对河道清淤，北三间房以北段裁弯取直，完成土方 13.7 万立方米。经过治理，玉带河水流量由原 1.5 立方米每秒提高到 6 立方米每秒，改善城镇排水面积 5 平方千米，农田排、灌各 1 万亩。工程总投资 105 万元，其中县财政投资 90 万元。

随着通州城基础设施建设的推进，路面硬化程度提高，排水速度加快，1998 年 6 月 30 日暴雨，由于永顺地区乔庄村玉带河两岸无堤坝，导致大面积农田受淹。1999 年 3 月 22 日至 4 月 28 日，通州区对玉带河实施疏挖治理。本次治理城市排水按 0.5 年一遇，农田排水按 10 年一遇除涝，堤顶高程：京津公路以北为 20 年一遇水位加不小于 0.5 米安全超高，京津公路以南为 20 年一遇水位加不小于 1 米安全超高。运河大街南至玉桥南路段，依现状对原河道进行清淤、护坡，土桥砖瓦厂至京津公路段，现状河道在规划外二环路生活服务区内，故玉带河在此段改线，河道向东移，断面不变。京津公路以下段，走原公路边沟。京津公路北边坡已埋设核工业部五所一排有毒污水管线，未实行加宽。对京津公路边沟进行清淤，河道衬砌，提高流速加大排水量，断面为底口 4 米，上口

2008 年玉带河整治工程

18~20 米，与左岸高差 3.5 米，右岸高程与京津公路相同，堤顶宽 5 米。京津公路边沟出口北运河滩地内，采用梯形土渠，底口 8 米，边坡 1：2，沟深随北运河滩地。整治工程长 9.61 千米，挖填方 31.4 万立方米，砼方砖护砌 8.79 万平方米，混凝土 1.1 万立方米，新建闸 1 座，桥梁 2 座，穿堤涵 14 处，改建建筑物 4 座。工程总投资 1878.07 万元。

2008 年 9 月 26 日至 12 月 6 日，通州区实施玉带河综合整治工程，北起运河西大街，南至通环南路，全长 1343.2 米。对其中 940 米河道修建钢筋混凝土盖板方沟，新建 40 座检查井及新建道路 1205.6 平方米。工程投资 2050 万元。

运潮减河

运潮减河属于潮白河水系，位于通州镇东北，西起通州北关永顺镇王家场村，东至潞城镇（原胡各庄镇）东堡村北入潮白河。河道长 11.5 千米，堤防长 20 千米，河床均宽 128 米，河底均宽 80 米，深 5~6 米；流域面积 20 平方千米；流经永顺（城关）、宋庄、潞城 3 个乡镇 22 个村庄，防洪除涝面积 3 万余亩，是通州区一条大型分洪河道。

1959 年 10 月，在国家水电部主持下，有关省市成立海河水系北四河规划组。同年 11 月提出潮白河治理规划。1959 年 12 月提出《运潮减河初步扩大规划》。1960 年 1 月减河工程全面开工。原设计减河起点在通州东关，向东经王家场、古城、召里、东堡村入潮白河，全长 905 千米。工程开工后，因特殊原因，于 1960 年 6 月停工。1961 年汛期，因北运河防汛出现一些问题，经多方调查研究、协调，1962 年减河工程重新开工。1963 年汛前基本完工。

运潮减河工程包括三部分：（一）分洪枢纽。位于通州北关，由北运河拦河闸、大坝和运潮减河起点的分洪闸组成，两闸室呈"一"字型布置。（二）运潮减河河道。自分洪枢纽起，经王家场、古城、召里、师姑庄向东至东堡村北入潮白河，开挖分洪河道，即运潮减河。沿线建龙旺庄、召里和师姑庄 3 座桥。（三）运潮减河左岸建 9 处待机排水闸涵，以渲泄左岸 1908 平方千米流域沥水。运潮减河全部工程共完成挖方350万立方米，填方25万立方米。总投资1026万元。

工程完成后，当年温榆河即出现大洪水，最大洪峰1400立方米每秒，运潮减河分洪380立方米每秒，大大减轻北关拦河闸以下北运河的排洪负担；做到当年完工当年受益。1969年通县在运潮减河下游师姑庄附近建1座拦河闸，对减河两岸地区农田灌溉发挥较大作用。运潮减河不仅汛期承担分洪作用，而且平时有利于蓄水灌溉，成为一条排、灌两用的人工河道。

由于这条河将南北两个区域隔开，对交通造成不便，1995年5月，通县水利部门实施运潮减河龙旺庄桥改建工程，桥长125米，为钢筋混凝土T型梁结构。工程于11月完工。2000年2月，北京六环路修通后，实施六环路跨运潮减河桥工程。该桥位于龙旺庄村南，为北京市外二环路的重要组成部分，桥长324米，桥宽26米，为25米跨T型梁钢筋混凝土结构，承载能力超汽—20、挂—120，防洪标准100年一遇，地震设防裂度8度。工程于9月20日完工。工程投资1828万元（跨河部分、不含跨路）。2003年，实施运潮减河召里桥工程，该工程地处胡各庄村北，为钢筋混凝土预应力结构，桥长

2009年新建北关分洪闸

149.6米，桥宽18米，设计荷载标准汽—20、挂—100，防震烈度8度。

　　2004年10月下旬，为配合北运河城市段整治工程施工，由北运河向潮白河导水，通州区水资源局组织对运潮减河进行清淤，总长1300米，清淤土方约4万立方米。2007年9月30日，在运潮减河上新建分洪闸，该工程是北关分洪枢纽改建工程的重要组成部分。新建北关分洪闸位于原闸下游、京哈高速路南侧，采用闸桥合一布置，防洪标准为50年一遇洪水，100年一遇洪水校核；闸型为液压弧形门，全闸共9孔，每孔净宽10米，总净宽90米，闸底高程16.86米，闸室垂直水流向总宽度105.2米。分洪闸顺河向总长度170.80米。工程于2009年7月24日竣工。工程投资2940.55万元。2009年9月10日至2010年10月，在运潮减河下游建成师姑庄橡胶坝。2010年，运潮减河上共建有京哈高速桥、芙蓉桥、外六环桥、京秦铁路桥、召里桥、师姑庄桥梁6座桥梁。

　　发源于永顺镇东北部的这条人工河，最初主要是起到为潮白河分洪、连接北运河和潮白河水系作用的一条河流。随着通州地区经济社会的发展，特别2000年以后，通州区进入城市化加快推进阶段，运潮减河两岸逐渐变成城市化的新区。

北运河北端两河并行与小圣庙

■ 刘福田

　　如今在通州，大运河森林公园算是一个重要的标志性景区了，大运河森林公园 2009 年 4 月开始兴建，到 2011 年 4 月正式开园，距今才十多年时间，便成了通州的新地标，主要在于公园的核心，它的核心是京杭大运河北段北运河北端以下一段古运河道，公园虽然年轻，这条河道却很古老了，它最早的名称叫沽，《水经注》载：沽水入潞乱流。这条河汉代称潞水，到京杭大运河利用它为漕运河道时，它甚至早在秦朝时就已经被利用过了，"秦使飞帆挽粟"！

　　历史悠久是原因之一，原因之二是作用和名气。漕运在古代是直接关系到王朝命运的，随着京杭大运河开通，通州又作为它的北段和北端漕运码头，有重要的作用和意义。历史悠久可能吸引部分人，更多人还是看上了它当下的风景。大运河森林公园是一河两岸，十分壮观：8.6 公里 2500 亩的水面，两岸占地较大，8200 亩的林木花草。古老的河道，岸边的古树，规模让人震撼，还有各种各样精心栽培的奇花异草，再点缀甬路长廊等辅助观景和景观设施，公园整体生态环境优美。建成不久它就成了北京城市副中心的标志风景了：国家 4A级景区（正在升级 5A）。

　　大运河森林公园总面积达 1 万亩，位于通州城东及东南，它北起六环路潞阳桥，南至武窑桥，这个范围还一直在不断扩大，园内设施也一直升级。公园现已建成 6 大景区、18 个特色景点，其中"月岛闻莺景区"2014 年 5 月建成。

月岛是河道整治过程中，看到这里河道中自然形成凸起地势，四面环水形似月牙，故加以规整建成景区，名之为"月岛"。月岛面积 256 亩，这在一条河道里算是不小了。公园建设者们对它进行了精心设计，岛上以种植高大乔木林为主，兼顾常绿、花灌等植物，上面共种植乔、灌、花、草、地被、湿生等百余种植物，这为不同鸟类提供了理想筑巢场所，吸引来很多鸟，众鸟齐鸣，使之就此成为公园里一个著名景点——"月岛闻莺"。

月岛闻莺位于大运河森林公园偏南，此处西北运河右岸原有一个村庄叫小圣庙，也有人叫它小神庙，这一段运河河道原来就很宽阔，因此也才能建成这个月岛。我对这个地方还比较熟悉，小圣庙村拆迁前，我曾在村附近工作，公园建设前，也曾多次来此处看过风景，看到过月岛原型，也看到过这里特别开阔的河面。有一个问题当时困扰我：小圣庙村村东曾有一座小圣庙，可是小圣庙究竟供奉的是什么神呢？当时，我的师傅就是小圣庙村人，我跟他去过村里，也问过他这个问题，他却只知道原来的小圣庙就在村东运河边上，至于供奉什么神就不知道了，但他给我描述过他看到过的神像模样，推测说：建在河边的庙，供奉的肯定是河神！我质疑：供奉河神为什么不叫河神庙呢。

后来我开始研究通州历史，曾去查阅有关资料，但对小圣庙的解释居然也多猜测，其中有说是供奉河神的，也有说是供奉漕帮镇坛小爷王培玉的。一座小庙供奉河神，庙又正好建在河边，这说起来顺情顺理，我也就没再深究，研究历史就是这样，现有的史料，只要没有新的发现反驳原来的结论，认不认可都要先接受。

再次疑惑起督导通州已故文史专家陈乃文先生的《沿河八庙》，谈到小圣庙时，陈乃文先生这样写道：

"原来白河、富河（温榆河）在州东北会流后，又分别南流，分成里（西）、外（东）运河，至州东南约五公里处再复合流，两河中间形成沙洲。沙洲南端多沟汊回流、漩涡。加之外运河在天旱少雨时，水浅多淤泥，运粮船只误行其中易被淤陷。里运河航道有专业人员刮沙清浅，水道深，易行船。官府令验粮经纪去这一带接领粮船。经纪苦于领船，船帮困于行船，又惧贻误运期受责罚，于是共同筹钱，在沙洲西南端无人居住之处建一座庙，庙前树独根旗杆。自此以后，粮船再经此处时，直对庙行，自然顺水驶入里运河。白日以庙为行船标志，夜晚庙前旗杆上悬'气死风灯'引航。"

陈乃文先生家藏军粮经纪密符扇，祖上曾经是军粮经纪，家学渊源，本人又深耕运河历史多年，他的这一说法可信度高，虽然没有说清小圣庙供奉何神，但说出了这座小庙另外功用，那就是"引航"。此外还谈到北运河北端以下曾两条河道并行，到通州城东南五公里处又合流的情况，这情况对我而言近乎就是新发现了。作为一个老通州人，不可能没听说过北浮桥，此前读到北浮桥相关史料时，就奇怪北浮桥为什么会有东、西两座，且号称都是建在北运河上。现在看到陈文，一下就觉得这事不简单了：东西两座北浮桥——北运河北端以下两条河道并行——两条河道在通州城东南五公里合流——又下游3公里左右河道特别宽阔，河中还有个月牙状凸起，凸起处西北对岸正是那座用来"引航"的小圣庙。

经过一段时间的探索研究，思路逐渐清晰起来：北运河北端曾经是两条河道并行，按《通州志》载：这种状况最早出现于清康熙十七年（1678），这一年构成北运河上游水源的白河发生洪水，洪水在白河与温榆河汇流处东约1公里处冲决白河左岸，从此北运河北端以下就变成了两条河道并行，且在两条河道中间形成长条状沙洲，下游又合流一处，两条河道还都叫北运河，按陈文说法就是以里外来分。

不过这说法似乎有个问题，既然白河抢在与温榆河汇流之前就改道了，这两条河原汇流处以下河段不应该分别叫回原称吗？应该是新合流处以下再称北运河才对。别说，还真有这种说法，但只发现一处，一般记载如陈文，虽然有这个意思，但仍将两条河原汇流处以下直称北运河，当东边新冲开的那段河道不存在一样，对它的记载都凤毛麟角。

为什么会是这种情况呢？白河可是北运河主要上游水源，它的水流量比同时作为上游水源的温榆河还大，如果这样一条主要的上游河流提前改道，那原北运河上游水量一定大为缩减，还能不能维持两河新合流处以上原运河漕运水量都是问题。

问题出在这条新冲出来的河道，并没有改变白河与温榆河原来的汇流，非洪水期，白河主要还是在原来的地方与温榆河汇流作为北运河上游水源的。原因一是作为北运河北端的通州八景之一"二水汇流"景观一直都在，二是白河多沙，下游独自改道想要一劳永逸地维持也没那么简单，白河经常改道，河水携带的白沙自己就能淤塞前面的河道，所以这种改道不决绝，洪水过去，白河主流还是会到原汇流处与温榆河汇流，它自己冲开这条河道，大体上就是一种分洪效果，还不需要滚水坝。

事实是属于白河自己的这条分洪河道也在不断变化，这从不同时代志书对北浮桥的记载可以发现：康熙十七年北浮桥的东浮桥距离西浮桥只约 1 公里，到乾隆时二者距离就有 3 公里了，西浮桥是没有动的，这说明白河改道河口一直不断上延，身后留下的河滩肯定也越来越宽，由此而来这里的河面自也不窄，实际上东、西浮桥宽度对比，一直就是东浮桥用船用人总要比西浮桥多。

陈乃文先生还有一文《通州北关》又谈到这条"外运河"：坝楼子南北一带，运粮船帮不分昼夜，或自东关坝口北行，到达坝楼一带。或自小圣庙东航北转，绕走外运河，自北浮桥转南行，经下关至石坝楼北。这一段外运河有时还能派上用场，有些船只甚至能借此航行绕到上游，再下去漕运码头，这就证明，白河虽然自己提前冲开了一条河道，却并没有影响它仍然与温榆河在原汇流处汇流。

按以上分析判断，可以确定北运河北端曾有两条河道并行。史料记载直到停漕以至民国以后，再后来白河在更上游夺潮潮河（今潮白河）再次改道，这一回直接和北运河脱离了关系，好在这时北运河也已不再用来漕运。潮白河改道不再汇流温榆河，分洪它的外运河也就自然断流废弃了，不过那条宽泛的河影还存在很长时间，直到在那里高耸起成片的高楼大厦。

这一段历史我是亲眼见证的。上世纪九十年代，我组织单位团员、青年到北运河东岸春游，就在今东关大桥东面，离河边有两三里的地方看到一条南北走向的高土岗，只在东西向大路处人为断开，向南向北都一直绵延不断——这是北运河的河堤吗？怎么会离河边这么远？那以后我又向南向北都去玩过，可惜光顾了风景都没走到尽头。高岗西面是北运河，但有时远到看不到河，东面则是连绵的洼地，树木遮挡根本看不到边际，现在想想，那应该就是不断东移的外运河故道了……这段高岗路北一侧直到今天还在，就在今运河广场东侧，如果它应该有一个名称，我想应该叫它沙洲脊或沙洲堤，显然，它就是原里外运河中间那片沙洲的高脊。

当然，与今天看到的月岛闻莺景观一样，我们现在看到的这条沙脊或沙堤，也已经不是原来的样子，1949年后兴修水利，这条高岗是人为修整的，它还真就是运河大堤。距附近老人回忆，原来这一带是大片既宽阔，又呈条带状的荒沙地，每次运河发大水时这里都无边无沿，不过这一条带荒沙地里，细看和经过测量还是有地势较高的一条隆起，不然修运河大堤，也不会离河道那么远……这与史料记载完全一致，说明此段运河防洪大堤，正是修建在原来的沙洲脊或沙洲堤基础之上。

按史料记载，自清康熙十七年以后，到白河改道今潮白河，这期间北运河北端以下一直是两条河道并行，它们下游合流处在今潞城镇杨坨村西，由此下游再约3公里，就是今大运河森林公园月岛闻莺景观的位置了。

月岛西北对岸是原小圣庙，月岛西南对岸则是原北运河故道。

大运河森林公园南北以月岛为界，上游是原来的北运河故道，下游则是清嘉庆十三年（1808）北运河改道后的河道了。之前的北运河是从这里转向西南，过原属张家湾镇的北马头（原名上码头）村中，又南偏西经今张家湾镇皇木厂村中，再到今张家湾古城（原张家湾村）东南东转……北运河北端以下两条河道并行开始200多年时间里，北运河是在这里转了一个弯，沿着这条故道走的，若不然也就不需要在这里建这个小圣庙引航了。

现在大概就可以想象当时的状况了，北运河北端以下两条河道并行而来，到此处上游大约 3 公里处收并合流，平常日子还好，一到荣水时两条河道水流或同时或错落暴涨，尤其东侧来的这条河道，洪水携带着大量泥沙冲出，合流后河面变宽水流逐渐趋缓，于是在合流处下游又河道外转弯处淤浅堆积，甚至渐成岛屿。按照流体力学规律，这样并行合流的两条河道，若平流并各自携带泥沙，前出一定距离遇到弯转，一定是外转弯河道前易淤浅泥沙，然后因淤浅受阻，外弯河道水流在泥沙淤浅处再外侧流过，里外弯转的河道，最终在弯转前形成一个包裹这处淤浅的水面，久而久之就会变成一个河道中的岛屿，如河蚌含珠，其中外弯河道环抱其大半，内弯河道则只在其一侧冲刷，故岛屿的形状必然是弯月形。

考察今大运河森林公园中月岛在河道中的位置，几乎完全符合这样的规律，月岛在运河河道中偏近运河东岸，如果不是建设者发现，它甚至和东岸就连靠一起，但地势高下仍很容易分辨，故建设这一景观也是顺势而为……这里的原因就是运河后来改道。

在北运河此处改道之前，月岛应该已是运河中一处景致，尤其在荣水期。当年，此处下游运河故道里上行的漕船，船至此处之前最先看到的就是这个月岛，但因为月岛近邻东岸，看到它的船工未必以为这是一个岛屿，更会感觉它像一处断岸。当上行的船只转过此处弯来，眼前一下子豁然开朗，初次见者，可能以为进了一处湖泊或者闯进了一条大河呢。

陈乃文先生文中说得很明白，为此在此处上游运河西岸建了一座小圣庙，拐过弯来的船只，只要看到这个庙前的旗杆或夜间看到旗杆上的"气死风灯"，照直过来就行了。为什么修此庙：一是河道这里有个大弯，拐过弯来船就不在岸边了；二是北运河水源以白河为主，白河多沙，河道到了这一带一直向东侧移动，西岸都是一片白沙，通州"文昌阁十二景"中的"天际沙明"说的就是站在城东南角文昌阁上，远远地看到的这一带风景。岸上多沙，岸边水下也多沙浅，离岸边近了一样可能胶舟。所以建这座小庙，直向小庙行进即可，这还同时说明此处河道一定还向东南甩了弯，这和月岛的形成一样，都是流体力学作用的必然结果。

　　显然，清康熙十七年之前，白河还没有冲开东侧的外运河道，小圣庙上游只有一条河，那是不必要建这座起引航作用的小庙的。目前有关小圣庙始建的说法，有元、明、清几种，看来只有建于清代的说法靠谱，而且一定是建于清康熙十七年以后。不过有说小圣庙建于更古老庙宇遗址之上，这倒是可能的，因为北运河上游没有两条河道并行时，这里也是河道一处弯转，转弯处水流就可能不平稳，这一带又白沙荒漠人迹罕至，据说民国时还有野狼出没，建一座庙宇镇水压凶也说得过去，但到底是什么庙就无法考究了，小圣庙明确具有引航作用，那应该建于清康熙十七年后。

　　小圣庙究竟供奉何神呢？通州文史界比较普遍的推测是河神，也就是河伯冯夷，河伯冯夷在中国古代神系里是比较大众化的河神，但在北运河沿岸的庙宇中却应该没有市场，原因是北运河有自己的河神，那就是由白河而来的一条小白龙。通州在石坝、土坝之间已建有这样的一座河神庙，相隔仅十数里，用得着再建另一座河神庙吗？这可能性真是不大。

　　小圣庙在上世纪七十年代才被拆除，不少老人还大约记得庙里供奉的情况，其中还是以陈乃文老先生记忆得最为清晰：

　　庙建在土质较粘的高岗上，南向正殿三间，北壁绘一羽士立于独角蛟龙脊背之上，左手牵系在蛟角上的绳绦，右臂高扬，手持宝剑，乘风破浪向西北而进。壁前有道家装束的泥塑偶像，长髯、宽袍、佩剑飘然而立，腰间还挂着盛美酒的大葫芦，这就是小圣了……小圣究竟是何仙？其说颇多，有许真人之说，有大圣门徒之说，也有人说北有大王庙，这庙只能叫作小圣庙了。

　　小圣庙在通州不止一处，通州城北通惠河入北运河处还有一座小圣庙，北运河下游三岔口下也有一座小圣庙。

　　被称为小圣庙的庙宇不止于北运河，但全国小圣庙以北运河沿线居多，通州有两座，天津则更多，天津除了三岔口下那座，还有北塘小圣庙、葛沽小圣庙等等，据《宁河县志》乾隆版记载，仅天津汉沽区就有三座小圣庙。天津是九河下梢，河流纵横交错，以小圣庙多建于河流交叉的河口论，这种庙建多点也不足为怪。至于小圣庙的解

释还有待进一步研究。

2021北京（国际）运河文化节上，公布了北运河文化带近年重要考古发现，其中两项就是大运河故道和小圣庙的考古成果。小圣庙的准确遗址被发现，发掘出前、

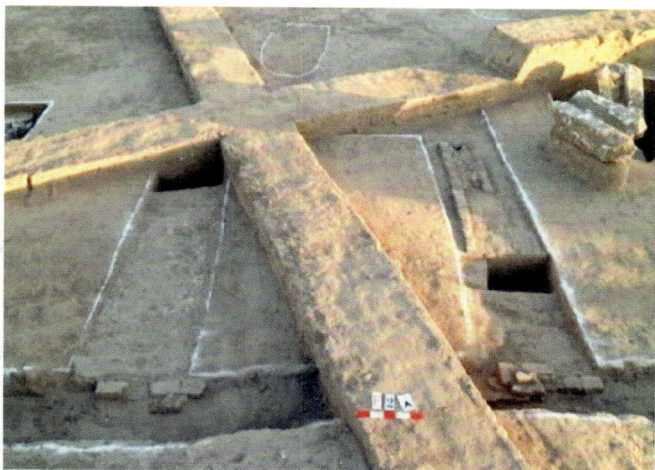

小圣庙考古遗址

后大殿及北侧庙门基址共三处，还有北门外踩踏面一处，且残存北、东、西院墙三处……2014年大运河被成功列入《世界遗产名录》，通州有八里桥和通惠河通州段入选，随着我们的考古和深入研究，越来越多的历史被挖掘出来，相信不久的将来我们的申遗成果还会不断地取得进展。

除了考古还有对历史文化的更深入研究，就比如大运河森林公园的"月岛闻莺"，没有对历史的考证它就是一处现代公园景点，有了历史，尤其是有关京杭大运河漕运的历史就显然不一样了。还有运河文化广场东邻的"沙洲脊"或"沙洲堤"，当这些一直存在的事物被挖掘出深厚的历史内涵和文化底蕴，它们所散发出来的历史和文化气息与现实作用都将完全不同……

大运河森林公园是建成不过才十几年的当代景观公园，但作为它核心的京杭大运河北端和北段，却一直在中国的历史和文化中流淌，我们在大运河的沉沙中已经发现了不少当年的沉船、漂没的皇木和各种各样的历史遗物，但发现的终归还是少数，更多的历史仍被淹没在它河底的泥沙中，需要我们更进一步的不断地挖掘。

（刘福田，通州区政协特邀文史委员，北京作家协会会员）

小中河

■ 陈喜波

　　小中河属北运河水系，为温榆河的支流。小中河发源于怀柔县茶坞乡山区，南经顺义，于宋庄镇葛渠村北入通州境，南流过范庄东注入温榆河。

　　小中河为历史早期白河的故道，郦道元《水经注》记载："沽水西南流，迳狐奴山西，又南迳狐奴县故城西，渔阳太守张堪于县开稻田，教民种植，百姓得以殷富。童谣歌曰：桑无附枝，麦秀两岐。张君为政，乐不可支。视事八年，匈奴不敢犯塞。沽水又南，阳重沟水注之，水出狐奴山，南转迳狐奴城西，王莽之所谓举符也。侧城南注，右会沽水。沽水又南，灅馀水注之。沽水又南，左会鲍邱水，世所谓东潞也。沽水又南迳潞县，为潞河。"同时记载鲍丘水时说"鲍邱水又西南历狐奴城东，又西南流注于沽河，乱流而南"。根据上述文字记载，可知，北魏时，沽水在西，鲍丘水在东，沽水走行的路线大致沿小中河一线，鲍丘水自东而来并与沽水相会。

　　元初，潮白河、温榆河和坝河在通州城附近汇合，温榆河下游河道可能沿小中河一线流经通州北部，坝河大致沿着今温榆河下游河道东南行，潮白河大致沿着疃里、小潞邑、龙旺庄一线西南行，约在通州城附近先后汇合。根据《元史·河渠志》记载，至元三十年（1293年），郭守敬开凿通惠河，使漕船可自通州直接驶入大都城。在通惠河通航以前，元政府利用坝河将漕粮运至大都城光熙门附近的千斯坝下，坝河修建有七座水坝，最后一道坝为深沟坝。深沟坝位于通州城北，坝河、温榆河和潮白河在此处相会，漕船可借助温榆河水抵达深沟坝下。通惠河通航后，由于通惠河上源系引用昌平西北诸泉，白浮泉以西泉水河流尽数导入白浮瓮山河，致使温榆河上源只有白浮河、蔺沟河、一子母河三河之水汇入，由此导致温榆河水量大大减少。因此，至元三十年，主管漕运的官员上书说漕船因上源水量减少，导致通州至里二泗之间运河河道浅涩，漕船难以航行，因此建议改造潮白河河道，使之西南经温榆河，再向西南至深沟坝下，引潮白河水使至深沟坝下，使坝河下游水量增加，漕船可以顺利航行至深沟坝下。文献当中没有记录后来是否进行河道改造工程，但从历史河流变化情况来看，后来应该实施了潮白河引水工程，温榆河和潮白河在通州城北关汇合应当形成于此时。《光绪顺天府志》记载说葛渠村东有温榆河故道，今小中河就位于葛渠村东，从元初的记载来看，元代的温榆河河道当是今小中河下游河道。

元初从潮白河引水至深沟坝下只是使潮白河、温榆河和坝河三条河汇聚在通州城北关附近。此时，温榆河和坝河在通州北部地区还是并流，从明初温榆河已经称作富河的文献记录来看，温榆河应当在元代曾经出现河流改道，温榆河下游河道或许从葛渠村西改道南流，汇入到坝河下游河道，从此出现一河两名现象，即温榆河又称作富河。温榆河离开原河道后，葛渠村东的原河道承接来自顺义支流之水，成为位于潮白河和温榆河之间的一条小河，这就是后来的小中河。

温榆河为何又叫富河

■ 陈喜波

温榆河又名富河，清代通州城北有富河乡，康熙《通州志》记有"富河一乡""富河二乡"，还有"富河村"。乾隆年间变为富豪乡，乾隆《通州志》"富豪一乡，旧名富河一乡，在州城北十里；富豪二乡，旧名富河二乡，在州城北三十里"，今宋庄镇富豪村，原名就是"富河村"。今永顺镇还有以"富河"命名的"富河大街"、"富河园"、"西富河园"等地名。可见，富河在通州是个很有影响的地名。

富河之名最早见于《明太宗实录》，永乐十五年，"修通州城东白、富河桥"，可见明初温榆河已经被称作富河了。在《明英宗实录》中，

光绪《通州志》"村镇图"中的富河村

179 ▶

也有同样的记载："正统九年命修芦沟桥，通州白河、富河桥"。明嘉靖《通州志略》记载说："富河，在州城北，源出口外，自白羊口入，流为榆河，下流为沙河，经顺义县界流至州城东北，会白河。"《行水金鉴》则说富河"源出顺天府西瓮山口，由顺义县界至通州北关外，与白河会"。又说"按富河昔称榆河，志云榆河源发昌平州月儿湾，下流为沙河，经顺义县与白河合。"《顺天府志》记载："榆河，在县西南二十五里，古名温渝河，其源出昌平境，由本县孙堠店东南流入通州。"此处提到富河有两处发源地，那么为什么对富河的记载出现这样的讹误呢？

清代刘锡信对此进行了考证，在其著作《潞城考古录》中有如下记载：

考瓮山在宛平县境内，白羊口远在昌平西四十里关隘之地，若源出瓮山，何以返经白羊口？盖瓮山乃通惠河上源经由之地，州志复指为富河之源，似属牵混。长安客话云自塞外西流入白羊口，经榆河下流沙河，由顺义南界至通州城东北入白河，即通州富河也，较州志颇明确。榆河为古湿余水，以水经注考之，富河疑即古沽水，水经注谓湿余水注于沽水，今富河会榆河下流，其说相合。

这里，刘锡信否认了富河发源于瓮山的说法，他怀疑富河是《水经注》记载的沽水。在同书中，他进一步论证富河即来源于沽水。

今通州白河自东北来，富河自西北来，至州城东北合流为潞河，以水经注即今地势考之，白河为古鲍邱水，富河为古沽水，富、沽或音相近而讹耳。况所云沽水又南，湿余水注之，湿余水即今昌平榆河，下流为沙河，入于富河，合考之益见富河为沽水之证。

刘锡信认为富河之名来自于语言变化，即富河之富字，来自于古代沽水之沽字的变音，即因发音相近而造成。乾隆《通州志》也对富河进行了考证，对刘锡信的富河发源塞外说予以支持。

富河，在州城北。旧志云：富河在州城北，源出瓮山口，自白羊口入，经榆河，下流为沙河，经顺义界至州城东北，与潞河会。按刘锡信潞城考古录云：瓮山在宛平县境内，白羊口则在昌平西四十里，关隘之地，若源出瓮山，何以反经白羊口？盖瓮山乃通惠河上源经由

之地，州志复引为富河之源，似属牵混，长安客话较为明确。至榆河
为古湿余水，今以水经注考之，富河疑即古沽水。盖水经注谓湿余水
注于沽水，今富河为榆河下流，其说似合。又张维基考云：康熙间，
京西沙子营漕粮由富河转运于上清河。

然而，《光绪顺天府志》却对此说予以否定：

按州志所言舛错，何不考之甚！白河，沽水也。潮河，即鲍邱水，
而富河，则今沙河，古之灅余水也，何得言沙河入于富河耶？本不足
辩，恐或孰非疑是，附注于此。

温榆河俗名富河，但并不是整条河流都称作富河，根据调查，富
河之称呼仅仅限于通州境内，即通州城北的温榆河段。《嘉庆重修一
统志》顺天府河流部分有关于温榆河条目记载："北沙河，在昌平州
南十八里，由居庸关南流，绕州西会翠屏山泉而东南流，又东至州南
三岔口，会南沙河、高丽河，经顺义县西南三十里，又东南至通州东
北八里，入于白河，俗又名为富河。"在今天的通州北关的温榆河西
侧，还有富河园、西富河园等居住小区，还有一条街称作富河大街。
温榆河称作富河的说法主要集中于通州北关地区，温榆河流经的其他
地区则无此说法。

那么，流经通州北关的温榆河下游为什么又称作富河？这或许与
河道变迁有关。

按照《元史》记载，至元三十年（1293）通惠河修成以后，漕司
曾进言："通州运粮河全仰白、榆、浑三河之水，合流名曰潞河，舟
楫之行有年矣。今岁新开闸河，分引浑、榆二河上源之水，故自李二
寺至通州三十余里，河道浅涩。今春夏天旱，有止深二尺处，粮船不
通，改用小料船搬载，淹延岁月，致亏粮数。先是，都水监相视白河，
自东岸吴家庄前，就大河西南，斜开小河二里许，引榆河合流至深沟
坝下，以通漕舟。今丈量，自深沟、榆河上湾，至吴家庄龙王庙前白河，
西南至坝河八百步。及巡视，知榆河上源筑闭，其水尽趋通惠河，止
有白佛、灵沟、一子母三小河水入榆河，泉脉微，不能胜舟。拟自吴
家庄就龙王庙前闭白河，于西南开小渠，引水自坝河上湾入榆河，庶
可漕运。"根据这段文字描述，可知元初坝河与温榆河在通州北关附

近并流。坝河在元初作为漕运河道之前，称作阜通河，元初在河上修建闸坝七座用以漕运，故有阜通七坝之说，后称作坝河。按照《光绪顺天府志》记载，葛渠村之东有温榆河故道。元初温榆河当流经葛渠村之东，大致经由今小中河流至北关，与阜通河并行，约在通州城东南汇合。北京地区的很多河流在民间都有简称，如温榆河简称榆河，潮白河简称白河，以此推断阜通河应简称为阜（富）河。按照古籍记载，明初温榆河已经有富河的称呼。

　　那么，一条河流为什么会有两个名称？这或许从近代的河流变迁当中寻找答案。今通州区东部的潮白河又称作箭杆河或漒漒河，与温榆河又称作富河现象类似。潮白河之所以又称作箭杆河，这与潮白河的河道变迁有关。金元明清时期，潮白河一直在通州北关一代与温榆河合流，清末潮白河开始出现向东摆动的趋势，河流多次决口进入箭杆河，1939年潮白河在李遂决口夺箭杆河道南下，不复流经通州北关，现代潮白河就此形成。从此李遂镇以下潮白河就出现一河多名现象。潮白河的例子无疑给温榆河称作富河的现象给予合理解释。历史上，温榆河下游河道并不稳定，经常发生河道摆动迁徙现象。按《元史·河渠志》记载，元初坝河（阜通河）与温榆河在通州城北关并流，相距不远。很可能

富河来源形成
推测图

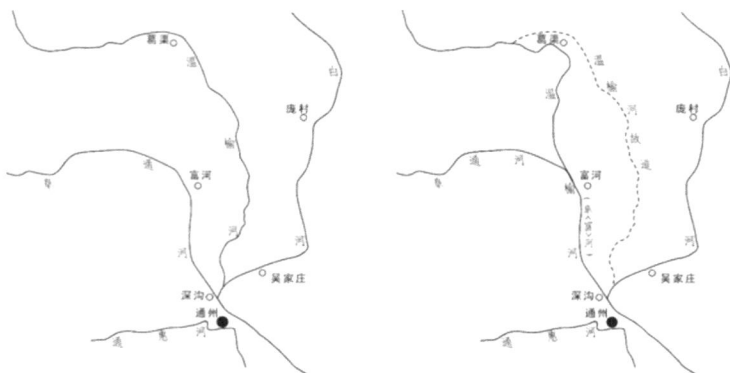

在此不久，温榆河河道发生迁徙，向西摆动，袭夺阜通河河道南流，即温榆河下游河道和阜通河（简称富河）下游河道合二为一。温榆河下游与阜通河下游合流共享一条河道，势必在民间形成一河两名的现象，既称作温榆河，又称作富河。由于温榆河是大河，而富河是小河，温榆河的影响自然超过富河，虽然温榆河改道占用富河河道，但却喧宾夺主，成了这段河道的正式名称，富河反而成了温榆河的别名。

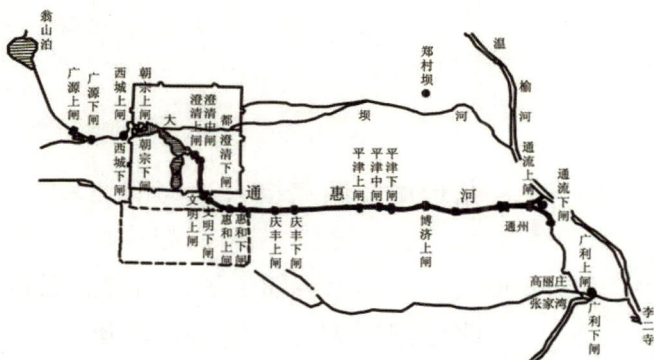

阜通河

北运河起点

■ 陈乃文

北运河，即京杭大运河的北段，它的起点就是京杭大运河的北端。说起京杭大运河，大家都知道它北起北京市通州区，南到浙江省杭州市。

北运河的起点在何处？早年间通州北关的人都说："大河（指运河）的头儿（起点）在浮桥。"浮桥这一说法比较古老。旧址位于 102 国道西跨运河，东过运潮减河，两座桥的北面一片水域处，这就是京杭大运河起点，也可以说是北运河起点。

这片水域是旧时通州八景之一，称"二水会流"，这在明代嘉靖年间由通州人杨行中主持编辑的《通州志略》中有记载"白河之水自潮河川，而富河之水自白羊口，二水至州东北合而为

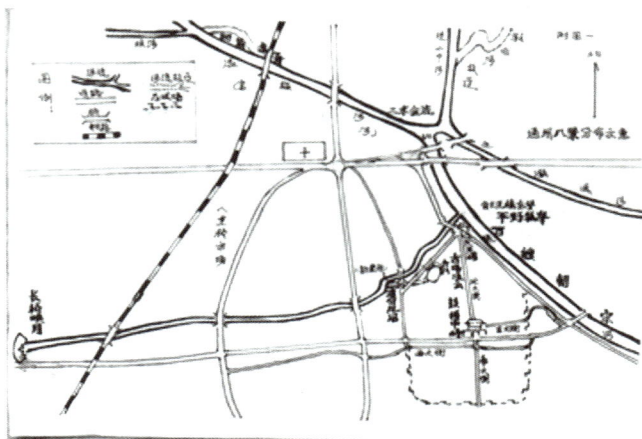

一，以入运河。沙嘴斩然如削，天造奇观也。"

文中"二水"，一水是白河，在密云县南，潮河的水引入白河后仍叫白河，自东北流入通州。一水是温榆河（温榆河进入通州后也称富河），自西北流入通州。二水至通州东北合而为一，即为运河。

二水会流大光楼（图片来源：北京规划自然资源）

运河，《元史·河渠志》称其为运粮河或潞河也称白河。《明史·河渠志》称白漕"名曰白河，流经通州后，合通惠、榆、浑（今凉水河）诸河后，亦名潞河。"《清史稿》称"白漕之藉资白河"。综上所述可知，运河之称始于《通州志略》。运河即今北运河，北运河始于通州，南到天津。它的起点就是过去通州人称为"二水会流"的地方。

文中所说的"沙嘴"，至今依然可觅。春日，自枫露皇苑向西过两座相距千米的桥梁，向西北望在灰白色之间，有块绿意葱然的三角地带，不经意间进入眼帘，睨之顿觉目旷神怡，有俏然之感，不禁令人想起当代伟人"俏也不争春"词句。眺望之间引人遐思，顿怀漕运之念。昔日，每当阳春三月，浮桥南北挤满山东帮、河南帮漕船。"终日无休人语喧，彻夜不绝粮帮进。"是当年情景的写照。追忆与现实的交织，亦真亦幻。

文中"斩然如削"，是当年一自东北来的白河携带大量白沙，一自西北来的温榆河在通州东北相会，激荡出一块如兽吻、如鸟喙的三角地带，由于二水会流不断冲刷，使得这个河段的岸边整齐得如刀切斧砍一般。民国十八年（1929），苏庄东闸被水冲毁，潮白河水东泻。此后，潮白河流入通州的河水逐年减少，在上世纪八十年代已经改道。原来二水相会的潮白河口，被顺义来的小中河所代替。温榆河也自顺义被部分引入潮白河。自此，"二水会流"的昔日景观不在，但"二水会流"仍然是北运河历史上的起点。

1752 年，乾隆在过通州浮桥时（"二水会流"南侧），写有即景杂咏"飞梁驾水响梢东，转漕连艘此处通。南望江乡渺何极？遥源犹忆自云中。"诗的前半首意思是在通州城东北处架有浮桥，转运漕粮的船通到此处。诗中点明"飞梁驾水响梢东"就是在通州城东北，也就是"二水会流"，"二水会流"就是漕船到达的地方，按中国古代漕运的意思，只有向政治中心运送漕粮的船只才能叫作漕船，只有漕船行走的河道才能叫漕河也称运河。《通州志略》所称的运河就是根据中国古代"漕粮"的意思确定的运河之称。北运河之所以称为运河，首见于《通州志略》。

明清两代不少文人墨客游历此处，留下了不少吟咏"二水会流"的诗句。"江淮千里此朝宗"，"粮舟云集达尧封"，"二水光拖匹练秋，白富会处运河由。"再现了昔日"二水会流"船来船往的盛况。

大运河北起点　赵树生拍摄

通州河景

■ 孙连庆

在漕运年代，通州是京杭大运河三大功能的主要承载地。自元迄清，近八百年的运河漕运，使通州一跃而成为中外闻名的名城，通州深厚的历史文化积淀由此而形成。

通州白河，是京杭大运河北端的一段。自通州北关至小圣庙这一最重要的河段，现在正好是在永顺镇辖区之内。那么，在漕运年代，通州城外的白河究竟是个什么样子呢！年代既久，时过境迁，历史上的翩翩帆影早已不知所踪。我们只能从当时迁客骚人留下的诗文中，从他们对白河景观富有想象力的只言片语中，来找寻过往的踪迹。至于具体的、真实的情景，则很少见于文字记载。近年来，笔者在查阅朝鲜使臣历年

三十年代大运河上的纤夫

所记述的《燕行录》时，看到他们所亲见的对于通州河景的记述。当年的使臣，是朝鲜国的高级朝官，文化程度和鉴赏水平应属一流。他们是外国人，行程跨越中国三千余里，对通州运河的观感，应该反映了当时的社会实际状况。摘录几段，供各位读者参考。清康熙三十二年（1693）五月，朝鲜国冬至正使临昌君桓，率使团出使中国。时值八月，在途经通州城下，见运河上各省漕船齐到，船头作鸟头装饰、龙头装饰的大船拥挤河面，高扬的风帆好像锦帛连成的屏障，无数桅杆如森林凌空矗立，令观者惊叹不已。他们的记述，也为运河之上"万舟骈集"的壮观景象，作了最好的注释：

"八月四日到通州江，江即古之潞河，而南流十余里入于海。时值江南漕船齐到，青雀黄龙之舳，抛列江心如云。大帆望若锦障，凌空桅樯森似林立，举目四望，令人应接不暇。"

以上是康熙年间通州白河的情景。时光到了雍正一代，通州白河景况如何呢！雍正十年（1732）七月，朝鲜国进贺兼谢恩正使李宜显，率使团出使中国。时值深秋,途经通州时,漕运高潮已过,大量漕船南归,但严冬未至，河面还未封冻，此时正是商船来通的大好时机，于是各地商船贾舶拥挤河面：

"十月初六日庚申，平明发行，朝饭夏店。抵潞河，河水广，长城在河之陆。通皇城，仅一亭。朝中仕官家半在此州。水通东南海，吴楚闽越货物所注也。沿河十余里，商舸贾舶，帆樯簇集。城内旗亭彩铺，万货罗列。闾阎之稠密，市里之繁华，与金陵相甲乙云。昔元明之时，燕京城内凿太液池，引白河贯入城中，注于池，以通潞河。以龙舟自太液池下通州，旧迹犹存矣。宿商人张大仁家。是日，行七十里。"

"三月初一日发京城，至八里桥下，与数译雇船，顺通河而下，至通州北门。门外河面始阔，帆樯拥泊。入北门内，门内有百丈古塔。至街上，闾井之繁丽，亚于盛京。向夕，随使行出东门，河面益广，帆樯益盛，最是小旗颭风，赛鼓咚咚，宛如东国浦景。其收锚悬帆，许邪奋勇，亦如东国声气也。雇数船，一行分载，顺流下数里，出入诸船间，船中妇女老幼，竞出纵观。沿回尽日而归，是行亦奇游也。"

上文是使臣们对于往返途经通州时，游览白河的记载。使臣们看见北齐长城在白河左岸，距河约十里（一亭）。对此，乾隆年间刘锡信在《通州长城考》中记载："州城西北四里，有古长城遗址，迤北接连顺义，南近通惠河北岸而止。逾河而南，复间存一段，又变而东西横亘；再南，为州西门入都孔道。"这些是对北齐长城的文字记载，也是我们考察史实的依据。使臣们在文中还写道："朝中仕官家半在此州"，可见当时朝中高官在通州居住的有很多，但这一事实在所有通州旧志中，均未见只字记载。使臣们在白河见到"沿河十余里，商舸贾舶，帆樯簇集"。翌年三月回程经过通州，自八里桥下乘游船顺流而下，又分乘数船游览观光。当时河面"帆樯拥泊"，如同街市，于是，有了"沿回尽日而归，是行亦奇游也"的感叹。

文中所说的"金陵"，即南京，是明朝初期的都城。朝鲜国使臣借此来表示对明朝的怀念。因为明朝政府帮助朝鲜国抵御了来自于日本的侵略。万历二十年（1592）四月在釜山登陆，五月占领王京（汉城），攻陷开城、平壤，侵占大片土地。国王宣祖出奔义州。明政府从是年七月起，至万历二十六年（1598）十一月，多次派出步兵、水军，经多次残酷的战斗，终于将日军打败，帮助朝鲜收复失地，并为朝鲜争取到了200余年的和平局面。

清朝政府入关之前，崇德元年（1636）十一月十九日，皇太极以"朝鲜败盟逆命"为由，决定发兵讨伐。朝鲜国王李倧预料"朝夕被兵"，寄希望于明朝支援，但此时的明政权已经摇摇欲坠，自身难保，无力外援了。后金军于十二月十日渡鸭绿江，十三日抵安州，来势凶猛。第二年正月初七日，后金军战胜朝鲜全罗、忠清两道援军，李倧逃到南汉山城"势穷情迫"，称臣请罪。皇太极要求严惩朝鲜挑起衅端的大臣，同时造船发兵攻入江华岛，获朝鲜王妃、王子及阁臣等。三十日，李倧亲至皇太极面前伏地请罪。皇太极举行受降仪式后，当即留下李倧长子及次子为人质，其余被俘妻子家口二百余人遣送还京。二月初二日，皇太极自朝鲜班师，从此后金代替明朝把朝鲜变成了藩属。有鉴于此，朝鲜国上下对明政权感恩戴德，而对于后金，也就是后来的清朝政府则有丧权辱国的奇耻大辱。在《燕行录》中，使臣们常常以"金陵"比喻兴盛的圣地，而以"胡""胡皇"来作为满族的代称，用以表达他们内心的情感。这方面的情况，在清朝前期的《燕行录》中，尤其明显。

乾隆年间，中国的封建社会达到鼎盛时期。四十五年（1780）五月，为进贺乾隆皇帝七十寿辰，朝鲜国以锦城尉朴趾源为正使，吏曹判书郑元始为副使，赵鼎镇为书状官，率使团出使中国。朝鲜国朝野对此行非常重视，选派的正使、副使和书状官可谓"优中选优"。果然，三位使臣不同凡响。正使朴趾源将沿途见闻写成了《热河日记》，流传甚广，而书状官也将所历所闻写成了《随槎录》。两部书各有所长，各具特色。比如，他们在圆明园内观看戏曲和焰火表演的盛况等等，留下了那个时代的深刻记忆。下面摘录的是《随槎录》的有关部分：

八月初一日朝晴暮雨。未明发行，过三家店、邓家庄、胡家庄，路□甚于前日。有一水当前，其广甚阔，其深至于马腹，中流而马颠不能起，自脚以下尽没于水，全身之没溺，迫在呼吸。以右手牢把马鬣，又以右手倚马夫之肩。马夫牵辔起之，马欲起而还颠。如是者四五次，而终能奋起，故幸免坠落。有一可笑者，余常于马上觅句。至此河必有一得，行中，马伏于水者，故方求马伏波之对。而吟哦之际，身临此厄，诚一诗谶，曷胜捧腹。

至潞河津头，一名白河。按《周官·职方》载，燕之山川，山曰医巫闾，薮曰豯养，川曰河涕。疑此河是河涕也。源出于口外，东流为此河，南流为张家湾，又南流而入于扬子等诸江。

燕为皇城，四方万国之船都会于此。帆樯簇立，成薮于水上，横亘于六十里，诚西来第一壮观也。常时水不甚大，而潦后大涨，殆不下牛马于两涘。通官革豫使舟人齍待，第官舟只二只，余皆私船。人多水阔，未能一齐即渡。隶人等皆从私船，给价而渡。此可见国纲之颓弛，风俗之偷薄矣。来远人之道固若是耶！余随使行先渡，见来船四只，系在河之西边。顾溯舟而抵其下见之，则船旗上面书"湖北"，正中书"按察使司"四大字，一旗书"翰林院"三字，闻苏州人，为湖北按察使，转漕而来，死于京。其子方为翰林，以水道返榇云。登其船而见之，则其高大如华屋，船头雕龙头，全体皆施彩色，金碧炜煌，制度极巧。入其中，则设棨戟于房门外，轩楼开朗，多设椅子及光玩，有四五少年近接，请见其房门之内，其人遂导之而入。自轩入房，稍微深邃。入其中，窗户皆以碧纱涂之，或以琉璃为之，光玩皆华美。多置雕镂椅子，虽我国豪华宰相家，无如此之侈者矣。房之西南有一漆柩，覆以锦衾，前设奠床。其旁有一人，衣素长衣，头发盘错，有深墨色，踞于宋椅上，见使行，下椅而立。使行举手而揖，其人不答揖，此即棘人也。使译官问不答揖之意，则答以方在哀疚中，不遑于此礼。似是知礼者，而以棘人坐于画椅，此甚可怪矣。请见房底，则棘人使侍者举房中所铺之，其中有许多光玩，许多物件。至于炊爨之具，盐浆之属，无不毕备矣。又请见棘人所处之内隔间房室，则辞以有内眷在焉。旋为出房，见旁边之船，则其制一如初船而差小，其中多有杂技之人矣。初船轩上有小儿，才三四岁，而眉眼如画，肌肉玉屑，剃其发而不着帽，坐于轩上。真可爱也。余出手而倩执手，其儿笑而以手忙打余手，而旋去手，如是凡数十次，尤可爱也。其旁有一人，喜而视之矣。此儿似是翰林之子，而未及问之耳。与同伴登于板屋上，攀梯十余层，艰辛而登，则其高如坐天上，迥临洪涛，飘然有羽化意。自板隙俯见屋中，则瀚衣之女，炊爨之婢，来往于脚下，又有婵妍女子，凝妆炫服女子，列坐于房内，似是翰林家内眷也。看了后，下船，而坐于岸上，待人马毕渡。行数里，至通州。乾隆时，白河经由今古城村与霍屯之间南流，经今郝家府村南入运河，白河距州城四五里。文中前段，使臣骑马涉水所经过的就是白河。马儿已在水中滑倒，书状官已有没溺之虞，却还在马上觅句，实属"诗痴"。时值八月，各省漕船齐集通州，自州城迤南几十里，帆樯林立，水面拥挤不堪，船工号子此起彼伏。这样的场面，世所罕见，"诚西来第一壮观也"。作者还以细腻的笔触，记述了游览官船的情景。

道光年间，康乾盛世余韵尚存，国家未有大的变故，社会生活平稳如常。道光二年（1822）十月，朝鲜国冬至兼谢恩正使金鲁敏，率使团出使中国。次年初春，使臣们返程途经通州，游览白河：

道光三年（1823）二月初四日甲辰晴。自北京发行，四十里通州止宿。出朝阳门，过八里堡，至大王庄，见一美人乘车而过。前有两骑麾（挥）

鞭导之，后有五六骑随之。行数十里至通州，城门以翼然入望。一条江港自东而来，数三小艇溯流而去。此江自通州疏浚至三里河，为漕船运道，即元之通惠河也。设庆丰等五闸，以蓄水行船，由大通桥分达京仓。大通桥在东便门外，跨江驾（架）石桥，设施宏壮。舟由桥下行。

通州城之西门，榜曰"神京左辅"，门橹城堞坚壮。门内有仓庾，不翅（啻）数千间。城内人家栉比，市肆繁华。人言犹胜于沈阳，而以余所见，似不及。然，此为船泊之地，故天下货物，辐辏委积，此则又非沈阳可比也。一丧行当前，非已见之比。一行威仪，连亘五里，后车数百辆，大半皆妇人也。填塞前路，殆难行。曾已屡见丧行，随丧者，非但男子，妇女尤多。盖其俗然也。

因出东门，观舟泊处。沿江上下十余里，舸舰簇列，皆施丹艧。设篷处，施栏楯窗户。炕在其内，隔间分区。船上立大旗，竿高出于樯，以锦幅为旗，各书其标。船上什物，樯柂橹舵之属具精巧，其缆非棕榈毛，则野枲练葛。有一船旗面大书曰"刑科给事中"，船上排列尤精致，又设文房诸具。所谓"给事中"不在，惟其从者五六人守船，迎余辈坐椅，遍劝茶，茶味佳。又其旁有船，旗面书曰"江苏织造"船，其华丽与已见船无异。如此者多，似是进贡船也。又有酒船五六（艘）来泊，方开沽，买者云集。商船之载货者，不只千数，船中多妇人，见我人，避入于内篷。此皆南方女子，故见人羞避，异于北方之俗。暂时间，阅百余船，盖众船相接，江上遍成陆地。周行观览，甚是便好。所到处，问其所从来，皆称江苏船，山东、江西、闽浙、广东、湖广、河南、云南船，间颇有之。又或有不载货物，只有家眷，男女老少，并有鸡犬俱载者。此则必是浮家泛宅，恒留舟中者也。有一船，甚丽，遍列器玩，多揭书画、自鸣钟，置花草盆，篷下列置乐器，内篷有妇女三四人，或坐椅看书，或抱孩乳之。有老人，仪貌粹然，案上列书册。就问曰：此何处船。曰：无定处。因要与笔谈。山东人，姓名：蒋顺云。旁有一船，有人出迎。视其仪表，似非俗流。出纸笔，略与酬酢。即浙江省钱塘人，姓名：李鹏，号蓉池。有事到京，前来泊于此。日且昏，故还入城。途经通州，游览白河，来自于八个省的漕船、商船、官船、

贡船聚集河面，"暂时间，阅百余船，盖众船相接，江上遍成陆地"，河上来船数量极多，如同集市，那个场面还是很令人感到震撼的。使臣们自北京返回朝鲜，途中偶遇治丧队伍"一行威仪，连亘五里，后车数百辆"，可见当时厚葬陋俗。其中一船，使臣没有明说，那就是贩卖人口的船："有一船，甚丽，遍列器玩，多揭书画、自鸣钟，置花草盆，篷下列置乐器，内篷有妇女三四人，或坐椅看书，或抱孩乳之。有老人，仪貌粹然，案上列书册。就问曰：此何处船。曰：无定处。"穷苦人家的孩子，被人口贩子收买后，加以训练，粗通或文字或乐器以及专业技能后，或转卖戏班，或转卖富贵人家作奴仆，或卖予富人家作女儿陪嫁的婢女，类似情况在清朝很是普遍。

道光三十年（1850）十一月，朝鲜国以判中枢权大肯为冬至兼谢恩正使，率使团出使中国。所记见闻，见《燕行录·卷九十·石湍燕行录》第507页：

"十二月二十二日未牌时抵到通州。此二十里亦有名，与它处四十里同。三使臣与一行直向东门外，将观光南方船只。此是通州白河，与海水相近，南船陆续往来。无论某样东西，南京来的，必由通州入北京。所以，通州古称'物产都会处'也。才到津头，无数商船，如蜂屯蚁聚，迷满浦口。周览其制，则与我国船只判异。船舳上皆以艎板密铺，其上如平地。凡载物，必揭起艎板，则间间作桶，如我国斗地形，驮盐贮谷，无所不便。间有船阁如车屋，皆有窗户，任其出入。或养鸡犬于舱里，或登屋而鸣，或守门而吠。檐端往往悬鸟笼，大小虽不等，其制则都是一样。周行江头，蓦然望见一座彩阁，浮在水面。层轩叠栏，雕户纹窗，玲珑灿烂，非洛城岳阳楼，无乃南昌滕王阁耶！渐近看看，乃一只楼船也。三使臣一行皆从横杠入船舱，详察其制。其长约三十余间，船舳上铺板如地，上起偌大楼阁。前头作虹霓门，施以丹碧。入其门，开户入室，外舍内炕，整整齐齐。床桌枕簟，如意排布，左右窗户，皆以花梨、檀香等纹木，形形雕饰，付以琉璃，四边作曲栏。从后门入其内，此则内室，高于外舍一层。幽邃安闲，更兼明朗，洽是妇女可居。又从后门而入，即厨房，锅釜水盆，一体家伙，无所不备。厨房后面又有库舍，为柴炭杂物积置之所。真个是治产人家，排置而外内俱空，无现居之人。问于上判事马头：则此是公船也，私船？吴兴周答道：此即南边商船卖贳者。而每于仕宦家往来，连家眷装载，或自南而北，或自北而南。又或有贵家富户，当暑节，则举家贳入，以为避暑之所，如我国人之出接江亭云。彼人尚侈之俗，推此可想矣。其旁又有税谷船四只，长、广犹加于楼船，艎板底隔间作库，极其干净，少无湿漏之虑，一船所载尤可为数千石多少也。"运河上漕船往来如梭，往来通州的客货船只"如蜂屯蚁聚，迷满浦口"。因为漕运，通州还有一个别号："通州古称'物产都会处'也"。但对于这个称谓，这里的记述是仅有的一次，在此之前，闻所未闻。使臣们见到，久居河上的船工在船上饲养家禽宠物，有的还在船上种植菜蔬。这样被称为"浮家泛宅"的水上人家，在其他古籍中也所记甚少。使臣们还参观了一只供出租的楼船。在使臣的记述中，我们看到：楼船长度有三十余丈，高度有二三层，装饰考究，设施齐备，十分高大。可见，往来运河之上的不止有漕船、商船、客船和游船，还有供客人长期使用的出租船。

通过上述朝鲜国使臣的记述，我们对漕运年代通州的运河有了概略的了解：夏秋季节，河上千樯万艘与村居岸柳相映，构成一幅幅北国水乡的图画；漕运码头米浪翻飞，人喊马嘶；客货码头人头攒动，运转繁忙。寒冬季节，河道冰封，但通州白河上依然布满船只。那么，当时的河道是什么样子呢！

咸丰八年（1858）四月，为了防止英法联军从运河逼近京师，清政府派大臣沿河布防。对于当时通州河道的情形，《筹办夷务始末》中科尔沁亲王僧格林沁、礼部尚书瑞麟奏折中有一段话，转录如下："奴才等于十二日辰刻抵通（州），沿河踏看。河水约深四五尺，河面宽约十余丈不等，两边俱系平滩。询之土人，据称：夏令涨发，平滩俱为水漫，水面宽至数里，有至数十里者，水深约至丈余。逆夷如敢内窥，必乘盛涨之时，河面宽深，夷舟得以行驶。奴才原拟在张家湾迤南扎营，今查张家湾往南三十余里，直至马头地方，均系平滩，地势低洼，一至涨发漫滩，其地皆为水中，安营实有不宜。至前路杨村，虽俱紧要，两岸长堤一线，亦属不能安营。至河水涨发时，设夷匪驾驶小舟旁蹿，马步军均难施展。

现在惟有先筹通州严防，奴才等已择于东关外扎营，其间地势稍高，且附近州城数里，于安民缉奸等事尚属相宜。并拟在城上安设炮位，其附近树木遮碍，饬令地方官妥为办理。……惟查通州城垣多有坍塌，护城河亦已淤塞，理宜早为修竣。

从文中可见，当时除了州城附近几座码头之外，大部分河道处于天然状态。尤其左岸，洪水涨发则漫溢十余里，水深丈余；平水期最窄处只十余丈，水深不过四五尺。这就是白河的基本状况。然而就在这样的条件下，我们的先人竟然演绎出了八百年水运的宏伟史诗。对于前人的勤劳和智慧，我们不得不由衷的表示钦敬。

大运河美景（来源于网络）

长桥映月与御制通州石道碑

■ 贾长宽

    "长桥映月"描述的是通州八景之一的永通桥，因西距通州州衙八里，俗称八里桥。它是北京通往山海关的通道——京榆大道的必经之地，又控制北京到通州的水陆粮道，战略地位十分重要。明清时期，朝鲜使臣多次记载八里桥，称赞八里桥"宏敞延袤，非它桥可比"。它与京西卢沟桥、京北朝宗桥、京南马驹桥并称为拱卫北京城的四大名桥。

    《通州志》记载，"八里桥即永通桥，在普济闸东。正统十一年（1446）敕建。"桥两侧有石栏板，栏板上有望柱三十三对，每个望柱上雕有石狮，形态各异，栩栩如生，可与卢沟桥石狮媲美。在桥的南北两端，各有一对戗栏兽，长鬣密麟，扁鼻大口、昂首挺胸，形象威武。桥下护坡石上卧伏着四只镇水兽，形象怪异，头顶有一对犄角，四条腿粗壮，卧伏倾头，怒视河水。传说镇水兽是龙生九子之一的蚣蝮，明朝三大才子之一的杨慎称蚣蝮为蚆夏。他在《升庵集》中写道："俗传龙生九子不成龙，各有所好：……六曰蚆夏，性好水，故立于桥柱"。蚆夏的祖先因触犯天条，被贬下凡，压在巨大沉重的龟壳下看守运河一千年。千年后，蚆夏的祖先终于获得自由，脱离了龟壳。人们为了纪念、表彰其家族护河有功，按其模样雕成石像放在河边的石礅上，并说这样就能镇住河水，防止洪水侵袭。

　　八里桥构造的突出特征是桥有三孔，中券特别高，高达八点五米，宽六点七米，两侧孔仅高三点五米，相差悬殊。这种构造是专为漕运需要设计的。通惠河运粮船多为帆船，如建造普通形式拱桥，势必阻碍漕船的航行，为此古代工匠将桥的中孔建造得特别高，漕船扬帆就可直出直入，所谓"八里桥不落桅"正是指此。桅又称桅杆，是指船上挂帆的柱杆。由于桅高于船身，所以船在经过一些桥孔较低的桥时，都要把桅放下来，以使船能顺利从桥下通过。而八里桥中间的桥孔特别高，船在穿过桥孔时可以不用放下桅杆。

　　明朝为什么要建八里桥呢？明朝杨宏撰《漕运通志》记载，明代国子监祭酒李时勉撰文"敕建永通桥碑记"曰："通州在京城之东，潞河之上。凡四方万国贡赋由水道以达京师者，必萃于此，实国家之要冲也。由州城西行八里许有河，盖京都诸水之会流而东者。河虽不广，而水潦沮洳，每夏秋之交，雨水泛涨，尝架木为桥，或比舟为梁，以通道往来，数易而速坏，舆马多致覆溺，而运输者尤为艰阻，劳费烦扰，不胜其患。内官监太监臣李德等以其事闻上，欲于其地建石桥，乃命司礼监太监臣王振往经度之。……上闻，即命总督漕运都督臣武兴等发（漕卒），都指挥佥事臣陈信领之，工部尚书臣王卺等会计经费，侍郎臣王永和提督之，又命内官监太监臣阮安总理之。安谓众曰：朝廷迁都北京，建万世不拔之丕基，其要在于漕运实军国所资。而此桥乃陆道之通衢，非细故也，宜各尽乃心，以成盛美。众咸曰：然。于是庀群材，辑众工，诹吉兴役，万夫齐奋，并手偕作，未及三月，而功已就绪。……旁皆以石为栏。作一牌楼，题曰'永通桥'，盖上所赐名也。又立庙祀河神，而以玄帝镇之。坚壮完固，宏伟盛丽。经始于正统十一年八月二十七日，告成于十一月十有九日。昔文王作台于苑囿，固无预于民事，而民欢乐之，谓其台曰'灵台'。诗人又被之歌咏，传诵无穷。今皇上命建此桥，实所以惠利于人，而人心踊跃欢欣以趋其事者，诚无异乎文王之时，亦何其盛哉！"

　　号称"长桥映月"的永通桥南北横跨在通惠河上，它有多长呢？旅游杂志社《情动大通河》说是"桥长50米"；《浩瀚长河》说是"桥长60多米"；《古韵通州》《北京水文化遗产》说是"永通桥南北长

50 米，东西宽 16 米"；中国地名研究所《北京运河沿线地名文化概览》说是"桥东西五十丈"，"桥南北二百尺"。《漕运通志》"敕建永通桥碑记"："桥东西五十尺，为水道三券，与平底石皆交互通贯，锢以铁，券水石护铁柱，当其冲。桥南北二百尺"。

明代的尺是多长呢？据明太祖九世孙朱载堉《律吕精义》所记，明尺分为三种：钞尺，即裁衣尺，与宝钞纸外齐（长 34 厘米）；曲尺，即营造尺，与宝钞墨边外齐（长 32 厘米）；宝源局铜尺，即量地尺，比宝钞墨边长，比宝钞纸边短，当衣尺之九寸六分（长 32.6 厘米）。传世的嘉靖牙尺，所刻线纹精密，每尺长 32 厘米，当是明朝官定的标准尺度。据营造尺与嘉靖牙尺测算，永通桥碑记的南北长"二百尺"应为 64 米，桥东西宽"五十尺"应为 16 米。笔者实地测量，南北两端望柱之间长 49.5 米，东西两端戗栏兽之间宽约 21 米，内侧道宽为九轨 16.6 米，九轨即可容九辆马车并列行驶的路面宽度。

八里桥虽不长，但由于中券特别高，南北望，桥坡向南北延长各约百米，身临其境就感到永通桥长。凭栏东望，绿水东流，芦苇浩荡，巍巍宝塔，扶摇直上。月明之夜，三孔桥洞中各映着一轮明月，皎洁的天空中月如银盘，清清的河水中月影浮动，水月交辉。遥想当年，八里桥宏阔的河面上，芦花围绕着停在那里排队等着穿过桥洞的无数

石道碑

漕船。桥上车轮滚滚，昼夜不息，马褂銮铃，声声清脆……明朝李焕文诗赞"长桥映月"：

湖溯昆明引玉泉，虹桥八里卧晴川。石栏拥似天衢入，画舫摇从月窟穿。

万斛舟停芦荡雪，百商车碾桂轮烟。渔灯蟹火鸣征铎，惊起蛟龙夜不眠。

八里桥南往东行约 200 米，京通快速路北侧有御制通州石道碑。通州石道是通州至朝阳门的陆路漕运要道，也是京东进京和皇帝东陵祭祖的必经之路。雍正帝敕筑此路"计长五千五百八十八丈有奇，宽二丈；两旁修土道各宽一丈五尺，长亦如之。其由通州新城、旧城至各仓门及东西沿河两道，亦皆建修石路，共计长一千五十余丈，广一丈二尺及一丈五尺不等。"为纪念敕筑石道事，雍正十一年（1733 年）制立通州石道碑。碑高七米，螭首龟趺，其精其巨，堪称京东之冠。

何为"螭首龟趺"？"螭首"有多种说法。

其一，"螭首"是龙子螭吻之首。吻，本意为兽类的嘴。螭吻，龙形的吞脊兽，口阔嗓粗，平生好吞，殿脊两端的卷尾龙头是其遗像。《太平御览》有如下记述："汉相梁殿灾后，越巫言，'海中有鱼虬（qiú），尾似鸱，激浪即降雨'遂作其像于尾，以厌火祥。"文中所说的"巫"是方士之流，"虬"是龙子，两角，其状鱼身如蛇尾。三国张揖撰训诂书《广雅·释鱼》："有鳞曰蛟龙，有翼曰应龙，有角曰虬龙，无角曰螭龙"。按，龙"雄有角，雌无角。龙子一角者蛟，两角者虬，无角者螭也。""鱼虬"就是螭吻的前身。螭吻属水性，无角，用它作避火镇邪之物。康熙皇帝时的翰林院侍读学士高士奇说：龙子老二螭吻"性好望，今屋上兽头是也。"

其二，"螭首"是龙子螭虎。螭虎是战国之后玉器中常见的异兽，汉以后，螭虎使用的更为广泛。史书记载：汉高祖入关，得秦始皇蓝田玉玺，螭虎纽。文曰"受天之命，皇帝寿昌"高祖佩之，后代名曰传国玺。螭虎在中华民族的古老文化中代表神武、力量、权势、王者风范。有学者认为，通州石道碑"螭首"是"龙子螭虎，性好文采，故盘踞碑首"，有待商榷。

其三，"螭首"是龙子赤螭。《汉书·司马相如传》："蛟龙赤螭"。颜师古注："龙子为螭。赤螭，雌龙也"。明代书画家陈继儒说："唐诸陵皆无碑记，惟乾陵西南隅有大碑，高三十余尺，螭首龟趺岿然"。此碑即武则天无字碑，在碑顶部的左右两侧，各有相互缠绕的四条赤螭，鳞甲分明，静中寓动。赤螭，又称负屃（fùxì），明朝文渊阁大学士李东阳说：负屃"贝财好文，今为碑两旁蜿蜒"。《中国吉祥图说》："龙子负屃，身似龙，盘绕在石碑头顶"。

螭首是一对龙子赤螭，相互盘绕，螭吻一球，寓意美好、吉祥。"螭首"与"龟趺"，上下相配，诗意盎然，蔚为壮观。

"龟趺"又称"赑屃"（bìxì），是传说中的龙子老大。杨慎说龙子："一曰赑屃，形似龟，好负重，今石碑下龟趺是也"。龙为炎黄子孙最崇拜之神兽，装饰在碑头为螭首，装饰在碑座为龟趺，这就使碑的身价变得极为高贵。龙子老大，号称"霸下"，力大无穷，勇担重任，是担当与长寿吉祥的象征。赤螭负屃，雅好斯文，烘衬碑文，慎终追远，昭示华夏龙的传人。石道碑文写道："自朝阳门至通州四十里为国东门孔道。凡正供输将，匪颁诏糈由通州达京师者，悉遵是路。潞河为万里朝宗之地。四海九洲，岁致百货，千樯万艘，辐辏云集，商贾行旅，梯山航海而至者，车毂织络，相望于道，盖仓庾之都会而水陆之冲逵

通州石道碑亭

也。"通州战略地位之高，经济繁荣之景，跃然于碑文之中。

御制通州石道碑原有碑亭，1900 年被八国联军烧毁，但石碑保存完好，北京日报记载，2005 年"按原样重建碑亭"。有学者认为其原样为"四角攒尖""黄琉璃瓦带宝顶"，有待考证。

通州石道碑亭与北京紫禁城内太和门的屋顶样式同类，都是重檐歇山顶。歇山顶共有九条屋脊，即一条正脊、四条垂脊和四条戗脊，因此又称九脊顶。由于其正脊两端到屋檐处中间折断了一次，分为垂脊和戗脊，好像"歇"了一歇，故名歇山顶。

重檐歇山顶的通州石道碑亭外显皇家气派，内涵中华传统建筑文化之精华。例如，歇山顶结合了直线和斜线，在视觉效果上给人以棱角分明、结构清晰的感觉。重檐的作用是扩大屋顶和屋身的体重，增添屋顶的高度和层次，增强屋顶的雄伟感和庄严感。再如，碑亭歇山顶的屋脊上有各种脊兽装饰，其中正脊上有吻兽，垂脊上有垂兽，戗脊上有戗兽。戗兽前设骑凤仙人与走兽，是"戗脊"最具艺术活力的部位。清朝规定，仙人后面的走兽应为单数，按三、五、七、九排列设置，建筑等级越高，走兽的数量越多。一般建筑上是三个，两边加起来就是六个，因此叫做"五脊六兽"。通州石道碑亭的每两边都有十个走兽，可以称之为"九脊十兽"。

碑亭的骑凤仙人和走兽，都有自己的来源及意义。骑凤仙人又称真人，据说这位仙人是齐闵王的化身，东周列国时的齐闵王，被燕将乐毅所败，仓皇出逃四处碰壁，走投无路，危急之中一只凤凰飞到眼前，齐闵王骑上凤凰渡过大河，逢凶化吉。另一传说，仙人是姜子牙的小舅子，想利用关系往上爬。但才能有限，姜子牙便对他说："你的官已升到顶了，如果再往前爬就会摔下来了"。古代的建筑师根据这个传说，把他放在了檐角的最前端，如果再往前爬一步就会掉下去摔得粉身碎骨，告诫世人为官不要走歪门邪道。

碑亭各边的五个走兽依次为龙、凤、狮子、天马和海马。龙是中华民族创作出来的独特文明结晶。它是古人对鱼、鳄、蛇、马、牛等动物，和云、雷电等自然天象的集合而产生的一种神物。爬行动物和哺乳动物是龙的主要集合对象，因此，龙常常被称为"众兽之君"。

凤是古人对多种鸟禽和某些游走动物集合而产生的一种神物。长翅膀的鸟禽是凤的主要集合对象，因此，凤被称为"百鸟之王"。龙有喜水、好飞、通天、善变、灵异、征瑞、兆祸等神性。凤有喜火、向阳、秉德、兆瑞、崇高、尚洁、示美、喻情等神性，比喻仁德之人，是祥瑞的象征。它的出现预兆天下太平，生活幸福美满。狮子在佛教中为护法王，是勇猛威严的象征。中国传统文化佛教典籍《传灯录》记载："狮子吼云：'天上天下，唯我独尊'。狮子作吼，群兽慑伏。"天马、海马，前者追风逐日，凌空照地，后者入海入渊，逢凶化吉，在我国古代神话中都是忠勇之兽。

各种脊兽不仅具有艺术功能，也有科学建筑功能。屋脊的坡度，会使脊瓦下滑，交梁上需要铁钉固定。为了保护铁钉免受雨雪侵蚀，脊兽就用来当做铁钉的帽子，并起到装饰作用。唐宋时期，还只有一枚兽头，以后逐渐增加了数目不等的蹲兽，到了清代形成了今天常见的"仙人骑凤"领头的小动物队列形态。

历史文物是产生它的那个时代的一定人群，根据当时的政治、经济、军事、文化等需要，运用当时所能得到的材料和所掌握的技术创造出来的。它能从不同侧面，反映当时的政治、经济、军事、科学技术、文化艺术、宗教信仰、风情习俗等，从而构成文物时代特点的主要内容。永通桥与御制通州石道碑，是明清时期创造出来的具有历史、艺术、科学价值的遗物和遗迹，它是具有中华传统建筑文化内涵的国宝级历史文化遗产，2014 年被录入世界文化遗产京杭大运河的文物名录。

人物民俗

祭坝源流谈

■ 陈乃文

溯本觅流话祭坝

"祭坝"是通州北关在白河（今北运河）向通惠河转运漕粮年代里的一种古老习俗。这习俗起源于每年定期在石坝（原址在今西海子公园葫芦湖东岸）举行祭祀吴仲等人的盛典。初祀之年是明嘉靖四十五年（1566），"建祠通州岁祀焉"之年。此事在《明史·河渠志四》、《日下旧闻考·通州二》均有记载。明万历乙巳年（1605）所编《通粮厅志》对"祭坝"之事是这样记述的："通惠河之役，三人之功为最，故祭坝行粮时祀之。""通惠河之役"指的是明嘉靖七年（1528），通惠河的修浚改造工程。自通州张家湾至京城的通惠河，由元代郭守敬全面负责疏凿。在明代初期，此河每年尚可向京城转运百万余石粮米，但到中期，河道渐淤。贪利之徒乘机"窥取漕利，巧生奸计，妄言摇动，遂将此河废置不行。"故以致此河情境，正如御史向信在嘉靖元年奏议中所言："宁使有用之水，而置之无用之地。"运粮官军只得自张家湾高价雇车，走六十余里，将粮米进京交纳。但车载陆运不仅量小，且受天气影响，行走迟缓。所运粮米，不够官需军食，还给运军带来破产之厄。京城粮储不足，遇警则有坐以待困之忧。诸此弊端，使修浚通惠河以通漕运，成为明廷大计。这次大规模整修工程，将通惠河东端，由张家湾改在通州城北门外道西。又在东端停船处葫芦头东岸（即今西海子公园葫芦湖东岸），筑一座"障水石坝"，"高一丈六尺，长二十丈，阔十一丈，"（引自《通惠河志》），横亘南北，以阻通惠河水东泄，兼作向京城转运粮米的码头。验收合格之粮，由人工扛负，西行半里余至石坝，装入葫芦头的驳船上，逐闸转搬，驳运至京。"三人"即巡按直隶监察御史吴仲、工部郎中何栋、户部郎中尹嗣忠。"功为最"，通惠河漕运通畅，于国之大计有益，万民也乐得其利。故受到皇帝旌表和奖赏。嘉靖帝圣旨："开浚通惠河，先朝屡经勘议修理，未得成功。吴仲、何栋、尹嗣忠、陈璠等不出三四月，工程就绪，粮运通行，勤劳可嘉。"四人各升一级，并得到赏银和丝织品。"祭坝行粮时祀之。"行粮，即由大运河运到通州城下的粮米，再由通惠河转运入京。祭祀是表示崇敬与缅怀等心情的礼仪活动。在石坝祭祀吴仲等人谓之祭坝。选此举行祭祀盛典，既有慎终之意，更有追远之情。"慎终"是警示漕运政务者从开始就想到后果，需谨慎勤勉，勿苟且自利、敷衍塞责。"追远"是告诉祭祀者皆需以虔诚心情追念诸先贤利国利民的业绩，需以诸先贤勤谨练达的德行自励。

　　祭坝饱含漕运文化，很有群众性和趣味性，有深刻

开漕节

的历史涵义。祭坝活动每年仲春和秋末各举行一次。先在石坝举行祭拜仪式，然后在此处和东关土坝处进行各种庆祝活动。春日祭坝场面大、气氛隆重热烈。春祭由仓场总督（二品侍郎衔）主持，然后由各路花会献艺和一些地方曲调演唱，形形色色的老会（类似行业协会）也赶场助兴。这天，军粮经纪与白粮经纪、坐粮厅等官吏、运粮军丁、以及商家百姓皆参与。可谓倾城出动，四乡来临，观者如堵，热闹得如同节日一般。故又得"开漕节"之称。所以用开漕命名，是因为山东、河南运粮船第一批到达通州，自此，一年漕运开始了。石坝码头日夜繁忙。前人咏石坝码头诗句有：

> 东装西卸转输紧，南纳北收漕务纷。
> 终日无休人语喧，彻夜不停粮帮临。

后人所称的石坝码头，是吴仲在整修通惠河时，在大运河北端与通惠河东端设建东西两处复合码头。石坝码头的设立，加快了漕粮转运速度，使京城粮储大增，仓廒充盈。因之在京各卫军队可就近领粮，不必到50里外的通州关粮。漕运军丁也不必再由张家湾雇车，陆运粮米进京交纳，从而避免借债凑补脚费而遭受破产之厄。石坝漕运码头，还为通州城内外依靠漕运过日子人家提供种种挣钱门路，还客观上促进了下关货运码头的发展。漕船携带来的大量日用百货，促使北关一带商业兴隆、人气旺盛，故得"富北关"之称。

吴仲等整修通惠河，京通一带皆受其惠，人皆念吴仲等恩德。《明史·河渠志》载："人思仲德，建祠通州祀之。"祠名"通惠"，建在通州北关大街（今名通榆大街）南端石坝公馆（俗称石坝衙门）东院中。祠内供奉长生牌（在长方形木牌上书写吴仲等诸先贤官职姓氏之神位），每年春日祭坝由祠内请出长生牌。

祭坝盛况说当年

几十年前，曾亲闻几位熟悉通州北关转运漕粮事之耄耋老者，讲述当年转漕时一些佚事传闻，今日思之，仍有些记忆。现据之整理，勉凑成篇，希图稍现当年祭坝盛况。

明、清时期，每年三月朔日（阴历三月初一）前后，满载麦豆等"东粮"的山东、河南粮帮，陆续到达通州北关。坐粮厅辖管的军、白粮经纪领家头面人，就从二月二（日）着手观测有关星宿运行位置，观察的草木萌发、土壤解冻状况，确定春日祭坝日期（一般是在清明节前或后三五日），并报经仓场总督衙门核准后，经纪们就分头准备祭坝有关事宜。

祭坝之日晨，户部总督仓场满汉侍郎，率坐粮厅从（zǒng）五品以上官员、石坝州判、土坝州同及经纪领家等，到通惠祠焚香祝祷，请诸先贤长生牌登肩舆。在鼓乐声中，众人簇拥肩舆，向南过香道桥，东行经三孔石桥，自龙王庙前登上宽大石坝，将长生牌东向恭列于石坝正中的长条供桌上。顺序是吴仲居中，何栋在左（北），尹嗣忠在右，陈璠在后。近一米高的长生牌前供奉着鸡、鸭、鱼小三牲，两旁摆放塗着金粉的木质巨烛。这时石坝东西两侧鞭炮、鼓、铍齐鸣。坝北端雄狮紧按绣球蹲坐，坝南端雌狮护着少（幼）狮俯卧。仓场侍郎率众各持三柱高香面对长生牌横列。司礼先朗读颂扬吴仲之功的通惠祠碑记（见《日下旧闻考》）。大意是："国家建都燕幽，岁漕自东南抵（张家）湾，僦（租）牛车、资壮丁，陆挽以达京师，费脚价钜万。……毘（pí）陵吴公仲……置闸鳞次，转运皆有程度，水利大通，千艘衔尾，直达都门。公去后数十年，民益思之，相与立祠岁祀焉。"读毕挺举手臂高呼："参礼"。祭祀者在絃、管、笙、云锣雅乐声中，和着轻击慢敲嘭嘭嘭、啪啪啪反复三次的鼓点，将香高举过顶三躬身。在"礼成"声中，众人随仓场侍郎退立坝南侧。司礼呼"诸贤退位"后，四童子左捧长生牌分别坐上肩舆，在雅乐声中自石坝北侧台阶缓缓而下。唢呐在前方高奏，仓场侍郎率众随后恭送至卧虎桥南。继由州判与数名经纪恭送入天后宫南侧门，经南夹道至通惠祠归位。仓场侍郎与坐粮厅官员则到卧虎桥东南掣斛厅略视察后，南行登上大光楼，凭栏俯望粮船，检验开春后第一批漕粮。经纪人持斛、斗、升等量器，陆续到掣斛厅校测准确，然后去石坝南侧祖斛庙，将量器放在斛神供桌前、铁斛旁供奉，并焚香祷祝。表示所持量器即合国法，又得到神的认可，公道之心人神可鉴。

公祭方毕，蹲踞在石坝两端的狮子，在鼓乐声中蹒跚起舞。雄狮时而追逐绣球，时而与幼狮耍逗。幼狮或咬着雄狮的鬃毛爬到身上，或在地面上打滚撒娇。雌狮不时护着幼狮与雄狮周旋。三狮边耍边下石坝，向东至石坝楼下，表演倒爬楼台功夫。此时运丁、纤夫极力敲锣打鼓引狮子上船。三狮在并列的对槽船、相连成行的粮船上，时而在船头作倒挂金钟式戏水，时而爬上桅杆、舵楼作着各种惊险动作。运军把成串的制钱挂到幼狮脖子上，感谢三狮带来了喜庆与吉利。三狮戏耍毕，又一路耍逗着南去土坝。

狮群才下石坝，着白色扣袢褂，穿黑色灯龙裤，高举石锁的"双石会"人群急急登上石坝，周坝而行。行走间，一位虎臂熊腰壮汉，忽而于坝中仰卧，双腿高举，双脚平托着一条木杠连起两盘磨扇的"连环石"。杠上又站立一人，双臂高举一对较小的连环石。一童子爬上二层连环石，作出金鸡独立姿态，忽而又改成倒立姿势，形成近四米的罗汉塔。童子忽然跃下，塔也随之解体。壮汉翻身跃起，在石坝上走着少林拳脚。忽听"闪身！砸着！"之声，只见数名小伙子，双肩各扛一袋粮食，疾步而出。坝根处一位扎肩长臂，腰系宽板带，几乎与坝齐身高的大汉，迎着扛粮者，双手抓过一袋粮，顺手向坝上掷去，粮袋旋转着落在坝上，直立着。大汉又单肩接过一袋粮，耸肩将一袋粮搭坝上，如此将十几袋粮放置坝上。走拳脚壮汉大吼一声，面东作个骑马蹲裆式，纹丝不动，原来这位就是"坝神正身"。"坝神"是由五闸的闸夫和二坝的扛夫中，遴选来的膀阔腰圆、膂力超群的壮汉。二闸的王胖子膂力冠群，通州城里蔡老胡同的张大先生善于借力使力。这二人都先后在不同年份扮过坝神。

这"坝神"，顺手将别人递过来的一袋粮夹于胳肢窝下，又扬起另一支胳膊夹着另一袋粮。别人又在他两肩各放一袋粮，在头上横竖顶两袋粮。至此他已身负六袋粮，重近千斤，还泰然自若。这时坝下大汉跃上石坝，抓过"坝神"顶的一袋粮向坝西边掷去，又顺势跳过坝中间。"坝神"也不示弱，抖落所负粮食，也手抓起一袋粮向大汉投去。大汉返身一掌，将飞来之物击向十米外的坝西沿。十几袋粮转眼间如此投、击完毕。博得坝下轰然惊呼，夹杂着喝彩声。

这时坝东空地烟气缭绕，磬声连连，进香老会叟妪在坝下见"坝神"现身后，三五成群向"武坝神"跪拜焚香，默求"坝神"保佑她们的丈夫、儿子平平安安，多挣点钱，感谢石坝创立者的功德。

在"坝神"退场后，四位明代官员打扮、戴着纸壳面具的人从石坝北端缓步上坝，数名青衣小帽书吏随侍其后。喧嚣之声顿止。上坝官员或俯身察看坝体、或指指点点。随侍者点头连连。这就是富于戏曲性的"巡坝"。"巡坝"是效当年吴仲治理通惠河故事。巡坝既有不忘先贤之意，也是借机向官府建议。官员为经纪所扮，书吏是由石、土二坝衙门派出听取意见的吏员，指指点点是说坝某处该如何修，河某段应疏浚。

巡坝是种惯例，是民间向官府反映漕运设施该如何修整的一种方式，也是官府听取意见的一个时机。这种半人半神的意愿，往往会被官方采纳。如明代崇祯间，在通惠旧河口（今天桥湾西北）筑的南向"蓄洩陂"（滚水坝）。清康熙间在葫芦头修的滚水坝（今西海子公园葫芦湖东北处）。这些工程，都是官府采纳巡坝时所提建议而后修筑的。

当"官员"在石坝上巡察时，坝东磬声缓慢，香烟袅袅。三三两两须发皆白老者，高举一柱香向石坝躬身祈祷。

"官员"巡毕石坝，准备乘肩舆前往土坝。这时在四乘肩舆前后，有自发扛着由西街轿子房、杠房赁来的各种执式（仪仗）的人群早已等候。这些人所以踊跃来此效力，既是为事后得到丰厚的赏钱，更是以能给坝神当差为荣。庞杂的仪仗自石坝东排至挈斛厅前。卤薄之盛，胜过仓场侍郎排场，坐粮厅官员气派更莫能及。肩舆后有挎刀、扛枪卫队，旁有持长、短火铳（旧式火器）卫士。舆前是宋体横书钦命、竖写官衔与姓氏的官衔大长方牌，再前是两面上绘虎头、下边分别竖写"迴避"、"肃静"的大牌。牌前是两长列成双成对、形形色色的旗、伞、扇，金瓜、玉手等也杂列其间。旗前是多对长者丈余、短盈三尺的金色纸糊俗称"牛皮号"的长筒号。号前数对铜锣开道。最前端是几支喜庆日子燃放，用以增加欢乐气氛的"三眼枪"。随着传递来的"起……行！"声，三眼枪几声巨响。一时锣声号声争鸣！四乘肩舆向土坝抬去。

巡坝队伍行经石坝楼，过潞河神庙，沿运河西岸迤逦南行。进香老会也挤在观众群中，争相进庙烧香。当巡坝队伍将要到土坝（今三中东校门略南）时，先前来到这里的"舞狮"耍逗着前来迎接。巡坝"官员"在土坝略作巡察，再南行到坝口黄亭子（今东关大桥西端之南不远处），稍一巡看，就折返至州城东门，自南小门进入瓮城。在瓮城内巡坝队伍陆续卸装，收拾仪仗，各自转回北关。

当巡坝"官员"走下石坝后，各种地方曲调开始演唱，各个花会也上场献艺。演唱与献艺分别在两处。地方曲调、各种杂耍在石坝东南空旷地带，各自择地打场子，在固定地方唱演打（收）钱。各花会首先在石坝东场地献艺，然后至掣斛厅前，转至石坝楼、潞河神庙前，南行至土坝，再南行至铜关庙（今东关桥北），最后到坝口黄亭子北。石坝东场地首先出现的是"善字老会"跳的"大头舞"。表演者皆头戴特大纸壳盔具，跳的舞俗名"大头和尚度柳翠"，只舞不唱。初时是月明和尚与风尘青年女子柳翠对舞，柳翠时嗔时怒，或作逃逸状。渐有众小僧环绕二人舞动。终场是柳翠渐悟佛性，皈依佛教，随众僧东去。故事取材于《喻世明言·月明和尚

祭坝盛况

度柳翠》。主题是教化世人要"冤仇有尽"。劝人不要"冤冤相报"，要有慈善之心，以善化解冤孽。这舞剧每年必先出场，用意是用善化解"通州坝（霸）"好勇斗狠之风。

石坝东南空地上，各种小曲、杂耍也在表演。最吸引人群的有"莲花落（lào）"。莲花落唱者仅一人，唱时还随着节拍不时牵动连动连响的小锣小鼓。每句唱辞前都有"呀！一朵、老莲、花呀！一朵、莲花、落、呀！"用二四慢板、有时苍劲有时悠扬。唱辞多取材于通州地方故事，如"通州塔""雷瘸子敲钟"等。还有"小放牛"，演员仅两名男女童子，和一名吹横笛的伴奏人。唱辞既有老一套的"天上梭梨什么人栽？地下的黄河什么人开？……"也有通州地方故事，如"什么人开了一道沟？弯弯曲曲到通州。通州有个万寿宫，为什么水闸在（街）当中？"等。流寓通州的河南、安徽人，几个同籍老乡攒凑在一块儿，也来到这空地上凑热闹，打个场子唱几曲。他们既是表达内心欢愉之情，也图赚几个钱花。"河南坠子"各句间的"哼呦！咳呦！"余韵，"凤阳花鼓"每段前三句欢快的引子，加上小锣小鼓声，使这两个小场子，也吸引不少人来捧场。"少林拳""五虎棍""三股叉"等武打场子，更有不少人围观。

再说石坝东场地中，在"大头舞"逐渐南去后，随之出场的是"太平鼓"会。太平鼓形似圆扇，径近50厘米，单面蒙以彩绘羊皮或桑皮纸。柄长约30余厘米，下端系钢连环或铜铃，还有软鞭与之配套。当时通州民间在喜庆日子里，有以舞太平鼓来庆祝的习俗。这支随之出场的太平鼓队伍，皆是中年旗装（天足）妇女，略施脂粉，稍佩环饰。头梳板髻，斜插石榴花；身着浅宝蓝色喇叭口式衣裤，滚着各色花边；脚穿黑面绣花鞋，格外引人注目。她们进入场地就蹁跹起舞，个个体态轻盈，舞步婀娜多姿。随着队形的变化，又变得矫捷轻快。队形初时左盘右旋，又忽穿梭钻档，更互招引耍逗。边舞边用软鞭拍击着鼓面，口中还不时唱着有"天下太平"序词的太平调。她们用一面面彩鼓和动听的铃声，告诉人们：寒冬过去了，春天已经来临，好日子来了！这支独特队伍的表演，令观众悦目怡神、皆大欢喜，给快乐场面平添几分喜庆气氛。

在太平鼓逐渐南去时，几档子"高跷会"和"地秧歌"先后进入坝东场地。一高一低，服饰有区别，锣鼓点也不同。显得格外热闹有趣，令人目不暇接。两种花会各自优势也相得益彰。仰看高跷会有生、旦、净、末、丑等各种角色，文、武、老、小俱全。所扮饰的：有水浒人物，左棒陀头武松、右棒武生张清，俊扇扈三娘、丑扇王英，俊鼓杨雄、丑鼓时迁，渔翁阮小二、樵夫石秀。有白蛇传人物，白、青二蛇为花旦，扮许仙的是小生。有清代人物，英雄黄天霸、山大王窦尔敦、盗窃能手杨香武。有打扮怪异的丑婆子、傻柱子，有俊俏的小童。这些扮角，衣、帽、靴、套鲜艳，各种脸谱也勾化的逼真。更能使高跷增光的是功底扎实，蹬着三尺高的腿子，前行、后退自如，跑、跳、蹦、耍随意，文角能唱、能逗，武角能打、能转。角色间，随意演义着奇异戏出。杨香武刚和时迁比过窃技，转眼又跟黄天霸打起来。黄天霸手提高粱苣一蹦两跳的大战窦尔敦，令人看着新奇。花花太岁追逐小妞钓竿上忽东忽西的蝴蝶，忽而跃起，又要跌步，刚刚站稳，又来个大劈叉。这里渔翁与丑婆子相逗，僧人又来搀和。那里傻柱子胡扯乱窜还笑声呵呵，小小子来往穿梭。地秧歌虽然显得矮，但两条腿地上跑，比高跷灵活得多。服装虽然杂了点，但以多为胜也不为过。扮女角的多是抹个掉渣的大白脸，颧骨处塗得像血样红。男角多是乌黑或刷白脸，露着白眼黑珠虽然显得不配和，倒也土得有趣。这扮像与高跷对比，嫟妍立辩令人忍不着笑。这就是安排两种花会同场献艺、相反相成的效果。秧歌队即兴演出猪八戒背媳妇，时而拱地、时而东奔西突、憨态百出。宋江追着闫婆惜没章法的满场乱跑。不断上演的闹剧使两种花会、几支队伍搅和一起，瞬间又各自在放慢的锣鼓点声中整队分离。高跷连蹦带跳南去。地秧歌锣鼓骤停，慢步扭动引吭高歌，一句四顿的唱起扛粮谣："外河（北运河）、卸来、里河（通惠河）、装，两个、大子儿、扛、一趟。顶、星星呀、熬、月亮，白天、黑夜、扛、皇粮，一家、老小、饱、肚肠。"这歌是太平年代里，人们对现实的诉说，是略带无所谓、大大咧咧的满足。

秧歌、高跷才向南去，一群"驴"撒开"两蹄"奔入场中。这就是"跑驴"会表演。献艺人腰前、腰后，分别悬挂纸壳驴的前后身，争先恐后地夺路奔跑。"小车会"也不甘落后，横冲直撞、拥挤着抢道。几辆车撞到一块儿，有的故作陷入"泥塘"，有的假装车"切了轴"歪在路旁。推车的、拉车的"挥汗如雨"。坐车的"姑娘""媳妇"吓得花枝颤抖两脚乱蹬。车旁的"媒婆""公子"乘机挑逗，作出各种滑稽动作，博得人群不时发出狂笑、叫好声。在一片笑声中，奔跑上场的驴群各展其能。老汉骑的驴猛向前倾打个前失，忽而又向后直坐，甚而就地打滚，终于把老汉摔个嘴啃地。小媳妇骑的驴蹿上跳下，吓得小媳妇掩面失声。赶驴小伙大呼嗬儿！咛！哦！嚙！吁！喊声连连，不知所措。这时驴儿还不时发出儿嚙！儿啊！得意叫声。犟驴固执形象，活灵活现的表演，常常逗得人群哄然大笑和叫好声。不远处扮老婆子的哄逗傻儿子唱的京东小调也颇引人倾听。这小调唱辞一段三句，每句三停顿，前面两停顿声高而短，后边的声低而长，辞句间略带儿化韵调。唱之间不时有人跟着唱诵。"小小子儿，备驴儿来，又把嘴儿撅。扔鞭子儿，摔缰绳，心儿里不痛快。立马儿的，到通州，烧饼夹油鬼儿。"

在"跑驴""小车会"后边有"腰鼓""杠箱""霸王鞭"等陆续上场又南去。一场场滑稽、欢快的表演，引得场上观众笑声不断。

欢笑声未停，鼓声钹声大作，唢呐长鸣，在震耳欲聋声中，从北关大街天后宫前转场过来的"耍龙"队疾步登场。耍龙是龙灯的变种。龙灯在白天不能显示灯火的辉煌，且运粮船又忌烟火，故庆祝活动中只舞龙而不用灯。民间索性将其称之为耍龙。耍龙队以石、土二坝与下关码头的扛夫为主体，皆是体壮好动"精英"之辈，还得到寓居在天后宫内闽台客商资助。每年祭坝献艺前，先在天后宫前耍演，敬献妈祖，然后在石坝东最后出场，作为压轴戏上演。耍龙队所耍龙头刻饰精美、神态威武，龙衣绘制华丽、显得威风。龙头重近百斤，只有身材高大，有数百斤臂力的强壮大汉，才能较长时间舞动。曾在祭坝时扮过坝神的张大先生，是耍龙好手，"耍龙之辈，多系其徒。"龙有白、黄、红三条，以白龙为尊。每耍动时，黄、红两龙先出场。在振耳声中疾步登场的就是黄、红二龙。只见黄龙左盘，红龙右旋，忽又扭成一团，急速旋转。鼓乐声渐低，白龙缓缓自石坝向东行。红、黄二龙以出水队形夹护白龙曲折而行，东至运河边。这时运丁、船户敲锣打鼓，欢迎"龙"登船。河南帮里的十几条通州船，雇募的顺天府（今北京市）运丁，更卖力敲打，甚至以人熟是一宝之利，上岸找熟人，拉举白龙头小伙子上船。白龙在锣、鼓、磬和鸣与香烟迷漫中，登上接连成行的粮船，自北而南行进。它时而登上舵楼舱顶，时而盘绕桅杆。龙首高昂，左顾右盼，更怒目直视，似欲腾飞向前。白龙弯曲盘绕行进，至潞河神庙东南登岸，在黄、红二龙列队中间，团团昂首面东盘卧，时而点首，时而转望东南，大有南望海口，雄踞潞川之势，在蓝天白云衬映下，颇为壮观。这时进香老会信众急趋上前，向他们认为活灵活现、逍遥自在的潞河小白龙，敬献一柱香。龙群在这里表演追拿蜘蛛精、二龙戏水等。只见白、黄、红三条龙，时而快速盘旋，时而静窥蛰伏不动；极露矫健之姿，更显王者之风。龙群尽情地戏耍后，蜿蜒南行。龙在土坝略作表演，然后经东关到坝口停歇。

各花会由石坝东行，经坝楼转南至坝口，一路六处献艺表演，各处虽有茶水老会舍茶的茶棚供饮，糕点公会所设专供花会的点心摊供食。但大半天几乎不停歇的表演，会众虽说兴奋，也皆劳顿疲乏。至坝口后皆解装酣息。会首就地聚集，商议某会轮值应张家湾、里二泗之邀。议定后分别行动，或分乘两处派来已等候多时的四套骡马大车，去两处表演。或安排专人送还行头等物。更重要的是回到石坝分领赏银。

庆祝活动接近尾声，从卧虎桥上过来两支"打花棍"队伍。儿童队衣着虽然破旧，但都洗刷、缝补整齐；脸庞虽然黄瘦，但在扎着红头绳的立天锥小辫衬托下，倒也满精神。孩子们笑逐颜开，边走、边跳、边打得花棍哗啦啦地响，直奔大光楼下运粮船旁，给运丁、船户表演。当有人整把的抛洒制钱时，就一窝蜂似的拥挤乱抢。当抢得几个钱后，就分散到正在验粮过斛装袋的船旁。有的孩子从粮食中捡秣秸皮，有的孩子拿过装粮布口袋，有的则撑口袋帮助装粮。孩子们找这些小零活干，图的是挣几个"大"钱、帮助大人养家糊口。花子队衣着褴褛，甚至有露皮肉地方，踏拉着鞋，咧着似哭又笑的嘴，倒提着各式各样打狗棍。花子们在散漫长列的队伍中，不时用棍磕击着上臂和大腿，

有的嘴里还含糊念叨着："花棍一，点……个……"花子队散散漫漫
拥入北门口外的瓮城西门，再南行进城沿街挨户向商家讨喜钱。

这时石坝东南，打场子唱曲卖艺人、杂耍班子也都钱囊饱满。表
演武技的"少林""五虎""耍叉"各自的"酣战"也渐停歇。茶水
老会也要收摊，准备过卧虎桥到天后宫，领取福建老客捐助的老茶；
去北门脸万寿宫，向江西商家寻几个残碗。敬惜字纸老会也要把拾取
的字纸送到文庙。进香老会分支进香，一支过卧虎桥西行，一支自潞
河神庙向南，一支进入城内，分别向各庙宇上香。

各花会献艺毕，开始转运漕粮、"行粮过坝"。运河边上，当值
各位经纪，对照坐粮厅验查合格的样米，检验当日负责验收的粮船所
载漕粮质量。合格后从舱内"起米"过斛，边量边拉长声调报数唱斛，
然后装入布口袋。起完粮后，再清点粮袋画符戳袋。一片忙碌中还夹
杂着叫人声、唤船声、呼喊各种号子声，一片喧闹鼎沸。运河西岸，
扛负粮食爬坡西行扛夫络绎不绝；大光楼下，西去负重东来空身人群
连续不断。赤背之人疾走，光脚之徒急行，杂乱地拥挤着，忙碌得如
同蚂蚁搬家一般。扛负粮食者，至通惠河航道东端，自石坝北端东侧
石阶逐级登上坝顶，在龙王庙东领取竹筹后，将粮装入停泊于葫芦头
的剥船。为了"行粮过坝"、转运漕粮，石坝漕运码头一片繁忙。

当庆祝活动接近尾声时，石坝北端龙王小庙前，承办祭坝事宜的
经纪也忙碌不堪。给扮坝神的分发例得纹银；给打执式的发放应得赏
钱；应付各会首吵吵闹闹说长道短、讨要赏银混乱场面。在一片忙乱
中，还要给各家经纪发送"祭肉"——半只鸡、鸭或一条鱼。安排在
石坝衙门的公宴。石坝衙门是负责修浚自石坝至普济闸（八里桥西）
河道、保证漕运无阻漕粮安全的机构。为吴仲治理通惠河时所建，初
名石坝公馆，后称北督储馆、又称大官厅，石坝衙门系其俗称。馆内
有厅房 20 间，历年祭坝后，官员们在此宴饮。《通粮厅志》记："北
督储馆为大官厅云，每年祭坝（毕）公宴于此。"

不当值经纪。有的搭驳船经普济，平津下、上，庆丰诸闸去朝阳
门外大通桥。去东便门外赶蟠桃宫庙会，了解各闸水情及自己分管的
几条驳船修舱之况，更相机拜会各闸管理河道官吏、闸夫头目、大通

桥掌管抽查漕粮质量与数量的监督官员。有的则二三知已相邀去城内进餐，或去鼓楼前南味斋、牛市岗小楼品风味菜肴，或去东大街东兴居、西大街宝兴居与福兴楼吃时令饭菜。席间不免议论收粮、运粮事，也话及仓场、坐粮厅"茶果银"如何打点。

庆祝活动尾声中，卧虎桥西南，葫芦头东南、通惠河口运河边，各种吃食摊、车，都争相出摊，饭棚子也早已搭好升火开张。一时各种吆喝声、铲勺敲击铛锅声、面杖击打面案声，声声入耳。各种馋人食物香气冲鼻而来。这时在祭坝活动中，不论是扮坝神的、打执式的、各花会会众，都得到不同数目的银或钱。养家的人提着几百文钱高高兴兴地回家。这点钱虽不算多，也顶四五天扛粮挣的，足够五七口之家，七八天嚼谷。也有人先到卧虎桥西南来个香油炸的大油篦子夹黄米小枣切糕，吃得高兴再来碗热炸豆腐，连汤带豆腐和丸子一块吞咽下去，闹个肚圆。有的人则来碗羊霜肠汤或杂碎汤，再搭上几个大热火烧，坐在桌旁长板凳上大嚼。节俭的人，则到豆汁摊的长案子上，喝酸中带甜，后味绵长滋润，稀稠如糯米汤的热豆汁。还掏出自带的窝窝头，就着可以白吃的萝卜丝、辣白菜闷头吃。也有人到卤煮火烧摊车，或打卤面、炸酱面棚子光顾。有的人图个边走边吃，就买馒头、包子或大饼，或顺便向挎篮小贩买几个糖火烧、墩饽饽。也有爱吃油丝饼、馅儿饼、锅盔的。也有人奔到葫芦头东南，买个刚出锅的热烧饼，到熏肉摊买点酱肘子夹着吃，再到旁边饭棚子，喝碗通惠河鲫鱼做的鲜汤。这里吊炉烧饼、油酥火烧也实惠不贵，各种蒸糕也随时供应。人们吃饱喝足后，就去石坝码头扛粮挣钱。扮坝神的则呼朋唤友，到运河边饭棚子开斋大吃。这些人的开斋大吃，无非是开春后从运河里捞捕之物。鲇鱼窝里掏出的活鲇鱼，或烧煎、或烹溜；才捕捉的大白虾，或爆炒、或煎炸。他们高兴得未喝先醉，故意点个"野鸡脖"炒"黄菜"（带白茎嫩韭菜炒鸡蛋），"红嘴绿鹦哥"汤（带红根小菠菜）。这不是恶作剧，只不过是开个小俚戏（玩笑），给掌勺师傅出个小难题。喝的酒是通州城或燕郊烧锅的老烧酒，香洌可口，入口提神。下酒菜，也就是卤豆腐干、炸花生仁、整个的小卫青（萝卜），糖醋拌的白菜心和五香牛杂碎。哥们儿几个开杯畅饮、忘我吃喝、大快朵颐。吃喝后悠哉游哉各处闲逛，卖苦力的倘佯半日实属不易。明日上坝多扛快走，上养老、下养小不愁吃喝。

祭坝后大家得到的不只是不同程度的物质满足，更多的是精神上、心理上的满足，这就是当年"富北关"的一个小侧面。

秋祭

家藏清嘉庆、道光年间仓厂总督衙门《漕运底账·杂款》条记："祭坝费银、铺垫银"。祭坝费银，即官府资助的祭坝费用银子。每年春日祭坝日期经仓场衙门核准后，承办祭坝事宜经纪，就可以从仓场衙门账房领取几十两祭坝费银。账房先生还会说：费用银两有困难，可以先贷些"铺垫银。"这笔银子名义上是官府为支持祭坝，而借给的代付垫用银子。事实上是不想借也得借的"霸王债"，数天后要加几倍偿还。祭坝用银主要来项，按惯例，首先由军、白粮经纪摊凑千两白银。其中军粮经纪百名、白粮经纪二十五名，各分担其半数。再向州城内及东、北二关十几个行业公会500余大小商家募集。卖南方、北地食品的杂货行，卖生熟药材，丸、散、膏、丹的药行，还有糕点行，饭馆业，绸布鞋帽业，典当行，钱庄、银楼，客店、骆驼店等。这些行业很少有"执拗"不愿捐资者。多数都痛快地在募捐折子上写上助银或钱若干，并立即缴纳现银、现钱。通州粮、油、酒行，是劝募大户。这行的十多家大买卖在东城内外，靠大运河、通惠河之利，每年大量贩卖漕船交粮后余米，当地麦、豆、油料及北口杂粮。州城内各街巷多家中、小面铺、米店、油坊、粉坊等，加工出售数万人日食之需，数量也很可观。粮、油、酒行业，年经营粮食数以百万余石（约100万吨）计，利润何止十万两白银。但对所认捐资，总是拖延时日交纳。直至仓场衙门声言今年按例，漕船"余米必待回至天津售卖，"不准运丁在"通州籴（米）买"（麦豆等物）。粮商恐失买卖良机，方无奈捐资，勉强拿出些银钱。另外，一些本小利薄的山货屋子、麻铺、磁器店、碱店、肉扛、卖活鱼的鱼盆、羊肉案子等，倒大方地出些捐资。身处异地，到下关贸易的北口骆驼客、从前门到罗家口取送货物商家也送些祭坝助资。

经纪所摊凑银两，用于春祭各种开销。如祭坝场面用银，付给扮坝神的人酬劳银，执式（仪仗）赏钱，花会赏银等项。另外的一些零星捐资、助资，用于给沿河八庙香火钱，通惠祠、祖斛庙的修葺费用，额外多给这一祠一庙守门人的"温恤"银子。

向商家募集的银钱，绝大部分用于与官吏沟通的关节上。首先要送出的，是偿还仓场的铺垫银。这笔银子是当时有"阔差事、穷衙门"之称的仓场衙门，上下若干人等的"私房钱"，不但要给，而且多多益善。接着的是给仓场、两厅（坐粮、挈斛）、两坝衙门分头送"茶果银"、"饭银"。这两种名目银是按惯例，是援引《石渠余记·漕费茶果银》有根有据的奉送，是非送不可的银两。还要打发些外祟，如北、东二门看守城门差役的采头钱、通永道署书吏的打秋风银。至此募集的银子已所剩无几，但还要千方百计隐匿点银钱，以备秋日祭坝之需。

秋祭在秋末冬初举行。最后一批剥船已自石坝葫芦头西行，石坝漕运码头显得地旷人稀、冷冷清清。

仓场侍郎，坐粮厅差官，都准备离任回京交差，对秋祭只虚与委蛇、不再热心。

他们委托石坝州判会同运河岸上的扛夫经纪行首（领家）天字一等，去应祭坝之典。州判、经纪到坝略一巡看，最后到通惠祠焚香祝祷，感谢诸先贤佑护，一年漕事得以平安。同时邀请北关的小车会，高跷等花会，在石坝地区、北关大街走会，以冲淡这有如残灯末庙、夕阳西下景象，烘托出几分喜庆气氛。

王恕园与王恕园庙会

■ 马育枢

在明代崇祯年间（1628—1643），太监王恕在通州新城南门外，今玉带河大街与车站路交汇处东南角建了一处花园，称"王恕园"。多年后，在园内又增建了三重大殿，供奉释迦牟尼、关帝、玉皇大帝等佛、道神像。召集僧人，仍叫原称。这名称在寺庙的叫法中很少采用，清代顺治，康熙年间曾进行重修。庙内建有前殿、正殿、后殿，配殿及耳房。

乾隆三十四年（1769）设粥厂，由官绅捐银购米，或由朝廷批发国仓粮米赈济通州穷民，直至民国时期。民国时，每有军队驻通则占据此庙。1958年，因建工厂，将山门、前殿及耳房、配殿拆除改建，

王恕园玉皇阁

仅保留了后殿。后殿为南向，称"玉皇阁"，五间二层，进深三间，硬山合瓦调大脊，吻兽无存，排山沟滴，飞檐，上层前出廊，二层勾栏圆雕宝瓶，正交斜灵横眉，三抹直灵隔扇门各六扇。砌上明造，通天柱，五架梁，松木楼板。下层前后廊推出，后改门窗，1987年，此阁拆除，供电局在此处建了宿舍楼。

至今遗有艾叶青石制螭首碑身两块，高2.26米，龟趺无存。其一碑身阳方额刻楷书，"重修碑记"，身纵刻楷书23行，行33字，无首题，记述重修"王恕园"古刹事，阴额双沟楷书"百代流芳"。顺治十六年（1659）立。另一块碑身尽被凿蚀，字迹不清，仅遗存为汉白玉圆形香炉座，高28厘米，面90厘米，环雕乳钉与朵云纹。

王恕园自开庙起，每年农历5月12—14日，举办盛大的香场庙会，虽经历次战乱却从未停止过，直至首次被部分拆除，改作工厂时结束，历经数百年，香火不断。

庙会前数日，就开始有来自京东八县、河北、山东、河南，乘船通过运河来自江南的商贾、香客，纷纷住进庙周边的客栈，使客栈在庙会前一铺难求。僧人们将庙内扫得干干净净，商户们忙着划摊位，搭大棚，砌炉灶，支案子，为庙会做好各项准备。庙会前一天，入夜后，僧人们就开始煮粥了，以备第二天施舍，因用量很大，所以需提前做好，在庙外墙西南角，有一块高约7尺，宽3尺，面上刻有楷书"施粥处"三字的石碑砌在墙内。施粥大棚就设在那里，桌子、板凳，也已摆放好。

庙会当天，天没亮，商户们就开始把要卖的各类物品运到庙内外。逛庙会的，购买商品的人，各地来的香客，陆陆续续来到此处。天亮后盛大的庙会便开始了。商户们叫卖着各种物品，有农业用具、生产资料、土特产品、儿童玩具、日用杂品等，还有各种小吃。卖冰水的用一种水果制作的简易冷饮，在不停的打着手中的冰壶，响声不断。

此时，从四面八方来的善男信女，祈福求寿的，购物的，逛庙会的，纷纷走出山门，人流像潮水一样，一浪接着一浪。有人忙着购物，有人举着高香，到香炉前点燃，献给佛祖；更多的人跪在佛前。磕头祈祷、许愿，显示自己的虔诚，完毕后，还不忘往设在佛前的功德箱内，投进数量不等的钱币，求佛主保佑全家大小平平安安，买卖兴隆，多福多寿，增人添口，祛病消灾，五谷丰登。僧人们做着佛事活动。有人品尝着小吃，小吃既有北方味的，也有南方风味的。孩子们拉着大人的手，购买喜欢的玩具。卖艺的、变戏法的、拉洋片的、进行各种表演，来求得一些糊口钱。王恕园庙会时间，刚好在"三夏"大忙，龙口夺粮之时，人们的闲余时间少，所以庙会时，小车会、高跷、花会的表演很少，戏剧几乎没有，尽管如此，但庙会时，院内外的车声，马声，磬声，僧人的诵经声，各种叫卖声，男男女女、老老少少的欢笑声接连不断，此起彼伏，不绝于耳，就像欢腾的海洋一样。

王恕园庙会进行施粥（也叫放粥）活动，来庙会的人和贫苦的人，在这里都可以得到僧人施舍的粥食。在粥棚前排队，分批进入，吃完后迅速离开，放进下一批，每人一次一碗，可以往复排队，舍完为止。

王恕园庙会佛事与其它的庙会有所不同，庙会时，接受儿童到庙内寄养。归时有的人家孩子多，生活贫苦，难以度日，便将孩子送进庙中以求活命。官宦人家，乡绅，家境殷实的大户，为求孩子好养活，求佛保佑孩子，多福多寿，祛病消灾，也将孩子送进庙内寄养。时间长短不同。进庙时，剃发但不点点，没有法号。寄养期与僧人一样生活，平日不许家人到庙中探望，只有进香日和庙会时，才可以与孩子见面。寄养期内，如偷跑回家就不能再回到庙中。寄养期满，根据自愿可继续留在庙中为僧，其他不愿留的，便跳墙还俗。南关商户马福堂，就将自己的儿子过继给自己大哥送进庙中。数年后，还俗领回家，娶妻生子，成家立业。此人就是原住在新城南街、经营山货的马思祥，外号"马和尚"便由此而来。

庙会连续三天，从早到晚，喧闹之后，商户们便收摊离开。舍粥停止，香客们返回住地，热闹的场景留在人们心中，当年的庙会结束。王恕园庙会于1958年彻底停止，僧人全部还俗回家。2001年，最后一位王恕园还俗的僧人离世。

（马育枢，原科学院印刷厂职工）

运河号子的前世今生

■ 郑建山

赵庆福与运河号子

前几天，在大运河艺术展览会会上，我偶遇赵义强先生，自然就想到他的父亲赵庆福。是啊，老人家 2018 年 11 月 26 日去世，如今已经四年了。去世前还喊着运河号子，想起来不由令人唏嘘。老人家是真正的民间艺术家，是通州运河上最后一名纤夫，是通州大运河上最后一位老船工、北运河船工号子惟一的"非遗"传承人。有人说千年的运河头从此失去了它最后的纤夫和喊号人。

我和赵庆福初识于 1983 年，那时我正在通县（州）文化局工作。一天，正碰到他和爱人孔秀荣女士来到文化局寻求支持。他们成立了一个秧歌队。要求对秧歌队给予承认和肯定。

船工号子唯一传人赵庆福

那时人们思想刚开始解放，他们的目的显然没有达到，悻悻而归。当然，这丝毫没有影响他们秧歌队的热情。我每次都能在西海子看到他们活动的身影。（后来，我把他们写入《通州文化志》中）1984年6月，我调到文化馆工作，任副馆长，并兼任"十大集成"办公室主任，具体负责"十大集成"即（民间故事集成、民间舞蹈集成、民间音乐集成、戏曲志、曲艺志等）的搜集整理工作。这样，我们就自然熟悉起来。

赵庆福，1931年出生，通州北关盐滩村人。如果说永顺镇是大运河第一镇的话，盐滩自然是第一镇的第一村。怎么说呢？就说盐滩儿吧，这个村名就是大运河文化的产物。这里是北运河和通惠河的交汇处，连接着漕运码头，村子因曾是盐的集散地而得名，那时南方过来的盐都要先卸到这里，然后再运到京城。清代鼎盛时期，每年春秋两季，每年三月都要在葫芦头举行祭坝活动，人称开漕节。是大型的文化活动。这里仰头就看到燃灯塔。燃灯塔呢，是通州的象征，清王维珍诗云："云光水色潞河秋。满径槐花感旧游，无恙蒲帆新雨后，一枝塔影认通州"，这情景好像就在他们的眼前。这里有"古塔凌云""万舟骈集""二水汇流"等著名景观，通州八景在这里就能看到六景。当然，最有名的就是万寿宫了。万寿宫不但是通州的著名的商业区，还是通州著名娱乐场所。关于万寿宫，有许多文章进行了描述，这里不再赘述。您说，有着这样的文化氛围和深厚文化底蕴的小村庄，您想找恐怕也很难吧？

丰厚的文化底蕴滋润着这个小村庄，也滋润着赵庆福。什么民歌、民舞、民间故事、民歌小调，赵庆福是无所不通，民间戏曲、民间曲艺等也有所涉及。上个世纪九十年代初，我和作家王梓夫到他家去拜访，看到了他满屋子的秧歌和小车会的道具，在我们的要求下，他给我们介绍了运河的行船习俗，唱民歌，吟小调，讲民间故事，还给我们唱了著名民歌《十八摸》。当然，他讲得最多就是"运河号子"了。

盐滩村100户居民30户在运河上讨生活，唱运河号子是免不了的。赵庆福家当然也是如此。赵庆福6岁上船，与父亲、姨夫和姑父往返于京津两地，行船、扛活、拉纤、喊号，耳濡目染，9岁时早已知道运河的行船习俗，会唱所有的运河号子。他喜欢运河号子，打心眼里喜欢，他沉浸在号子旋律中，将许多民间音乐与之融合，使其成为带有通州味儿的独特运河号子；他性格豪爽，中气十足嗓音嘹亮，白天，他喊着号子行船，扮着二花脸手拿牛棒骨领号；晚上，渔火点点，舀一瓢河水抓一条鲤鱼清炖，鱼香笼罩着整个运河。

　　说实话，在水上讨生活是最苦的。北运河北高南低，行船要经过五个码头，下去（指下天津）还好，顺风顺水，摇橹即可，一天半时间就可以到达。上来（指上北京，不能叫回来，忌讳走回头路的意思）就麻烦了，逆水逆风，费老鼻子劲了，您运气好呢，拉纤至少得需三天时间；运气差呢，可就不好说了。 至于行船的规矩习俗，那您更得注意了。船帆不能叫"帆"，得称其为"篷"，"帆"有"翻"的谐音，船帮最忌讳提"翻"字；货不能说"沉"，得说"重"，就连有"陈"（程）、寇姓客人搭船也不行，船主也是绝对不会应允的，大忌。有一次，赵庆福忘了规矩，把"打篷"说成了"打帆"，结果被父亲抽了个大耳刮子，他回家找奶奶告状，老太太结结实实给了他一句"该！"

　　下去呢，船工们也不闲着，鱼您得打吧？网破了您得补吧？不打鱼不补网您算哪门子渔民呢？吃饭呢就更简单了，无非是菜和鱼，鱼倒是好说，咱们就是干这个的，面也好办，从家里带点棒子面不就得了么？那么菜呢？嗨，这您可就别操心了，那时人心淳朴，岸上的农民听到号子声就知道船要来，他们呢，就将收获的各种菜蔬抛船上：渔民呢，也很讲究，他们将成网的大鱼扔给岸上的农民。做饭就在运河岸边的土坡上用铁锹削一个面，下面掏洞挖槽，铁锅架在简易"土灶"上，随处捡些干树枝就干起来，锅里熬着小鱼、锅边贴饼子或是蒸窝头，再加上农民送给黄瓜西红柿之类，大嚼，嘿，那就是一个字："香！"

　　您可能很奇怪，领号对于一个运输团队来说那是多大的事，怎么选上赵庆福这个小孩儿呢？我想有两大原因吧：一是赵庆福打小就爱到船上玩耍，小孩儿机灵，知道所有的行船习俗，会唱所有的运河号子；二是过去的船帮盛行联姻，盐滩村有四个大家族跑水路，两家姓赵，一家姓程，一家姓屈。程家的领号人程景龙是"小福子"的亲姨夫，屈家的领号人是小福子的姑父。近水楼台，集四家之长，小福子的号子学得最全。您说，不选他还能选谁呢？

"当纤夫虽然累，但学会了号子就能苦中作乐，受用一辈子。"父亲鼓励他，他听得懵懵懂懂，他知道，他是领号人，再不能像以前那样贪玩了，他的童年结束了。他要吃苦了。

那可是真苦啊！刮风了，下雨了，狂风暴雨打得人睁不开眼，不走行吗？货给人家耽误了，那可不得了，这船上的货物就是全家的命，大家的命啊！饭碗不就砸了吗？晚上，您还想睡囫囵觉？想得美，您就在船舱里窝一窝吧！

运河两边都是纤夫光脚踩出来的野道，不知道有多少纤夫从这里走过，那里有他们血和泪啊！那时纤夫没人穿鞋，尽管脚上布满老茧，但走河滩时还是经常蹭出血泡。拉纤时，只要船一搁浅就要下水推船，纤夫们呢就穿一条挽裆裤，从前向后那么一系、倒是遮住了，后面呢，大敞开啊！不管他，有理的街道，无理的河道。沿途的农民听说纤夫来了，男性的农民欢欣鼓舞，他们可以用新鲜的蔬菜换鲤鱼了，大姑娘小媳妇呢，赶紧躲到庄稼地里，纤夫们倒是泰然处之喊着号子大大方方地经过。

领号人可真是不简单啊，航道、水情您得熟悉吧？哪儿有漩涡、哪是浅滩您不知情行吗？要不然，您怎么领号不同的水域提醒纤夫拉纤呢？航道险象环生，底下有淤泥、浅滩、烂树沉木，一不留神，麻烦了，搁浅了。货船就怕搁浅，搁浅搁在活沙上相当麻烦，活沙有反作用力，凭蛮力抬是抬不动的。这样，就得看领号的了。领号的这时就得喊"闯滩号"："……嘿哟嘞，嘿嘿……"水性好的船工下水靠着船帮两侧，随着号子的节奏左右晃悠推船，把船蹭到水深的地方，继续前行。领号的除了嗓门要透亮，还要有行船经验，喊得恰到好处就会事半功倍，若船都搁浅了才想起来喊号子，那离挨打就不远了。

赵庆福领号在北运河行船中是出了名的。那是发自肺腑的声音清澈嘹亮。什么起锚号、揽头冲船号、摇橹号、出仓号、立桅号、跑篷号、闯滩号、拉纤号、绞关号、闲号等。无一不精。

这是他最惬意最幸福的时刻。那时，虽说苦，生活也漂浮不定，但他一点儿也不觉得苦，他很阳光，很快乐。后来，日本人来了，通县（州）沦陷，通州人们惨遭日寇蹂躏，野菜没有了，就吃树皮，树皮扒光了，就吃混合面、观音土，那东西真的很难吃，吃了还拉不出屎来。至于在运河里打鱼运货，那就更难说了。时断时续，时有时无。以前，每到秋冬季节，他家都要准备几口大缸，将鱼炖好，酱在大缸里，想吃就从大缸里用铁锨挖出来，吃鱼真是家常便饭，现在呢，只有做梦了。那日子真的难熬啊！接着，赵庆福家连遭大祸，姐姐被人拐走了，奶奶的眼睛瞎了……1943年前后运河断流，货运停滞，鱼也打不成了。他把船推上岸。人得活着啊，怎么办呢？跑吧！往那儿跑呢？他隐隐约约地听大人们说张家口不错，可以活命。他就从家里"偷"出了一件皮大氅，"当"了几个钱（老头票），坐着火车来到张家口。

张家口他也没处去啊，就四处游荡，一连几天，还是没辙。钱也花光了，就躲在火车站里，一个"宪兵"对他起了疑心，问他是干什么的。赵庆福就将他从通州来到张家口的经历说了一遍。这下引起"宪兵"的兴趣。他说他也是通州人，也是没办法才跑出来。这样吧，我给你找个吃饭的地方，我有一个朋友，组织个戏班子，你到那里去吧。赵庆福高兴，好歹有了吃饭的地方。戏班师父呢，看这小孩也不错，聪明机灵，是个好材料，就将他留了下来，让他学京剧武生。

赵庆福多鬼头啊！那叫会来事，把师父师娘伺候的舒舒服服，师父早晨起来，他先把尿盆给倒了，沏茶倒水一通的忙活儿，然后练功。他练功与其他人不一样。师兄弟们早起咿咿呀呀吊嗓子，他呢，大喊着"开船喽"就一段段地喊运河号子。演员早晚吊嗓子司空见惯，演员吗？不调嗓子您不就完了吗？您没有基本功，以后您吃嘛啊？您周而复始喊号，这就有点儿奇怪了？您这是干嘛啊？真新鲜，您这不是添乱吗？大伙议论纷纷……师傅问其原因，他说就是忘不了运河号子。喊号要用丹田之气喊出来，权当吊嗓，师傅一想也对，也就准了。哎呀，受那罪就甭提了，学戏人称"打戏"。师父下手真狠哪儿，嗨，可不打能学得出来吗？打他师父也心疼啊……师父喜欢他，师兄弟也喜欢他，他很快就掌握了武生的基本功，很快就在戏班子崭露头角，他在戏班子扎了根。

他想家了，家里人也想他啊！自从他失踪后，家里人就四处找他，河边、井沿儿、刑场、墓地……凡是能找的地方都找了，始终不见踪影。这孩子是不是没了……也是巧了，有一天盐滩有几个乡亲到张家口办事，办完事后想看看戏。在戏台上他们看到一个小孩儿翻跟头特帅，不由得愣住了，这不是小福子吗？怎么跑到这来了。他们马上跑到后台。赵庆福见到他们也是悲喜交加……他问了家里情况后，就将自己这两年攒下的钱交给这些乡亲，请他们捎给自己的家人。给家里人报个平安。

盐滩人沸腾了，小福子没有死，还挣了大钱，这可给咱们盐滩村挣了大脸……盐滩有不少人也来到张家口，他大哥也来了。他们可就没有赵庆福幸运了。他大哥给一个有钱人家赶大车。一天得了重病，日本人说他得了"虎利拉"，得给他看病，结果，一百多人给圈在了大坑里，一把大火将他们活活烧死。赵庆福说，他至今都忘不了那些人凄厉的惨叫声……

1946 年，八路军解放张家口，赵庆福欢欣鼓舞，他扭着秧歌，欢庆解放。不久，赵庆福回到了通州，回到了家乡，谁想，他又被国民党抓了壮丁，他冒着生命危险才从一座围着电网关押壮丁的大院子里逃出来。关于赵庆福这段传奇经历，作家王梓夫曾建议我写一个中篇小说，他还给小说搭了架子。不过后来我因为写《通州文化志》没有动笔，这是非常遗憾的。

北平和平解放前夕，通州运河东岸已是共产党的天下，盐滩村所在的西岸八个自然村还被国民党军占领着。为迎接解放军，赵庆福参加了村里自发成立的青年军。因东西两岸浮桥被国民党军炸毁，解放军的大部队过河需要搭浮桥。为了凑木料搭桥，那时八个村家家户户卸门板拆窗户。因为会领号，村里让小福子带着八个自然村的村民喊着"劳动号子"打桩搭桥，一夜之间，百米长十米宽的两座浮桥横跨通州东关两岸，解放军顺利过了河。

共和国成立后，赵庆福的生活安定下来，他加入通县建筑队，成为一名建筑工人。日子过得很舒心。他参与北京全城近 300 座桥梁的建设工作，他是个架子工，专业达到了六级。参与建设北京十大建筑时，他把京平梆子融入劳动号子，修建东西长安街打夯喊号子，修十三陵水库也去喊过号子。他的最大的乐趣就是在工作中高唱劳动号子。密云水库修桥时，他日夜喊号："（嗨哟，嗨哟，哎嗨哟，喂嗨哟哎）

> 我的哥们儿，你别打晃儿了。
> 接我的号儿，我的号儿。
> （喂喂，哟儿嗨嗨！）
> 腊月三十月正明，
> 这树梢儿不动它刮大风。
> 刮的碌碡满地滚，
> 刮的鸡蛋纹丝不动。
> 碌碡撞到了鸡蛋上，
> 倒把碌碡撞个大窟窿……

震天的喊号声引来了密云县女广播员孔秀荣的注意："这小伙子是谁呀，这白天黑夜的喊号，也不嫌累。"孔秀荣喜欢文艺，尤其是喜欢民间艺术，他爱听赵庆福的号子，经常来到通县的工地上听赵庆福喊号；赵庆福呢见到孔秀荣更是精神百倍，嘹亮的号子声在工地上空盘旋缭绕……

> 这鸡蛋要是破了，可是着锔子钉，
> 碌碡它要是破了使线缝。
> 新下的小狗儿可是"邦""邦"地咬，
> 三天的孩子他嚷牙疼。
> 我说此话你不信哪，
> 栽一棵白菜出一棵葱。
> 我的哥们你别打晃儿，别打晃儿呀，
> （我的那个号儿啊，喂喂哟儿嗨嗨哎……）
> 唱到了此处咱们该喘一喘来，

好来好来好来……

（哟儿哟儿啊喂喂嗨喂喂）……

就这样，二人逐渐熟了起来。一天两天，十天八天，从相知到相爱，从而成就了一段美好姻缘，人们说赵庆福的媳妇是"喊来的"。

退休后，赵庆福夫妇成立了秧歌队，自制了秧歌船，带着 200 多位秧歌爱好者在通州西海子公园健身娱乐。静下心来，他又隐隐有些担心，甚至是遗憾和绝望，难道运河号子就在我的手里毁了吗？那是多少代人的心血啊！

也是巧了，文化馆音乐干部常富尧来到盐滩，搜集民间民族文化遗产，专门搜集运河号子。这下子可把赵庆福乐坏了，我们的运河号子有救了，他拉着常富尧的手，将自己所知道的运河号子全部唱了出来。富尧也异常兴奋，为了运河号子，他费了多少心血，顶了多大的压力……真是踏破铁鞋无觅处，得来全不费工夫。他飞快记录着……1992 年，《文史选刊》11 期发表了《谈运河号子》，时任政协文史办主任的张晨生还特意到音乐出版社制作了音乐版面。随之，《运河号子》在北京群艺馆的《群文研究》上发表；尔后，北京政协的刊物《北京观察》也发表了此文章；《古韵通州》《通州民俗》《通州民俗文化》《荟萃民间》等书也收录此文。2006 年，在通州文化馆的努力下，"通州运河船工号子"入选首批北京市级"非遗"名录，与智化寺京音乐、天坛神乐署中和韶乐比肩。赵庆福也成为运河号子惟一的法定非遗传承人。

赵庆福火了，运河号子火了。记者们纷纷而至，请他谈运河号子；介绍《运河号子》文章一篇篇地发表出来；专家学者们来了，请他谈漕运习俗，民间文化；音乐家们来了，请他谈运河号子的音乐特色。就连大学老师也将运河号子当做教案，研究问题。从此，电视上经常出现他的身影；电台上经常听到他的声音……他呢，仿佛回到自己的童年。他大声唱着运河号子，声音还是那么高亢嘹亮。

他老了，2008 年，他的老伴孔秀荣去世，他遭到严重打击，有时精神有些恍惚，但唱起运河号子来，仍然精神百倍。秧歌队解散了，每天吃完早点后，都会沿着运河边走上几公里，边走边唱运河号子。是想念自己的妻子吗？还是童年韶光再现？没有人知道……

他病了，2018 年后，走失过两回，"下半年摔过三次，有一回夜里做梦喊号，直接从床上滚下来，摔断了胯骨，去世前的半个月一直卧床。""最后几天整宿整宿不睡觉，喊的都是运河号子。"

他走了，2018 年 11 月 26 日晚间因呼吸衰竭病逝于潞河医院。他走的很安详，是啊，他的两个儿子、孙子、重孙女都会唱号子。生前，他的小重孙女每每叫老爷爷起床，都会拿腔拿调地高喊："开船喽！"长子赵义强是近 20 所大中小学的课外辅导员，每周都要上课，讲述运河历史和故事，教授运河号子。您说，他还有什么遗憾呢？

他走了，但他那嘹亮的运河号子却留了下来，他留在通州人的心里，融化在运河文化中。

运河号子与常富尧

说完赵庆福后，咱们再聊聊一个人，那就是常富尧。聊他和运河号子的关系。

常富尧是西集张各庄人，我的朋友、通州文化馆音乐干部。他谦和、低调、做事从不张扬，是个对工作极端负责认真的人。

我认为常富尧对通州运河文化有两大贡献吧，一个就是他的创作，他

赵庆福（左一）与文化馆干部常富尧（右一）在运河岸边

为通州创作了一百多首的音乐作品；其中《运河组歌》获得国家文化部、总政文化部、北京音乐家协会、北京市人民政府合唱大赛二等奖，并拍成电视风光片在全国播放。如今，近四十年过去了，通州创作的文艺作品举不胜举，现在看来还真没有哪件作品能和她匹敌，无论是思想还是艺术，她都是扛鼎之作。即使是现在，有些歌曲还在人们中间传唱，在歌曲演唱会上，在各种艺术大赛中，都能听到《运河组歌》那优美的旋律，她已经成为通州人文化生活的一个部分了。

另外，就是《大顺斋糖火烧》了。《大顺斋糖火烧》以独特风格及群众喜闻乐见的形式，获得了文化部的"群星奖"，并多次在比赛中获奖；《运河人》获得了全国"五个一工程"入选作品奖。他的《开漕的日子》在第八届首都职工艺术节"北京力量原创歌曲创作比赛中获得一等奖"；他应邀创作许多镇歌、村歌、校歌、厂歌……他的"东方化工厂之歌"获得大奖……另外一大贡献就是他搜集整理民间文化遗产了。他搜集整理的民间音乐作品有 20 余首收录在《北京民间歌曲集成》《北京民间器乐集成》中。当然，最著名的就是《运河号子》了。如果没有他的坚持与韧性，《运河号子》早已灰飞烟灭，哪里还谈得上创新和继承？有人说常富尧是"留住运河号子的人"，我觉得名副其实，他的贡献是巨大的，是无人可以比拟的。那么，我们就来谈谈《运河号子》和常富尧吧！

是 1987 年吧，我在通县（州）文化馆任副馆长，并兼任"十大集成"办公室主任。"十大集成"是国家的重点科研项目。当时我们办公室就三个人，有我、杨德茂、常富尧，另外还找了一个临时工负责绘画的闫永红；三个人分成三个组，您还甭说，就这仨半人，干了近一年的时间，还真取得了一些成果。负责民舞的杨德茂搜集大量的第一手资料，写出论文《通州高跷初探》，获得了专家的好评；并在一家刊物上发表，还出版《通州民间故事集》；《戏剧志》《曲艺志》也都搞出了资料本。当然，最令人称道的是常富尧搞的《民间器乐集成》《民间歌曲集成》了，有道教音乐、佛教音乐、天主教音乐、民间吹打乐、海清歌、轿子曲……民歌中的劳动歌、生活歌、仪式歌、历史传说歌、时政歌、情歌、儿歌等……及民间小调、秧歌舞歌曲……等等，真是五彩纷呈，丰富之极。惟一缺少的就是《运河号子》了。为此，上级领导专门找到通州，说你们这儿有运河号子，希望你们挖掘出来。某领导回答的非常干脆，我们这没有运河号子。

通州，位于京东，取漕运之意也，通州就是漕运起家的，运漕粮怎么会没有运河号子呢？怎么办？现在离任务截止日期不远了，常富尧有些着急了。没办法，干呗！我就不信，找不出运河号子来。戴着草帽，揣着干粮，一杆钢笔，一个笔记本，一台老式的录音机，一辆沉重的二八自行车，常富尧跑遍了运河两岸所有村落，一个村一个村的搜寻。他先找到本村人韩友恩。韩友恩 1902 年出生，当年已经 85 岁，他是从老祖儿那儿听来的。他说元明清时代，每年通州运河上，1万多艘漕运船，首尾衔接十几里，甚至一度堵船、限行。那年景，运河号子响连天，靠岸而居的人形容这是帆樯林立。十万八千嚎天鬼？常富尧震惊了，那是怎么样的一个情景啊！常富尧兴奋了，通州不但有运河号子，而且通州独有的，是"这一个"。他找到了张各庄养老院的张国厚，张国厚说我知道运河号子，我唱唱，你听听，张国厚唱起来，并告诉他这是推船号子，上坡村的张世杰呢，也给他唱了两首运河号子；至于杜柳棵村 78 岁的杜士连（杜世莲）老人，不但给唱了一首运河号子，而且他还唱了一首独具风格的《灌歌》，这《灌歌》是他在城关听到的：

前花园打水儿，
后花园儿来浇。
前花园浇的是老来少，
后花园儿打水浇石榴。

常富尧觉得这个《灌歌》还真少有，别具一格，就将他收在民间歌谣中。

常富尧还在搜寻《运河号子》，他总觉得他听到这些号子有点儿不对味。您想啊，他们都是农民啊！他们的号子随耳听来的，他们又没有使过船，哪有在风浪搏击中那些船工们的感受呐，对，应该找到他们，找到船工才能找到真正的运河号子。有人提醒："去盐滩村吧，那是运河头——村民不会种地，只会使船，会唱号子的人应该还有。"就这样，他懵懵懂懂地摸到了盐滩……

盐滩村是大运河与通惠河的交汇之处，这里的人们大多靠打鱼为生，他找到了王春荣，王春荣一下子给他唱了五首……最后找到了赵庆福。赵庆福当年56岁，是唱运河号子最年轻演唱人。"船工号子都是自编词儿，家族相传，有十类号子，各种词儿，但是他都会唱。通州运河上有四大船帮，都跟他有亲戚关系。他奶奶来自王家，他爷爷、他爸爸都是赵家的领号人——只管喊，不干活。所以，他会全套的号子。" 常富尧兴奋极了，这下子可捞到宝了。赵庆福唱了起来，他两眼放光，中气十足，声音嘹亮，两手仿佛握着舵摇晃着："摇起来呦，哎嗨呦……"那神气，仿佛是在激流险滩狂风暴雨中和巨浪搏击着，常富尧听傻了，是啊，这才是我想要的《运河号子》啊！赵庆福一连唱了十几首，什么起锚号、揽头冲船号、摇橹号、出仓（或装仓）号、立桅号、跑篷号、闯滩号、拉纤号、绞关号、闲号……

常富尧呢，仿佛看到船队帆樯林立浩浩荡荡，

运河号子喊号实景

首尾衔接十几里，这不就是十万八千嚎天鬼吗？他感谢赵庆福，是赵庆福使他得到真正的《运河号子》；赵庆福呢，也仿佛遇到了知音；是啊，多少年了，还有谁

233

耐心听他唱《运河号子》呢？听他诉说大运河行船习俗与运河两岸的风土民情呢？

就这样，一连几天，常富尧都"泡"在这里，听《运河号子》；晚上，他回到家中，整理他搜集到的全部运河号子，他思索着，想到了韩友恩所说的"十万八千嚎天鬼"，不禁感叹："有人说北京城是漂来的，难道北京城不是'一代代船工嚎来的'吗？"

《运河号子》整理出来后，《中国民间歌曲集成·北京卷》收录了十四首；我们根据运河号子的特点，写出了论文《谈运河号子》。《运河号子》先是在政协的《文史选刊》上发表，随之，又有几家刊物刊登；中国社会科学院和通州区人民政府联合举办"运河文化研讨会"，与会的专家学者 30 多名，提供论文 30 多篇，我们的《谈运河号子》也在其中。由于论文较多，主持会议的专家要求谈论文不能超过十分钟。常富尧简单地谈了谈运河号子的背景，随后唱起来，获得了专家热烈的掌声。2006 年，在通州文化馆的帮助下，常富尧经过 20 年的努力，"通州运河船工号子"入选首批北京市级"非遗"名录。

运河号子在社会引起较大的反响，记者们纷至沓来对常富尧进行采访，请他谈《运河号子》，一篇篇介绍《运河号子》的文章在报刊上发表；电视上经常见到他的身影，电台上经常听到他的声音……他受到中国国际广播电台的采访，《运河号子》的声音传遍世界各地。他感谢那些当年所有朝他的录音机喊号的人，如果没有他们，哪里有什么运河号子？全国及世界怎么能听到《运河号子》那动人的旋律？

他很内疚：工作太艰苦了，没有经费，当年那些给他喊号的人没有任何报酬；沙古堆的田永义，双目失明，给他唱了三四天，也没有得到一分钱；最让他难受的是"当时设备有限，单位没有配照相机。到今年，所有朝我的录音机喊号的人都走了，赵庆福是最后一个。每每打开录音机，嚎声一起，愈加地感觉惊心动魄。我现在就是觉得对不住他们——怎么连个照片，也没给人家留下一张。"

在《央视频》，常富尧在镜头前侃侃而谈，谈赵庆福，谈帮助他的那些众乡亲；谈起锚号、揽头冲船号、摇橹号、出仓（或装仓）号、立桅号、跑篷号、闯滩号……

谈到《运河号子》的特点，他用四句话给予概括："水稳号儿不急，词儿带通州味儿，北曲含南腔，闲号独一份儿"。

他应邀到许多单位讲课，"北京联合大学""中央音乐学院""通州运河中学""史家小学""青少年活动中心""实验小学"……运河中学还将《运河号子》做成了课件，写《运河号子》的文章竟然冲入2021年成人高考语文专升本模拟冲刺卷7中；我写这篇文章时——2022年的7月19日，他还在"中央文化部旅游管理学院"与通州文化馆组织"北京运河号子采风学习研讨会上"演讲；他的文章编入"中国音乐学院"出版的书籍中。

他在思考，怎样才能将《运河号子》这个独特音乐品种保存下来，丰富我们的运河文化。这样演讲行吗？当然可以保存一部分，但是要想让更多的人了解运河文化，知道运河号子，光做这些是不行的，必须将它动起来，他想起歌唱演员谭维维演唱的《老腔》，那是多么的惊心动魄！谭维维将它搬上舞台后，那撕裂人心的声音立刻风靡全国。运河文化本来就是活态文化，《运河号子》是其中的一部分，我们尝试将它搬上舞台，难道不行吗？我们的运河号子不是也应该这样吗？

他组织"运河船工号子"表演队，在原生态的基础上对《运河号子》进行创新，并将其搬上舞台。2009年，《运河号子》在中央电视台演出，获得了巨大的成功。2014年6月22日，大运河申遗成功，"运河船工号子演出队"在现场展演了《运河号子》，电视台进行播放，受到普遍的赞誉；尔后，更是一发不可收，《运河号子》每年都要演出十几场；他们不但在北京演出，而且还活跃在各省市。江苏吴江举办"第十届运河文化节"，"运河船工号子"表演队应邀前去表演；2021年，在中国原生民歌节上，"运河号子"入选中华人民共和国文化和旅游部、重庆市人民政府联合主办的2021年中国原生态民歌节展演活动……这两次演出取得巨大的成功，感动很多人。这样，注意《运河号子》的人就更多了。在天津就有两个区邀"运河号子"表演队，《运河号子》的影响越来越大……

说实话，非物质文化遗产保护想在这飞跃时代发展，其实是很难的，为"保护而保护"是很难成功的。也很难获得年轻人的认可。我们必须闯出一条路来，将非物质文化遗产——尤其是文学类、音乐类、舞蹈类、曲艺类、美术类等作品，在其原汁原味的基础上，进行改造创新，创作一个既是非物质文化遗产保护，又是创作一批群众喜闻乐见的作品来？那么，常富尧这个作品是不是对我们有所启示呢？

常富尧的尝试与创新得到社会的肯定和赞赏。但他并没有满足，他的头脑非常清醒……是啊，真实的运河号子早已淹没在历史的尘埃中，虽经过抢救，那段历史和运河文化得以活现和传承，没有沦为千古的绝唱。但是，这毕竟是展演，就像一盘菜放久了，没了锅气，"词儿在，调儿也在，就是味儿差了，现在的展演，是告诉大家曾经有过这么一种民间歌曲，叫通州运河号子。毕竟那段水深火热的过往，后人没有经历过，那种拿命讨生活的声嘶力竭，现代人嚎不出来了。"

如今，常富尧还在忙着，忙做《运河号子》的报告，忙给学生们讲课，忙和专家学者们探讨《运河号子》的种种问题……老兄，咱们已经近八十岁，该歇歇了……

是啊，该歇歇了，可他能歇吗？……

鲁迅先生说："我们自古以来，就有埋头苦干的人，有拼命硬干的人，有为民请命的人，有舍身求法的人……虽是为帝王将相作家谱的所谓'正史'，也往往掩不住他们的光耀，这就是中国的脊梁。"

常富尧几十年来默默地工作，为搜集挖掘民族民间文化遗产做出巨大贡献，更为《运河号子》耗尽了心血。

附记　谈运河号子

运河号子，确切地说，就是指流传在通州地区的运河船工号子。

号子的种类很多，在北京地区大体分为六种，即船工号子、建筑号子、搬运号子、农事号子、作坊号子和矿工号子。而流传在通州地区的运河船工号子是北京最富有特点的劳动号子之一。它的发现、挖掘和整理，填补了北京民间艺术宝库中的一个空白。

通州，位于京东，"取漕运通济之意也"。通州的漕运有着悠久的历史，早在秦代，通州域内就有了官船活动。元、明、清三代封建王朝定都北京，通州的漕运进入了鼎盛时期，"上控京阙，下控天津。……舟车辐辏冠盖交驰，京畿转漕之襟喉，水陆之要会"，成了京津水路交通枢纽、重要的漕运码头和货物集散地。"通惠河舟艘直入积水潭，帆樯林立。"这里每年运粮漕船有二万余艘，"岁入粮四百万石"，官府的水师船和商船则有一万余艘。这些船队浩浩荡荡，首尾衔接十几里，"万舟骈集"成为有名的通州八景之一。有诗云："广拓水驿万艘屯，漫卷舟帆桅樯存。东装西卸转输紧，南纳北收漕务纷。终日无休人语喧，彻夜不绝粮帮临。夕阳小艇能沽酒，三江风景到通门。（陈彬儒）"伴随着浩浩荡荡的船队，就是此起彼伏的号子声。1987 年，我们曾访问过通州郎府乡（现属西集镇）年近九旬的韩友恩老人，他曾听前辈老人说，"当年漕运昼夜不停，运河号子连天，有人说'十万八千嚎天鬼'。"据此，我们可以想象当年漕运和运河号子的盛况。

通州的运河号子（已知的船号）大体分为 10 种：即起锚号、揽头冲船号、摇橹号、出仓（或装仓）号、立桅号、跑篷号、闯滩号、拉纤号、绞关号、闲号。开船前撤去跳板喊的是起锚号，此号紧凑有力，基本为无旋律齐唱。用篙把船头揽正，顺篙冲船至深水处喊的是揽头冲船号，此号稳健有力、无旋律，为一领众和（以下同）。船至深水处顺水摇橹时喊的是摇橹号，此号简洁明快（有的曲调只有两个音）、坚毅、有弹性。卸（或装船）船时喊出仓号（装仓号），此号较自由，旋律性强，为单曲体结构；根据活路可即兴编词，具有豪迈乐观性格。逆水行船前立桅杆时喊的是立桅号，此号简洁有力。升起篷布时喊跑篷号（船工忌讳"帆"音，把"帆"叫作篷），此号比立桅号慢些。船搁浅时船工下水推船时喊的是闯滩号，此号用立桅号曲调，只是速度慢些，更扎实，有张力。纤工背纤拉船时喊拉纤号，此号悠长、缓慢、稳健。拉纤号可即兴编词或使用歌谣、民间小曲词（如《高高山上一棵蒿》《逛花园》《瞧情郎》等），为了增加劳动兴趣，领号人扮成三花脸，头上梳小辫，手拿大扇骨，骨上挂铃铛，拴着红布条儿，在前面领逗。此时领号人专司领号不干活，称为"甩手号"。休船时把船用绞关拉上岸，推绞关时喊绞关号，此号用拉纤号曲调，只是不唱悠长部分，节奏性增强，也称"短号"。当然，通州运河号子也有专用号，但很少用。

闲号是船工休息时喊的号子，此号比较自由，旋律性强，为即兴编词演唱。此外，运河号子有一号多用和同号多曲现象。一号多用：如闯滩号也可用于立桅、跑篷、绞关，但主要用于闯滩。跑篷号也可用于起锚、绞关等。跑篷号用起锚号，只是速度慢一些，绞关号用拉纤短号，等等。不同人演唱同一号，有时曲调会有差异或根本不同。如拉纤号和立桅号目前就有三种。

通州运河号子独有的风格特点可概括为"水稳号儿不急，词儿带通州味儿，北曲含南腔，闲号独一份儿"。"水稳号儿不急"是由运河的"性格"决定的。运河与黄河不同。黄河奔腾、咆哮、一泻千里，代表了中华民族不畏强暴、英勇抗争、前仆后继、不屈不挠的品格，有阳刚之气。黄河号子是呐喊，是悲壮，它雄壮有力，浑厚高亢。运河是一条主要由人工开凿的河，担负着沟通南北交通的重任。它水势平稳和缓，像母亲一样坦然安详温柔善良，滋润着两岸人民，体现着一种阴柔之美。因此，运河号子也有运河一样的"性格"，虽然有些号子也高亢浑厚雄壮有力，但绝不像黄河号子那样激烈紧张，平缓、优美、抒情、如歌则可以说是运河号子的主旋律。"词儿带通州味儿"，主要体现在唱词多用儿话音（如：三儿、日儿吧、人儿、鞋儿等）和具有通州地方特点的衬字、衬词（如四儿搭四儿的、一了个的、来溜等），散发着北京民歌中京味儿和乡土气息，再加上通州人特有的通俗易懂、幽默风趣表达方式（如：称媳妇为"做饭的人儿"、称男人为"一百多斤儿"、用"苇子开花"代表的季节表示劳动结束等），使它更有通州风采。"北调含南腔"是指运河号子含有南方民歌音调，尤其在悠长、速度较慢的曲调中表现更为明显。这一特点与漕运有关。漕运及南北的经济交流不仅"漂来了北京城"，为通州的经济带来繁荣；而且南北文化互相融合撞击，形成灿烂的运河文化，运河号子就是其中的一个重要组成部分。据通州运河号子传人赵庆福小时候听老人说，通州运河号子是向南方漕运的河民学来的。此外，"自潞河南长店四十里，水势环曲，官船客舫骈集于此，弦歌相闻，最为繁盛（《日下旧闻考》第 1823 页）"。客舫上的"弦歌"是否对北方的运河号子产生了影响，尚待考证，但通过对运河号子音调的分析，它和南方民歌确实有着千丝万缕的联系，如运河"拉纤号"和"出仓号"，与江苏民歌《无锡景》《紫竹调》《茉莉花》《如皋探妹》等有多处音调相似。"闲号独一份儿"也与运河的特点有关。不为劳动而唱的号子称为"闲号儿"。运河水势平稳，没有需要经过惊心动魄的拼搏才能过去的急流险滩，整个活路并不十分劳累，船到码头尚未卸船间隙，领号儿人有精力有心情和船上岸上的人交流、唱"闲号"，这种现象在河号中极为罕见。

运河号子的演唱形式除起锚号为齐唱外，其余船号皆为一领众和。领唱根据劳动情况即兴编唱指挥劳动动作"行话"，悠长的拉纤号多用民间歌谣或民间小曲词语，目的是统一劳动步调、增加劳动兴趣、提高劳动效率。

运河号子多为联曲体结构，这是因为大运河水势情况不同，所用腔调较多的缘故。也有单曲体结构，音调多与语言声调相结合，自由行腔，节奏速度都视具体活儿路而定。"号"者，"大呼也"。号召、召唤众人共事一致之意。号子是呼喊、呼唤之声，它与人民的劳动生活紧相伴随。运河号子当然也是如此，它是鲜活的历史记忆，经过几百年的传承，至今仍有传人。运河号子是运河文化和北京文化标志性的重要文化符号之一。

光绪末年，国运大衰，朝廷改征粮为折征银两，漕运废除。水运衰败，陆路兴起，通州码头地位逐渐消失。运河号子也失掉了它的原有功能，但它那富有特点的音调，至今仍在人们中间流传。

（郑建山，通州区政协特邀文史委员，原通州区文化馆副研究馆员）

《运河号子》曲谱节选

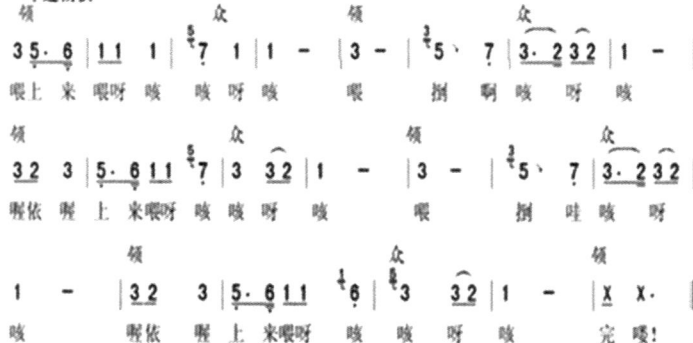

(二)

(三)

(赵庆福唱 常富尧采录、记谱)

241 ◀

明朝的李太后与陈太后

■ 刘福田

　　大明万历年间，通州永乐店出了个李太后，这个事在通州尽人皆知，秃丫头"骑龙抱凤"的神奇传说，在本地家喻户晓，除了李太后，通州还有个陈太后，要是没有这位陈太后，李太后还能不能进宫就很难说了。传说毕竟是传说，当不得真，史实是陈太后才是大户人家的小姐，她被遴选入宫当了裕王继妃，李太后作为丫鬟才被她带进宫做了宫女，赶上当时还不是皇帝的裕王，见一下来了两大美女，干脆一勺烩了。这样李太后由丫鬟而宫女，又由宫女而侧妃，裕王登基又变成皇贵妃。陈太后没有生育，李太后生了两个儿子，其长子朱翊钧就是后来的万历皇帝。

　　在宫里从来都是母凭子贵，李贵妃亲生的儿子当了皇帝，李贵妃自然也成了太后，所以万历初皇宫里有两个太后，一个是陈太后，一个是李太后，陈太后由皇后直接晋级，李太后则是由贵妃晋级，论出身还是陈太后更尊贵。

　　这情形和清朝同治初年差不多，也是小皇帝继位，两宫皇太后辅政，一个是原来的皇后晋级，一个是皇帝的生母。但与慈安和慈禧完全不同，万历时这两宫皇太后早有渊源，她们原来就是同乡、主仆，后来关系也一直融洽，没有慈禧和慈安的勾心斗角，两姐妹平平安安直到寿终正寝，死后也一同归位昭陵。另外，陈太后和李太后辅政没有垂帘，因皇帝太小，不得不辅。

说起来这陈太后还真是大家闺秀，出身不敢说有多么显赫，总也是朝廷命官之家，而且这个家族的历史相当悠久。陈太后有名叫陈寿，这在当时就不多见，都是嫁出去夫姓父姓再加个"氏"字就当名了，李太后也有名字，不过李彩凤这个名字是到了陈家才给起的。陈太后当然是出生后就取了名字，有大名还有小名，小名比大名还有名，这是后话。

陈寿父亲叫陈景行，祖父陈铣、曾祖陈纲、高祖陈政……世系记录这么清楚，那还不算大家？事实是自陈寿高祖陈政开始，陈家就已经不是平民百姓。

陈政，建昌（今辽宁建昌，葫芦岛市辖县）人，以军功授百户世袭，后迁浙江青田，调河南安吉卫，又调通州右卫，自此落籍通州，到陈寿时，已经算是老通州人了。陈政的通州右卫应该是三、四品官阶，从陈政到陈寿之父陈景行，是否嫡传有没有世袭没有记载，但他是候选的岁贡生，那也应该算世家了。

反之，李太后小时候家境应该比较落魄，不然怎么能让女儿去给人家当丫鬟？李太后什么渊源到了陈家没人知道，但从李太后后来辅政、教子的见识上看，她应该是很小就到了陈家。那时大户人家给小姐找丫鬟一般都趁早，让丫鬟和小姐一起长大，以后侍奉起来也才知心周到，这种情况更可能就是买断。

陈家在通州居住的地方，在通州东关大街的香儿胡同，这个胡同的名字，正是以陈寿当年的小名取的，这地方以前叫什么已不知道，以"香儿"命名，应该是起码陈寿被选入宫之后的事。有关陈太后的小名，本地坊间流行一个传说，说是陈寿出生时，整个胡同住家儿的人都闻到了一股奇异的香味儿，于是陈家就给这女婴取了个乳名叫"香儿"，此事传开，胡同便有了"香儿"之名。这不太可信，应该是后来附会，但陈寿乳名"香儿"没错，新生儿身上有点奶香并不稀奇，这个传说或者也有那么点影子。不管怎么说吧，陈香儿慢慢长大了，且人长得漂亮，后来被裕王宫选走，先是当上了继王妃，后来又随着裕王登基当上了皇后。这可就不得了，母仪天下的皇后，出生时能没点神异吗？或者因此"香儿"这乳名就有了来历，胡同也改名跟着沾光……

史记陈寿于嘉靖三十七年（1558）九月被选入裕王府，当时裕王妃李氏病逝，陈寿以裕王继妃入宫，李太后随嫁为其宫女。这个时候的裕王还没有登基，当时能不能接班都有很大悬念。其父明世宗多子，但都不长寿，裕王排行老三，两个兄长却都已夭折，按次序现在是轮到他了，可他还有个同父异母的弟弟，那就是出生只比他晚25天的景王。

二王同庚，裕王出生是早了几天，但其母杜康妃已逝，且杜康妃在宫中地位不高，起码在景王母亲靖妃之下，这样比较起来就有些尴尬，谁该继位有点说不清楚。这时候就要看嘉靖皇帝喜欢谁了，他却是迷信"两龙不见面"都挺冷淡，但比较起来还是景王更受宠些。嘉靖三十九年（1560）有大臣上疏请立太子，竟触怒世宗获斩，由此也可见当时裕王处境，正可谓战战兢兢如履薄冰。此时朝中还以徐阶和严嵩各为首，分化出拥裕派和拥景派……或者就是这些原因吧，裕王选妃也没被多么重视，不然以陈寿并不特别显赫的家庭背景，继任裕王妃还真没那么容易。

陈寿被选入宫，端庄秀丽自不用说，但她并不得宠，倒是她带来的丫鬟李彩凤更得裕王欢心，五年后嘉靖四十二年（1563），李彩凤为裕王生子朱翊钧，这就是后来的万历皇帝了。朱翊钧也是排行第三，但两个兄长也已早夭，他就成了裕王"长子"，很得裕王宠爱。也算"肥水不流外人田"吧，陈王妃虽然自己未能生育，这生子的李彩凤却是她的宫女，而且这陈李二人关系融洽，王妃的地位也没有动摇。

说到李彩凤更受宠，那倒是情理之中的事，陈王妃和李彩凤原为主仆，只要容貌相差不多，邀宠上陈王妃肯定比不过李彩凤……好在这两个人原本一家，也谈不上争宠。若再换个角度看，二人关系更是一种互益，陈王妃负责地位，李彩凤负责邀宠，二人合二为一，宫里还真就没别人什么事儿了。这时候裕王还是条潜龙，也不敢过于荒淫，李彩凤尽得恩宠，不久又生下一个小王子。

不过那个时候，她们也就是打理裕王府后宫，裕王本身的命运她们就管不了了，好在这裕王还真是当皇上的命，嘉靖四十四年（1565）正月，有意要跟裕王争皇位的景王朱载圳忽然病死，明世宗的儿子就只剩下裕王朱载坖，这立不立太子，身后的皇位都只能留给他了。嘉靖四十五年（1567）嘉靖皇帝驾崩，裕王朱载坖同年继位，是以当年又为隆庆元年，这一年裕王妃陈寿被晋封为皇后，随她一起进宫的李彩凤，竟也母凭子贵同时被封为贵妃。

说到这里，就不得不明确明穆宗也就是隆庆皇帝的名字了，《明史·穆宗本纪》记其名为"载垕"，这其实是后世笔误。在嘉靖、隆庆年间的史料中，裕王名实为"载坖（jì）"，《明实录》更特别记载："上命皇第三子名载坖。"大臣陈以勤为裕王上疏时还特别提到："乃生而命名，从元从土……"朱载垕之误，源自万历间文人卢翰所作《掌中宇宙》中将明穆宗的名字误写为"载垕"，此后这一讹误为朱国祯《皇明史概》、谈迁《国榷》等书及清廷官修《明史》等所沿袭，导致后世普遍性错误，由此也可见修史严谨的重要性。

从裕王继妃到隆庆皇后，陈寿可谓是一步登天，随她一起开始荣华富贵的，还有她当初带入裕王府的丫鬟李彩凤，两个人一荣俱荣，而且关系愈加融洽和谐。这两个人关系还真是不一般，一般宫中女人，哪怕不上演宫斗，争宠吃醋总是有的，但这两个女人没有。如果我说打小儿的关系，可能会是一辈子的关系，不知有没有人相信。当然这得有个前提，那就是心里从没留下过阴影，否则越密切的关系，也可能酝酿越刻骨的仇恨，好在陈家必是从小就待小姐的丫鬟不薄，小姐和丫鬟又关系密切，还得说丫鬟的本性也不错。史载明神宗也就是万历皇帝为太子时，事嫡母（陈皇后）就很孝顺，每天早晨去奉先殿朝见其父皇穆宗和生母李贵妃后，必会去嫡母陈皇后那里问安。

这是记的朱翊钧当太子后，当太子前和在裕王府，那时候他父亲还没有很多后妃，想必这样的礼节更要讲究。按例，宫里生下的孩子都算王妃、皇后的，所以陈皇后是朱翊钧的嫡母。

不过当初的裕王登基做了隆庆皇帝，后宫可就不像原来在裕王府那么简单了，隆庆皇帝是历史上出了名的好色皇帝，登基后又再无顾忌，于是开始广纳美女充实后宫，这样一来陈皇后和李贵妃也是压力不小。

《云间杂志》有过这样记载：隆庆二年 (1568)，讹传京中将选淑女，一时男女纷纷娶嫁，不论长幼良贱……这反映出民间对皇帝荒淫的恐惧。

史记陈皇后婉言劝阻隆庆皇帝选秀："圣上此位得之不易，身负祖宗之托，应谨慎小心才是。况且陛下也要注意保重身体……"隆庆帝本来对陈皇后就不感冒，非但不听劝，反而发怒道："祖宗之法后妃虽母仪天下，但不可参预政事。朕的事你就不要多言了！"还因此把陈皇后安排到别的宫殿去了，大有废后之势。

陈皇后见规劝不成，还因言获罪，也是气郁交加，便患上了疾病卧床不起，还好每天都有小太子过来给她请安，这对她是个莫大安慰。李贵妃却依然受宠，她说话做事要比皇后委婉得多，加之贵妃身份和母凭子贵，皇帝对她倒是一如既往，这两个人有一个能坚守住就够了。李贵妃不失宠，在她这里对皇后又足够尊重，皇帝想要废后也就没那么容易。再说还有朝堂上那些大臣们，也是多次上疏请让皇后回宫，皇帝被逼急了，只好敷衍说：等皇后的病调理好了，就让她回本宫。

皇后的病当然好不了，但这样一来地位总安稳了，隆庆皇帝不听劝告，没做几年皇帝。隆庆六年（1572）隆庆皇帝驾崩，隆庆皇帝在明朝皇帝中倒是很有作为，他的政绩最主要是"隆庆开关"和"隆庆和议"，这两项都是明朝的顽症和痼疾。

还是在明朝建立之初，太祖朱元璋为打击东南海盗，就下令"寸板不许下海"（《明史·朱纨传》），这个政策施行的恶果之一，就是造成了东南沿海严重的倭患，隆庆元年隆庆皇帝宣布解除海禁，调整海外贸易政策，允许民间私人远贩东西二洋，史称"隆庆开关"。自此后明朝的倭患几乎一夜之间就平复了。

"隆庆合议"性质也与此相近，隆庆四年（1570）前明朝净跟蒙古人干仗了，蒙古人打到北运河东、打到北京，连英宗皇帝都被蒙古人俘虏过……但是到了隆庆五年（1571）隆庆皇帝采纳高拱、张居正建议，与俺答议和"封贡互市"，互市贸易开通后，就再没发生过蒙古人大规模入侵的事件了。

隆庆新政实施，迅速解决了明朝"南倭北虏"的棘手难题，它还为万历之初的张居正的"改革"奠定了和平的社会环境。隆庆新政没有陈皇后、李贵妃多大干系，但万历之初张居正的"万历新政"就不同了，那是在陈、李两宫皇太后全力支持下才可能施行。

到隆庆六年隆庆皇帝驾崩时，就只有李贵妃生的两个儿子，李贵妃的长子朱翊钧隆庆二年（1577）已被立为太子，当年就被推上了皇帝宝座。万历皇帝继位年仅10岁，这么小的皇帝自然不能亲政，国家大政事实上就落在了两宫皇太后肩上。两人一致支持张居正改革，取得了很大政绩。嘉靖、隆庆时期，明朝财政年年亏空，经万历新政改革整顿后，财政已绰绰有余……这主要是张居正的功劳，但也与两宫太后支持分不开。

若按旧制，皇帝即位，要尊嫡母皇后为皇太后，若有生母，也要尊称为太后，但嫡母加徽号，生母无徽号，以示两宫太后有区别。但万历皇帝即位时，太监冯保讨好李氏，以并尊两太后为名，暗示大学士张居正拟尊明穆宗皇后陈氏为仁圣皇太后，尊李氏为慈圣皇太后案交廷臣商议，这样两位太后就没有分别了。

明神宗万历皇帝即位，是为万历元年，上嫡母陈氏尊号为仁圣皇太后，居慈庆宫；上生母李氏尊号为慈圣皇太后，居慈宁宫（**后为看护万历皇帝起居，李太后暂居乾清宫**）。从此两位太后合力辅助万历皇帝，这才有了万历之初的张居正"万历新政"。

万历新政的主角当然是内阁首辅张居正，但如果没有两宫皇太后背后支持，张居正甚至连内阁首辅都当不上。隆庆皇帝驾崩当时，内阁首辅是高拱，张居正只是次辅，但两宫皇太后和太监冯宝联手驱逐高拱，这才使张居正登上首辅位，也才开启了万历新政。在万历新政中，两宫皇太后只能是背后角色，因为明朝政制——后宫不得干政，但当时情况，两宫皇太后又不得不干政，那这就只能藏在幕后了，因此就演绎出很多野史，这些野史中李太后也成了主角，但陈太后一直很少出镜。

这应该也是史实，因为陈、李两位太后的关系，似乎从出场就已经定了，陈太后占定了位置，出场就是李太后了，事实上两位太后都应该是万历新政幕后的主角，而且以她们当时的教养，陈太后所起的作用甚或更大，毕竟她才是小姐，见识更胜一筹。当然李太后也不差，而且性格有张扬、泼辣、能成事，想不出名都很难。李太后入宫不久就开始名声鹊起，到成为太后就更是名声大噪了，她此后的事迹尽人皆知；陈太后成为太后之后，也还是一如既往地沉稳、低调、有内涵，她此后的日子人们知道的就是安享清福。

或者陈太后只有在被选妃、做皇后、做太后和规劝皇上等几个重要节点上，才给世人留下惊鸿一瞥，其它大部分时间她都是隐身的，但在李太后身上却一直有她的影响，这种影响甚至延续到她过世之后。陈太后的晚年是安乐祥和的，做皇后时因为劝谏被冷落别宫，一度疾病缠身差点挺不过去，但当上太后得万历皇帝孝敬生活安泰心情舒畅，一直又活了 24 年。陈太后生年没有记载，按照一般人家丫鬟比小姐小几岁的规律以李太后的年龄估算，李太后 15 岁入裕王府，陈太后离世时，李太后已 53 岁，陈太后比李太后再大上几岁，那享年也就快六十了，这在当时已不算短寿。

明史中对陈太后晚年生活这样描述：万历皇帝亲政后，对两宫太后都非常孝敬，对嫡母陈太后尤其尊重，礼节仪式都中规中矩。为了哄两位太后开心，万历皇帝专门在宫里设了"四斋"百戏，据说演职人员就有 200 多人，每到节令，乾清宫设两宫宝座，由贵嫔前导，陈太后至景运门，李太后至隆宗门，万历帝居中向北面跪迎。两宫太后凤舆一齐来到，王皇后扶陈太后凤舆，皇贵妃郑氏扶李太后凤舆，引导入乾清宫……

不过陈太后身体状况还是比不了李太后，万历二十四年（1596）陈太后崩，这之后就只剩下李太后，李太后又活了 18 年，张扬、泼辣比之前更甚，因此留下很多事迹，也流传出很多传说，尤其在她与娘家人的关系上。通州（潞县）永乐店是李太后娘家，正所谓一人得道鸡犬升天，家里出了个皇太后，那李家人四乡八里还搁得下？是以李太后父亲李良和她的两个兄弟都折腾得不善，还好李太后对他们严格约束，也没闹出什么祸事来。那都不知什么地方得罪了人，被人编了一出《二进宫》，多少损害了后世李太后的声誉。

比较李太后的娘家人，陈太后的娘家人就低调得多，陈太后之父陈景行，女儿陈寿被选入宫前就是候补岁贡生，嘉靖三十七年女儿被册封裕王继妃，即授陈景行锦衣卫千户。隆庆元年明穆宗即位，以其女陈寿为皇后，又封其爵固安伯，食禄千石。陈景行出身世家，知礼仪素恭敬，每遇遣祀、册封诸典礼，必斋戒以待。居住在家，也总是告诫诸子惜福谨慎。是以陈家子嗣兴旺，却从来没有事端。

万历元年明神宗即位，又益陈景行禄二百石，赐肩舆；又以皇子出生，益禄三百，荫诸子官爵；万历十年（1582）陈景行卒，两宫太后、明神宗及皇后、潞王、公主等都给了丰厚的赙赠。潞王是明神宗弟，李太后次子，连潞王都随赐了，可见陈、李两家关系亲密，陈景行算是极尽哀荣了。

要说陈家出了王妃、皇后、皇太后，发迹得比李太后家更早，陈家行事却一直低调，本来人家就是世家，发迹后也只不过在原址扩建了府邸，没有更多张扬，因此也就没有留下多少传说，只不过所在胡同被传名成"香儿胡同"，算是留下了陈太后一点印记，这与永乐店李家的大兴土木相比，内敛得不可同日而语。

还有一个传说留下，见《国朝献征录》：陈景行将门出身，却喜文章，弱冠即为诸生，文采出众，学使至，击节奇之，却累试不第。嘉靖六年（1527）应岁荐，准备谒选吏部，与妻子商量。景行妻也出身世家，是已故太子少保、礼部尚书张文质的孙女，雅读书，知相法，便说："夫器宏者耻任以圭撮，足逸者难局以寻常。以君而止，此安事相也，盖少需焉。"意思就是"您面相有福气，小官不做也罢，安稳少待就会有好事来"，果然，后来次女香儿被选入宫，陈景行以外戚身份荣华富贵……

这就是个传说，当不得真，但其中透露陈太后之母也出身世家，且"雅读书"，她自小所受教育就可想而知了，顺带还影响了女儿的丫鬟，一下为万历朝培养了两位太后。陈太后不但自小就生长在这样的家庭，身上还有血缘遗传，性格涵养自不用说，李太后差点，血缘深处还有自家影子，但总体上说也不错了，由此可见早期成长环境的重要性。陈太后过世，李太后或就没有了沟通对象，做事愈加地张扬、泼辣起来。比如大肆挥霍修建寺庙，张居正就曾经劝阻过，但没劝住，后来又被传成"九莲菩萨"化身，这下更来劲儿了，李太后在全国各地建过多少寺庙？简直数不胜数。

　　某年笔者在汉中，闲看地方史料，小小汉中就有起码 3 处寺庙有李太后赐经建造的藏经阁，全国范围得有多少？那还真就数不过来了。不过除此李太后也还做了不少善事，修桥补路比修庙造阁也不少。此外在万历皇帝立储上，也因为她的果断稳定了当时政治局面。总的来说，明朝万历年间两宫皇太后政绩不错，追本溯源就得说陈太后娘家当初家教有方了。

　　万历二十四年七月，陈太后崩，上尊谥曰孝安贞懿恭纯温惠佐天弘圣皇后，归葬明穆宗昭陵，祀奉先殿别室。18 年后，万历四十二年（1614）二月，李太后崩，上尊谥曰孝定贞纯钦仁端肃弼天祚圣皇后，也归葬明穆宗昭陵，别祀崇先殿。至此万历两宫皇太后又归葬在一处。从自小的亲密主仆一直到两宫皇太后，这二人一生关系融洽和睦，有始有终，尤其共同置身于关系复杂人性残酷的宫中，这真是非常难得了！这说明什么呢？陈家人善良忠厚家教好？陈、李二人人性好？还是通州人多包容、大度？通州人民风淳朴？或者所有这些都兼而有之吧。

马祖桥的陶塑——泥盆马

■ 孟宪良

　　1982 年阳春，某日。通州北门外牛作坊村马祖桥在院内取土时，挖出了一个完整无损的陶艺笔筒。从那枯树根的象形制作，表面树皮的处理工艺，以及镌刻在笔筒上的书法字样风格，其母立时断定，此为祖桥父亲遗留下的陶艺遗产。原来马祖桥父亲及其祖父，生前均乐于陶艺制作，其陶塑笔筒、盆景盆等大小不一有几十个品种，其祖父由于陶艺精湛，当乡人还送其"泥盆马"的绰号；到了其父一代，正赶上"取缔小商小贩""割资本主义尾巴"，二代"泥盆马"虽有祖传陶艺但不得发挥，又惧怕"割尾巴"的疼，便一气之下，将几十件陶艺标本葬于院内地下。从此，再不侍弄陶艺。后来赶上挖防空洞，马家陶艺标本被人挖了出来，当即被视为"四旧"古董砸得稀巴烂。谁想，还剩下这一件陶艺笔筒竟逃脱了那场劫难。马祖桥喜出望外，他捧着那只祖传的陶艺笔筒走到七十多岁的老母亲跟前说："这祖传的陶艺，我得承继。"

　　之后，马祖桥便在自家院内垒窑烘窑，筛土、淋浆、晒泥，制坯、造型、阴干，然后将坯体入窑烧制。这样一个复杂的工艺过程，马祖桥不知反复轮回地进行过多少次，他家院子里烧废的泥坯，越堆越高。自古道：天道酬勤，工夫不负有心人。终于，马祖桥在老母亲的指点下，经过六十多个日夜的陶炼和无数次的实验，最终找到了烧制陶坯的工

京郊农民进王府井开店

「吉祥阁」工艺礼品店昨正式开业

本报讯（记者佳树犀、通讯员尊王祥）寸金之地的王府井有了第一家由农民开办的商店。昨天，这条大街的183号门脸儿，宫灯高悬，上书金色大字的匾额横挂门楣，"吉祥阁"工艺礼品店开始正式营业。

这位农民叫马祖桥，是通县城关乡牛作坊村农民。当通县县委书记刘政亲自为他的商店开业剪彩后，许多人向他祝贺。他连声说道："谢谢，谢谢大家。"身着西服，头戴礼帽的马祖桥满面春风地欢迎着人们。

商店的营业面积有四十平方米左右，里面经营的商品有，通县著名工艺品台湖乡器皿、西集乡的金属工艺品，沈阳的贝雕和羽毛画，北京、浙江的金、银、铜首饰，唐山的瓷器，福建的软木画，共有千余种。店门一开，顾客盈室。"我买个'聪明的一休'。""我要那个洋娃娃。"在有二十多种存钱罐的柜台前，顾客最多，营业员都有些应接不暇了。"买卖真兴隆啊，"有人对马祖桥说。"嗯。"他很有信心地点点头，"今年的营业额计划要达到一百万元。"

剪彩后，马祖桥举行了一个简单的开业仪式。人们这才知道，他原来是祖传做泥盆的"泥盆马"后代，一九八三年他生产泥盆成为"万元户"，去年九月他与通县煤炭公司联营，在通县新华大街开办了"吉祥阁"工艺礼品店。现在，他又租用了东城区服务公司两间门市铺面，经批准在王府井开办了第二个礼品店。马祖桥在开业仪式上说："我能在全国的大橱窗——王府井这儿开店，要感谢党的好政策。我一定把'吉祥阁'办好，决不给王府井丢脸！"

京郊农民马祖桥进王府井开店

艺：窑温，达一千一百度最为适宜；陶坯阴干湿度，不得超过百分之五等。很快，马祖桥成了制作陶塑的能工巧匠。其对祖传陶艺既有继承，更有创新，新一代"泥盆马"，青出蓝胜于蓝。人们将其祖父的绰号，又送给了他。

其实，"泥盆马"的"泥盆"只是个泛指，就马祖桥的"泥盆"而言，也不下几十种，诸如花盆、盆景盆、香炉、笔筒、水池、烟灰缸等，均为"泥盆"所指。只说花盆，就有月圆、桃圆、扁圆、鸭蛋圆、内方外圆、外方内圆等七、八种，并且根据其大小、深浅、高低的不同，构成几十个花样、规格不同的品种。从其艺术造型观赏，有的像横断剖面的松柏，有的像缠绕连理藤萝，有的像盘根错节的枯木虬根。再看香炉的艺术造型，更是古色古香，新颖别致。有钟形、鼎形、八角形，有斗式、瓮式、元宝式；有的带腿儿，有的不带腿儿。带腿儿的有的像老虎利爪，抓住地面坚实有力；有的则像古树须根，弯曲自然以假乱真。还有一种带盖儿的香炉，其艺术魅力更是撼人心魄。如果在那种香炉里燃起檀香，那花样图案镂空的炉盖炉体，便会升起袅袅的青烟……让人赏心悦目。他生产的泥盆大都为暗褐色，但都接近于自然色。有的泥盆

还镌刻着精湛的书法草篆，什么"花好月圆""鸟语花香""山清水秀""吉祥如意"之类的言语，以墨绿点染，再加上一方"马祖桥印"红底字刻，更显出陶艺作品的仿古味道，给人一种古朴典雅的艺术享受。报纸、电台、电视台的记者竞相采访报导，"泥盆马"——马祖桥的大名连同他的陶塑不胫而走。市工艺美术门市部、土产公司以及前门文化用品商店等单位，纷纷前来订货，外地客商也有闻名而至者。

马祖桥赶上了好时代，陶塑——民间手工艺这朵小小的奇葩，迎着春日的阳光绽放着奇丽的光艳。1984 年 9 月 5 日，马祖桥开设的"吉祥阁"工艺礼品商店，在通州新华大街最繁华的地段鸣金开业。1985年 2 月 1 日，马祖桥又将"吉祥阁"的匾额，悬挂在京城王府井 183号商店的门楣上。"吉祥阁"三字，字体秀丽俊俏，挺拔而清新，是由在通州工作多年的著名书法家欧阳中石先生亲笔题写。京郊一家农民个体商店在王府井开业，轰动了京城；民间工艺的一粒奇葩，竟让"泥盆马"的绰号响誉于京华。

（孟宪良，原区文化委干部）

李卓吾先生墓的变迁

■ 张庆和

　　李贽（1527—1602），字卓吾，福建省晋江县（今泉州市实为今南安县榕桥镇）人。明朝晚期一位杰出的进步思想家。其代表作有《焚书》《藏书》等。他著作中充满了反对虚伪道学和反对封建礼教的战斗精神，因而遭到当时封建统治者的迫害，被捕入狱，不堪受辱、而自刎身亡。死后由其朋友马经纶（通州人）按其遗言营治冢墓，安葬于通州城北马厂村西迎福寺旁（今北京胸部肿瘤研究所院内）。墓旁立有明代翰林修撰焦竑题词碑，高 2.15 米，宽 0.87 米，上刻有"李卓吾先生墓"六个大字。

　　近百年来，李卓吾墓屡遭破坏，解放后两度迁址。1953 年中央卫生部兴建结核病研究所，遂将李卓吾遗骨浮葬在通州城北盐滩村九神庙的空地上。墓碑倒置于庙前，由于施工取土，该墓极易被毁。当时幸被几位著名民主人士叶恭绰〔1〕、章士钊〔2〕、柳亚子〔3〕、李根源〔4〕、陈垣〔5〕等先生发现，于 1954 年 5 月联名写信给当时的通州市政府，介绍李卓吾先

李卓吾先生像

生的历史地位，阐明保护李卓吾墓的重要意义，并提出具体意见，对李卓吾墓的保护工作给予了极大关注。充分体现了几位先生高瞻远瞩，认真保护国家文化遗产的崇高精神。此信现保存在通州区档案馆，内容如下。

通州市政府市长：

我们见到通县北关外九神庙浮葬的明代李卓吾先生墓和碑都有保存和崇饰的价值。特向你处介绍李卓吾的历史，并要求你处对李卓吾的遗骨和明代焦竑所写的那座碑即予妥善的安置。

李卓吾先生，晋江人，名赞。是明朝一位有先进思想的人物。在当时统治者认为他是毁圣叛道，致遭受刑法。他所著的《焚书》等是被禁止阅读的，直至满清入关，仍然遭到损毁。这更说明了李卓吾的思想的先进和他的反封建思想的严重性，又一方面也证明他的为人与立场。

我们试看袁宏道给所作传记中称述他的话："有世儒观古人之迹，又概绳以一切之法，不能虚心平气，求短于长，见瑕于瑜，好不知恶，恶不知美，至于今，接响传声，其观场逐队之见，已入人之骨髓，而不可破。于是上下数千年之间，别出手眼。凡古所称为大君子者有时攻其所短，而称为小人不足齿者，有时没其所长。其意大抵在于黜虚文，求实用，舍皮毛，见神骨，去浮理，揣人情。细心读之，破的中窍之处，大有补于也道人心。而人以为得罪于名教，比之毁圣判道"云云。这段话无疑是一个铁证。

像李卓吾突破程朱"正统派"治思樊篱，而为思想解放上放了灿烂的异彩，这样一位有立场和带有反封建思想的学者实是我国文化上的光荣。

因此我们觉得，对于这位有立场的先觉者的遗骨，有保存敬重的必要。本月十日我们特托张君次溪到通县访询李卓吾墓。他到通州市北门外和新建乡政府的干部屈德泉、乡长于士林两位同志接洽，了解了1953年7月间通州市北关外马厂地区田亩上因为卫生部要修建房舍，遂把李卓吾的墓移在附近盐滩村九神庙空地上，并将焦竑所书石碑移往城内西海子公园，原想建立碑亭，后来变更了计划，事遂搁置，这块碑倒置在九神庙前，于士林又说："去年移坟之际，当地人民和领导上对于李卓吾的历史是有相当的尊敬"。因此我们特将李卓吾的思想在历史上的相当重要性向你处介绍。

因为像李卓吾这样一位有人民立场的思想家是中国民族之光，他的遗骨和焦竑所题的碑有保存的价值，且为传之永久，并宜加修理。希望当地政府仍照原有计划把李卓吾之墓和碑迁移到西海子公园或另定其它崇饰办法。以这样一位伟大思想家来点缀园林，实足启发观众的观感，不仅为通县一隅生色，实我国文化史上一件大事。现在该地新建筑方在取土，该墓极易被掘。上说办法并盼早日施行，见复为幸。

此致敬礼

叶恭绰（印）章士钊（印）柳亚子（印）李根源（印）陈垣（印）

几位先生还同时致函中央人民政府文化部对李卓吾墓提出保护意见。文化部于1954年7月8日来函提示："我部认为，李卓吾墓及墓碑均应予以保存。……选择一可以长远保存的适当地点，将该墓及墓碑一并迁移安葬。"河北省文化局根据文化部的指示，也于1954年的8月4日来函要求："……经我局研究提出如下处理意见，该墓之遗骨可改用瓷瓮、坛之类装妥，迁往不易妨碍建设的长远妥善地点掘坑安葬，地表堆丘,以资标志，墓碑随墓迁移，并加

李卓吾墓

盖简单碑楼保固……。"通州市政府根据上述指示随即研究方案，并于 1954 年 10 月 23 日开始施工，将李卓吾墓、墓碑移至通惠河北岸新建乡大悲林村南。11 月中旬修好碑楼，将遗骨装入缸坛，砌砖堆丘，葬于碑楼后。至此，李卓吾墓得以妥善保护，免遭毁灭。

后来，李卓吾墓再遭破坏，碑楼被推倒，石碑弃于路旁。在"批林批孔"运动中，李卓吾被视为明代法家，其墓被修复。《中华人民共和国文物保护法》颁布后，通县政府和文物管理部门为保护好李卓吾墓这一珍贵文物，便于中外人士凭吊观瞻，于 1983 年拨专款将墓、碑迁于通州城内西海子公园，此处环境优美怡人，是群众休闲游乐的中心。李卓吾墓坐落公园东北角，坐北朝南，南北长 30 米，东西宽 12 米。墓冢青砖宝顶，冢径 2.25 米，高 1.5 米，内葬骨坛。十字花墙三面围冢，焦竑题字碑矗立墓前，碑楼前东西两侧并列初迁碑记和再迁碑记两块。二碑之前居中立有周扬的"一代宗师李卓吾先生墓"题词碑。目前李卓吾先生墓已成为通州一景，时有游人前来拜谒，瞻仰一代名人之墓地。

〔1〕叶恭绰（1880—1965）字誉虎，一作玉甫。广东番禺（今广州）人。早年毕业于京师大学堂仕学馆。著有《遐庵汇稿》《交通救国论》《历代藏经考略》等，另编有《全清词钞》。

〔2〕章士钊（1881—1973）字行严。湖南善化（今长沙）人。著有《中等国文典》《逻辑指要》《柳文指要》等。

〔3〕柳亚子（1887—1958）原名慰高，又名人权，字弃疾、安如、亚庐、亚子。江苏吴江人。早年加人上海爱国社，后参加中国同盟会、光复会。著有《南社纪略》《柳亚子诗词选》《怀旧集》等。

〔4〕李根源（1879—1965）宇雪生，又宇，养溪、印泉，别署高黎贡山人。云南腾越（今腾冲）人。著有《曲石文录》《曲石诗录》《雪生年录》等。

〔5〕陈垣（1880-1971）号援庵。广东新会人。历任第一、二、三届全国人大常务委员会委员。

（张庆和，原通州区档案馆副馆长）

历史厚重的西关清真寺

■ 李永刚

　　历史上通州城不大。老通州百货商场，现在的北京东部人才中心东侧有一条南北路，跟长安街延长线新华大街交汇的地方，过去叫闸桥，这里曾经是通州城的中心。闸桥往南叫南大街，往北叫北大街。过去，闸桥以北大约五十米的地方，往东有一条街叫东大街。闸桥以南也是大约五十米，便是有名的小楼饭店，小楼饭店往西叫西大街。四条大街分别往城外走，便是通州城的东关西关南关和北关。通州地处京杭大运河的北端，来自全国各地拉纤的，做生意的，甚至逃荒要饭的进不了城，自然在通州城的四关周边歇脚儿聚集。西关就是通州西门外的一个聚集地，慢慢的成了永顺镇，过去叫城关镇的一个自然村。曾经，西关村和东黄果园、西黄果园、园田、红前果园、红后果园、五里店、复兴庄、杨富店等 11 个自然村，构成了杨庄行政村，也叫杨庄大队。相对杨庄大队来说，西关还叫过西关合作社，西关生产队，西关小队。

　　随着历史的变迁，特别是解放后，地区经济社会发展，西关村土地陆续被国家征用。先后建起了空军西门部队、长途汽车站、北京水泵厂、北京塑料二厂还有北京仪表所，北京涤纶厂，公路局家属区等等。占一块地儿，相应的就把村里的部分年轻人招工转非。到 1984 年，土地彻底没有了，西关村的农民也全部转非。新建的各个单位、各个家委会，还有新迁入的居民，划归北苑街道办事处接管。2020 年，京通快速路以南，京津公路以西的社区单位，又划归杨庄街道办事处接管。关于西关，现在能够传承和了解的，便是历史积淀下来的西关清真寺了。西关清真寺始建于清朝初期，后来经过多次的翻建扩建，至今已有 200 多年的历史了。这是西关村穆斯林民众温暖的家，她见证着在中国共产党的领导下，通州特别是永顺地区的沧桑巨变，带给人们无数的回忆。

镇寺之宝　流传 200 多年的手抄本经书

历史上，西关村达到上百户人家。其中，有李刘薛赵四姓都是回族。伊斯兰教也随着他们带到这里。在教的人多了，大家伙儿总得有个活动的地儿呀。然而，生活颠沛流离，糊口都成问题的年代，根本顾不上这事儿。相传乾隆时期，也就是公元 1756 年，有人听说附近有个旧庙坍塌，一直没有修复，渐成废墟。村上几位德高望重的回族老人商议兴建清真寺。大家伙儿各尽所能捐钱捐物，拆旧料在村中建起了最早的西关清真寺。虽然简陋，但是毕竟有了活动的场所。随着时间的推移，附近回族民众日渐增多，清真寺的配套设施也逐渐完善，聘请了阿訇，回族人的婚丧嫁娶等等，都能按照宗教传统在寺里完成。因为当时的环境和条件所限，几任阿訇都是自己手写经书，来诵读

珍藏 200 多年的手抄本经书

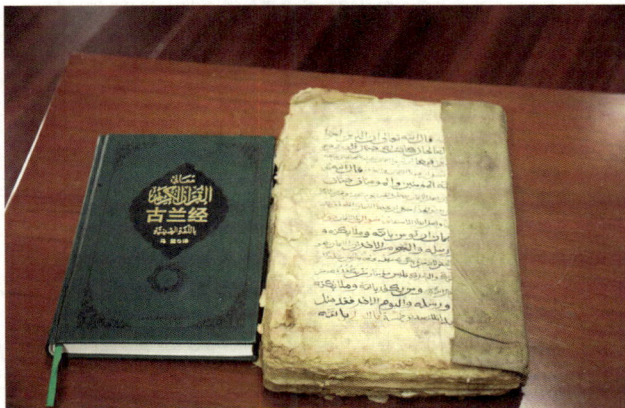

教学、讲经传教。有的阿訇期满后离任，便将自己手抄的经书留给寺里作纪念。渐渐的，手抄经书便作为清真寺的固定经书保存下来。这些流传 200 多年的手抄的阿拉伯文经书，已经成为西关清真寺的镇寺之宝。经书虽然纸质泛黄，印迹斑斑，很多地方已经成了锯齿儿甚至残缺，但是优美、工整、书写流畅的字里行间，透露出老前辈们的善良朴实、勤奋乐观的心态和意境。现在的阿訇还有一些长者，都能熟练的念诵经文。笔者采访照相时，每每看到长者必先洗手净心，小心翼翼地翻阅，足以看出他们的恭敬之情。几百年风雨，虽然清真寺几经拆建，手抄经书见证着西关清真寺的历史变迁和宗教传承。2013 年开始，才有了今天西关清真寺的模样。古朴典雅，舒适宽敞。回族民众每天都有人自发地到这里诵经。每个星期五大家不约而同来做聚礼。到了民族节日，清真寺更是有声有色，热闹非凡。

动荡年代　伴随教民走过艰难岁月

随着时间的流逝，西关清真寺经过多次的改建扩建。到新中国成立后，西关清真寺，在原来通县西关大街 15 号 16 号，已经拥有东西两个院子，建有清真寺大殿讲堂等等。然而，1958 年"大跃进"中，全国实行民族宗教改革，禁止宗教活动。西关清真寺先是被封，后被西关生产队占用。当过村里的托儿所，当过集体食堂，还当过集体库房，再后来被白铁加工厂占用。1966 年，西关清真寺被通县房管部门接管，当作"国家直管公房"进行经营。陆续出租给通县农具厂，农机一厂，收割机厂。再后来部分房屋被"换产"拆除，建成了通县农机研究所。回回们眼看着自己心爱的清真寺，被挪作他用，甚至被拆除而无能为力。

党的十一届三中全会拨乱反正，国家落实民族宗教政策，重新恢复宗教活动。1984 年西关清真寺，建立民主管理委员会，刘德义被选举为第一任寺管会主任。当时，西关清真寺面临两大难题，西院恢复产权，东院翻建危房。

大家陆续查找到有关红头文件。1980 年，国务院印发的 188 号文件规定，伊斯兰教的清真寺及附属房屋，为信教群众集体所有。宗教团体房屋的产权应全部退给宗教团体。1984 年，国务院宗教局印发的

310 号文件，更加
具体明确，"大跃
进"中，各地宗教
团体迫于当时形
势，曾"献堂""献
庙""献寺"，由
于当时宗教工作战
线"左"的错误已
经开始出现，不能
作为产权转移的依

西关清真寺新寺
落成，时任中国
伊斯兰教协会会
长陈广元大阿訇
到场祝贺

据。曾经占用的寺、观、教堂及附属房屋，不论其
是否已办转交手续，应一律退还宗教团体。这下，
西关的穆斯林有了尚方宝剑。寺管会和穆斯林民众
代表向多方报送申请，索要西关清真寺。可是时间
跨越多年，使用单位更替，档案材料缺失，谈何容
易。通县县委统战部、通县民政局等部门反复深入
调查，分系统呈送上报，反映情况。终于到 1995 年，
通县县委县政府专题研究，克服重重阻力，破解种
种难题，终于为西关清真寺恢复了产权。

众人四处联系寻求帮助，东院才得以翻建。刘
家第十代孙刘玉红在西关村出生，受家庭教门气氛
的熏陶，耳濡目染，打小就勤快善良听话。七八岁
就开始跟着大人到寺里礼拜，给寺里帮工义务劳动。
后来，他被北京水泵厂招工转正。由于在厂里上夜
班，给了他充足自由的白天时间。擦洗桌椅板凳，
打扫院落卫生。他以寺为家，每天"长"在寺里。
那会儿的物质条件匮乏，没有暖气，更没有天然气，
只能使用锅炉烧水取暖。谁家富余点平价煤，都把
条子捐给寺里，刘玉红成了专职的买煤员。他年轻
有力气，一辆手推的双轮车，他不知跑过多少趟煤

厂。杨庄煤厂、北关煤厂，最远赵登禹大街的东关煤厂都去过。回到寺里，挑选煤渣煤块，煤末还要掺黄土和泥，切块晒干，继续使用。看到大伙能在干净舒适的环境里活动，他打心眼里高兴。

东院的礼拜讲堂年久失修，多处漏天漏水漏风，地基下陷，甚至发生过掉土砸伤人的现象。很多到寺里活动的群众，都害怕讲堂随时会倒塌。1985 年，寺管会决定翻建东院清真寺大殿，组织当地回族民众自筹钱物的同时，号召大伙到周边地区发收取乜贴寻求帮助。刘玉红热心爱寺，主动出工出力，骑车坐公交，走亲戚串朋友。通县的于家务、张家湾，朝阳，大兴，甚至还跑到河北大厂县的清真寺。他和善热情真诚，感动了很多清真寺寺管会和回族民众。大家慷慨解囊相助，还有许多素不相识的商户接踵而来。经过大家共同的努力，并得到通县和城关镇党委政府的关怀和支持，终于请人翻建了房子，清真寺大殿焕然一新。1988 年，刘玉红从厂里退休，被大伙推选，做了清真寺第二任寺管会主任，清真寺继续改善。1999 年，李金全被选任第三任寺管会主任。清真寺接着建设水房、

壮观的西关清真寺外景

厨房、门牌楼、影壁墙。到 2003 年，西关清真寺设施齐全，制度完善，自我运营良好，已经成为远近闻名的精品宗教场所。回回们从内心感到骄傲和自豪。

随着清真寺规模的发展，影响也日渐扩大。西关周边，包括北苑、

梨园，西南半个通州城的回族民众家里有事儿，都要请西关清真寺帮着操持。帅府社区有个五保户老奶奶故去，家委会人员准备后事。突然有人想起老人是回族，便打电话向清真寺求援。刘玉红组织人员把老人运到寺里，按照伊斯兰习俗为老人料理了后事，受到社会的广泛赞誉。

让位万达　新寺创造多项通州之最

通州经济社会发展，西关周边楼房林立。2009年通州区委区政府对北苑商务区进行升级改造，规划建设万达广场。西关穆民开会统一思想，很快达成共识，遵从政府的统一规划，同意将清真寺拆迁重建。规划选址，设计绘图，开工建设。2013年，通州区委区政府投资4000多万元，建设新的西关清真寺正式竣工。西关清真寺才有了今天壮丽的景观。也是这年，李茂峰被选举为第四任寺管会主任。

新建的清真寺，从设计到施工遵从伊斯兰习惯和风俗。原来，清真寺里的大殿有很多讲究。我国北方地区，大殿必须坐西朝东，为的是教民在礼拜的时候，一致朝向圣地麦加的"克尔白"天房。礼拜殿为勾连搭结构，这是因为，解放前，封建王朝对民间单体建筑体量等级有严格的界定。伊斯兰教民作为一般百姓，不准许建筑高阔的房舍。但是教民众多，房间小又容纳不下那么多人。民众便发挥聪明才智，依据传统的抱厦形式，将几座单体建筑纵向连建在一起，解决了人多房小的问题。

在通州区玉带河西街，背靠通州万达商业区，一组临街建筑古朴庄重，肃穆典雅，格外抢眼，这便是新落成的西关清真寺。东侧是巍峨的大牌楼，悬挂在巨大的匾额上，是由书法家张学武书写秀美的金色大字西关清真寺。重建的西关清真寺，占地面积2300平方米，青砖灰瓦，巍峨富丽。建筑方式上古今结合，布局简洁，四四方方。清真寺中央建有五间开脸、进深三间的礼拜大殿，三卷一抱厦，礼拜大殿配殿都是青砖灰瓦，大木起脊，全燕尾榫结构，抗震等级达到8级。大殿西侧的望月楼巍然耸立，是整个院落中最高的建筑单体，独具民族特色。望月楼由四棵花旗松原木支撑，直径70多厘米，高12米，恢弘大气。大殿可同时容纳400人同时礼拜。五彩点金的装饰画廊，以阿拉伯经文、几何图案和花草为饰。中国传统宫殿式建筑与阿拉伯文化相互融合，呈现出别具一格的建筑风貌。礼拜殿南北都建有殿房，这是讲堂和水房。清真寺内地暖、空调等硬件设施一应俱全。南殿房南侧，紧邻大街的是四层的现代化自养楼，清真寺的图书阅览室和食堂等，很多功能和事务，也都进了这座大楼。院子中央矗立着旗杆，鲜艳的国旗迎风招展。交通便捷，区位优越，占地面积比过去扩大一倍，建设规模、档次全部超越历史。斗拱飞檐建筑风格，装修装饰，都创下了通州之最。

共建共享　主动参与社会治理

政府投资修建这么漂亮的清真寺，这是亘古以来没有的大好事。对于每个西关回族民众来说，都有说不完道不尽的鼓舞和感恩。2013年，新寺落成正式使用，教民们喜出望外，高兴极了。大人小孩儿奔走相告，人们争相传递这个好消息。人们结伴儿到寺里参观活动，有的人，一天里来了两三次。抚摸端详合影留念，高兴的不知怎么好。到了开斋节，回族民众们身穿民族盛装，到新建的清真寺里集会庆祝节日。几位老人找到李茂峰主任，举意表达心愿。祖上多少年传下来的老理儿，人们习惯性的为寺里捐献随心乜贴。几天下来捐了5000多元。这钱作啥使呀？李茂峰可是动了不少脑子。清真寺里里外外全是新的，家家户户生活稳定，个人又没有什么用项，干脆给社区的低保户买年货，算是回馈社会吧。这个想法得到大家的全部拥护。春节前，寺管会带着米面油年货，送到社区居委会。时任社区书记吕向东，很快组织人员给困难群众送去温暖。从那以后，清真寺和社会的交往快速地多了起来。通州区创城创卫、垃圾分类宣传、科技卫生三下乡，还有庆七一民族团结一家亲书画展览等等。2016年，社区居委会还在清真寺建立益民书屋，布置文史、健康、普法等，藏书达到2000多册，有效地丰富回族群众的精神文化生活。

通州区雪亮工程，还给寺里安装电子监控设施，中控室跟公安派出所联网，用科技手段帮助寺里实现防火防盗。反过来清真寺开展宗教活动的同时，还主动引导教民参与党建"双向积分"、社区文明创建、安保巡逻、垃圾分类宣传活动。新冠疫情肆虐，社区居委会还为清真寺送来防疫物资，跟教民一起守护健康。据介绍，西关清真寺里先后有 3 人连续多次被选举通州区政协委员，为通州北京城市副中心建设参政议政，献计献策。

答疑解惑　清真寺成了民族文化的窗口

随着北京城市副中心建设的加快，通州万达商务区不断繁荣，来清真寺的人流也不断增加，包括许多伊斯兰教以外的人员。西关清真寺成了人们认识通州、了解通州、触摸通州历史的窗口。当然，也成为人们了解伊斯兰文化的场所。清真寺 24 小时大门敞开，迎送宾客。寺管会人员，众多乡老，都成了义务讲解员。

是丝绸之路和海上贸易，中国才有了伊斯兰教。跟藏族布达拉宫不一样，国内没有圣地。世界的朝觐圣地，只有现在沙特阿拉伯的麦加。回族是唐朝以后兴旺发展起来的，当时的姓氏就不少，加上后来陆续被赐的国姓，回族民众日渐增多。历史的原因，我国的宁夏、青海、甘肃等地区聚集较多。

清真寺是穆斯林教民活动的专用场所，至今保持着民族传统的习惯。到清真寺礼拜必须先洗浴净身，即使在家里刚刚洗完澡，也需要在寺里净身，才可以礼拜。用水清洗身体局部叫小净，冲洗全身叫大净。贫困见真情，天下回回是一家。不管哪里人，路上有了难处，看到望月楼，就找到了家。寺里都会尽量施送乜贴给予援助，体现了族人的互助互帮。乜贴也是双向的，面对族人需求，每个人有能力时，便会慷慨解囊相助。伊斯兰非常尊重女性，照顾她们居家生活方便起居。因为生理原因和哺育任务，女性在寺里没有男性时间长，所以至今没有女性阿訇。在备受呵护的环境下，女性的隐私，包括容貌尽量包裹的严密，不让陌生人看到。清真寺寺管会是自治组织，也实行 3 年一换届制度，民主选举寺管会主任。跟过去不一样，通州所有清真寺里的阿訇都是一水儿的大学毕业生，不少人还拥有研究生学历。阿訇在寺里算是学者，或者是业务专家，就像学校里的教师，定期在清真寺之间巡回"执教"。随着经济发展和社会的融合，族人并不反对年轻人与汉族或其他民族的人婚配。不过，与回族人婚配的外族人，一定要遵守伊斯兰教规。需要到寺里参加学习，结业后加入伊斯兰协会，才能获准参加宗教活动。尽管如此，还不能把公安局颁发的户口本改成回族。在过去计划生育的年代，国家实施照顾少数民族的优惠政策，回族民众可以生二胎。而且，婚后的子女，可以自主随父母任何一方的户口。国家各级领导班子构成，少数民族都有一定的硬指标。所以在不同层级的提干时，回族民众同样得到重视。

回族人要有两个名字，除了国家户籍登记的名字之外，还有一个需要阿訇起的回族名字。回族名字较汉族名字简单。他们习惯选用历史上 99 尊圣人的名字，比如阿里，法图麦。长大以后，青年男女成婚，除了拥有国家民政部门颁发的结婚证，办喜事的当天，还要请阿訇开据回族结婚证。男女双方各执一份。过去条件差，回族的结婚证比较简单，阿訇在大红纸上，写上男女双方的名字，有的还写上父母应允，男女情愿等有关伊斯兰教条款以及阿訇的名字。阿訇的名字替代公章，具有至高无上的权威。现在寺里一般都有了印刷版规范的民族结婚证书，只要填写上新人的信息就可以了。

回族人百年之后，可以享受国家少数民族政策进行土葬。值得称道的是，回族人采用诵经的方式告慰亡者。送葬当天，以及之后的纪念日，从不撒纸钱，不烧纸活纸品，既安全又环保，值得称道，令人尊重。清真寺的土葬证明庄重严肃，家属持证明可以到民政部门领取丧葬费，到公安机关可以确认身份，注销户口。穆斯林最信服的是阿訇，白帽子是穆斯林最常见标志装束。回族人使用阿拉伯文字，在国际交流中算是公认的小语种。我们常用的阿拉伯数字，就是阿拉伯文字演变过来的，但是，跟阿文还有很大的区别。从他们流传的节日可以看出，回族的古兰经传扬的是真善美，是正能量。

每年伊斯兰教历的 10 月 1 日，是开斋节，也叫"肉孜节"。是穆斯林民众一年当中最热闹的一天，就像汉族人的春节那样隆重。人们举行会礼拜功，静听阿訇演讲，相互祝福、相互交流、相互勉励。然而，节前是为期一个月的斋戒期，穆斯林一天禁食将近 12 个小时，也就是他们从黎明开始禁食至日落。在这一个月内，只有病人，孕妇和老人才能够被免除禁食。目的就是让人思念贫困，体会饥饿，珍惜粮食，历练意志，培养毅力。

开斋节七十天过后，伊斯兰教历的 12 月 10 日，是回族的古尔邦节，也叫"小尔德"。古尔邦节当天，大家举行会礼，纪念先知伊布拉新，同时也让家人了解和传承节日的由来和伊斯兰教义，弘扬的是忠孝礼仪。有条件的还要宰牲。宰牲的牛羊肉，会分成三份，一份分配给贫寒生活困难的人，一份分配给自己的亲朋好友，一份留给自己的家人享用。这样既帮助了有需要的人，又延续了友情。体现出伊斯兰教的大爱无疆。伊斯兰教宣传敬主爱人造福社会，弘扬民族大团结和爱国爱教的主旋律。回族有传承的伊斯兰教历，不过教历每年只有 11 个月共 354 天。由于伊斯兰教历与我们使用的公历每年有时差，所以，每年古尔邦等节日，公历日期都会比上一年提前十一天左右。

您在教吗？"塞俩目"（您好）！""我是朵斯提。"三两句对话，就能确定一个陌生人是否回族身份。回族喜爱食草动物，说它们单纯干净，很多人家取马牛羊姓。相反回族人认为，常见的猪杂食，肠胃不干净。所以大家不食猪肉，不食猪油，甚至不愿意读那个音。他们把猪肉叫大肉，管猪油叫大油。一些回族人碰到朱姓人的名字，甚至不念朱，念成黑。小楼的烧鲶鱼，大顺斋的糖火烧，通州三宝当中两宝都是清真食品。回族民众心存爱心，重要节日或者重要事件时，习惯主动自愿捐献随心乜贴。多少不比不争，主要是表达心意。一般的回族人不杀生，而且进食十分慎重。他们视经过专业操手的肉食为正常渠道。对非正常渠道来的肉食，包括意外死亡的，哪怕小到一只羊一只鸡，也绝不食用。回族人认为动物血液不干净，自己不吃，也不会让它流入市场，干脆当做废水处理掉。

回族人有自己传统的信仰和生活习惯，亲戚、朋友、邻居之间喜欢串门，重视礼尚往来。每逢民族节日，家长就会叫小孩子，把自家做好的包卷果、炸油香、炸撒子，分享给亲朋好友，同样可以获得长者送给的红包。

（李永刚，通州区政协特邀文史委员，通州区北苑街道办事处一级调研员）

沿河八庙与漕运

■ 陈乃文

过去通州城内外庙宇甚多，不少与运河有关。如位于北城的古佑圣教寺。寺西有始建于北周（约 580）的燃灯佛塔。过去沿运河北行的运粮船，将其认作通州城的标志。通州人说：通州（旧）城是条沿运河南来的船，佛塔是挂帆的桅杆。从比喻中可见寺庙佛塔与运河的关系。与运河有联系的还有北关什坊院的"礼拜寺"，这是来自西北各地回族客商修建。夹沟西口外铁佛寺，由蒙古喇嘛作住持。这两座寺庙东边是与西北各地贸易频繁的运河下关码头。张北、承德等地到下关贸易的客商，将这形同会馆的寺庙作为"休息歇脚场所"、商谈之地、"履行宗教礼仪"之处。这些座寺庙与运河都有关联。

与运河有关联且密切的，是通州常说的"沿河八庙"。这八座庙都位于运河西，南自里二泗，北至葫芦头。庙中皆祀保护运河安全、护佑水运平安之神。

佑民观　位于在州城东南，是通州界内沿运河西岸八庙中第一座庙宇，坐落在今里二泗村西北。《元史》记有："自李二寺至通州三十余里。"这"李二寺"即今里二泗村。据传：当初有俗家名叫李二的僧人，见纤夫、船工牵、撑着溯潞河北上的运粮船只，在水浅沙多的河道中行船，有困顿而无处歇息之难。遂发宏愿，苦修行，尽毕生之力，募化钱物，在东濒潞河、北临浑河口处，修一座庙宇。庙成后此庙便被当时人称为李二寺。在庙旁居住的村落就以李二寺为村名。后寺改为道士住持。明嘉靖十四年（1535），道士乞宫观名，遂赐名佑民观。因此观与漕运关连密切，又有保运观之意。观内有高阁，明戏曲家汤显祖登临后留有"幢幡密林树"，"河渠白东淼"诗句，写出了东望水势茫茫烟雾缥缈的白河上，旌旗帆樯如林的盛景。村改今名，是明代人以寺旁运河（潞河）为白河、富河（今温榆河）、通惠河、浑河（清代名凉水河）"四水会流，故名泗河"。村因之而易名里二泗。

据《日下旧闻考·通州三》记载："里二泗近张家湾，有佑民观，中建玉皇阁醮坛，塑河神像。""河神"为何神？据今人考"供奉的是水神天妃"。这应是通州地区北运河旁，第一处供奉天妃的庙宇。

佑民观规模宏大，有四层殿堂院落，分别祀关帝、罗汉、金花圣母娘娘，玉皇阁在最后。各院落配殿中，分别祀药王孙思邈、子孙娘娘、眼光娘娘，还有佛教禅宗创始人达摩。可谓一座多神共居的寺观。早年里二泗庙每年有两次庙会，是日昼夜香烟不断，钟磬长鸣，男女老幼摩肩接踵，自早到晚人流如云。庙观内外，香客虔诚拜佛，花会表演一片欢乐与喧嚣。

小圣庙　位于在州城东南约五公里处，自明嘉靖七年至清末，运粮船只溯运河北上通州东、北二关，小圣庙是必经之处。

原来白河、富河（温榆河）在州东北会流后，又分别南流，分成里（西）、外（东）运河，至州东南约五公里处再复合流，两河中间形成沙洲。沙洲南端多沟汊回流、漩涡。加之外运河在天旱少雨时，水浅多淤泥，运粮船只误行其中易被淤陷。里运河航道有专业人员刮沙清浅，水道深，易行船。官府令验粮经纪去这一带接领粮船。经纪苦于领船，船帮困于行船，又惧贻误运期受责罚，于是共同筹钱，在沙洲西南端无人居住之处建一座庙，庙前树独根旗杆。自此以后，粮船再经此处时，直对庙行，自然顺水驶入里运河。白日以庙为行船标志，夜晚庙前旗杆上悬"气死风灯"引航。

庙建在土质较粘的高岗上，南向正殿三间，北壁绘一羽士立于独角蛟龙脊背之上，左手牵系在蛟角上的绳缘，右臂高扬，手持宝剑，乘风破浪向西北而进。壁前有道家装束的泥塑偶像，长髯、宽袍、佩剑飘然而立。腰间还挂着盛美酒的大葫芦，大有欲"乐圣且衔杯"之姿，这就是小圣。像前平日燃一炷香，漕舟经过时，多有停船进庙上香的。殿内有东西厢房各二间，供香火道人兼杂工居住，也储存一些绳索、灯油等杂物。小圣究竟是何仙？其说颇多，有许真人之说，有大圣门徒之说，也有人说北有大王庙，这庙只能叫做小圣庙。更有一动人之说，是当年未建庙前，一位老者常年在此处打鱼摸虾，熟悉水性，心地善良又好酒贪杯，常为南来船只指航。其说不一。是仙化的人，还是人格化的仙，莫能穷追。但在一定程度上反映了人要战胜自然的心理。

古人谓圣者，是品格最高尚、智慧最高超，在学识与技能上有极高成就的人物。圣是美溢之词，是帝王之称无法比拟的。小圣是谦恭之言，但也隐喻着治水能力不亚于大王，为百姓排忧解难之心比大王高尚之意。

在小圣庙北约二里处，建有茶棚，供纤夫、运丁歇息喝茶。后此两处渐有人居，各以小圣庙和茶棚为其村名。

清嘉庆十三年（1808）间，里运河改道，从茶棚村北向东冲刷，并两河水势，冲向康家沟。小圣庙西北里运河闪出一片沙滩、沙丘。庙东人家为避水患，悉迁庙西北。自此以后，小圣庙就失去指示航道作用，断了香火。后来庙屡次改作他用，渐毁。

大王庙　位于在东关大街南端运河西岸坝口内，是运粮船帮为了祭祀河神金龙大王所建。庙前祠额为清康熙钦赐。传言，大王威灵显赫，祭之可保舟、粮平安。庙坐西面河，正殿五间，正面神台上祀头戴冕旒，金面金袍的金龙大王坐像，配祀的是只戴冠而无旒的银龙大王。台下两旁列虾兵蟹将，蚌精鱼怪。南北配殿各三间。券洞式山门三间上建戏楼。有守庙的香火道士，自春至秋还有各种戏班在庙内寄居。

过去漕船越江、穿河、过湖多有风险，运丁舵师除竭力奋争凶险外，还要烧香许愿，粮船平安到达通州后，运丁就到大王庙赛神还愿，就是给河神上供烧香，并请戏班演戏酬谢大王。演戏前，先由帮首率本帮人抬着猪、牛、羊三牲和美酒，进大王庙上香。祭毕，各回自己粮船观"赛神之剧"。催船兵役、经纪、斛手、船户，甚至坐粮厅官吏、漕运衙门师爷、小吏也登船看戏。

戏楼结彩悬灯，锣鼓喧天，伶人坐楼献艺。锣鼓响声震耳，唱腔高昂的北方戏，和乐声悠扬，音调婉转的南方剧，交替着在运河上回荡。人们坐在船上，随着台上的板眼与船体的缓慢晃动，击着节拍，怡然自得，似乎忘记劳碌与纷争，大有乐不思蜀之情，这一切似如水乡泽国观戏之景。

压轴戏开演前，船帮一些人与戏班班主，共同开视设于戏台两门之间供桌上的捧合，如有黄色或白色小蛇，就认为是金龙大王或银龙大王降临看戏，都皆大欢喜。粮帮额手相庆，认为诚感河神取得大王欢心。戏班也因此能多获赏银。

未许愿船帮，过此庙时，也用纸剪的三牲，和代替美酒的米浆，洒向河面，同时高举三柱香遥祭河神。

铜关庙　位于在东门外运河旁，面南而建。正殿三间，神台上祀关羽夜观春秋铜铸坐像，较常人略高大。院内有明隆庆三年（1569）重修庙宇碑，记载关羽像是重修时易以铜铸，外涂以金，其香炉、烛台亦皆以铜铸。关羽死后，可谓官运亨通，封号由侯而王、而帝、而圣，褒封不尽。此庙虽未悬各种封号，但像铜铸而涂金，敬仰、崇拜之情较之一些褒词虚语似更胜一筹。神台下东、西分列捧印关平、持青龙偃月刀的周仓铁铸立像。东、西耳房各一间，为僧人斋舍。东、西配房各三间，是客舍、客堂。过殿三间，中间辟为庙门，两旁间也常有人寄居。

沿河巡查护漕兵弁，催船兵役，常到庙中休息。随粮帮北来南去的青帮人物，特别敬重这"忠义之士""武圣人"，来通后必拉帮结伙进庙焚香跪拜，其首领也在庙内暂住。勾结官差，沿河活动，流窜于津、通一带，常年窃露天囤米，被叫做仓老鼠的贼头、匪首也常年在庙内寄居。

官私两面、黑白道，汇集一庙，但相安无事，互不侵扰。真如通州民谚所说："贼见贼，一哈腰。"

潞河神庙　位于城东北角外，大光楼南，护城石台上。石台是明初濒潞河之西筑通州城时，虑河水为患，于城东北隅，距城约两丈，砌一道石台，保护城墙。石台多年经河水冲淘，到正德初年已圮。正德壬申（1512）五月修复环城角石台时，又在高近丈的石台上建一座庙，祀"潞河之神"。庙东向潞河，三间正殿内祀神像。耳房是守庙人居住。"潞河之神"明代装束，白衣秀士形象。宽衣大袖，袍带半系，留发束冠，以右臂支头，南向面东半卧于榻上。像前几案上陈列琴棋，似欲扶琴，又似等待友人对弈。后壁绘一条白龙，半隐半现于和风细雨微有浪花的汪洋之中，似在嬉戏，又似欲奋飞腾空。人与龙，一动一静，再现了"逍遥自在小白龙"形象。

潞神庙平日无人上香，只是在春季祭坝时，进香老会例上三柱香。但每遇潞河水涨漫溢河岸时，来潞神庙祈祷的人就盈殿满庭。人们或持三柱香，或手持白色面龙。"急时抱佛脚，水涨拜龙神"。也只有这时，人们才想到"潞河之神"。

通州过去有两座天妃宫，一座在城内东北隅天后宫胡同内，是元代至正三年（1343）所建；另一座在北关大街近南端西侧、运河西，是明代嘉靖七年（1528）所建。两座天妃宫清代易名为天后宫。

天后，南方民间称妈祖。当年通州是漕运枢纽，是南北文化交汇之处，来自南方的众多船户、运丁、舵师、水手、纤夫、商旅，把对妈祖的信仰顺着大运河带到通州，建庙祭祀。这习俗影响了通州靠河谋生的人，因之通州也有不少人信仰妈祖。

元、明两代，分别在不同地点建天妃宫，这与当年运粮船只，在不同时代走不同河道有关。

元代运粮船自高丽庄入广利闸，经（元代时）通州城南门口（今新华大街与南北街交叉口北端）过通流闸到州城西边后，常在州城北通惠河积水停船湖泊（今西海子葫芦湖）处停船。舵师、水手等人自此处登岸进北门祭拜妈祖，甚为便当。

明代嘉靖七年后，运粮船不再经张家湾，穿通州城至州城西河道。改自里二泗沿运河北行，直抵通州城下。运丁、船户等自州城北通惠河口北、运河西岸下关下船，直到北关大街近南端西侧的天妃宫上香，祭拜妈祖更为方便。加之庙东河畔的下关码头，是通往西北商贸驼道起点。闽、台客贩、商贾，为便于贸易，多在这座宫内寓居。所以明、清时期，此座天后宫香火更为旺盛。

妈祖在北宋建隆元年（960）三月二十三日降生于福建莆田林姓家，因出生时不啼哭取名默娘。默娘生性仁义、助人为乐，善于泅水，又能预知天气变化，常在风暴之日出没海上，救助遇难者。她于北宋雍熙四年（987）九月初九在其故乡因救海难者不幸身亡，但民间传说她是"羽化成仙"。传说她或乘坐草席在海岛巡游，或穿朱衣高坐桅杆之上以止风暴，救护海上遇难船只无数。因而被民间尊为水上保护神，世人称之为龙女，立庙祭祀。南宋绍兴间被封为灵德夫人，元代时因妈祖护佑漕运奇功显著，至元间被封为护国明著天妃，始入皇帝祭祀之列。明代时，妈祖也累获制封。清康熙十九年（1680），在施琅东征收复台湾时，妈祖"显圣助战"有功，皇帝褒封为"护国庇民妙灵照应宏仁普济天后"。庙名遂改妃为后，通州天妃宫也易名为天后宫。

明代所建天妃宫，南近通惠河口，西临祀吴仲等人的通惠祠和石坝衙门（大官厅）。东面运河。过殿三间，中间有弧形拱券门，是上香人进出的宫门；南北两间，分别有泥塑的"千里眼"、"顺风耳"立像。过殿南侧，辟有宽大的旁门，供商旅出入。门前小空场，是闽台客商与驼队的贸易场所。宫内院落宽大，南北各有配房客舍十数间，常年有闽台客商寓居或存放货物。宽阔高大的东向三间正殿内神台上，有比常人略高大的泥塑戴冠持笏天后立像。后面有持扇侍女，旁有侍女群及配祀的龙王、水神。壁间绘有天后巡海图。殿前有大可及人的鼎形香炉，旁树石碑，刻建庙纪事。旧时每年春季开河后，朝拜者日众，直到上冻封河，上香人才逐渐减少。每年农历三月二十三日天后生辰春日大祭那天，及九月初九秋天大祭之日，靠河谋生人家，人不论老幼，家不分南北，均到庙中祭拜，感谢天后福佑。当地善男信女也到庙中烧香祈福。那天宫内香烟缭绕，人流如云，一片熙攘和睦气氛。

三官庙　位于在北关天后宫西南，南隔通惠河，与葫芦头滚水坝相望。庙后是往来于西北的商贸驼队必经之路。这段路东口是北关大街南端，路口设木栅栏，时人呼为东栅栏口；向西20余丈是路西口，也设有栅栏，称西栅栏口。栅栏夜闭晓开，紧锁商贸驼道咽喉。栅栏口内，路南的东侧，有钱庄、当铺等金融商号；路北是管理石坝的大官厅（俗称石坝衙门）。庙面南而建，正门一间。院中一棵古槐虽中空，但枝繁叶茂，荫满整座院落。正殿三间，内祀主宰人间祸福的天、地、水三官。这种敬奉，源于原始宗教对天、地、水的自然崇拜。过去人们认为天官可救苦、赐福；地官主管赦冤屈、罪过；水官可解脱厄运与穷困。三官在道教中的地位很高，认为是尧、舜、禹三帝。祀三官有追念先祖、前代圣贤，不忘本、谨记历史之意。东、西配殿各三间，住有香火道人和关启东、西栅栏兼打更的更夫。每年清明节前后，常有些卖艺的、卖野药的、卖卦的、跑单帮的、跑合儿的，随漕船陆续奔通州而来。这些为糊口度命而在江湖上奔波的流浪者，或挤住在殿内，或在院中露宿，你走他来，直到秋末冬初才算清静些。隆冬时节，则有一些生活在社会下层无助的老、残、鳏、独和无正当职业的闲汉、游民，在庙内忍冬，靠喝粥混日子。

龙王庙　位于在通惠河东端葫芦头滚水坝东坝墙上面，一间小庙祀江湖龙王。傍小庙东有一间小房，住着守坝人。小庙东南有棵明代古槐遮荫近 80 平方米。经纪人在树下设摊点为扛夫兑钱。漕运年代，扛夫自外河（运河）坝楼一带，向里河（通惠河）葫芦头石坝扛粮，每扛一袋得一根竹筹，积一定数后，到庙前树下凭筹兑换制钱。收筹人边点数边拉长声调报数，"一个来、两个，两个来、三个……"连续唱报，数完为止。这称为"龙王庙前唱筹"，也是古运河畔一景。

谈通州永顺地区的运河歌谣

■ 郑建山

通州永顺地区的民间歌谣是相当丰富的，有劳动歌、生活歌、仪式歌、情歌、历史传说歌、时政歌、儿歌等。历史传说歌（永顺地区）是通州极富有特色的歌谣之一。具体说，它包括两方面的内容，一个当然是漕运了，漕运不但漂来了北京城，为通州带来了经济上的繁荣，而且南北文化交融撞击，形成灿烂的运河文化。通州名为通州本身就是漕运的产物。另外就是通州的风土人情了，当然，这些风土人情也和通州的漕运分不开。因此，我们统称为通州的运河歌谣。

运河开漕节始于明代，源于祭坝祭祀吴仲等人，每年农历三月初，清明前后，开河后第一帮粮船到达通州，即择日举行祭坝。这就是开漕节。是大型的群众文化活动。这个节日隆重而简约。开漕节后，漕运开始。歌谣《石坝码头》形象地记述了这一点。

三月清明晴谷天，祭坝开漕都喜欢。
男的扛粮女缝补，傻小子捡信皮儿（秋皮）也闹几个钱。
小媳妇做饭去冒烟，坝楼子下边闹翻天，
石坝衙门大吃八喝开了筵。
是啊，开漕了，人人高兴：老的少的，穷的富的，男的女的各得其所，漕运是他们的希望啊！您看啊，男的扛粮女缝补，男的可以做扛夫，女的可以缝穷，还有那些运河吃饭的特殊行业，比如说"卖打的""穿大鞋的""卖千里土的"都有了营生，那些官府衙门呢？他们也高兴。他们可以七吃八喝，借机发大财了。老百姓当然不高兴了，他们给予愤怒控诉。《开漕筵》：

一桌饭，千百串，足够穷汉过一年。
一个菜，银半碗，香了嘴，把肠穿。
吃着一，占着俩，接二连三没个完。
想想你能欢几年。

愤怒归愤怒，皇粮还是要扛的，它毕竟给人们带来生的希望啊！

外河卸来里河装，
两个大子，扛一趟。
顶星星呀，熬月亮，
白天黑夜，扛皇粮，
一家老小，饱肚肠。

歌谣《扛皇粮》展示了人们扛皇粮的辛苦及无助无奈的复杂心情。您瞧，下面的歌谣就比较潇洒了。

铜帮铁底运粮河，逍遥自在小白龙。
卖打的杨八噔噔响，骑牛骑虎进了京。

这首歌谣没什么连续情节和内在联系，前两句说的是小白龙战沙龙民间故事。是大运河铜帮铁底的传说。后两句就是写实了，"卖打的"是漕运码头的一个独特的现象。漕粮经过长途运输，难免会有损失，吃官司的事少不了；事主面官难免挨打，这就需要雇一个"卖打的"作替身，这就有了特殊"卖打的"职业。"骑牛骑虎进了京"，则泛指那些各级官员、富贾巨商等。漕运给码头各色人等都带来了机会。

反映了通州的繁荣。以上这几首歌谣流行于清朝漕运鼎盛时期，使我们了解了大运河及漕运情景。下面的歌谣是直接歌颂大运河、赞美通州的。这些歌谣使人们对古通州充满了向往。向往中充满了自豪。

> 运河水长长，满河里走皇粮，
> 两岸买卖铺，吃饱喝足了有地儿住，
> 四通八达都是路。

大运河帆樯林立，古通州商贾云集。《运河水长长》吟诵了当年漕运盛景和古通州的繁华。

> 说开船就开船，开起大船下江南。
> 江南有个大王庙，庙前立着大旗杆。
> 年年都有跑马戏，今年跑马上刀山。
> 男的搬个朝天凳，女的搬个凳朝天。

《下江南》这首歌谣是用儿歌形式表现的，儿童们在游戏中用欢乐再现了下江南漕船到大王庙祭拜时情景。具体而生动。

> 通州城，好大的船，燃灯宝塔做桅杆，
> 钟鼓楼的舱，玉带河的缆，铁锚落在张家湾。

这首歌谣就是吟咏通州和大运河的关系了。说通州是一条大船，漂浮在汪洋大海之中，北大街中鼓楼是大船的巨舱，通州塔是船头的桅杆，玉带河（张家湾）是缆绳，铁牛（锚）寺是定船的大锚。如此，通州城才没有翻船，才得以安安稳稳地停泊在烟波浩淼的海面上。歌谣想象大胆，气势磅礴。

> 一京二卫三通州，通州有个钟鼓楼，
> 雷瘤子撞钟有门道，前三后四左五右六，

着火有他来报警，四面八方都知晓。

钟鼓楼建于明代，是通州标志性建筑之一。它见证了通州几百年来的风风雨雨，世道兴衰。至于歌谣中提到的"雷瘸子撞钟有门道"，这是根据"钟鼓楼与雷瘸子成仙"民间故事吟唱而成的。其实，这类故事在通州是很多的。故事的内容主要是鼓励人们要多做善事。雷瘸子就是因为做善事而成为神仙的。后面那几句呢，则主要是说钟鼓楼的功能了。

通州塔劈半拉，里边儿跑出个白龙马，
白龙马，吃谷穗儿，吃了一个又长俩。

通州塔，通州的象征，白龙马，就是美丽的传说了。此歌谣虚实结合，相辅相成。音韵和谐朗朗上口。给人以历史知识，更给人美的享受。

生活歌和仪式歌也都与大运河有着千丝万缕的联系。我们就说生活歌中的苦歌吧，那是人们对悲惨命运的哭诉，我们听听《拉纤的，命真坏》这个歌谣吧：

拉纤的，命真坏，风吹雨打日头晒。
光着脚板走烂泥，忍气受累把纤背。
拉纤的，到通州，河滩号房破席头。
鸡毛小店躲寒天，乱葬岗子看日头。

通州的漕运码头，异常繁华，可在这繁华的背后，是多少纤夫的血和泪啊！歌谣把他们悲惨命运，活灵活现地展现出来。

另外就是叫卖歌了。具体说通州的叫卖歌大体分为两类：一句或半句或无旋律而未能形成歌曲结构，我们叫它叫卖调；把由叫卖调的音、结构和音阶较为完整的称作叫卖歌。其中，叙述性强，似说似唱，音域不宽，大都与语言音调紧密结合的为说唱型；曲调悠扬动听，多具有小调儿的某些特征的为歌唱型。

"茄子，黄瓜，嫩扁豆，韭菜，还有辣青椒哇……""卖大红苹果、甜葡萄、大嘎嘎枣咧……""大柿子，喝了蜜，赛冰糖……""梨膏咴，白糖儿多！白糖儿多，梨膏号喂……"（卖梨膏的）"臭豆腐，酱豆腐，还有八宝儿菜，还有酱萝卜嘞……"（卖臭豆腐 酱豆腐的）"凉粉儿哩酸辣耶！哎凉粉儿来！绿豆换凉粉……"（卖凉粉的）"韭菜花儿黄瓜哟！韭菜花儿来花儿黄瓜，还有辣椒，我这个净是酱油腌的啦！疙瘩头哇！咸辣萝卜还有辣椒，我这个净是酱油腌的啦……"（卖咸菜的）"这个样儿的味儿，要吃西瓜沙土地儿。旱甜瓜另一个味儿……"（卖西瓜 甜瓜）"沙倭瓜喂！大老倭儿呕！大磨盘倭儿呕……"（卖老倭瓜的）"还有两挂大山里红啦哎，大山里红啦"（卖大挂山里红的）"买小壶儿呕，买小碗儿呕，还有攒钱用的罐儿呕"（卖小壶 小碗）"有花边子嘞花袖子，换茶壶来，换茶碗使去哟！潮银子嘞，换茶壶来，换茶碗使去哟！"（换茶壶茶碗的）……

这些都是说唱型。歌唱型叫卖歌曲调悠扬动听，有小调的特征。如《卖冰水歌》

通州塔，尖上尖，蜜蜂搭窝赛个糖山；
叫你喝来你就喝，冰糖白糖往里搁；
叫你尝来你就尝，冰糖白糖往里扬。
小孩过来你端一碗，尝一尝，尝一尝，
卖冰水儿的不撒谎！

当然，通州的历史人文地理知识歌谣也是非常美的。如《高高山上一棵蒿》

高高山上一棵蒿，什么人打水什么人浇。
浇来浇去成棵树，树根地下搭石桥。
石桥地下一溜沟，犄里拐弯到通州。
通州的买卖真不错，烧饼馃子豆汁粥，
忒喽儿一碗粥。

歌谣天真活泼近乎童谣。尤其最后一句："忒喽儿一碗粥。"生动传神。

下面这首歌谣名为《宝塔谣》，是歌颂通州塔的。这首宝塔谣我好像在别的曲艺节目中也听说过，艺术家们也唱《宝塔谣》。但是，站在通州塔下唱《宝塔谣》，听《宝塔谣》，那就是另一个滋味儿了。

玲珑塔，塔玲珑，玲珑宝塔第一层。玲珑塔内僧念经。一个和尚一个磬，一个木鱼，一卷经，一张桌子四条腿，还有一盏灯。

玲珑塔，塔玲珑，玲珑宝塔第二层。玲珑塔内僧念经。两个和尚两个磬，两个木鱼，两卷经，两张桌子八条腿，还有两盏灯。

玲珑塔，塔玲珑，玲珑宝塔第三层。玲珑塔内僧念经。三个和尚三个磬，三个木鱼，三卷经，三张桌子十二条腿，还有三盏灯。

玲珑塔，塔玲珑，玲珑宝塔第四层。玲珑塔内僧念经。四个和尚四个磬，四个木鱼，四卷经，四张桌子十六条腿，还有四盏灯。

玲珑塔，塔玲珑，玲珑宝塔第五层。玲珑塔内僧念经。五个和尚五个磬，五个木鱼，五卷经，五张桌子二十条腿，还有五盏灯。

玲珑塔，塔玲珑，玲珑宝塔第六层。玲珑塔内僧念经。六个和尚六个磬，六个木鱼，六卷经，六张桌子二十四条腿，还有六盏灯。

玲珑塔，塔玲珑，玲珑宝塔第七层。玲珑塔内僧念经。七个和尚七个磬，七个木鱼，七卷经，七张桌子二十八条腿，还有七盏灯。

玲珑塔，塔玲珑，玲珑宝塔第八层。玲珑塔内僧念经。八个和尚八个磬，八个木鱼，八卷经，八张桌子三十二条腿，还有八盏灯。

玲珑塔，塔玲珑，玲珑宝塔第九层。玲珑塔内僧念经。九个和尚九个磬，九个木鱼，九卷经，九张桌子三十六条腿，还有九盏灯。

玲珑塔，塔玲珑，玲珑宝塔第十层。玲珑塔内僧念经。十个和尚十个磬，十个木鱼，十卷经，十张桌子四十条腿，还有十盏灯。

玲珑塔，塔玲珑，玲珑宝塔第十一层。玲珑塔内僧念经。十一个和尚十一个磬，十一个木鱼，十一卷经，十一张桌子四十四条腿，还有十一盏灯。

玲珑塔，塔玲珑，玲珑宝塔第十一层。玲珑塔内僧念经。十二个和尚十二个磬，十二个木鱼，十二卷经，十二张桌子四十八条腿，还有十二盏灯。

玲珑塔，塔玲珑，玲珑宝塔第十三层。玲珑塔内僧念经。十三个和尚十三个磬，十三个木鱼，十三卷经，十三张桌子五十二条腿，还有十三盏灯。

一阵风，刮跑了和尚，刮走了木鱼，刮走了磬，刮飞了经，刮坏了桌子，刮灭了灯……通州运河歌谣是通州民众精神史、心灵史的真实记录；读着他，您仿佛听到祖先们脉搏的跳动，历史在我们的面前鲜活起来，我们和先辈们进行了心灵上的沟通，感悟祖先的心理路程……爱、恨、迷茫、理想、憧憬……这是祖先的价值观念、审美追求和情感记忆；这是历史曲折的投影，远古的回声。我们应该倍加珍惜。

军粮经纪密符扇第五代传人陈乃文先生

■ 王文宝

陈乃文先生旧照

我和军粮经纪密符扇第五代传人陈乃文先生是在 20 世纪 90 年代初经王文续老师介绍认识的，第一次见面就给我留下深刻的印象。陈先生讲话慢声细语，绅士儒雅，谈吐不俗，造诣颇深。每当我和陈乃文先生聊起通州历史上的事情时，他总是那么兴致勃勃，津津乐道，如数家珍。说得嘴角起白沫，一口水也不喝，还真怕他累着。

陈乃文先生不但能说，而且还善写。记得他撰写的第一篇资料《记八国联军在通州犯下的滔天罪行》，此资料被刊登在 1990 年 12 月出版《文史选刊》第八期上。随后他撰写的《漕运粮船知多少》《通州仓廒》《军粮经济密符扇》《八国联军血洗通州城》《通惠河》《略谈通州粮道图》《旧通州儿歌童趣》等数十篇珍贵历史资料陆续在《文史选刊》发表。

陈乃文先生住在永顺镇小舍孤台，因工作关系，我常去家拜访求教，一来二去的我们因文史资料结缘，成了亦师亦友无话不说的忘年交。

有一天，陈乃文先生来到政协文史办公室，一边从提

陈乃文收藏
密符扇

包里掏东西一边说，文宝今天给你看件东西，说着就从手提包里拿出一个用牛皮纸包裹的东西，我看他打开了两三层包装，最后露出一个黄绸子包裹的东西，绸布打开后是一幅发黄没有扇骨的扇面。只见他小心翼翼的展开扇面。扇面上面排列整齐的符号，符号下还附着文字，我看不懂，问陈乃文先生，您这是什么宝贝呀。他说，这是我祖上留下来军粮经纪密符扇。我问这密符扇干什么用的，随后他就把这扇子的用途来历说了一遍。我听后十分震撼，对陈老师说，您保存的这件宝贝可是国宝呀！现在收古董的人很多，您别给卖了。陈老师说，文宝你放心，我就是要饭了也不卖祖宗留下的东西，这是我们老陈家几代用生命和血汗保存下来，这里有好多故事呢，以后我会慢慢地写出来的，这为后来将军粮经纪密符扇捐献给通州博物馆埋下了伏笔。后来听陈乃文先生说过，南方博物馆数次来人找他商谈出价40万，购买军粮经纪密符扇作为馆藏，他都婉言谢绝了，他的想法是此物不能出通州。这个军粮经

纪密符扇重现，对研究漕粮运输与仓储有着重大的意义。

陈乃文先生说，先高祖陈培芳在道光二十七年（1847）参加了丁未科在通州贡院的春闱乡试，在乡试中自己中了副榜首拔贡功名。自己有了名分又得了银两，后来就用得来的银两买了军粮经纪这个职业，从此他先高祖做上军粮经纪，得到了军粮经纪密符扇，此扇历经沧桑传到陈乃文手里已经是第五代一百多年了。其父亲陈彬儒清末民初在通县师范讲习所学习，结业后曾在北关天后宫、吕祖祠创办民国小学，在日军占领通州期间，其为保护军粮经纪密符扇出生入死立下了汗马功劳。陈乃文先生的父母及家人们为保管好军粮经纪密符扇吃了很多苦受了很多罪。

陈乃文先生告诉我，通州城解放时他在通县简师上学，还未满16岁就参加了革命到华北建国学院学习了。1950年初，组织分配他到河北省邢台做农村教育工作，在邢台新河县东小章小学当了教师；1955年12月调回通州城关镇北关小学当教师。1957年调到通州公园下坡小学做财务总务工作，1962年调到城关中心校任总会计直到离休。据同事们讲陈乃文先生工作中勤勤恳恳，兢兢业业，任劳任怨。在担任会计工作中，坚持原则，一身正气，两袖清风，多次受到上级组织表彰嘉奖；对待同事平易近人，和蔼可亲，乐于助人。

陈乃文先生离休后，不图名不为利一心扑到所热爱的文史资料工作当中，20多年来他的足迹走遍通州城内的大街小巷，走访历史当事人近百人次。陈乃文先生说：撰写文史资料要符合政协文史资料工作的"三亲"（亲历、亲见、亲闻）要求。不能杜撰，更不能想当然，要把时间地点、人物、事件起因、过程和社会影响真实写出来，不然的话就失去资料的价值，他凭着这样的理念，撰写文史资料近70多篇。他撰写文史资料大部分被各级刊物选用，这些资料对研究漕运研究通州历史是不可多得的资料。2014年陈乃文先生所著的《京门碎拾录》收入在运河文库第十辑。为我区出版的《运河文库》做出了贡献。

2004年，陈乃文先生文史资料工作成绩突出，被政协通州区委员会聘请为文史资料委员会特邀委员，直到去世。陈乃文先生曾多次评为区政协文史资料委员优秀撰稿人。2008年为了表彰其在文史资料工

作做出突出贡献，政协通州区委员会授予陈乃文先生文史资料特殊贡献奖。

陈乃文先生出身书香门第教师世家，谨遵祖训，一生致力于通州历史遗迹和文化遗产保护。先后多次接受电视台、报刊记者及有关同志的专题采访，耐心细致介绍他了解的有关通州历史及运河漕运情况，为宣传通州宣传大运河提供了很多重要史料。

陈乃文先生为了表达热爱家乡赤子之心，2012 年将祖传珍藏了100 多年的军粮经纪密符扇、漕运底账和他先高祖陈培芳在清咸丰三年（1853），实地勘察亲手绘制通州漕运粮道图三件有关漕运的珍贵文物，捐献给通州博物馆。我参加并目睹了捐赠的全过程。

陈乃文先生病前，他坐在电脑旁，拿着政协发给的征稿通知，看着女儿把他新撰写的也是生前最后一篇文稿《北运河起点》发送了出去，轻松地说："这回终于提前完成了任务。"

2018 年 6 月 11 日时陈乃文先生在潞河医院因病逝世，享年 85 岁。陈乃文先生走了，走时面容很安详。陈乃文先生的逝世，使通州区政协文史资料工作队伍又损失一员老将，我失去了一个好老师好挚友。

陈乃文先生祖辈用生命和血汗保存下来军粮经纪密符扇留在通州区博物馆，留给通州人民，他这种无私的奉献精神值得我们后辈人学习敬仰。

（王文宝，通州区政协特邀文史委员，原通州区政协文史资料科科长）

百姓舌尖上的记忆

■ 李玉琢

凉粉儿

赤日炎炎,辛苦了一天,家人们围坐在自家小院的大树下的饭桌前,狼吞虎咽地享用着自制的凉粉儿,至今认为是夏季最畅快、最惬意的景象。凉粉儿是自制的,干淀粉澥开,加热熬制成熟,迅速置于冷水中,上世纪六七十年代以新打来的井水为最佳,待凉粉定型后,家庭主妇会根据各家的习惯切成条状、块状、丁状,配上黄瓜丝,淋上澥好的麻酱和自家泡发的黄芥末,蒜末多放,醋要多加,食盐适量,淋上滴上几滴香油,盛凉粉的器皿不是碗也不是盘,而是盆,搅拌均匀乃防暑最佳菜肴。

说来人就是一个"贱",或曰人的味觉记忆的功能极为的强大。奶奶做的凉粉儿灰不溜秋,甚至有点黑黢黢的,我便固执地认定了这是凉粉的本色。现而今,物质已极大的丰富了,琳琅满目的超市内凉粉的种类居然也多的令人瞠目。白的如玉如脂,绿的似翡似翠,每每有想尝尝凉粉的冲动的时候,不知不觉间又放弃了买上一些的想法。

凉粉是自制的,回想起上世纪六七十年代有什么食品不是自制的呢,元宵自己摇、粽子自己包、年糕自己打、驴打滚自己做,有的人家月饼也是可以自制的。至于一家老小的四季衣服,必是家庭主妇自量、自裁、自作,最麻烦最费工的自制布鞋、棉鞋,更是从打袼褙、捻麻线、纳鞋底一针一线地默默地完成，在灯下、在月光下……

在我们这一代的心目中，我们的上一代、上上一代的劳动妇女，个个都是花木兰，人人都是穆桂英，家里家外拳打脚踢，她们可以做一切，她们没有完不成的任务。"男人手要绵无钱也有钱，女子手要柴无财也有财"是算命先生的一句谶语，我始终认为这不是蛊惑人的鬼话，而是隐藏着深刻的科学道理和人生经验。当年即便是比较殷实的家庭，如果没有家庭主妇的辛勤料理日子绝不可能过的起来，男主外女主内干不完的家务全靠的是女人的勤劳。

奶奶离开我们已三十八年了，每当想奶奶的时候，奶奶那双永远贴着胶布龟裂的双手在眼前挥之不去。长在奶奶身边，记忆中没有奶奶熟睡的样子。小时候没有电视、没有游戏，我们那一代是早睡晚起的典型，我已熟睡，奶奶一定还在忙里忙外，早上一睁眼，如果听到院里哗啦哗啦的打扫树叶的声音这一定是深秋。早上一睁眼连喊三声奶奶无人回应，一定是下雪的冬季，奶奶已经扫完了院子，正在扫门外街上的雪。"各扫门前雪"似是一个贬义词，据老人讲各家门前雪如果不主动去打扫会被邻里笑话的，买卖铺户的门前雪不主动打扫，若发生意外滑倒事件是要承担责任吃官司的。各扫门前雪已远矣，变成行政命令似少了些许的温度。

金裹银儿

金裹银儿，系北京及广大郊区平民百姓粗粮细作的一种吃食。不能干巴地读作金裹银，而是把银读轻声儿化音，听着就那么舒坦滋润。

金裹银儿的制作并不复杂，白面发制好，擀成圆形稍薄的面片，涂上一层澥好的加入适量食盐的麻酱，再将浸透过温水的玉米面均匀地铺平在麻酱上，卷起，轻轻压实边角部位，切成若小号刀切馒头大小的形状，上屉开火蒸二十分钟左右即可。虽说制作简单，那也分谁说，当年勤劳的劳动妇女，家庭人口多，生活负担重，有粮食已是万幸，没听到过哪个家庭主妇因为做饭发过怵。现而今可不尽然，家庭人口越来越少，做一次金裹银儿真成了一项工程，因为以家为单位蒸制金裹银儿者则少之又少，反倒常在相当级别的餐厅碰到这道主食，早餐碰到过，正餐也有提供者。想来一道带着粗粮细作，尽显粮食紧张，尤其细粮紧张的艰难岁月记忆的食品今能登大雅也是发明此款吃食的先人们始料不及的吧。

几十年来一直纠结，明明是白面在外，玉米面在里，分明该叫银裹金，咋就叫了金裹银，难不成是老前辈忙糊涂了，顺口叫出了金裹银便约定俗称延续至今？与其相似的还有肉夹馍，馍夹肉非叫肉夹馍，一次偶然的西安之行便向西安的朋友问起此事，西安的朋友淡然应之，这是文言文，乃是"肉夹于馍"。一句话惊醒梦中人，茅塞顿开若醍醐灌顶，金裹银乃金裹于银是也！

尝甜棒

甘蔗，是获取蔗糖的原材料，也可直接食用，在物质匮乏的年代，新鲜水果并不多见，因甘蔗价廉，不但可以解馋，还可以补充必要的营养，更能让不识闲儿的孩子们消停一会儿，家家都会不时买上些。当年的冬季，副食店、水果店乃至杂货店都能见到，一堆一堆地堆在墙边，或一簇一簇地戳在墙角的甘蔗。

在甘蔗没有收获的季节里，一般在深秋甘蔗是有替代物的，那就是甜棒。所谓甜棒者就是掰下玉米后留下的青玉米秆，玉米秆凭经验测算大概有 5% 左右有甜味。我总是叹服古人用词的准确，去收获甜棒即不叫割，也不称为砍，而是叫做尝，似神农尝百草一样用镰刀砍下一颗玉米秆尝一尝，若是甜的收入囊中带回家给孩子解馋。

说来玉米一身都是宝，玉米是人的口粮，当年甚至是主要的口粮，当然更可以作为优质的饲料。玉米秸，青的时候可以作为青饲料用于养牛是最好的去处，多余的玉米秸晒干后便成为农家取暖烧饭最好的燃料。即便是草木灰因其富含钾，是养田的最好肥料，至今即便最好的化工合成手段制成的钾肥，养田效果无出其右。玉米须可入药，有利尿通便之功效，所以很多有经验的家庭主妇煮玉米的时候一般不把老玉米皮扒净，顺便留下一些玉米须，也是有意为之的。玉米核儿，本地叫玉米骨头，不但是很好的燃料，玉米核还可以提取出重要的化学原料——糠醛。在石油化工并不发达的年代，用玉米核提取糠醛大概是主要手段。建设在上营村以南、乔庄村以北的一个狭长空间里的北京日化二厂，当年的老通州就将其唤为糠醛厂。小时常看到通州本地乃至周边郊县的大马车昼夜不停地运送玉米骨头的场景，即支援了国家建设，又提高了农民收入，也是造福一方的好事。

香椿鱼儿

香椿很多北方人爱吃，北京人尤甚。香椿的食用方法很多，香椿摊鸡蛋、香椿拌黄豆、香椿拌豆腐，香椿还可以腌制成咸菜以备冬天食用。香椿做面码是北京人的最爱，喜食面条的北京人，炸酱面、氽面、打卤面样样喜欢，往往浇头代表了面条的品味，面码不在介绍之列，唯有香椿作了面码，会告诉你今天吃的顺口，吃的滋润，吃的香椿拌面，足见香椿在百姓心目中的特殊地位。其实这些香椿的食法只是大众型、普及型，真正的香椿食法的贵族是香椿鱼儿。

香椿鱼儿做法简单，真正吃过的，尤其在艰苦的岁月里真正吃到过的人并不多，取整棵一寸左右的香椿嫩芽洗净控干水分，用白面加鸡蛋放入适量食盐调成糊状，香椿芽滚糊置于油温六七成热的油锅内炸至金黄即可食用。浸满面糊的香椿芽遇热油后，嫩叶会迅速绽放开来，颇似金鱼的鱼尾，而香椿梗与香椿的根部又与金鱼的鱼身和鱼头相似，一条美丽的香椿鱼儿色、香、形俱佳的一道美食便展现在了人们的面前，会使人胃口大开。据说当年乾隆吃到产于平谷的红香椿烹制的香椿鱼儿龙心大悦，可见说香椿鱼儿带有贵族气不是空穴来风。

香椿树生命力极强，种植极方便，很少招致病虫害。整个的生长过程几乎不需要过多的呵护，只要不缺水，肥料喜大荤，谨记两点便可令香椿茁壮。即便如此，当年的平房民居内若非宽宅大院，一般不是家家都种植香椿树的。由于香椿树的根系极为发达，当年的土坯房居多，地基并不牢固，根本经不起香椿树发达的根系的乱拱。因之，民间又有"香椿过房家败人亡"之说，这话并不是迷信，房毁了家自然就败了。那种在院外不行吗？也不妥。香椿虽为新鲜物，在老百姓眼里又不是什么贵重物，种在院外的香椿往往不等主人采摘早被路过的人这一把那一把的撷秃了，面对薅的跟秃丫头似的树杈子，用百姓的话说"还不够惹气的呢"。

种植的并不普遍，让香椿嫩芽成了稀罕物，在油也是稀罕物的岁月里，有香椿芽的不一定有油，有油的人家不一定能淘换到香椿芽，一来二去的真正能吃到过炸香椿鱼儿的主儿自然便不多了。

卷果

卷果，因上桌前煎好的卷果要撒上一把白糖，因之也称糖卷果。据称此款美食只有北京制作，京门脸子的通州当是不甘人后，通州的卷果是比较有名，并深受回汉欢迎的。通州管卷果叫卷果（gòng）不知是口音的原因还是专门为了谝，总之约定俗称都这么叫，如果真读了圆音正字反而不知您说的是啥。

卷果的制作相当繁复，山药、红枣为主要原料。山药去皮蒸熟，红枣蒸熟去核，其他辅料则根据各自的喜好和家庭条件要加入诸如栗子、葡萄干、瓜子仁、核桃仁、青丝、红丝、桂花及少量面粉捣碎搅合均匀上屉蒸熟，与山药、红枣泥混合均匀。将和好的馅料放置油皮上，捏合成等边三角柱体状，等边三角形的边长约为5cm左右，长约20cm左右。

卷果

通州本地人喜欢吃自家制作的卷果，逢年过节若有朋友送上几根卷果，汉族同胞自认是很荣幸的事情。一来自家制作的必是精益求精舍得放料，二来说明人缘不错，至少已被费尽辛苦劳神劳力制作卷果的回族同胞认可了您的人品。讲究的回民家庭制作卷果一年也就数的过来的那么几回，一般冬季制作卷果，看卷果选用的原辅料满堂富贵都是易变质的材料，卷果还有一个最大的缺点只可冷藏不可冷冻，冬天制作勉强可以放个十天八天的。回民遇到重大喜事在别的季节里也会制作一些卷果款待客人，遇到白事因其制作复杂，时间紧迫一般便不做卷果了。

爱吃卷果的通州人非年非节的好这口儿也能吃到，商品经济发达了，尤其是在回民的聚居区的小店小铺有专营此物者，张湾和南街的卷果最为有名，老客户一般只认老店家。若遇外地朋友来访非关系极密切者一般不会送卷果作为回程礼，这也是因袭了回族兄弟的习惯吧。

拨了儿与榆钱儿

"拨了儿"，现而今叫蒸菜。电视大厨教给我们的制作方法是：选各种时蔬若香蒿、茼蒿、茴香、芹菜叶及嫩杆等，食材洗净控水，不宜过干，切成寸段，加入色拉油调匀，随后加入玉米面搅拌均匀，再加入适量白面和匀，平铺在屉布上，开锅10分钟取出。备调料如下：蒜末（根据个人口味以较多为宜），兑入酱油、生抽、食盐、陈醋、白糖适量及香油、蚝油少许，时蔬蒸菜便可上桌。

虽生在北京，长在北京，这个老北京平民的吃食，却是在上个世纪九十年代青岛某知名饭店第一次尝到，味道鲜美爽口且营养丰富，下酒佐餐均可。赞叹之余，只剩自叹见识短阅历浅。

而老人却告诉我，什么时蔬金牌蒸菜，过去百姓管这种蒸菜叫"拨了儿"。这哪是什么美食，分明是艰难岁月里平民百姓瓜带菜的真实写照，不是美食的记忆，分明是辛酸的记忆。

春天是踏春的季节，无数的诗人记下了她的美景，春天是浪漫，春天是希望，春天是无数人最留恋的季节，而当年于百姓而言无论是城镇还是乡村是最苦的日子。逃荒多半发生在初春，地里没有出产，粮仓大多告罄，为了勉强果腹，人们挖来野菜，或选择最早冒头的蔬菜，哪怕是叶子也不轻言放弃，混合上有限的粗粮、杂粮，至于调料哪家敢奢侈到用酱油、生抽、蚝油，仅以蒜末多加咸盐而已。

榆钱儿饭当是这种蒸菜的扛鼎之作，初春最先冒头的便是榆钱儿，家家的青壮年会勇敢地爬到树梢捋榆钱儿，嘴馋的孩子们会直接的囫囵吞下解馋，当然作为饥饿胃口的填充物也可充饥。缺粮的人家会用榆钱儿蒸饭、蒸窝头，即节省粮食似又可补充维生素，口味当是别有风味。

包团子

我猜发明包团子亦称菜团子的老祖宗，还有不得不以菜团子果腹补充营养以至吃寒了心的先辈们，无论如何也不会想到现而今的菜团子居然上了星级饭店的菜单子，成为与中外名吃并列的主食或点心。其实老祖宗们不必愕然，菜团子可包一切菜，包子有肉不在褶上，菜团子亦然，今天的菜团子与当年不得已而为之的菜团子已是云泥之间，今天馅料已极尽奢华之能事，不但油多、肉多还加入名目繁多的调味料当然已是今非昔比。

"不得已"便道出了往昔的辛酸。粮食紧张，当年无论是城镇还是乡村几成普遍现象，持家有方的家庭主妇必须变着花样做到既填饱肚皮又尽可能的合口。菜团子便成了一种选择，菜团子大抵在冬天食用的多些。选用秋后阴干的挂落菜，萝卜以卜萝卜最佳，用这两种菜包团子很经济实惠，但有经验的主妇都心知肚明，这两种菜都"馋"，非用肥肉荤油便无法激发出菜团子的香气，而没有条件勉强为之蒸出来的菜团子能是味儿吗？

包菜团子是门手艺。真见过手巧的农家妇女包出的团子小巧而玲珑，金黄色的玉米面皮薄馅大既是美食又是艺术品。而今粮食已不再紧张，吃玉米面已不是生活窘迫的代名词，甚至已成养生保健的时尚，尽可能多的将新鲜营养的时蔬包下成了当今包团子者的课题，眼下就有人发明了滚团子的制作方法。团好一团馅料在玉米面上反复滚动，待馅团均匀地沾满了一层又一层的玉米面后上屉蒸制，此款菜团的最大特点是馅料极饱满，只是已不宜再叫包团子，叫滚团子？总感觉与滚犊子沾亲，似有不雅。

炒疙瘩

餐饮业过去叫"勤行"，顾名思义，做餐饮行当的勤劳、勤快是第一要义。其实据行内人讲还有两急，一急是客人来的太多，忙不过来怕伺候不周影响了生意；二急更崴泥，门前冷落车马稀，尤其害怕客源不稳定忽高忽低，那注定的就是要赔钱。当年没有冷藏设备，更没有有效的冷冻方法，按正常销售准备的食材一旦没有顺利售出结果便是食材变质。据说炒疙瘩就是阴差阳错催生出来的。是清末是明初未得详考，一家开面馆的老板曾面临这样的考验。按照正常销量准备好了面，不曾想那天不知何故，来吃面条的人很少，这可愁坏了小本经营的老板。一大盆面吃不完，舍不得扔。其实所谓的勤行还包含着勤于思考，老板灵机一动，将和好的面团擀成面片切成丁，焯水后过冷水，有过做饭经历的都知道，煮熟的面食保质期会长些。第二天聪明的老板配上配菜加上肉丁一炒，不想很受顾客的欢迎，一道深得百姓喜欢的食品便因此诞生。

说到底，炒疙瘩是平民百姓的最爱，因烹制炒疙瘩用死面，真材实料经时候，尤其是从事体力劳动的人们外出打工愿意选择炒疙瘩。过去炒疙瘩一般仅有荤素两种，配菜大体相同，因季节变换略有不同，黄瓜丁、胡萝卜丁、青豆、豌豆均是首要选择。上个世纪的七、八十年代位于通州新华大街东端的向阳小吃店、惠园春等回汉小店均有售。现而今紫光园饭店有此款主食，增加了一项海鲜炒疙瘩也颇受赞誉，这也算与时俱进吧，可这在当年是万万也不敢想的事。

爆米花

轰，一声巨响，放现在应急部门必有所反应，而在当年这不啻于一声召唤，一声对馋嘴的孩子们的召唤。无数的孩子会缠着妈妈蒯上一小盆棒子粒再讨上毛八七的零钱，孩子大人都心领神会，爆米花的来了。

爆玉米花是个手艺活，爆玉米花的过程相当的帅气而流利，半小盆玉米粒置于爆玉米花的容器内，然后滚动均匀地加热，达到一定的火候的时候，手艺人会用爆玉米花的容器出口对准一个相当坚固且透气的大口袋，开关打开轰的一声，随着一股热流，原本是一粒粒金黄的玉米粒绽放出了朵朵若梅花般的玉米花，淌着哈喇子的孩子们在欢

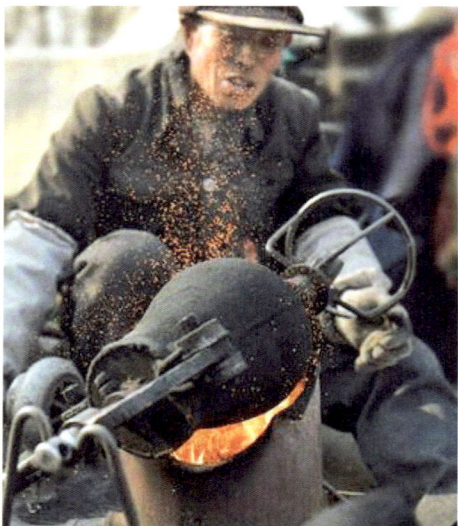

爆米花

呼，崩爆玉米的主家兴奋地取走自家的玉米花，周边自是一片的欢呼。依次下去，也许这半天要有几十户，大家有序耐心地等待着，等待的过程并不寂寞，一声声的轰轰声便是等待的回报。

爆米花有两个口味，一个是原味另一种是甜味，无非是兑上一点点的糖精水，另外要多收个几分钱，现而今糖精作为调味料已不被提倡。今天想吃爆玉米花可能更方便，品种也更多，超市的食品摊位多有供应，只是散装的几乎已很难见到，更多的配以相当精美的包装，不似当初的酥脆，带着热度，带着馨香的味道的爆米花已离我们远去。

爆米花不只是爆玉米，机理是相同的，利用温度、压力的变化，在将食物加工成熟的同时令其形态发生变化，大米、黄豆以爆玉米同样的工艺爆一下，也很有特色，用这种工艺爆出的黄豆会更加酥脆，大米花若珍珠般的洁白无瑕。现在街面上特别是城镇已很少见到这种手艺人了，主要是环保的要求，楼群林立中的一声巨响其回响已不似当年，扰民的反响也会远远地超过从前，爆米花的存在条件已不复存在，仅剩美好回忆，回忆也是美好的！

（李玉琢，通州区政协特邀文史委员，北京华腾东光科技发展有限公司党委书记董事长）

文物古迹

通州区永顺镇部分文物古迹考

■ 周庆良

卢庄砖室汉墓

卢庄初名卢家庄，是清代初期旗人圈地时产生的村庄，卢姓旗人在此圈占他人耕地，并在此雇人种田收租，长久成村故名。该村很小，座落在通州城北永顺镇政府西。别看村小人少，在1986年4月，村东口土坨处施工时，却发现了一座东汉时期的砖室墓葬。原来的土坨南北约80米、东西约50米、高约4米。出土的随葬器物被哄抢了，许多陶器被砸坏了，保留下来的刻像石门用在村民的房后护坡上，有几件青瓷扔在院子里用于喂鸡饮水。文物部门巡视检查文物时知道后，立即调查清楚出土情况，并收集了保存下来的几件出土文物。至于护着坡的大批绳纹砖则因多处出土，数量甚大，而让它去保护村民家的房基坡了。

据调查，这座东汉砖墓为独室，平面正方形，边长3.5米，高不祥，墓道宽1米、

卢庄东汉砖墓
出土刻像墓门

高 1.7 米，拱券顶。墓门为石制，青砂岩所琢，有上下石槛，左右石框，稳嵌在砖砌的门口。石门对扇合口，外侧为门肘，上下出圆形枢轴。门扇高 146 厘米、宽 53 厘米、厚 6.8 厘米。正面刻像，背面为斧剁痕。正面以剔地平面阴线刻的技法刻像，分为上下二区。上区刻一只朱雀，它是我国古代所谓四神之一，是镇守南方的神灵，此墓门向南，所以刻上此神守卫着墓地；下区刻一个手持画戟的门神立像，守护着墓门口；门扇四边刻内向三角纹，是变化的雷纹，有雷神把门，鬼崇进不到墓中。两扇石门上所刻的朱雀、门神对面站立，大小、形态一样。图案的布局得当，线条简练，深浅一致，刀法娴熟，寓意深刻，给人以古拙隽永之感，是考见当时幽州地区葬俗与雕刻、装饰艺术水平的重要典型依据。此种岩石产自今门头沟区和石景山区，石质坚硬，在当时开成那样薄的门扇，也需要相当高的技术。这对东汉刻像石门，目前在北京地区还是第一次见到，独占鳌头。

同时出土的还有青瓷双系鸡头壶，高 9 厘米、口径 5 厘米、足径 5 厘米。盘口，短颈，圆肩，阔腰，环底，卧足。在肩部的对面粘贴桥系（拴绳用的像桥一样的系），与桥系垂直的对面肩上捏塑小巧的鸡头和鸡尾，肩部还印有一环网纹。施青釉不到底，灰白胎坚细。胎质纯良，釉色光润，造型别致，暗纹简洁，玲珑精美。一般以为，鸡头壶的制造始于三国吴时，再晚一点说是西晋，但此壶出在东汉砖墓中，按理说可以见证鸡头壶始见于东汉，而且是出在幽州地区的潞县（今通州区），这对研究青瓷鸡头壶始见年代与地区提供有力的证据，不管是幽州地区所造，还是从南方交易过来，始见年代恐怕应该提前，看一看同墓出土的汉砖，汉刻像石门，也许就可以信而无疑了。无论怎样说，青瓷鸡头壶在通州区的发现出土，都是有重要历史价值的。

青釉四系小罐，高 8 厘米、口径 6.5 厘米、腹径 10 厘米、足径 5 厘米。侈口，圆沿，束领，圆肩，丰腰，环底，平足，肩部均出四系。口径内外和肩部施酱色釉，近底部施墨釉。薄胎致密，双色釉对比鲜明，瓷艺水平高明。

盘口直领小壶，高 3.7 厘米、口径 1.5 厘米、腹径 3 厘米、足径 1.5 厘米。盘口，短颈，丰肩，收腹，环底，平足。肩部环印弦纹一道。

遍施酱釉。造型小巧，釉色温润，胎薄质坚。装饰简单。可考见东汉青瓷也间有酱黄釉色。

高领直口小罐，高4厘米、口径2.2厘米、腹径3.5、足径2.5厘米，造型与盘壶略同，在肩部匀置3枚小乳钉，普施酱釉。

酱釉直口小罐，高4.5厘米、口径3厘米、腹径5厘米、足径3厘米。直口，圆肩，钵腹，环底，平足，内外浸酱釉，底露胎，肩环阴弦纹一道。

上述出土的青瓷器物，都是随葬品，精致俊俏，是东汉青瓷的上品。现在北京地区还没有发现东汉时期烧制青瓷的窑址，还不能确定这几件小型青瓷器一定是幽州地区所造；如果是南方运来的，那么，起码说明今通州区与南方的交通是紧密的和方便的。看来，东汉上谷（今北京市延庆与河北省怀来一带）郡太守王霸所建议实行的温水（今温榆河）漕运，则不仅是用来输送粮草，还用潞水（今北运河，上接温水）运来了南方的瓷器或者其他物品。表明通州区在汉时的水路交通已经很发达。

另外，文物部门还从卢庄东汉砖墓收集了两块条砖，一块长29厘米、宽14厘米、厚6厘米，一面有细密绳纹；另一块长27厘米，宽、厚与上者同，纹也相同。两种型号，大概是当时用料急，一砖窑作坊烧的砖不够用，再新制来不及，又从另一家砖窑作坊购置一些，保证砖料充足。

清代建立的小小的卢庄，发现一座东汉时期的砖墓，而且只收集了部分出土文物，就说明了不少历史问题，给人们一个重要启示，即通州区的历史悠久，地下文物丰富，不一定什么时候，什么地方在施工中能够发现重要遗迹遗物。因此，要百般注意，万般爱护国家的珍贵文物。

金崔尚书小娘子史氏墓志铭

由于史料的缺乏，墓志中所记载的"崔尚书"不知什么名字，也不知是六部中的哪一部的尚书。从志文中知道，他的小娘子史氏葬在天会八年（1130）二月十一日，那么，崔尚书应该是金太宗完颜晟时期的某一部尚书。

　　这方墓志于 1985 年 7 月出土
在今通州区永顺镇黄瓜园村西的
北京防腐厂院内，建房施工发现
了一座砖墓，已被破坏，仅保存
下此块墓志铭，交给了文物部门。
这是一块白色正方形的沉积岩志
底，没有志盖。志底如覆斗形状，
呈梯柱体，边长 60 厘米、边厚 5
厘米，略有剥蚀，残缺一角，未
伤及志文。

金代崔尚书小
娘子史氏墓志

　　志面四边线刻双方栏，内纵刻小楷铭文，首题
"大金崔尚书小娘子史氏墓志铭"。志文 18 行，
行字数不等，共 324 字。录文如下（按现在书写格式，
并断句标点，毁蚀不清的字作"□"）：

　　大金国崔尚书小娘子史氏墓志铭

　　史氏，其先本东茉（今山东掖县）人也。自五
代伪晋之末，迁于北方。由是，遂居白霫（xí，居
鲜卑故地即今东北地区）焉。祖，用久，不仕。父，
直，登进士科，累官至礼部侍郎。小娘子则侍郎之
中女也。

　　以礼适于崔氏，事姑及伯，皆以孝闻，九族之
间，莫不辑穆。至于左右媪（ǎo）御，亦咸得其欢。
治家以慈，捡（拘束）身以俭。初以财币具万而归□，
比飞火，遗失略尽，然未曾以介意，其弘厚也如此。
□□尚书，性不苟合，其于仕进亦多连蹇（jiǎn），
异常□□，唯恐不足，其因分也又如此。无何，天
不与寿，其□也欤？以天会七年十一月二十八日
（1130 年 1 月 9 日），以疾终于家，时年三十□。
顺其方俗，依荼（tú）毗法火化。其舌为之不灰，
释氏命曰"青莲□"，不诳妄者有此报矣。以是，

中外益知其淑善不诬也。用八年二月十一日，葬于沽水(今北运河)之阳，从先兆也。

无子，有女二人，长曰引璋，学浮图法，度为比丘尼；次曰宜璋，始五岁。铭曰："□□从人，本期偕老。韶容未衰，否(pǐ)运何早！□□母仪，贞淳妇道。往而不归，幼稚谁保？□□荒原，时亦草草。不备礼容，徒增痛悼！"

志文先记述史氏的家世，和她孝敬父婆，友待街坊，慈善治家，勤俭朴素，宽宏大度等品格。然后指出她死后依顺地方风俗，按照佛教的方法进行火化，而且是埋葬在沽水的西面。表明金朝统治的广大地区，人死后多实行火化，并且已经形成了风俗。

其实，火葬制在我国早已实行过。据唐代的《龙江梦余记》载，此制起于西域，自东汉佛教传入我国之后，火葬的习俗也随着带入进来了。五代时的后唐庄宗李存勖(xù)中箭身亡，他的要好朋友，收敛一些乐器，覆压在他的尸体上，架火焚烧。到辽代，北方各族大都实行火葬，通州区内发现的不少辽代墓葬中，大多是烧后的骨灰，没有完整的骨架。见证了这一葬制。至于金代，火葬制更加普遍深入，直至一些高官权贵都如此。丞相高汝砺死，"既焚，其声犹不支也"，就是说他的尸体被烧的时候，发出了"不支、不支"的声响。小娘子史氏死后火化，证明了史书记载的真实。

明清两代，朝廷曾禁止火葬，但在北京阜成门外5里地处，建有一座静乐堂，砖砌一口井，上面建塔，井前砌一个石洞，四面通风，是焚尸的地方，凡宫人死后便抬到这里火化。朝廷如此，下必效仿。故此，虽然有人设置义冢多处，而一些民人仍实行火葬。可见，火葬很有生命力，也是一种习俗。一千多年以来，就一直与土葬风俗并行于世，并不是异风邪俗。

在封建社会，小娘子无由铭志，而崔尚书小娘子史氏孝慈弘厚，淑善不诬，感动乡邻，故暗刻墓志，"时亦草草"故这方墓志背面凿剁粗糙，不及篆刻题额就匆匆随葬了。

志文中所称"沽水"，就是今天的北运河，在《金史》及一些金代史料中，都称之为"潞水"。而志中犹称沽水，表明在民间，还流传着秦汉时期的古称，习惯的称呼是多么顽强啊！

崔尚书小娘子史氏墓志铭的发现，对研究金代社会生活中的葬俗及北运河古称习俗提供了很好的依据，并对今天推广火葬制也能发挥不小作用。

明墓石像生

通州城西，京通路南，五里店村北，原明墓神道两侧曾相向立有汉白玉石像生一组，文武翁仲各一、马羊各一对。1959年7月24日，曾公布为通州区文物保护单位。1985年9月17日公布取消，但仍视为重要文物而得到文物部门密切关注。1995年秋，京通高速路动工修建经此，文物管理部门立即通知修路单位依法勘探发掘。当年10月2日，多方紧密配合，经过周密安排和精心施工清理，使此珍贵历史文物重见天日，并送至县城西海子公园葫芦湖（当年运河北端石坝码头）畔陈放，以便游人观赏，既有效保护，又合理利用。

文武翁仲俱呈立状，同高325厘米、等宽119.5厘米、均厚79厘米，下蹲方座高24厘米，与像雕为一体。文官头戴官帽，浓眉炯目，颇显正直之神，奸佞不敢正视；大耳有轮，似闻忠诚之语，逸言未能贯耳。高颧硕鼻，闭唇垂须，一派刚正之气；身服宽袖长袍，衣褶自然简练，宽带束腰，鸾带垂履，纹饰对称美观。溜肩屈壁，双手捧笏。脚穿云头官靴，稍分平行而立，一身尽忠廉干之风。武官雕象头护兜鍪（móu），纵眉眸，益露镇邪之态，贪墨岂敢举头！庞肌隆起，若藐险恶之官，阴霾何能近前！隆鼻阔翅，方口宽颐，一世英武之容，身披锁子甲，甲纹真切，腰系鎏苏绳，绳结鲜明。宽肩挺胸，双手按鞭，脚蹬高战靴，分腿而立，一显雄威之姿。

一对战马静立待骑，长298厘米、高210厘米、厚92厘米。下有座，与马雕为一体，其长228厘米、宽92厘米、高17厘米。小耳立而昂，似待命出征，辔美鞍华，缨络悬饰；长尾垂而蹄健，若久经沙场，鬣纹清晰，锦纹秀丽。温驯与雄劲并在，华丽共自然一体。另有绵羊一对，卧伏于方座之上，长110厘米、高82厘米、厚42厘米，体肥神祥，长毛披体，甘作供牲。

　　此组石像生采用圆雕、浮雕、线刻等雕刻技法相结合，故形神兼备，精美绝伦。其体量高大而结构合理，雕刻全面而重点突出，表明我国明代石雕技术已到炉火纯青之地。

　　由于墓碑早已无存，史料又无记载，墓冢平而未掘，未见墓志铭，故不知此组石像生为谁人所立。然而其高大基本同南京朱元璋墓神道上石像生相似，比北京十三陵神道石像生似略大一些，为北京城郊明代非皇陵之墓所未有。由此是否可以推断，此墓所葬乃与朱元平璋共同举义的王爷级官员，抑或助朱棣"靖难之役"立有大功的战将。

乔庄发现元祭台刻人物纹瓷碗

　　提到祭台，人们不由地就想到了北京的天坛、地坛、日坛、月坛和社稷坛、先农坛等明清两代皇家祭祀诸神及远祖的处所，那里都有一座壮观而又肃穆的高台，是举行祭祀的场地。唐代贞观年间的大文字专家颜师古曾说："筑土为坛"，古代凡是搞祭祀的场所都有一座土筑的台子，那台子就是坛场。

　　在乔庄旧村址的偏南部，原有一个土坑。此处先是一片土岗，"文革"间取土成坑，曾发现不少细沟纹砖砌的丘子，是一处古墓葬群，全被捣毁了。1985 年 5 月，一位村民在坑的北坡挖土时，发现了一座小土台，台上干码沟纹砖两层，而且砖向相错，长方形，有三屉桌大小。在台上放着两个青釉碗，一大一小，碗里都有黑色的腐殖质土，明显是用来祭祀的用台用具，给今人带来通州区旧时的祭祀习俗的信息。

　　台上放着的大碗，是青釉狩猎纹瓷碗，高 10、口径 18、足径 6 厘米。侈口，深腹，环底，圈足，造型端方大气，胎体厚重均匀。内外施粉青釉色，莹洁清澈，脂润谐调，有细碎开片。内壁饰划纹，分为三区；肩部一环阴纹作界，上至口沿为一宽带，带内绘划远景村野树木；下至裆部纵划隔扇门户 9 框栏，每框内各划刻人物上半身形象，有扛枪挑兔者，有骑马背剑者，有引马前行者……狩猎凯归，兴致勃勃，神态各异；另有三外纵划人名，如"祭伯"（周朝公子）等字；环底划有一环弦纹，内有三向蕉叶纹，并有一个"十"字。纹饰生动有趣，反映元代民间喜好狩猎的社会风俗。

那个小碗是青釉敛口碗，高 4.5、口径 11.5、足径 4.1 厘米。敛口，棱肩（肩部一环凸棱），收腹，环底，圈足。灰青釉，底和口露胎，无纹饰。

两件出土文物系龙泉窑系产品，自南方运至，为研究运河文化与当时制瓷工艺水平提供明显见证，鉴赏价值颇高。

元、明 2 件瓷器出土于永顺

在通州博物馆《古代通州》展览的台案上，展示着 2 件不同朝代的瓷器，它们在上世纪八十年代，出土于不同的地方，造型、体量、釉色、胎体、装饰图案都相互有别，放在一处，争妍斗胜，分不出高低，都闪耀着中国瓷艺的亮丽光辉。

1984 年 6 月，在通州区永顺镇西营村南的土坨下，施工中发现一座细沟纹砖砌的古墓，建楼挖槽的民工把它破毁了，很快又平掘砸实了灰土。一位爱好文物的中年人，从墓中拣出了一只完整的青釉碗，无偿地交给了文物部门，受到了欢迎和赞扬，不愧是真正的通州人。

此碗高 9.5 厘米、口径 17 厘米、足径 5.6 厘米。直口，圆沿，深腹，圈足，造型周正厚重。遍施豆青釉，色泽凝润。有鱼子纹开片，益显古奥。足墙内露青白胎，质地坚细，音色清亮。内壁划刻纹饰，肩部和平底外缘各环一道弦纹。在两道弦纹之间，绘画划刻 5 位文人武士，有的端坐在案前，聚精会神地默读史册，有的披甲戴盔，威武不屈地握弓而去，各具情状。在人物间横刻着"李白功名倦""真子""孔子"等文字。文图骈美，反映着当时士族的时尚。

此碗产自南方龙泉窑系，为元代制作，自运河输运而至，是运河北端通州商业发达的见证，是研究运河文化的新资料，高妙的制瓷工艺蕴含其中。

1984 年 5 月，通州新城南门外迤西的北京护士学校内，在建一排平房才挖槽时，就发现了一个条砖所砌的小方池，边长 96 厘米、深 53 厘米，上口并盖着两块青砂岩石板。学校的领导闻信下楼，停止施工，即电话报告文物部门，文物部门迅速赶到，认定这是一座僧塔的地宫。于是，掀开石板，里面正中放置一个青花将军罐。揭开罐盖，内中装殓着残碎的人体残骸，见证了判断的正确，罐殓骨灰放在塔的地宫中，也是古时的僧葬风俗。至于此地宫上的塔是何形制，为何名称，都无史料记载，又为通州方志增添了新史料。

这件将军罐高 31 厘米、口径 13 厘米、腹径 28 厘米、足径 17 厘米，白胎青釉，釉色光润，釉下青花，色有晕散，深浅交融，浓艳悦目。它的盖顶捉手呈火炬状，似桃形，细直颈，圆肩，子口，宽沿。罐身母口（盖的口套在母口内），圆沿，收领，丰肩、收腹、平底、卧足。造型凝重，轮廓谐美，胎体沉稳。身的颈部环绘波浪纹，流畅秀逸；肩部环饰集向三角纹朵花，规整而不死板；其余部位满绘缠枝牡丹，花盛开，茎迂曲，叶多姿，潇洒飘逸，不苟一笔。盖也绘缠枝牡丹，盖、身一致。是明代中期景德镇民窑瓷的精品，也是运河文化的典型代表。

上述 2 件不同时间出土于不同地方的不同时代的精妙瓷器，在述说着通州的历史文化和当时高湛的瓷艺。

北苑窖藏鎏金描彩铜像

展示在通州博物馆前厅柜中的 5 尊小铜像锈蚀严重，但星星点点地闪烁着金光，在衣褶处还残留着失去艳丽的红色，可以想见，在它们身上，曾鎏过金，描过彩，是漂亮精致的铜像，在那古代的神殿案上，有多少人来给它们烧香磕头，有多少人来给它们上供舍钱。如今却摆在玻璃展柜里，供游人观赏，去回忆那漫长的岁月。那么，这铜像是从何处来的呢？

在通州新城西门迤北，在京通间古道的北侧，康熙四十六年（1707）于此曾建有一座天成庵，规模小，影响大，僧尼募捐施粥，过往商贾行旅，多祭拜如来佛。那鎏金描彩铜像应供奉在侧面案上的龛里。庵是清建，但铜像是明代所制，中国国家鉴定委员会青铜器鉴定专家程长新见后，认定为明代铜佛中较好的作品，则表明天成庵的住持从较大的庵寺中带到此庵，或者在天成庵落成时其他庵寺所赠送。

然而，此庵在建国前夕尚存。20 年前，访问过十几位通州城西北苑一带耄耋老人，都说从小至大在天成庵没见过这种神像。这说明在民国间庵里的这些铜像已经不存在了。1984 年 3 月，大地还没有回春，天气尚然寒冷，公路局742工地大院（天成庵所在地）急于建房，在地未解冻的情况下，动工开槽。挖槽时，发现了一段老墙基，老砖老灰老砌法，这就是天成庵的南院墙。清除这段墙基，于墙基北侧，尖镐碰到了坚硬金属东西，轻轻清理出被尖镐刨破的铜像，继而又清出来6尊。当时施工单位为通州镇派出，负责人打电话报告了文物部门，并且不邀功请赏，甘愿将出土的铜佛像交与国家。这也体现通州人民热爱文物，无私奉献的精神。

今博物馆展出的铜像就是当年出土的珍贵文物。有人问为什么在墙根处出土了这样的铜佛，经分析研究，应该断定是1860年8月，英法联军从天津侵犯北京时所造成的结果。洋寇自天津一路杀来，沿途烧杀抢掠，无所不为，把通州的马头一村烧光了，把张家湾的茶叶铺抢光了，把通州城边的妇女追赶光了，洋兵肆无忌惮的罪恶行为，传遍了京津大路两旁的村庄，传到了天成庵。庵的住持防备洋军掠抢，将俏美的鎏金描彩铜像，临时掩埋在墙根下，等贼寇走后再摆放在庵殿内。一定是庵中女住持以为外国强盗不侮辱强奸女僧人，没有逃离，结果被这群禽兽逮住，强奸不从而杀害了。从此，掩埋的铜像就一直无人知晓而保留在地下，被今天施工发现了。这展览的铜像虽然不会言语，但它们的身上却真实地记下了这个中国被侵略和被欺凌的耻辱历史！

在展示中，有释迦牟尼坐像2尊，高20厘米，端坐闭目，头顶火焰冠，双耳悬坠儿，胸前挂珠，右手膝前（一只手拇指横挑，余四指并拢上指，形如古代兵器 形），左手胸前扬指。还有站立佛像1尊，高28.5厘米，直身闭目，双手打拱，身着敞领袈裟，下置方座，四角兽足外侈。

还有梳髻道士1尊，高29.5厘米，直立，双髻、静视、身着长裤短袍，下置长方座，仍为兽头。另有持物道士像1尊，高同前，端立平视，双手胸前持物，服系领短袍，有双带自头后飘至足后，下也有方座，制如前。还有捧笏道士1尊，高28厘米，壁立垂视，冠中穿簪，系领披衫，下方座亦然。

此次窖藏铜像各具所姿，铸造精良，还可考见当时民间庙宇释、道兼具，反映社会混祭习俗。

五里店出土明代僧寿龛

我国的葬俗文化非常丰富，包括葬制、葬礼、葬事、葬乐、葬仪、葬式、葬材、葬冢、葬志、葬祭等等一系列习俗，其中又有地域、贫富、帝王将相与平民百姓、汉族与其他少数民族、男女老少、正常死亡与暴死他乡等等区别，五花八门，形形色色。这里不谈许多，只谈其中的葬式。而从通州区内近些年来施工中发现的葬式，也有不同，绝大多数都是仰身直肢葬，不论是战国时战死的，还是清代病死的，大都如此。也有一部分是火化后埋葬骨灰的，如辽金时期的部分砖、石墓、和历代一般僧人的坛罐骨灰葬。旧时幼婴死亡率极高，死了后雇个人用席或布一裹，背筐一背，找个地方挖个坑，扔里就埋了，谁也不管怎么个姿式。1988 年 5 月，今张家湾镇北仪阁村东发现的木棺墓，夫妻合葬一棺内，男尸在下，仰身直肢，女尸在上，俯身直肢，这种葬式很特别，简直就是孤例。

但是还有一种特殊的葬式，也算很普遍。这是一种特殊的人群，他们死在大缸里，然后随缸埋葬了。解放前发现的不说，以致近几年来，因平地、建楼、挖沟等工程而发现的缸葬，已经数十处了。这种人群就是男女僧人。

以前在工程中发现出土的大缸，全都是七手八脚将缸盖掀开，把里面的东西一倒，然后运到生产队里盛水，盛牲畜料，如今梨园镇孙庄村中出土的两口葬缸就是如此，原大杜社镇西田阳村出土的葬缸也这样利用着，现在安安全全地放在村委会办公室内观赏。然而，很少有人知道大缸是埋藏僧人的器具，谁也没当回事，谁也说不清里面都有些什么，怎么放置。1985 年 6 月 8 日，通州城西五里店村侧煤炭公司院内建楼挖槽时，发现了僧葬缸，公司负责人打电话报告了文物部门，在雨后道路泥泞难行的情况下，求助工人将缸完整地抬上汽车，运到了单位门口，小心地卸下车，开始认真科学清理。

先取下大盖上的子盖，再掀开大盖，见缸内满塞树枝木炭，炭上一颗头骨歪放着，大概是在抬上抬下时造成的，取下头骨，一根根清除木炭，先发现锁骨、肩胛骨夹在炭间，继而发现臂骨、肋骨、脊骨、指骨，后见臀骨、腿骨、趾骨，都依次夹于炭间。清干木炭后，有数颗密腊念珠出现在平平的石灰膏面上。可见，这缸是僧人坐化的葬俱。

从依次发现的骨骸判断，僧人坐化的程序应为：用石灰膏在缸底抹厚厚一层，等干硬后，将尚未咽气的僧人抬入缸内，盘腿打拱，周围塞入木炭挤住，木炭直塞到僧人肩膀上，头露在炭外，盖上大盖，徒弟在缸旁从子盖口看着，等僧人断气，再盖上子盖。然后用白灰膏把大盖、子盖的盖口处塞严，使不透气。继而抬到已经砌好的砖池（地宫）或挖好的土坑内，用石板盖上砖池，或填土入坑。最后在地宫上建塔或堆放方形土冢。这种特殊的葬式，过去没有了解，此次通过实地清理，才知道僧人坐化的形式。

今通州区内最早的寺庙当属潞城镇大甘棠村中的甘泉寺，据州志载，建于三国魏时。其次就是通州城北部的佑胜教寺了，创建于南北朝时的北周。唐代、辽代、金代的寺庙也不少，比其他郊区县早期寺庙要多一些。至于元、明、清三代，建的寺庙更多，全区僧人庵寺多达200余座，证实通州区的佛教文化也很深厚。此次出土僧葬缸地点，距通州城西门不远，北距明建的太平寺约80米，而所出葬缸又系明代所造，可以说，此缸所葬僧人就是太平寺内的住持。

古代，将棺木雅称为寿材，僧葬缸则称之为寿龛。此龛全高120、口径77、足径59厘米，缸胎坚细，褐釉而厚润，纹饰遍体，土黄而鲜明，整体塔形，分体则允当，主纹塑贴，划、刻亦兼施，颇具雍容华贵之姿，神秘飘渺之景，其烧造技术之高，装饰艺术之妙，体现俱著。

龛身子口露胎，鼓腹内收，平底圈足。其外壁设6组莲叶形开光山水，花卉、禽兽纹饰。正面一组画面当中写有楷书"佛光普照"四字，笔画肥厚，字体工正，其上绘覆一片铺开荷叶，下画托一朵盛放莲花，两侧则直线边栏；佛语两旁各绘一条降（jiàng）龙隔对相斗，有飞云伴生，龙口大张，圆目凸起，长髭竖立，獠牙锋利，劲爪欲抓，密鳞蜷躯，炎尾上扬，释道结合十分生动形象。此组开光两边，各设一组同样大小、纹饰的开光，其画面宽度仅有正面开光之半，内绘两座洞石迭山与一株折枝牡丹，表示富贵长寿。背面一组开光与正面开光同形同大，内绘山石寿客（菊花别称），花朵硕大，山石奇立，亦取长寿之意。其余两组开光位于瓮身两侧，与正背面两组形同面等。其右面开光内绘四座陡峰悬崖隔涧相峙，间有闲云数朵，山影重映水中，有水藻随湍流而摆动；谷间绘有两头独角鹿形神兽追逐，前者悬蹄回首，后者昂颈追奔，集刻、划、堆、塑艺术于一身，巧妙运用积釉之法，将神兽的五官，肌肉与皮毛表现得淋漓尽致，意在送行魂魄升开；其左面开光内绘两座嶙峋峻陡之峰相望，峡谷水流潺潺，禾草茂盛，空有飞云几朵，中心绘有两只展翅仙雀相戏，右上面一只盘飞回首向下，右下面一只奋翅昂头而追，亦用高超简练技法，将仙雀描绘得栩栩如生，意在接引冥灵入天，形、神、意兼备。瓮身开光上下各塑一环水波纹，近底部环绘一层仰莲纹，以衬托主题纹饰。

　　瓮盖环顶束颈，小口卷沿露胎，圆肩侈沿，似塔之流苏宝盖，母口平沿亦露胎。圆肩处也设有 6 组团形如意纹开光，间有祥云缭绕。正面一组开光内正中纵书"寿瓮"二字，两侧饰的不同云纹，与瓮身正面开光上下相对；其他五组开光内各绘山石与折枝花卉，按顺时针方向记其所画折枝花，乃分别为莲、梅、桃、菊及牡丹，争香斗艳，意趣横生。开光之上环颈部位，线刻一环缠枝莲，线条甚为洗练流利，一丝不爽。盖颈上，复有子盖，制如塔刹型，敛口露胎，素釉无饰。

　　此寿瓮造型典雅，纹饰技法巧妙，开光布局匀正，绘画一丝不苟而且娴熟神妙，是明代寿瓮代表作，不愧为珍贵文物。

金棣州酒院使商仲良墓志

　　1995 年 6 月出土于通州城西铁道防腐厂内。文物管理所即时收集之。一方，艾叶青石制，横 42.5 厘米、纵 42 厘米、厚 8 厘米。正面纵刻楷书 7 行，满行 8 字，首题为"故保义校尉、棣州商酒院使墓志铭"。文曰：

　　故保义校尉、棣州商酒院使墓志铭
　　公讳仲良。父太中大夫佐；母高氏，郡君；妻郭氏；男棫；孙奴儿。

時定二十五年八月十日改葬。

志文极简要，只载墓志基本要素。但表明金大定时全国设有酒院使，而棣州（治在今山东惠民县）酒院使称商仲良，死在任所，于大定二十五年（1185）八月十日改葬家乡通州城西。通州古代制酒历史较久，是否与之有关，亦未可知。

明淑人张氏墓志

1983年12月出土于通州新华大街北侧北京光学仪器厂西北部位，收藏于文物管理所内。一合，均艾叶青石制，等大。志盖横纵均54、厚13厘米，正面上、左、右三边线刻宽12厘米条框，框内减地又线刻朵云，中刻玉筋体篆书题额2行，行4字，为"故淑人张氏墓志铭"；志底方形，边长53厘米、厚8厘米，正面四边刻宽窄直线2道，内纵刻小楷志文25行，满行34字，首题"故陈母淑人张氏墓志铭"。志文曰：

故陈母淑人张氏墓志铭

乡贡进士、通州儒学学正袁忠撰

奉训大夫、通州知州李经书丹

昭勇将军、通州左卫指挥使陈雄篆盖

淑人张氏，故通郡定边卫指挥使陈公敬之配，今钦差镇守通州署都指挥佥事陈公信之嫡母。其故也，以是岁二月十有六日，将卜葬郡城西。其子信捧郡守李侯经所述淑人行实，来请铭辞，不获。谨按状：淑人讳法妙，字淑贞，河南陈州右族处士义之女也。母赵氏生淑人，幼有淑质，天性仁慈，柔顺温粹，父母最钟爱。及笄归陈，陈又郡之官族，实陈志甫之后。淑人来归，妇道整整，惟德义是循、孝敬是持，闺门雍睦蔼如也。

时公居行伍，遭际奉天靖难，淑人劝公曰："大丈夫以忠义为立身之本，今豪杰并出，正宜竭忠报效，若事亲理家，妾请自任，毋劳虑也。"公遂仗策奋行。淑人孝养二亲，综理内政，奉宾祭御，僮仆井井有序。自是公无内顾，得以肆力行阵，数树功勋，官累超擢。每遇公出征，必再四劝勿妄杀，务存阴骘，故公全活甚众，淑人内助之力居多。及际平时，享有厚禄，荣膺诰封，虽居富贵而薄于自奉，惟延师教子、赒恤贫乏，虽重费不惜。二子文武具备，淑人教戒所致也。故人叹母仪妇道，惟淑人克全之，乡党以为仪则。一日疾病，语信曰："子荷国恩，身膺重寄，忠爱之心，能终始不渝，吾瞑目无憾矣！"言讫而逝。

淑人生前元壬寅七月九日，卒大明正统十年正月十五日，享年八十有四。子二，长恕，袭父职，早卒；次镇守公也，咸孝友忠义。女四，长适千户马亮，次适千户常清；次适千户马真；幼适孙真。孙男二，昶、昂克世其家也。孙女六，长善宁，在室；次善友，适指挥赵宗；次妙缘，适指挥刘曾；静明、寿长、玉宝俱幼。

呜呼！淑人生世德之家，遭太平之世，克相其夫，保有禄位，终以寿考，其荣至矣，是宜铭。

铭曰"柔惠之德，出乎天性。克配名将，积有余庆，笃生令子，忠孝贤良。守镇畿甸，邦家之光。猗欤淑人，流芳千古。贞石有铭，永贲斯土。"

正统十年岁次乙丑，二月吉日，孤哀子陈信泣血立石。

求古生窦芳镌字。

志文之撰写、书丹与篆额皆为正统十年（1445）时职任通州官员所为，此乃志文罕有者。志文主要记述陈信母亲淑人张法妙识大体顾大局，支持其夫陈敬参加燕王朱棣"靖难之役"，且善理家务，教敬双亲，使夫无内顾之忧，又其虽富而俭，舍财拯困，教导子女有方，使文武双全。临终之前尚嘱儿"忠爱之心能终始不渝"，真乃通州古代德才兼优之女性典型，今人可学习发扬之。此外，志文告诉今人，明时通州还别称"通郡"；又陈敬为通州定边卫指挥使，为燕发动"靖难之役"而肆力行阵，数树功勋，且遵妻意不妄杀戮。即为通州望族，又是通州名人，然史志无载，此志文补缺。

明处士傅钦墓志

1995 年 3 月出土于通州新城西门外南侧建楼施工中。由干部刘瑞银收藏于院内，小贩几次高价收购，其不卖，于 2003 年 12 月交与文物管理所。一合，叶青石制。志盖横 54.2 厘米、纵 55.5 厘米、厚 8 厘米，正面纵刻玉筋体篆书题额 3 行，行 3 字，为"明故处士傅君墓志铭"；志底横 53.8 厘米、纵 54 厘米、厚 9 厘米，正面纵刻小楷志文 23 行，满行 26 字，首题同额。文曰：

明故处士傅君墓志铭

赐进士第、翰林院国史编修乐平程楷撰文

征仕郎、中书舍人、直内殿东吴杨全书丹

征仕郎、中书舍人、直内阁余姚徐鹗篆盖

弘治甲寅四月十有四日，处士傅君以疾卒，厥子既殓如礼，犹虑平生之德久而无闻，乃走京师求予文，用垂永久。予辞弗获，遂按状序而铭之

序曰：君姓傅讳钦，其先本河南柘城县巨族。曾祖成，妣任氏；祖聚，妣李氏；父讳受，妣杨氏。生君兄弟三人，伯铎，季镜，公其仲也。

自幼仪容俊伟，器宇不凡，众咸期以运大。及长，适承家道丰亨之际，历练老成，卓然有立，贸易辛勤，筹画多中矩度，用是家以裕，通州称富族，亦在屈指焉。天性孝友，事父母曲尽其道，务欲得其欢心。遇兄弟甚友恭，凡饮食衣服相均始喜。厥后求析居，禁弗能止，遂让祖产，别置数屋以居，尝亦顾恤弗厌。堂弟，通州百户，具礼待之若镜然。以抚爱教诲浩者，施于侄。他如接亲朋以敬，御臧获有恩，未尝简傲于人。尤好善事，闻造桥梁、修道路者，捐资以助。或有饥寒困急、求救于君，乐赒恤之。及卒，远近闻者莫不悲哀弗已，盖伤君子之永决也。

距其生永乐甲辰六月初九日，享年七十有一。配胡氏，名家女，克尽妇道。子男一即浩，善于干蛊，足承父业。先娶冯氏、蒋氏、王氏、俱先卒；继娶石氏，女二，长适杨浚，次适王善，皆良家后秀。孙男一，曰棋，王氏出。

浩等卜以九年九月初三日，扶枢葬于新城西门外永贵屯之原。

铭曰："继父美善植家，教友仁惠众所嘉。呜呼傅君今已矣，令名垂后永光华。"

志文主要记述处士傅钦承厚业，但不骄奢，仍辛勤劳作，用心筹划，

使家愈富，而通州有名，敬长爱弟，不计较家产，尤乐善好施，建桥修路必捐资而助，周济贫急不后，富中华民族传统美德。志文告诉今人明代通州西门外有永贵屯一村，对《通州志》载此屯作出具体方位提供见证。

明孺人朱氏墓志

1986 年 4 月出土于永顺镇后窑村西耕地中，筹建北京财贸职业学院施工时发现，文物管理所即时收集之。一合，均汉白玉制。志盖横61 厘米、纵 62 厘米、厚 9 厘米，正面纵刻玉筋体篆书题额 4 行，行 3 字，笔法大气有势，为"明故宁母朱氏孺人墓志铭"。志底横 62 厘米、纵61.5 厘米、厚 9.5 厘米，正面纵刻小楷铭文 29 行，满行 32 字，首题同题额。文曰：

光禄大夫、柱国、太子太保、户部尚书兼武英殿大学士、知制诰、国史、经筵官京口靳贵撰

赐进士出身、承事郎、刑科都给事中信阳张云书

赐进士出身、文林郎、贵州道监察御史邑人张钦篆

正德六年辛未，盗起畿甸，遂入青、齐境，城守率破，或弃而遁者不可数。德州，南北要冲也，而独免于患，盖知州事宁君河有捍卫之功焉。予闻而壮之，且自多予识。河于礼闱取之，乃奇伟如是。今年春，河将葬其母孺人，特持中书何君景名状来乞铭，又知河之所以能立，亦由母之贤训且励之者有素也，铭之可辞哉？

按状，孺人姓朱氏，其先山西稷山人，国初，从戍定边卫，因家焉。父曰旺；母王氏。孺人年二十归于溧水知县宁公贤为配，事舅姑曲尽孝敬，门内之事经纪有法。溧水为士时，夜读书，孺人必以女红相之，率至夜分不倦，又时时蓄旨羞，以俟供具。及登成化辛丑进士，令溧水者四年，既以御史召矣。而病，乃不起。孺人见子河过哀，辄慰之曰："汝不忍汝父耶？母徒以哀伤为也，汝恢汝父遗业，图惟显扬，则汝父虽死犹存也，斯其为不忍也大矣！"乃为延师，授以经义，而自理其家，曰："吾不分汝志，使汝精其业可也。"见河慷慨多交游，常喜而供其所需，又谕之曰："吾不患汝交之不广，患汝不善交尔。"

溧水有友主事杨奉春，早死，而其父老，无所于归，溧水有心许殡之。而杨老之终也，顾及后于溧水，孺人召河谓曰："此汝父之志，弗可□也，汝率殡焉。"

河举弘治乙丑进士，授户部主事。会逆瑾用事，谪临漳知县，寻迁德州知州。复迁河南按察司佥事，兵备信阳，迎养孺人于官。二年，孺人老，疾笃，河乃疏病扶侍以还。孺人疾且卒，犹语河曰："吾见汝父之成矣，又见汝之成矣，今汝子之成又可冀，吾死何恨？汝单嗣，菹家守身，毋失恩教，毋轻夜游，毋纵饮，毋忘故旧。吾殁之后，毋饭僧作佛事。"言竟乃绝。嗟乎！孺人之所以教其子者，谆谆皆义方语，而临绝之降，言不失正，尤为难能。《诗》所谓"女士者近之"矣！河之成也，岂不宜哉！

孺人卒正德十年十二月十二日，距其生正统十四年正月二十九日，享年六十有七。子一人，即河。孙五人，曰平、曰中、曰半、曰巾、曰干。以三月十五日，葬于通州进士坊迤道之原。

河所至，能举其官，中书君尤称其信阳之政，其言固不诬也。铭曰："维识之卓，纳子于学。维守其确，起家于索。无成有终，坤道则然。维母德之全获禄于天。母也有子，维母之似，为时吉士。"

志文主要记述明河南按察司佥事宁河之母孺人朱氏曲尽孝敬，治家有法，夜伴夫读，终得功业。在夫死儿悲之时，为儿延师教授，且鼓励交游正士，信守诚诺，使子进取为官，忠于职守，表明家庭教育之重要。此外，志文述及洪武时朱氏从父来通州定边卫戍守事，也表明当时戍兵可带家属，也可在戍地定居。朱氏临终前，叮嘱其子不要"饭僧作佛事"，见解卓远，非俗士之见，今仍掷地有声。同时，志文告诉今人明时通州进士坊在州城北关，乃研究通州历史地理之难得史料。通州人巡城御史张钦（后改张钦）《闭关三疏》，阻拦明武宗出关游赏声震朝野，而不知其书法若何，志额篆书气势磅礴，功底之厚可知，字如其人。

明安人孟氏墓志

1986 年 8 月出土于今永顺镇前上坡村南通惠河北畔，文物管理所即时收集之。一合，志盖为汉白玉制，横 61 厘米、纵 61.5 厘米、厚 11 厘米，正面纵刻玉筯体篆书题额 4 行，行 3 字，为"大明封安人汪配孟氏之墓"；志底为艾叶青石制，横 62 厘米、纵 63 厘米、厚 11.5 厘米，正面纵刻小楷志文 31 行，满行 33 字，首题为："封安人孟氏墓志铭"。文曰：

封安人孟氏墓志铭

资善大夫、礼部尚书、前翰林院学士、经筵日讲官、同修国史太仓毛澄撰

赐进士、资政大夫、户部尚书、奉敕提督京通等处仓场古雄侯观书

赐进士、资政大夫、礼部尚书、掌太常寺事、侍经筵官保定刘恺篆

山西左布政使汪君仁甫，将葬其妻孟安人，以墓铭见属。仁甫予同年，铭安人之墓，予实宜。乃按其姻、陕西右布政使许君德新之状，叙而铭之。

安人姓孟氏，顺天蓟州人。世有隐德，讳富字思礼者，以出资赈济，锡冠带，是为安人之父；母于氏。

安人生有令质，性真言讷，在室时诵《内训》诸篇，悉能通其义。壹是，女红出其手，靡不精致。父母并爱之。

仁甫先腾骧左卫百户涵庵府君，与思礼翁相友善。两家子女甫数岁，婚议已成，故安人归于汪。先是涵庵丧其配胡安人，入门事涵庵暨继姑金，曲尽孝敬。已而金又逝，事再继姑戚，一如事前姑无少异，盖屡私出奁具，易甘旨以献，维恐其舅姑知也。礼遇族姻，不吝捐服，饬以周恤穷迫。仁甫言行少愆，正色直谏，及举进士，为刑部主事，安人以仁甫专治《易》，乃检《易·大象》辞有及刑狱事者，诵于侧，请力行之。仁甫考三载，绩，安人获授敕命。论者曰："是无忝于敕诏矣！"

舅姑终天年，居丧尽礼，凡祭奠必躬治馔具，未始一令婢妾代。自以屡孕不育，俾为仁甫置侧室，既得子，视如己出，昼夜不免于怀者。余三年，其子长，亦不自觉其非安人出也。

仁甫为福建佥事，御寇漳南，安人属以无妄杀。师旋，将士献俘，仁甫察其中有枉者，将为辩之，稿半，挠于他事，思弗克专，安人请谢事完稿。由是，诸被枉者皆得释从。仁甫历官四方，所至，密防内外仆从，使不得交通；遇出巡日，亲校诸子学业，稍违课程，辄加诃让，诸子畏若严师。久之，学皆向成。

初，涵庵没，仁甫未有子，弟世麒例得袭父职，为其有志举子业，冀以文显，故已其事者数年。后卒用安人言，俾世麒袭。寻中武举，升署副千户，又以武功升指挥佥事，原世麒克臻兹始，虽由其兄仁甫之公，亦安人启之也。

安人以正德庚辰正月二十日卒于晋□，言今距其生成化丙戌八月十有八日，得年五十有五。子男五，文腾出侧室王氏，文月率、文腴、文胤，出侧室高氏；女一，亦王氏出，适儒士宁平。

安人之卒也，仁甫持朝正寓京师，至讣，使迎期丧还，遂以其年四月二十有八日，葬于都城东清安屯祖茔之次。

铭曰："女妇之难，维德逮下。樛木在诗，式征王化。显显方伯，得是令妻。维其大者，不愧斯盅。子孙蛰蛰，母仪秩秩。教之诲之，以成以立。以仍以云，罔匪厥勋。维德多有，尚考于文。"

志文主要记述孟安人以中华民族传统美德约束之，孝敬长辈，精于内务，且能舍财济贫，宽容大度。尤其可嘉者，能正色劝谏其夫勤学上进，以古籍告诫其夫，不妄杀无辜，在夫出任之时，严防家人交通毁誉，教子若严师，学皆有成。其品德才艺均需承扬。此外，志文告诉今人永顺镇岳庄一带，明时乃清安屯所在，为研究通州历史地理提供重要史料；又汪仁甫《明史》及通州志无传，此志文可补其缺。其应为通州历史上名人。

明进士宁平墓志

1987 年 5 月出土于永顺镇卢庄村北，文物管理所即时收集之。一合，汉白玉制。志盖横 53.5 厘米、纵 49.5 厘米、厚 8.5 厘米，正面纵刻玉柱体篆书题额 4 行，行 3 字，为"明故乡进士儿宁平墓志铭"；志底横 51.5 厘米、纵 52 厘米、厚 9 厘米，正面纵刻 26 行，满行 31 字，首题同额。文曰：

明故乡进士儿宁平墓志铭

儿讳平，字子衡，系出山西稷山县，从祖戍，占籍定边卫，因卜居通州内西北隅璧湖，遂以"璧湖"自号。

六岁能围棋，其取舍於方罫间，若有神授之者，七岁而知名，当路少师西涯李公、邃庵杨公，召至京师，据枰对垒，与语终日竟无止，长语蔪然，见头角二。公谓"宁氏有子矣"。冢宰乔公，亦善弈者，时常闲儿为平齐小友云。乃偕都御史陈公作伐，为山西右布政使汪公获麟婿，父长就文事，不烦提命治诗，迎刃缕解，微奥靡所不谙。作举子业，烺烺然而自得其骨綮，百家子史无不辩博。赋性慷慨不羁，喜谈论往牒世迹，海内名人魁士多乐与之游。与弈者无不敛走，而弈誉独先浃天下。

正德九年，随予宦游汝南，适崆峒李公谢政，自江西至，儿喜曰："我欲斯人至矣"。留客新野三月，先秦、汉、唐诸大家诗文，究极殆尽。李公将成行，谓予曰："令器平子，所得其始"。庶几乎，比有作，绝钩棘轧苗之体，而与世□□，汉唐大家家法有默契焉。

嘉靖元年秋，应提学御史王公选甚重器之，补州痒。一日，甲子员以书领顺天府乡荐。癸未不利，复以诗就丙戌，已丑，又不利。儿默然久之，曰"有是哉？有是哉？命也！"

辛卯五月十五日，衣冠挟刺而出体干，颜其眉宇清丽而□□，迥出风尘之表。予见而私喜曰："儿他日不知何如，其远到也！"至夜分醉归，遂痰迷不可药。十七日，卒于正寝。

予意，予祖予父，皆积学能举进士弟，儿蕴藉倍倍矣，今若兹果，命耶？果安享荫下而不识艰辛耶？果予居官不通关节所致耶？皆不得而知也。

夫功名外物，死生常理，无庸惜也。惜其父乎之情未尽，而予□者不得儿□之士也。呜呼！苦哉痛哉！终天之恨，可胜言哉！

生弘治癸丑，得年三十九岁。生母张氏，先逝儿二十五年。继母仇氏、顾氏、刘氏，生弟八人，曰中、曰□，通痒生，□感寒疾，近卒；曰申、曰斗、曰车、曰牛，皆有向学望；曰千、曰甲，尚稚子，一□曰目。

女一人，曰兰姊，皆汪氏出也。

有诗文及举业，皆散失，不忍整齐，以遗留焉。□□嘉靖十七年二月二十八日，将葬于蓟州西花乡许家台平角山之阳。故忍□□□掇拾儿之绪□□□。

铭之曰：□□□卒。嗟嗟吾儿，昌垢弗谖。靡赋弗减，靡识弗蓄。□□□纶，蓄□弗□。□□□□，□□□□。□弟有子，以似以续。厥后克昌，□儿是嘱。

志文为其父宁河所撰，主要记述宁平六岁能下围棋，具为高手，为当时文武大员所喜所敬。刻苦好学，博精百家，但多试不中，饮醉而亡。其父痛悼不已。亦有诗文，然散遗民间。志文述宁平幼小围棋"若有神授"，艺浃天下，可谓神童，此可补通州史志之缺。此外志文告诉今人西海子公园湖水，明时称碧湖。

明山西布政使司右布政使汪获麟墓志

1986 年 8 月出土于永顺镇前上坡村南通惠河北畔，文物管理所即时收集之。一合，汉白玉制。志盖横 77.5 厘米、纵 78.5 厘米、厚 11 厘米，正面四边阴刻条形水波纹，内纵刻玉筋体篆书题额 6 行，行 5 字，为"明故中奉大夫、山西布政使司右布政使、进阶资善大夫汪公墓志铭"；志底横 78 厘米、纵 78.5 厘米、厚 10.5 厘米，正面边框纹饰同盖，纵刻小楷铭文 35 行，满行 45 字，首题同题额。文曰：

明故中奉大夫、山西布政使司右布政使、进阶资善大夫汪公墓志铭

赐进士及第、嘉议大夫、南京吏部右侍郎、前翰林院侍讲学士、经筵讲官兼修国史汉阳李廷撰

赐进士出身、嘉议大夫、通政使司通政使、侍经筵、前兵科都给事中东瀛张瓒书

赐进士第、嘉议大夫、太常寺卿、掌鸿胪寺事、侍经筵、前贵州道监察御史合肥魏境篆

公讳获麟，字仁甫，初号薮东，后号潞澳，晚更号郊居。上世为河南颖州人。八世祖涓，为山阴助教，因家焉，故今为浙之山阴人。自助教公已下世，遭兵燹，谱牒散佚，盖靡得而详矣。曾祖贵，国初

卒戍；祖友，以功嗣为通州卫百户，封昭信校尉；父海，以才调腾骧左卫。母胡，封安人。

初，公将诞之夕，腾骧公见一兽若麋然，鳞角峥耀，入室不见。已而，公生。及生，果头骨隆起，神彩异常，昭信公见而奇之，因名之获麟，且语腾骧公曰："是儿必大吾门！"

年甫十一，腾骧公即命习举子业。成化丁酉、庚子，以春秋经应顺天乡荐，连弗利。后闻临清李循古先生精于易，乃改习焉。已，复从黄门夏先生游，学益邃，同辈推服。

癸卯，选充京卫武学生。弘治己酉，顺天府乡试，中式。癸丑，登毛澄榜进士，观政户部。甲寅，授刑部贵州司主事。丁巳，丁腾骧公忧，庚申服阕，改刑部山西司。辛酉，晋本司署员外郎，壬戌，丁继母戚忧，甲子服阕，改刑部广西司。乙丑，升福建佥事。

正德丁卯，入贺万寿圣节。己巳，升河南右参议。壬申，升山西副使，整饬雁门等关兵备，寻升山西左参政。丙子，升广东按察使。丁丑，升山西右布政使，阶中奉大夫。辛巳。以老疾乞归于是。

公年六十矣，公为人老成端雅，言动弗苟。事腾骧公及母胡、继母戚，皆以孝闻，乡党重之。

其在刑部，详于讯谳，慎于操持。大司寇闵公委勘章疏，声称籍甚。为员外时，持节册封唐府，清介之誉蔼于缙绅。为佥事时，漳南盗起，盖丁卯春也。明年，广寇迸掠，漳、泉势张甚，镇巡复檄公往。公至，则已知擒其魁宿，余皆抚，地方洁清。是后也，凡斩一千二百余人，降五千七百人。韩御史上其功，例当进二等，会逆瑾擅权，鱼肉衣冠，而公又不为之地，丁兵部但赐彩币白金而已，人莫不为公诎，而公名乃益重矣。

先是，漳、泉之扰也，南、靖诸邑居民，率多避乱府城。参政某、都指挥某疑为贼，与恐其内应，悉捕系之，将献俘焉。俄参政某以它事去官，公即力辩于镇巡，且奏之词，竟皆释去，然瘐死者已三之一矣。又一侦事者，籍漳、泉若干人，主名诬与贼通，或欲尽诛之。公廉知其枉，即取籍焚之曰："人命至重，况戕良民，以快仇人耶？"用是，诸郡邑皆生祠公曰："微公，我等无今日也！"

为布政时，会毅皇帝西巡，诸权幸骄横，且需索亡虚，时镇巡委公供顿。公一一而办，上下称之，盖公素号'有干局'。又济之以勤，辅之必慎，故所在赫然有声。其活阅心无辜诖误之功，尤为卓伟，顾才未究而遽休。寿未至而遽卒。晚年虽以诏进阶资善大夫，论者犹以为未尽食其报云。

"公生于天顺壬午十一月一日，卒于嘉靖庚寅正月十日，年六十有九。元配孟，有贤行，先公十年卒。子五人，俱侧出，长文腾，州学生，娶尚宝卿刘君用陟之女；次文膘，娶金宪贾君启之之女，卒；次文滕，娶都宪许公德新之女；次文脾，卒；次文胤，幼。女一人，嫁宁金宪伯东子举人平。孙女一，幼。

"兹文腾辈将以公卒之年十一月初十日，合葬郡城西永贵屯之原。

"乃先事介南京太仆少卿张君伯含，衰经予门，持其所自为状，请予铭墓。公与予大人曩为司寇，属相爱，而予又辱公知。铭恶可辞？

"铭曰：'维人之生，厥有攸征。呼嗟汪公，麋非其形。出为世瑞，厥立铿訇。处弗失已，与道而亨。潞河洋洋，天秘厥灵。百世之下，□□□铭。'"

志文主要先叙汪获麟简历，后重点述及其忠厚端雅，言动以德，为官严慎诉讼，清廉耿介，不踏权门，任劳任怨，辨枉排敷，救民于火，功绩卓伟。乃古代贤臣，通州历史名人，而方志史书无载，此志文可补之。

明定边卫指挥佥事王克柔墓志

1988 年 5 月出土于通州新城西门外科印厂中。文物管理所即时收集之。志盖无存。只志底一方，艾叶青石制，横 61 厘米、纵 60 厘米、厚 9 厘米，正面纵刻小楷铭文 25 行，满行 30 字，首题为"明故恩荣定边卫指挥佥事纯王公墓志铭"。文曰：

明故恩荣定边卫指挥佥事纯王公墓志铭

赐进士出身，翰林院侍讲，校正国史御文、经筵庐陵前冈胡经撰

赐进士出身、翰林院右赞善兼检讨、慎修圣御文丰城勿斋郭齐颂书

赐进士出身、承德郎、礼部祠祭清吏司郎中、前翰林院庶吉士南昌蒙溪张鳌篆

恩荣指挥佥事临晋克柔，既卒期月，子佩持章、大理寺评事甫状来，速予铭。嘉靖庚子二月二十一日，将归葬新城西门外祖原。於乎！予尚忍铭吾克柔也哉！

初，正德时，未遇春官，复庐陵过通州，馆其家，实相好矣。未几，嘉靖已丑举进士，往来甚殷。克柔曰："何以教我？都城乡先生，悉友其德，复何言？"公乃勤乃俭，振振家声，利用安身，一毫无苟，贸易南北，驾舟江湖。识者贫乏，罔不周给。病者延以医，死者济以棺。若有过，受谏无难色，且笃好诗书，日亲贤士大夫，广求名公集，以训厥子。贤哉！予以南下过州中，会克柔，蔼然故旧之情，自是不相值者几十年，始知克柔授厥官矣。立心如初，敦仁裁义，咸知其志之有在，将用而未艾也。公去年自南来，家愈兴，心益下，福履绥之，无乃昌厥后乎！予史事既闲，忽得克柔讣，伤悼不自禁，因而哀之，於乎！予尚忍铭吾克柔也哉！报者告以疾，终卒于正寝。方卒时，厉子佩曰："汝其克家儿耶！愿务若吾风，朝夕勤学，志远大，汝励之，庶吾死瞑目于地下！"

於乎惜哉！公讳刚，字克柔，别号纯。性和厚睦成，重重友朋，抚群下以恩。籍山西临晋世族。父讳能，号拙山，后徒役顺天府通州定边卫；母李氏，生子刚，至正德甲戌，遇例荣以官，娶席氏，生女一，适通州卫官舍马云；娶李氏，生子一佩，生女一，未聘。李氏先公卒，复娶陈氏，生子一，始四岁。佩业儒，受学于吏部文选司主事李大魁，遂入通州痒生。

克柔卒，实以嘉靖已亥闰七月初八日已时，距其生成化已未十二月初四申时，得年六十五而已。於乎惜哉！

铭曰："赋尔天德，毅然自强。奉而不骄，谦而弥光。於乎先生，名存不朽，嘏祉其永昌！"

志文除叙通州定边卫佥事王克柔家世及志文撰写、书丹、篆额者外，主要记述其考取举人后勤俭持家，从商致富，驾舟江湖，沿运河往来南北，不苟取一毫，凡遇贫者则施济，遇病者代请医，善于教导他人与子女，敦仁好义，谦虚和蔼，并且笃好诗文，广求名人言语以训导子孙。临终前，尚教子"朝夕勤学"，立志远大。此等品质作为，今实可风。

金通州西道院宗主大师省诠塔记

1985年7月出土于通州城西海子公园西门外迤南处，因当时建商业街西侧楼房，于通州旧城西垣台基上发现，工商局主管工程工作人员王文生予以保护，上交县文物管理所。未见幢顶，仅见幢身与座，汉白玉制。身大八角直柱体，高72厘米。八面刻文，其中2面纵刻楷书题记13行，满行23字，首题为"大金国中都通州西道院宗主大师塔记"；余6面纵刻梵、汉相对译读文之《佛顶尊胜陀罗尼》经文。凿蚀较重，字体秀劲。题记曰：

大金国中都东通州西道院宗主大师塔记

师讳省诠，潞县南古村人也。俗姓王氏，自童幼间志乐出家，礼龙兴寺僧惠广为师。三十岁受具，遂乃躬亲师友，游历访安次于西道院匡宏为正。二十年间，□□□方未并□隐。大安元年十月二十一日身故，年六十一岁。门人□济奴，特慎选吉辰，钦修孝已，收其遗□于十院□，营建□塔一座，以尊胜陀罗尼神咒，祚凭圣力，资荐觉灵，恒游祇树之园，远证普提之果，祈之巅矣。深公长□谓之。

赞曰："诠公大师，至性孤洁。行若冰清，□如秋月。镜智见前今，森罗齐观。发真归源今，佛眼谁窥？夜来数阵催花雨，匝地□风□衣。"

法弟智学、院主智深、智元、智举、弟子定严奴。

大安二年三月初□□，水□德升书丹，高德用刊。

题记告诉今人，金时将辽代潞县县城西垣自今通州宾馆前路，西扩至今商业街处，作为州城，表明明洪武元年孙兴祖督筑通州旧城时，其西垣是在金时州城西垣重修；金时通州城内西北角高梁河东支故道幽美风景处，曾有一座释教庙宇西道院，且建有塔，史志无载，此题记可补缺；记中言省诠大宗师俗姓王，乃"潞县南古村人"，"古村"即今马驹桥镇"古庄"，表明古庄历史悠久和演化，还表明在金代，今马驹桥一带乃潞县辖域，非潮阴县所辖，记中言省诠大师出家时拜"龙兴寺僧惠广为师"，表明龙兴寺在金时已建，《通州志》载其在"潮县田阳"，即今马驹桥镇西田阳村，两相对照，可知金时潮县西界应在今西田阳与古庄二村之间，为今人研究通州历史地理提供重要史料。

此外，梵、汉文相对译读经文甚为少见，为今人研究部分梵文读音提供实物见证。

通州石道遗址

自通州八里桥北端起，过桥东折为京通快速路，至北苑环岛东南折，入西关大街、中山大街至西大街东口北折，过新华大街入北大街，至北城遗址北侧至石坝码头；又东大街至石坝码头，此等路与街下就是通州石道遗址，沥青路面下即为雍正间铺、乾隆间重修之石道。

通州石道于清雍正七年（1729）八月兴工，次年五月竣工，西起北京朝阳门，东至通州新城西门，长5588丈（约合18.63公里），宽1.5丈（约合5米）；又自新城西门向东修向西仓西、北门和中仓北、东门与土、石二坝码头，共计1052丈（约合3.5公里），宽1.2—1.5丈（约合4—5米）。且于路侧栽植枫、楮树，每至秋季，绿叶变红，遂乾隆有"白云红树通州道"之句，因此路铺设时紧草率，又兼运输任务繁重，到乾隆二十二年（1757）时，已坎坷不平，故予以拨帑重修，夯基整石，二十五年（1760）告竣。民国七年（1918）。京兆特别区赈修此道，拆除大黄庄至通州石道面石，上撒石屑，宽6米，两侧马车道各3米。民国二十九年（1940），日本为加强掠夺华北物资与便于侵华军车行驶，复改修为柏油路面。解放后曾予重修。

1995年修京通快速路，于八里桥北、东之旧石道处，出土不少各种岩石路面石块，长短薄厚不一，长者180、短者94、宽65、一般厚25厘米，面有车轮痕。清乾隆四十五年（1780），清高宗70寿辰，朝鲜贡使率团前来北京为乾隆帝祝寿，著名学者朴趾源随团来防，沿途将所见所闻记其日记道："自通州至皇城四十里，铺石为梁，铁轮相搏，车声益壮，令人心神震荡不宁。"可见当年石道上运输情景。

此道本为土路，乃京通间一条古道，创始于元代张瑄督海运至张家湾再陆路转运漕粮至大都之时，形成于明前、中期通惠河时淤时通之期。雨雪日泥泞难走，晴风日尘埃漫空，交通运输极为艰难，遂雍正帝下令改修石道。环境大为改观，促进了北京建设与繁荣。

黄亭子

■ 任德永

　　通州作为京杭大运河北端的重镇，给后人留下了许多文化遗存，建于通州城外的黄亭子便是其中之一。

　　今 60 岁以上的老通州人，都知道东关有黄亭子一座。查阅史料，在光绪（1883）版《通州志·卷首·城池图》中，只标有"黄亭"二字；在《光绪顺天府志》内，也只提及通州每年"修龙亭银五钱"，但具体位置古籍并未有明确记载。今走访通州不少老年人之后方知端倪，现整理出来，以便为深入挖掘运河文化遗存，服务当今社会，且待抛砖引玉之效。

清代通州城池图

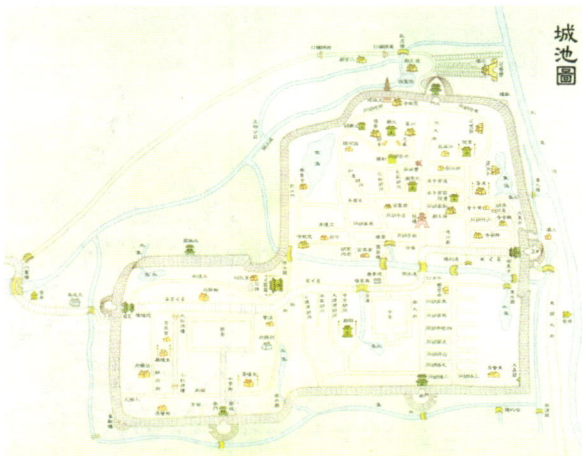

黄亭原址

　　关于黄亭的确切位置，因该亭灭失较早，史书又没有留下确切详实的文字，老通州人也只知道在东关大桥以南、运河西岸这样一个大概方位。对照光绪版《通州志》中图示，黄亭也只标注在东门外迤南。但老人们说法较多的是，黄亭在东关大王庙的东面。大王庙又称蛤蟆寺，因其两山墀头（戗檐砖）各镶嵌有一只蛤蟆状雕饰而得名，而其址就在今北京橡胶十厂院内，则黄亭就在该厂东墙外河边了。

还有少数老人说，黄亭位于大王庙以南，今江米店附近。

黄亭到底在哪？笔者以为，黄亭在东关大王庙的东面。即今北京橡胶十厂院东河边较为准确，因其位置与古图标示及多数老人说法相一致。

为何称为黄亭

我们知道，自明嘉靖七年吴仲将通惠河口调到通州城北门外以来，漕粮与百货沿运河可直达通州城下，从此通州更加繁盛起来，各种建筑也迅速增多。按照当时建筑规制，只有皇家建筑才能使用黄色琉璃瓦覆顶，黄色在古代是皇权的象征。而老百姓，则只有经过御准，才能使用黄色琉璃瓦顶。据考，此亭之北，运河上建有浮桥，史称东浮桥（今东关大桥处），清代帝王去东陵祭祖必

黄亭子

经此桥，时或于此亭下小憩等。可见，黄亭之所以称为黄亭或龙亭，并被标入史书图中，皆因此故。

黄亭的功用

黄亭除有清代帝王憩候功用外，还有界分漕运码头之作用。明清以来，通州是大运河的北端，运河自通州城北关而南至东关一线，曾建有漕运专用码头——石坝和土坝，两坝之南是运河第一处浅滩，流窄而急。为了确保漕粮验纳入仓，商船不能与漕船争道，只能留在浅滩之南。故在两坝以南，另外辟有民用客货码头。为了明确区分漕运和民运，皇家即在漕运码头与民用码头中间，建立黄亭以示分界。据调查得知，黄亭为四角攒尖带宝顶，黄琉璃筒瓦，高大有皇家气魄，甚为威严。亭内则立碑通告，凡民间客货船只，一律不许越亭北上，只准沿亭以南、运河两岸停船靠岸。

补遗

说起黄亭，不为东关以南运河西岸所独有。

同在光绪版《通州志》城池图上，位于城西八里桥南端东侧，也标有同样黄亭一座，内立清雍正十一年（1733）所立的御制通州石道碑一通。

形同会馆的两座礼拜寺

■ 朱向如

　　清代漕运时期，通州旧东关、北关各有三座礼拜寺（清真寺），都是外来回族客商修建，用来作为休息、歇脚的场所。

　　建在北关盐滩附近的寺，即什坊院礼拜寺，主要是当时来自北方等地回族人聚集的场合。多有张北、承德等地来客，在此商谈、休息并能沐浴、礼拜，履行宗教礼仪。礼拜寺聘请了教长掌教等教职人员，在财务资助，保持寺务正常进行。由于义和团自山东、河北发展起来，经北运河在通州东北关活动，庚子变乱中这座寺院毁于火患。掌教等人被迫进入州城内的礼拜寺。直到清末民初，有人筹资另在牛作坊建清真寺。此时并非原寺的延续，而是当地回民聚居区新修的寺院。

　　建在东关的礼拜寺，亦系后来商贾集资修建的，与原北关寺性质相近，因东关大街近邻货运卸船的场所，是水旱转运的交会处，转运商贾大多是京畿各地来的，亦即当时所谓"析津"，包括河北省附近的一些回族商人。同样作为淋浴、休息并履行教仪的地方，这座寺建于清代中叶，约同治年间重修，家藏《东关清真寺碑记》底稿记其事。

　　"道本清真，明发身心性命之要，理宗元始，阐扬格致诚正之功，故叩拜真宰以进天道。祈福父母以进人道，二道流行，虽上智下愚，向善同归一体，拜礼之功修大矣哉！溯自隋唐以来，吾教始流衍于东土，迄今千载余矣；其间圣帝哲王，或敕建寺宇以崇正道，或嘉言褒美以表清真，是以吾教普行于华域，卓立于千古者，皆敕修寺以宣扬大道耶。通郡东关，潞水之滨，析津众乡末立有清真寺，殿宇微偏，规模又狭，兹于同治癸西（1873）年，众乡末相其基可筑三楹，计其资亦需阡许，捐金以倡，共助同心，其督造全赖□子，□子不遗余力，经营始于春仲，落成告于夏初。斯举也，非徒饰观，乃吾教之人，得此至清至洁之地。遵循其时，笃行五礼，守五圣之功，继至圣之教，询万世不易之典，焉可以不记！因为志其创造之始，增修之美，而并望后之同志者，永久而继续也，是为记。

同治十二年（1873）夏季，重修寺宇将要竣工之际，众乡老对设置万岁牌龛问题有所争议。但终因是封建时期，皇帝驾临过此地，为表示崇敬，仍付诸实施。直至建国前夕，带有歌颂"皇恩"的额、联等物，已形残朽，至清真寺废止时，遗迹无存。

牛作坊清真寺

位于永顺镇新建村牛作坊居民区处。此处回民聚居点乃因元代坝河漕运所致，出卖苦力与从

永顺镇牛作坊的礼拜殿

北关清真寺拆
迁前旧照

商回民至此定居，因俗而建清真寺。明、清时曾予重修。光绪二十六年（1900），通州北关一带回汉民义和团民曾于此操练，且参与杀洋人、烧教堂、抗击八国联军等反帝斗争，遂在八国联军侵入通州后，此寺被洋寇烧毁。次年，北运河停止漕运，但大批商船可以直抵北关一带码头，此处商业发展很快，回民日多，遂集资重建清真寺于旧址，但建筑规模远逊于旧寺。1959年此处为公社生产队装订厂。是寺坐西朝东，为小四合院式，礼拜殿为三间，大式作法，勾连搭二卷，硬山筒瓦顶，前卷为箍头脊，为轩作敞厅，彻上明造，六抹隔扇门各四，后卷为调大脊，七架梁；南北配殿各三间，小式，若民房，硬山仰瓦元宝脊；倒座房三间，中为通道，形制同配殿。后来此寺北配殿、倒座房拆除。2000年是寺仿古重修，旧貌无余，不合规矩。

（朱向如，原北京市中医学校主任医师）

通惠河口卧虎桥

■ 王文续

滔滔的通惠河水，自京城滚滚东流，沿通州北门外原漕运码头——石坝附近，注入北运河。在漫长的岁月里，通惠河每年承担着将几百万石漕粮，运往京城各仓的繁重任务。当年漕舟辐辏，舳舻蔽水，盛况空前，堪称京畿重要的里漕渠道。

就在这通惠河与北运河交汇的地方，有一座单孔石桥。桥面由长约 1 米、宽约 0.6 米的石条铺墁，两侧的石头栏杆的每根望柱上，各雕塑一个栩栩如生的石头狮子，整齐地排列两旁，好像在迎送过往的行人。

这座桥与众不同之处，是石桥的两侧、券洞正中的上方各镶嵌一面虎头石雕，圆瞪二目。虎视眈眈地注视着河水，相传是为防止洪水泛滥的一种镇慑之物。所以老百姓俗称它为卧虎桥，久而久之，约定俗成，卧虎桥广为人们所熟悉，而它的真实名称——通济桥，反倒鲜为人知了。

早年，卧虎桥桥头的东北侧，竖立一座石碑，碑文记录着修造此桥的重要意义，以及建桥的历史原委。直到 1988 年拆除旧桥，拓宽河床时，碑才被推倒运走。桥头的西北侧，原有一眼水井，是提供过往行人、牲畜用水所需。昔日的卧虎桥车辚辚、马萧萧、车水马龙、川流不息，到这眼井取水的人络绎不绝。这眼水井由于人们常年累月用绳子拴的柳罐汲水，日久天长这坚硬的青石井口，竟被绳索磨损出一道道凹陷的深沟。这井口刻下了它几百年间为百姓效劳的功绩，也是对当年卧虎桥车水马龙兴旺景况的纪实。拆旧桥，拓河道水井也已经干涸多年而新建通济桥记碑和青石井口，两宗历史见证，已被区文物管理所予以珍藏。

据《碑文》记述：这里濒临漕运重地，向为交通要冲。但过去一直是架木为桥。每逢汛期这小小的木桥常常圮于洪水。明隆庆二年（1568）秋水泛滥，桥被冲毁，当时过往行人"辄望洋争舟而渡，往往有濒沦者，民咸苦之"。但是因为"艰于财乏，欲修辄止。"耽搁了十载，明万历六年（1578）三月，才由管理通惠河的工部郎中李熹、内监李奉等官员捐俸募资。修建石桥，这个倡仪一经提出，官民"闻风争助"，"于是凿石于山，易木于市，纠工度财"，

卧虎桥（绘制）

仅仅用了两个多月的时间，一座坚固的石桥就落成了。所余资金，又修葺了月城。石桥、月城竣工后，不但有利于保卫漕粮不被残元所掠夺，更重要的是极大地方便了交通，可谓"人无病涉，舆可通行"。因此百姓额手称颂，被命名为"通济桥"。屈指算来，距今已经420多年了。

古老的卧虎桥还流传着几段民间故事：据说明朝奸相严嵩，身为三朝元老，把持朝纲，排斥异己，陷害忠良，压榨百姓，作恶多端，为万民所唾骂，而后终于因恶贯满盈，被皇帝降罪罢官，

查没家产。朝廷赏赐他一只金碗，让他沿街乞讨。黎民百姓对他恨之入骨，多少天来也没有讨到一口残羹剩饭，这个终日美酒佳肴，一饭千金的严阁老，只饿得眼冒金星，寸步难挪，走到通州，饿死在通济桥上。后来人们就称此桥为"饿虎桥"。民间流传的一句："拿着金碗讨饭吃"，可能就源于这个传说。当然从史料考证，严嵩虽然确系获罪被革，但并非饿死街头，而是"寄食墓舍以死"，也就是老死家乡。再从严嵩的生卒年代与通济桥建造时间，也有明显差异。严嵩生于成化十六年（1480），卒于隆庆元年（1567），与通济桥建成于万历六年（1578）早十一年。可见这个故事纯属虚构，仅仅是后人借"卧（饿）虎桥"的"卧"、"饿"两字近似谐音编造的，借以发泄鞭挞奸臣严嵩的心情而已。

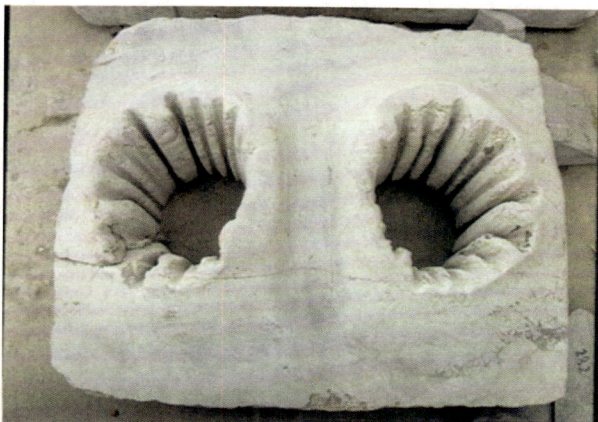

原桥头西北侧的青石井口

另外还有一个较为荒诞的迷信传说：说卧虎桥这两侧的虎头石雕，就像两位威武的卫士，雄纠纠日日夜夜坚守这桥头岗位上，凡是伤害老百姓的魑魅魍魉、山魈厉鬼，如从此桥经过，都要被这两面虎头石雕所吞噬，无一放过。当然这也纯属子虚乌有，但也表明百姓对卧虎桥的一点信赖之情，褒奖之意。可惜众多石狮与两尊"虎头石雕"未能妥善保存，均已下落不明。

经过了几百年的风雨剥蚀，轮蹄经涉，致使桥面条石坎坷不平，交通十分不便，因此于1964年动工翻修。由于十年动乱工程被迫拖延了两年多。1966 年拆除了旧桥，在原地建成一座水泥结构的单孔板桥。

尽管通惠河早已完成了漕运的历史使命，但仍不失为首都城区的主要排水渠道。新的卧虎桥虽比旧桥稍长，但河床毫未拓展，还是紧锁河口有碍河水宣泄。加上旧桥附近河道弯曲，每到汛期冲刷两岸不断塌坡，威胁附近居民生命财产的安全，国家每年要耗费巨资维修。同时旧桥宽仅五米，两端衔接的道路曲折狭窄，交通极为不便。为此政府于 1987 年投巨资，在旧桥东北约 90 米，濒临北运河的地方，另建一座钢筋混凝土桁架三券拱桥。桥长 109 米、宽 15.3 米，是旧桥的 3 倍。旧桥拆除后调直并拓宽了通惠河口，使这条排水渠道宣泄通畅。新桥桥台的两侧、沿通惠河与北运河两岸，各修了近百米的水泥护坡，护坡深筑地下几十米钢筋水泥基础，异常坚固，既保护了桥台，又可防治冲刷河口两岸。新桥东移，不仅桥面加宽，而且两端衔接了宽敞平坦的滨河新路，缓解了交通紧张状况。

短短十年过后，由于经济建设的迅猛发展，原改建的通济新桥，远远不能满足社会要求。1998 年在新桥东侧两米，再建一座与新桥等长、等宽，结构完全相同的"姊妹"桥。这一对桥双双并列，飞架在通惠河口，更加有利于交通的便捷。

"新建通济

明万历"新建
通济桥记"碑

桥记"碑文：

新建通济桥记

通州北门月城外，旧有板桥。隆庆二年，秋水大泛，圮。□□□□假□而济（以）入于市，辄遇水势漫溢，辄若望洋争舟而渡，往往有濒沦者，民咸苦之。所司□□□艰欲重置之，（而）艰于财乏，辄止（之）。太原李公董通惠河事，乃心国务，不规劳怨，比至一切废堕，悉□修□若修筑皇木厂之环堵，树建竹木局之廨宇，此其绩之彰彰（者）明，大有利于（官）（家）者也。□悯斯桥久湮，而（又）（思）所创之。会农曹总戎、内监诸公，共事斯（止）者，雅意同心。公先捐俸，诸公继焉，而土之缙绅商（氓）之尚义者，具闻风而争助，得金若干。于是凿石于山，易木于市，（纠）工度财，程用计食，逾两月而告成。（以）故人无病涉，舆可通行，民并（利）（之），因名曰通济。表公之功德□□也。（又）（以）馀金，修月城之就圮（者）若（干）丈焉，财无取于他，而厥功峻伟，斯公之大有造于通民也。黄叶仁□□通旧城东北间。运河□带漕艘，云集其下，京储由河，先是转运不前，令暂入号房，或云积衡□以待焉。后虏数犯于我。当事者惧万一深入，不免为虏资，故建月城，以备虏之窥伺。又□小桥以通往来，顷皆废圮，则露积之虞如故，此病不特民生，且移之国计。公予两者具举。桥竣而月城可济，城□而运河益固，脱有虏警，可无资粮之虑矣。其功则又非通之民所尽概也，顾不硕欤！故部尚书（汶）（上）郭公特署公（考）曰：体国本于忠诚，天亦有所□于兹矣。是（役）也，始于万历六年三月，竣于五月中，费金若干。无烦于公私之需而竣之。不（曰）斯□（略）也远矣。公（为）熹举嘉靖戊辰进士，号龙山，山西人。与公首议而绰有茂功者：则户曹郎中顾公显仁、主事曹公维新、侯公世卿、王公学书、吕公子桂、蔡公应科、总戎蔡公勋、内监李公奉，董事而颇□劳，则通州卫千户张□其。捐资而助若工者，例得书于左云。

万历六年八月望

赐进士及第（奉）（故）大夫工部都水□□□郎中（姚）江叶逢春撰

北齐土长城遗址

■ 周庆良

位在永顺镇窑厂村址处，呈西北—东南走向，黄土夯筑，长约150米，基宽15—17米，残高3—5米，残顶宽5—10米不等。坡上杂树丛生，顶上建有民居。《辽史》《通州志略》（明嘉靖版）《昌平山水记》《读史方舆纪要》《通州志》（光绪版）《武清县志》等古籍均有所记载北齐此道长城。

清乾隆间，于今窑厂村东曾出土唐贞元六年（790）"故莫州长丰县令李君墓志铭"，内载李丕葬于"县之南三里，潞水之右"，序后铭曰"屹然孤坟，长城之东"。按：潞水自北而南，文中"潞水之右"即指潞水之西，言李丕墓东侧有潞水。铭所曰意为李丕墓屹立在长城东面。此志记载比上列诸书所记均早数百年。

1983年6月，梨园镇小街村东南约300米处砖瓦厂内，出土一合"平州卢龙府折冲都尉乐安故孙公墓志铭"，序中言孙如玉于贞元十四年（798）葬在"潞城乡临河里"，序文在赞孙如玉墓地风水之好时精彩描述道："魂埋潞川，东有潞河通海，西有长城蓦山，南望朱雀林兼临河古戍，北有玄武垒至潞津古关，并是齐时所置。"文中明确指出：孙墓西侧有一道长城绵延不断，东侧有一条潞河（潞水）直通海洋，此长城乃"齐时所置"。志文后亦有铭曰："临高原兮长岗川，孙公宅地今茔其间"，其中"岗"指孙墓西侧之"长城"，"川"

字指孙墓东侧之"潞水"。与李丕墓志记载"长城""潞水"与墓地之方位完全一致，而两墓地今相距约6公里，可见证唐贞元年间确曾有一道北齐土长城在今通州区内。

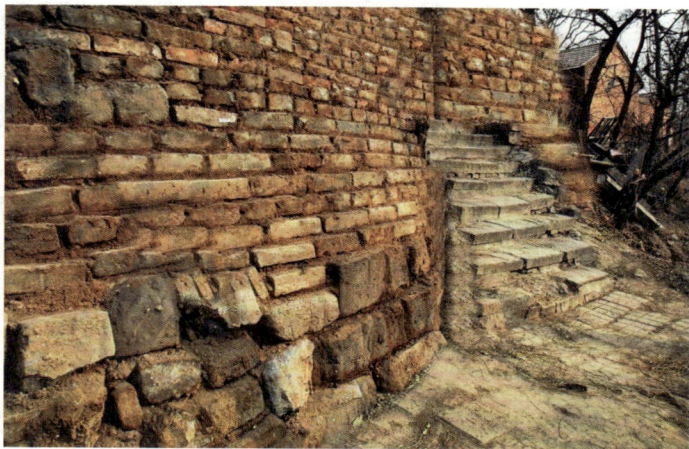

北齐土长城遗址

　　同年，在孙如玉墓北100米处，亦出土一方盖、底合一之"唐故处士南阳公孙府君墓志铭"，志文载公孙封于大历十二年（777）葬于"潞城乡之平原"，序后铭曰"原莽莽兮堑口茔，左潞水兮右长城"，言公孙封墓之左侧有汩汩潞水，右侧有屹屹长城。公孙封乃南阳行溏里人，孙如玉乃乐安郡（今山东惠民县）人，二孙本非一祖，即二孙墓乃两座墓，非一座家族墓，但均载有长城、潞水，且惊人相同。

　　近年踏察知窑厂北齐土长城遗址与二孙墓所载长城乃在一条直线上，其间曾有顾家坡（窑厂村东南过铁路）一段长土岗，继而向东南延伸，在梨园镇北三间房村东边部位有一条形高岗地势，村东北角尚高，亦应是北齐长城遗址，不过较低。

　　《通州志略·舆地志·古迹》中载："长城岗，一在州城北三四里"，"一在州南里，迤逦直达漷县而南，年代莫考。"可知，在明朝中晚期，通州城之北、南两面，皆存在长城，尤其城南者更长，达60里，因撰志时尚未见唐代墓志出土，故志中言长城"年代莫考"。

又，光绪版《通州志》录"北方第一学者"刘锡信《潞城考古录》关于"长城岗"之记述："州城西北四里，有古长城遗址，迤北接顺义，南近通惠河北岸而止，逾河而南，复闲存一段。其址又变而东西横亘，再南为州西门外入都孔道"，此刘锡信亲眼所见之北齐土长城及其走向。其在记述中引用《昌平山水记》言："顺义县西南三十里有苇沟村，村东临温余（榆）河渡，渡南有长城遗址"。又引用《辽史》所载："顺州（今顺义县）南有齐长城，齐天保中所筑。"还引用北宋科学家、奉命赴辽使节沈括所记："幽州东北三十里有望京馆，东行稍北十里余，出古长城。"其考证结论为："今通州长城，迤北接顺义，则即北齐天保中所筑长城矣。"清著名学者刘锡信对北齐土长城之考证，与二孙墓志所载正合。

光绪版《通州志·古迹·长城岗》载："漷县、武清二志俱载境内有古长城，疑昔时亦与此（州城北）相连一云"；紧接又在本栏"长城"条目中载："旧志云'在州南漷县东北一里，南抵武清，北接通州，即长堤之异名也'。因此道土长城左滨港沟河（古潞水、笥沟）而行，俗以之为堤防，故有"长堤"俗称。

明末清初著名历史地理学家顾祖禹在《读史方舆纪要》记述武清县时载："志云：'县西南三十里有长城故址，延袤数百里，相传战国时燕所筑。'"顾祖禹记述"相传"者不可信，但其余所记则与上述北齐长城记述完全相合。

前述可证，窑厂村址长土岗确为北齐土长城遗址，历史价值甚高，乃与嘉峪关至山海关之山间长城截然不同，是与温榆、潞河相依而互相配合之平原长城，为我国博大精深之长城文化增添光彩是为通州区之特色文化。

通州的浮桥

■ 孙连庆

在通州北关外温榆河与小中河上，有两座相隔不远的混凝土桥，它们正式的名称是"北关分洪闸"，但很长时间里，许多人仍然习惯称它们为"里浮桥""外浮桥"，或合称"北浮桥"。那个地方，在很长的历史时期，曾经作为官马大道、朝鲜使臣的贡道和清代东谒皇陵的御道，是北京地区通往山海关以至东北地区的咽喉要道。在建设永久性桥梁之前，在很长的岁月里架设浮桥，以利通行。关于浮桥的有关情况，史籍是这样记载的：明初建都南京，漕运的终点南移，原"北京"改称"北平"。据《明太祖实录》记载，洪武二十四年正月，北平布政使司左参议周倬上奏说："通州白河北接大山诸河水道，东南至直沽海口。每霖雨时降，水涝泛涨，桥梁颓圮，修筑劳民。其通州旧有粮船六十余艘，罢运已久，宜改为浮梁（即浮桥）于白河上，以便经行"。那些旧船是元代漕运的遗存物，现在要用来架设浮桥，这是通州浮桥的滥觞。

清乾隆《通州志·卷之二·建置·关梁》载："浮桥，旧在州东门外罗家口，设船浮白河上。明洪武三十四年巡抚洪建钟建。正统元年（1436）冬，造白河浮桥，以马快船及预备运砖船为之。旧例密云道委千总驻防卫拨军夫十八名，州拨民夫六名看守。万历三十六年（1608）工部员外郎陆基恕悯桥户消乏，檄知州陈随详准，将修桥银量加毫厘，照例派征。每遇修桥年分，请部委官修理。自是桥户纾困。国朝（即清朝）改移北门外水浅处。凡修理桥船经费，请部发帑。额设桥船五十只，本州金派桥夫四十名。每名月给米七斗五升。嗣改为二十二只，分设东西两河。桥夫二十名，每名月给工食银九钱七分五厘。乾隆三十年（1765）奉部准，在'地粮'项下动给。三十五六两年，河水涨发，河岸冲刷宽阔。原设二十二船不敷搭济，加用十八船，雇自民间，颇为不便。三十七年（1772）知州龙舜琴详准，添设九船。将原设二十二船尽归东河，新建九船拨归西河。新船共准销银一千九百二十九两二钱三分五厘；楞檩桩板准销银五百七十五两二钱三分，在'司库大工节省'并'节年耗羡银'内动用。又因新旧三十一船原设夫二十名不敷照应，仍另添夫九名。将二十名工食摊给二十九名。东河二十二船，用夫二十二名；西河九船，用夫七名。桥夫自行议定按月轮流照管。每年九月搭盖桥船，次年四月拆卸。三年大修，十年排造，每年油艌一次。均准届期详领开销。"上述记载十分明白：明初，通州东门外白河上开始用闲置的漕船，以后是马快船和运砖船搭建浮桥。但朱元璋在位只有三十一年，所以"洪武三十四年"这个年号是错的。清初，浮桥北移至北关外，分设东西两座，船数五十只，后缩减为22只。乾隆中期

浮桥现状

河面宽阔，曾雇用民船 18 只。三十七年（1772）添设九船。桥夫由原来的 40 名，减至 20 名，后又增加 9 名。东河用船 22 只，桥夫 22 名；西河九船，用桥夫 7 名。养护制度是"每年九月搭盖桥船，次年四月拆卸。三年大修，十年排造，每年油艌一次。"以上是通州浮桥的基本情况。

通州浮桥是封建时代的产物，当代人谁也没有见过、走过。那么，它究竟是个什么样子呢？在明清两代，那里也是朝鲜使臣进京的必由之路。在朝鲜使臣们撰写的《燕行录》中，有多处关于通州浮桥状况的记载。笔者摘录几则，供读者参考。

清康熙三年（1664）二月，朝鲜国以右相洪命夏为上使，率使团出使中国。朝鲜使臣记述了经过浮桥的情况。时值初夏，头帮漕船已经到来，一年一度的运河漕运已经开始。此时白河正处于平水期，河面平稳，白河浮桥还没有拆去。四月"初六日戊戌，晴。平明发行。行三十里，到夏店中火。行二十五里过烟郊铺，又行二十五里，望见通州。城外上下数十里，帆樯簇立，车马如织。及到潞河，上流以大船作浮桥，而桥上设板。木桥左右络以铁索。与竹索横亘河上，系著两边河头之树，虽水涨无漂流之患。信马以渡，左右沿江，闾阎扑地，市廛相连，人肩相摩，车不并轨。"文中记载，浮桥各船之间，是以铁索相连的，这样的作法使各船相连，成为整体；而整个浮桥用"竹索"固定在两岸的大树上，加强了浮桥的稳定性，并且当发生河水上涨的情况时，浮桥能够在一定程度上保持稳定，保证通行安全。

康熙五十八年（1719）十一月，朝鲜国以右参赞赵道彬为正使，率使团出使中国。使臣们返程经过通州，从城内向北穿过钟鼓楼，在北关外经过浮桥：康熙五十九年（1720）二月"十六日，晴。日出发行。穿过锺阁下，折以北行，出北门到白河。白河列舟河面，上铺板作浮桥。渡桥回望，前过时塞河舟舰尽不见□，沿河一带楼阁层叠，垂柳娜依于烟霭之间，如画中所见。"时值二月，残冬未尽，春风乍暖。使臣们来时白河上千樯万艘的场面不见了，显得空空荡荡，而垂柳才吐嫩叶，柳枝随风飘荡，通州城楼橹壮丽，岸边燃灯塔高耸入云。呈现在使臣面前的，是一幅北国水乡的图画。使臣们完成出使任务，顺利通过通州浮桥，心情愉悦地踏上归途。

康熙五十九年（1720）十一月，朝鲜国以右参赞李宜显为冬至兼圣节进贺正使率使团出使中国。使臣们返程经过通州浮桥，对当时的情景作了文字记载：十二月"到通州江，江水尽泮。联七舟为梁，左右以箪席为扇，画以龙凤龟鹤，五彩眩晃。过一里许，又联十五舟为梁，其形如之。盖胡皇出往遵化州，故如是云。"文中的"胡皇"，即指康熙皇帝。康熙皇帝将要到东陵祭祖，沿路各州县或搭彩门，或彩饰街道，借此表示对皇帝的崇敬。通州白河浮桥彩饰一新，宣示皇威。隆冬时节，寒风刺骨，使臣们千里跋涉，辛苦倍尝。临近通州，见路旁村镇妆点一新，通州浮桥尤其靓眼，这使得远客们精神为之大振。

朝鲜使臣

康熙六十年（1721）十月，朝鲜国以左议政李健命为陈奏兼三节年贡正使，率使团出使中国。使臣们在经过通州时，恰逢黑龙江将军进贡人参车队途经浮桥，又见朝中高官在随员护送下返京，使团中的书状官的记载可谓详细："白河上搭二浮桥，皆横大舰为之。路逢大车十四五辆，上载大柜二三或四五。每车插下黄旗一面，上书'上用'二字。后有押车章京，乘车骑而服橐鞬者二人，前导骑而挟鸟铳者数十人，拥众车而行。云自宁古塔载人参，趁皇诞进贡云。殆无虑累千斤矣。又逢一官，驺骑颇多，问之，云是自北京往山海关，今方回京，而秩二品云。"自黑龙江进贡人参的车队，由一名章京押送。章京，即将军，秩四品。两名亲随，腰带弓箭，另有十余名兵士身挎火枪护卫。又见返京高官前呼后拥通过浮桥，凸显出浮桥作为交通咽喉的重要作用。

乾隆五年（1740）十一月，朝鲜国以洛丰君㮒为谢恩兼三节年贡正使，率使团出使中国。乾隆朝，是中国封建社会全盛时期，通州作为水陆要会、南北物资的集散地，更加繁华。朝鲜使臣返程经过通州时，记述了通州白河两岸的情景："二月十六日阴，洒雨，夕晴。平明发行。由北门桥渡通州，……以船铺水面，椽木铺其上，覆以秫秸杆，而平土为浮桥。"通州的浮桥为多船连接，然后上面先铺木棍树枝，再铺秫秸，上面再覆土，形成一条水上的土道。这是对于浮桥铺设十分真切的描述。

乾隆三十八年（1773）十一月，朝鲜国以乐林君埏为谢恩兼三节年贡正使，率使团出使中国。时值隆冬，使臣们顶风冒雪返回故国，途经通州浮桥："十二月二十八日晴，暄，夜来大风，晓阴，犹不息。初欲早发，未果，爽昧始发。舍通州大路，从西北路而行，不取捷也。左望通州城郭，六谯相距七八里，虽不分明，而可望其宏阔。渡白河，河不甚广，而架船为桥以通行。仲春后，撤桥行船云。过桥六七里，又有河，亦名白河。又渡船桥。"文中所说的"船桥"，即浮桥。对于白河，这里需要多说几句：据光绪《顺天府志卷三十七·河渠志二·水道二·北运河》：自顺义入通州境，"白河既名潞河，亦名露河，为漕河所经，故谓之北运河。又南迳通州西北境小营之西五里，按：入境处在通州城东北三十里。又南六里，迳平家疃西，司漕外委驻此，疃一作滩；又一里，迳关家庄西；又一里，迳小堡西；又南二里，迳沟渠庄东；又五里，迳杜家庄西，又二里，迳刘家庄西；又三里，迳隆旺庄西；又三里，迳石坝东；又一里有奇，迳土坝东；又三里有奇，迳东岳庙东，地即罗家口，亦曰罗家摆，有水拨；又三里，迳流水沟；又三里迳杨家坨西，有水拨；又六里，迳郝家铺西，有水拨；又二里许，迳茶棚东，在通州城东南隅，榆河西北来注之。"乾隆时，白河自顺义而来的河道，流经今龙旺庄至郝家府村一线，西距温榆河五六里。

所以，朝鲜使臣说"过桥六七里，又有河，亦名白河。又渡船桥"。

道光九年（1829）十一月，朝鲜国以判中枢李光文为进贺兼谢恩正使，率使团出使中国。在使臣所记见闻中，依然有对通州浮桥的记载：十二月二十三日，晴。"至燕郊堡午饭，即发，过邓家庄，渡白河船桥，即潞河也。桥制，方舟亘岸，上铺木板，板上覆以糖黍之秆，车过而无声。在车者，莫省其渡桥也。"看来，在道光年间，通州浮桥一直保持原来的铺设方法。也说明，这样的铺设能够保证浮桥顺利通行，所以一直为桥夫所沿用。

通州浮桥存在于明清时代。1935 年春，白河上曾架木桥以代替浮桥，当年夏季被水冲毁，于是仍铺设浮桥。1939 年河北省建设署重建木桥，内桥长 30 丈，宽 2 丈，高 2 丈 5 尺，共 14 孔；外桥长约 20 丈，宽 1 丈 5 尺，高 2 丈，共 12 孔。1960 年，人民政府为提高该地桥梁通过和承载能力，拆去木桥，新建两座永久性钢筋混凝土闸桥。但"浮桥"的称谓年深日久，流传也很长远。

烽火岁月

八里桥之战

■ 李建军

19世纪中叶，伴随西方资本主义国家经济的迅速发展，其对外侵略扩张日益加剧。清咸丰四年（1854）和咸丰六年（1856），英、法等国向中国提出"修约"要求，企图攫取比《中英南京条约》更多的特权，遭清政府拒绝。于是，英、法在美、俄支持下，先后派兵入侵广东和天津大沽。咸丰九年（1859）6月，英法联军在大沽惨败，英、法政府遂决定进行大规模的报复。咸丰十年（1860）7月，英法联军1.7万余人自北塘登陆，攻陷大沽、天津，僧格林沁率清军退守通州。

八里桥之战

英法联军攻陷大沽、天津后，清廷派遣大学士桂良赴天津乞和，没有成功。9月10日，联军先头部队近4000人由天津向通

州方向推进，马头镇被夷为平地。清廷改派怡亲王载垣、兵部尚书穆荫为钦差大臣赴通州与英、法议和，企图阻止联军进犯北京。9月13日，载垣自通州照会英、法公使，表示完全接受英、法以往提出的一切条件，并同意英、法公使各带一小队武装到通州谈判，确定新条约的条款，然后到北京换约，只要求英法联军勿再北进。9月14日，屯兵河西务的英国侵华军全权代表额尔金派巴夏礼为代表到通州城内在东岳庙与清方谈判。巴夏礼对清方照会中允诺的条件仍不满足，提出英法公使各带1000人的卫队进京换约，联军开至张家湾等。载垣一一应允，只等额尔金来通州盖印画押。9月15日，联军继续北上对清廷施压，逼近张家湾。周围妇女闻警自尽者达2000余人，凡潜藏礼拜寺者，英军至此尽行掳去。9月16日，巴夏礼偕法国代表巴士达、美里登等再来通州，向载垣递交了经额尔金圈定的照会，提出进京换约时须面见皇帝、立即撤除北京的防务等条件，要求中方无条件接受。载垣试图与其交涉，巴夏礼却佯睡不睬。9月18日上午，巴夏礼仍坚持其立场，并带领随从掉头而去。通州谈判破裂。此时载垣意识抚局断不可成，又认为巴夏礼"善能用兵，各夷均听其指使，"一旦拘捕巴夏礼，"夷兵心必乱，剿此剿办，谅可操胜算。"于是命僧格林沁派兵在通州南门外将其一行39人扣留，押解到北京刑部北监监禁，企图以巴夏礼为人质，迫使联军让步，达成抚局。

英法联军以清方不能满足其要求，决计进犯北京，巴夏礼被擒事件成为其进攻的口实。咸丰帝感到英、法提出的条件过于苛刻，决心与敌"决战"，双方展开了张家湾、八里桥之战。时部署于通州地区的清军有3万余人：僧格林沁的督师行营设在通州与张家湾之间的郭家坟，其统率的马步队1.7万人驻张家湾至八里桥一线，扼守赴通州及京师广渠门（今建国门）大道。其中张家湾驻步队1000人，副都统格绷额督带马队3000人驻守张家湾的东面和南面，准备迎击正面进攻之敌；在张家湾西南的马驹桥和马驹桥东南的采育分驻马队2000人，以防联军从马头直接西进，绕道趋京。署直隶提督成保率4000人防守通州。礼部尚书瑞麟率京营8000人，副都统伊勒东阿督带马步队4000人守八里桥，光禄寺卿胜保率京营5000人驻守定福庄，随时准备增援。9 月 18 日，英法联军先头部队推进到张家湾附近，向清军阵地发起攻击，张家湾城失守，全镇被烧抢一空。僧格林沁所部退守八里桥，驻守通州的清军也随之撤走，以期在八里桥重新布防，挡住联军西去之路。联军随着清军的西撤又一举占领郭家坟和通州城。咸丰帝召开御前会议商讨对策，派胜保赴八里桥地区部署防御。9 月 19 日，胜保至八里桥北僧格林沁营中传达清廷谕令，要求必须把英法联军拒于八里桥之外。

英法联军攻陷张家湾城后，向京师咽喉要地八里桥推进。其兵力部署分东、西、南三路：东路为雅曼指挥的法军第 1 旅；西路为格兰特指挥的英军；南路为科林诺指挥的法军第 2 旅，担任主攻八里桥的任务。孟托班为总指挥，总兵力五、六千人。

八里桥位于通州城西 8 里，横跨通惠河上，是通州进京的必经之路。张家湾失守后，八里桥成为京东的主要屏障和清军的最后一道防线。时驻守八里桥一带的清军约 3 万人，其中马队近万人，由僧格林沁统一指挥，分别部署于八里桥以北的村庄及通惠河边的丛林中。20 日，联军马队数百人向八里桥附近的咸户庄（今咸宁侯庄）作试探性攻击，为僧格林沁所部击退。21 日，联军五六千人分东、西、南三路向八里桥发起进攻。僧格林沁针对联军的进攻部署，令胜保部迎战南路，瑞麟部抵御东路，僧格林沁部抗击西路之敌，并令步队隐蔽在灌木林中和战壕内，马队则向联军的左翼和右翼的宽大正面实施反冲击。马队大声喊杀，奋勇向前冲锋，给敌人造成重大威胁。但遭到据壕作战的联军步兵密集火力的阻击和敌炮霰弹的轰击，伤亡甚众，战马因受惊而横冲直闯，几近不能成军，被迫退却。联军乘机进击。南路法军集中炮火轰击八里桥，胜保部遭受重大伤亡，但官兵前仆后继，寸土不让，当法军 2 个前卫连冲到桥上时，守卫清军与敌展开肉搏拼杀，全部壮烈牺牲，两军伤亡严重。八里桥失守后，清军自桥北多次组织反攻，但在侵略军密集的枪弹前根本无法接近桥头，只得后撤到桥北三个村庄稍事休整，组织步骑兵再次反攻。激战至中午，正值两军相持之际，胜保亲督抬枪队向前策应，身受重伤，遂率队退守定福庄，后又退至北京。

当胜保部与敌拼杀的同时，僧格林沁与瑞麟部也与敌展开激战。僧格林沁指挥步队顶住西路之敌的攻击，督率马队穿插冲杀于敌南路与西路之间，企图分割敌人，并配合胜保部包围南路之敌。由于胜保部败退，包围南路之敌的企图未能实现，遂于西路英军展开激战，双方伤亡甚众。旋因西路英军一部向于家卫（今于家围）进攻，企图抄袭僧格林沁军后路。僧格林沁甚为惊恐，遂于酣战之际，自乘骡车，后撤而逃。军士失去指挥，军心动摇，纷纷退至齐化门以东的皇木厂。迎击东路敌军的瑞麟部与敌激战约两个小时后，先行溃退，后与僧格林沁部一同退至齐化门。法军第 1 旅顺利攻占八里桥以东的几个村庄，并协同法军第 2 旅攻占八里桥。中午，英法联军占领八里桥及附近的咸户庄，三间房、于家卫等村落后，便停止了进攻。此即为举世闻名的八里桥之战。

八里桥战役的失败，英、法胁逼清政府于 10 月 24 日、25 日，签订《中英北京条约》和《中法北京条约》。此后俄国也以"调停"有功逼迫清廷与之签订了《中俄北京条约》。11 月，侵略军在达到侵略目的，并在北京地区骚扰抢劫近 50 天后撤出京津地区，第二次鸦片战争结束。

（李建军，通州区政协特邀文史委员，通州区政府督查室干部）

八里桥旧照

探寻冯玉祥在通州兵营旧址背后的红色故事

■ 任德永

　　通州之名，始自金代，历史悠久。近年，通州华丽转身为北京城市副中心，大运河文化始终是通州，也是北京城市副中心最基本的文化特征。2021 年 3 月 31 日，在北京市文物局公布《北京市第一批革命文物名录》中，其中就涉及到冯玉祥在通州的"通州兵营旧址"，这为大运河文化注入了不可多得的红色基因与革命元素，极大地丰富和发展了大运河文化内涵，为今后向全社会各界进行革命传统教育指明了方向，也提供了新的教育场景，具有很强的历史意义与现实意义，下面就让我们走进这处旧址来共同探寻其背后的故事。

　　老兵营旧址位于通州老城南门外东营西街东段路南（原东营前街 64 号），也就是老百姓俗称的老南关外原"陶情中学"院内，当时为冯玉祥驻通营盘。兵营旧址是中华民国时期老兵营，始建于 1922 年，至今整整百年的历史了。

　　旧址占地 20 亩，南北向建筑分为东路、中路与西路，分别部列着宿舍、礼堂、钟警楼、演兵场等老建筑。中路，由钟楼、礼堂及东西配房构成，东西两路各建营房六排，每排十间。在中轴线南端，主体建筑是钟警楼，楼南是宽阔的演兵场，再南是边界线京秦铁路。北与其钟警楼相对的是大礼堂，礼堂跨度很大，西侧是舞台，东侧是食堂操作间，中间是开会的会场兼用餐的餐厅，整座礼堂一使两用、设计巧妙。目前，兵营格局依旧，步入期间，场面依然壮观，犹如跨越百年时空，令人肃然起敬。

冯玉祥夫人李德全求学富育女学校校钟

　　1922 年 10 月，冯玉祥将军调任北洋军政府任陆军检阅使，从西北调来三个旅，其中张之江部就驻防在通县（今通州）。1948 年 12 月，通州全境解放，中国人民解放军总参谋部机要局迁此，毛泽东的贴身秘书黄云峰担任局长。在此期间（1948 年－1954 年）的一些重要号令都从此发往前线。1954 年，机要局迁往北京西山。1955 年，中国人民解放军第二五二医院迁入，在此接治抗美援朝战争中的伤员。其后，中国人民解放军第二六三医院也曾驻防多年，后迁往通州八里桥批发市场路东即今中国人民解放军总医院京东医疗区。1980 年，旧址划归铁道部卫生研究所管理。上世纪九十年代末，最后这里还做过民办"陶情中学"校园。2001 年 9 月"通州兵营旧址"（原冯玉祥驻通营盘）被公布为通州区文物保护单位，2011 年升格为北京市文物保护单位。旧址历史悠久，至今已历百年，是北京地区近代兵营典范，具有较高历史研究价值，同时对于展示中国革命历史进程，向青少年进行爱国主义和革命传统教育都是很好的教材。

　　冯玉祥将军在中国革命进程中不可或缺，对于通州人来说更是耳熟能详的历史人物。1948 年 7 月 31 日，冯玉祥将军应中共中央邀请，准备参加中国人民政治协商会议筹备工作。9 月 1 日，在苏联驻美大使潘友新帮助下，乘"胜利"号轮船自美国返回，在途经黑海在向敖德萨港（今属乌克兰）行进途中，因轮船失火与女儿冯晓达一起不幸遇难，享年66岁。冯玉祥将军有过两次婚史，第一任夫人刘德珍去世后，1924年经人介绍与通州籍李德全女士结为伉俪。

现如今关于两个人结婚的场所，坊间就有三个版本在流传。一个是在教堂，两个是在兵营。到底是在南苑的兵营，还是通州的兵营？是先去的教堂？还是一天都走过了，说法不一。但是关于婚礼当天的穿戴和喜宴的描述，却相当的一致。新娘子李德全身披白头纱，新郎官冯玉祥身着制服。婚宴办得也特别简朴，四菜一粥：素炒鸡蛋和豆腐，肉炒白菜外加半只烧鸡，喝的是小米粥。李德全是通州新城南门外潞河中学院西复兴庄人，年轻时曾在通州富育女校（今天通州二中）求学，所以说冯玉祥也是通州人民的好姑爷。

解放后，李德全出任新中国卫生部第一任部长，也是中国妇女运动杰出领导人。关于两个人的住所，在通州民间也有多个版本。比如传说冯玉祥李德全夫妇除了在通州兵营居住过外，还有通州南街十八个半截上的白将军胡同里居住过，他的警卫员也曾在南大街65号院上居住过。从以上这些传说可见他们夫妻

位于窑厂村的冯玉祥驻通州老兵营旧址的钟警楼旧貌

俩在本地的人缘与口碑也相当的好，在坊间早已传为美谈。这座兵营和老通州的古街巷都见证了这对革命伉俪忠贞不渝的爱情。

五里桥谈判——北平解放的曙光

■ 佚 名

　　在通州城西北，温榆河南岸，有个不足百户的
小村庄，村头小河上架着一座小桥，距通州城5里，
故名五里桥村。1949年初，在这个不知名的小村
子里，却发生了一件震惊中外的大事——和平解放
北平在这里达成了协议。

　　1949年1月12日清晨，中共通州市委的几个
干部带着一队解放军进了村。进村就叫村干部腾出
本村大地主张益甫的深宅大院。还从通州城请来手
艺高超的饭店厨师，盘炉建灶。顿时，小村热闹起来，

人们交耳议论："可
能要住个大人物！
谁呢？……"1949
年1月31日北平
和平解放后才知
道，原来这里是中
国人民解放军平津
前线指挥部与国民
党"华北剿总"总

五里桥谈判
纪念碑

司令傅作义的代表和平谈判的会场。

1947 年 11 月，国民党首脑蒋介石抵达北平，为统一华北军事指挥系统，决定成立"华北剿匪总司令部"，任命傅作义为总司令，统一指挥冀、晋、热、察、绥五省的国民党军队。12 月 6 日，傅作义在张家口宣誓就职，随即率领一批随员乘火车抵达北平。但他的心情一直处在徘徊、焦急和苦恼之中。1948 年 11 月 2 日辽沈战役告捷后，在北平、天津、张家口地区的国民党军 60 余万人，为解放军在东北战场的胜利所震惊，企图海运南逃或西窜绥远（今属内蒙古自治区）。为稳住平津之敌，不使其逃跑，中共中央和毛泽东指示东北野战军早日秘密入关（山海关），首先包围天津、塘沽、芦台、唐山诸点之敌，以待部署完成后各个歼灭。这大大出乎傅作义的预料，使他既下不了西窜南逃的决心，又感到负隅顽抗唯有死路一条。但他仍抱有幻想，自以为尚有 60 万国民党军可与共军一搏，因此，在战与和的问题上总是举棋不定。傅作义愁眉不展，在办公室里踱步、徘徊……1948 年 11 月，中共北平地下党组织将共产党员、傅作义的长女傅冬菊从天津《大公报》社调到北平。她一方面从生活上关心父亲，另一方面从思想上开导父亲，劝父亲不要再跟蒋介石走。同时，北平地下党先后派傅作义的亲朋好友邓宝珊、李腾九、杜任之等察颜观色地做傅的思想工作，终于促使傅作义的思想逐渐发生了变化。1948 年 12 月 15 日，傅作义派北平《平明日报》社长崔载之和《平明日报》采访部部长李炳泉（中共地下党员）等 5 人，在河北易县与东北野战军参谋长刘亚楼等就和平解放北平问题进行了第一次会谈。刘亚楼说："为了保护北平文化古都，只要放下武器，解放军将保证傅将军和其部属的生命安全，给傅将军扩编一个军，把蒋系军、师长以上头目逮捕起来，然后宣布起义。"崔载之将会谈情况电告了傅作义。傅认为北平城内蒋系部队比他的部队多很多倍，逮捕蒋的军师长很难做到，谈判没有结果。1948 年 12 月 22 日，中共中央在军事上采取了强硬措施，命令华北野战军向新保安发起了攻势，一举歼灭傅的王牌军三十五军和支援部队 104 军的 2 个师。35 军军长郭景云自杀，104 军军长安春山化装逃跑。傅作义深感事态的严重。当天夜里即电召少将处长周北峰到北平

"剿总"总部。周北峰一直走进傅的办公室,看见傅一个人在房间内
踱来踱去;看到周后,双目注视,一言不发。片刻后,问:"你对目
前的时局有何看法?"周北峰反问傅:"是不是打算与解放军接洽?"
傅没有立即回答,仍不停地在室内踱步徘徊。半晌,他沉思着说:"蒋
介石是不行了。政治腐败,人心涣散,军事无能,经济崩溃,就是美
国人也救不了他了。……我再三考虑,还是与中共接头谈判为好。"1949
年1月7日,傅作义又派周北峰由燕京大学教授张东逊(华北民主同
盟负责人)陪同,到达河北蓟县八里庄解放军平津前线指挥部驻地,
同聂荣臻司令员举行会谈。聂司令员首先给周北峰等谈了解放战争的
形势,然后问道:"你看傅作义这次派你们来有诚意吗?""这次叫
我们出城商谈,我看是有诚意的。"周北峰回答说,"这次派我们来
主要是听听解放军对和平解决北平有什么具体条件。"聂荣臻沉思一
会儿,问:"傅先生是否还准备困兽犹斗,用当年守涿州的办法,在
北平负隅顽抗?"周北峰很诚恳地说:"我看和谈是大势所迫,人心
所向,他只有走这条路。当然,在具体问题上还可能费些周折。"聂
荣臻笑道:"至于条件嘛,很简单,我们要求他停止抵抗。"第二天
上午10时,罗荣桓、林彪、刘亚楼等同周北峰等正式商谈。罗荣桓对
周北峰说:"请你电告傅先生,希望他这次要下定决心。我们的意见是:
所有军队一律解放军化,所有地方一律解放区化。在接受这样条件的
前提下,对傅部的起义人员,一律不咎既往;所有被俘军官,一律释放。
傅的总部及他的高级军政人员,一律予以适当安排。"接着,谈了对
傅本人的安排问题:"对傅先生不仅不当战犯看待,在政治上还要给
他一定的地位。"最后谈定:傅的部队,以团为单位出城接受改编,
对战俘一律释放,文职人员给予安置工作,给傅留一个团做警卫工作。
最后双方签署了《会谈纪要》,要求傅于1949年1月14日前作出答复。
周北峰回到北平城内总部,将《会谈纪要》交给了傅作义。傅看了一
眼《会谈纪要》文本,没有表态,只是说:"你可电告解放军,已安
全回到北平。"几天以来,傅经常唉声叹气,一言不发。有时踱起步来,
神态异常,看样子还想拖延时间,幻想"背城一战"的思绪还不时撞
击他的脑海。然而,时不待傅。1949年1月14日中国人民解放军对

天津发起了总攻，经 29 小时激战，全歼守敌 13 万余人，生俘守敌指挥官陈长捷，解放天津。北平 20 余万守敌完全陷入绝境。在人民解放军强大的军事压力和共产党政策的感召下，傅作义终于下定决心，置个人安危于度外，摆脱军统、中统的跟踪、暗害，毅然决然地走向了人民革命的道路。他马上电召远在绥远的副司令邓宝珊飞来北平，作为他的全权代表，赴通州五里桥与解放军继续谈判。邓宝珊是怎样的一个人呢？其早年在冯玉祥和杨虎城的西北军中任职。1938 年任晋陕边区总司令。同共产党领导的陕甘宁边区保持友好睦邻关系。曾多次到延安，受到毛泽东、朱德等的会见。抗日战争胜利后，不满蒋介石的反共内战政策。此次作为傅作义的全权代表与解放军代表进行谈判，正体现了傅的精心安排。

1949 年 1 月 14 日下午，邓宝珊、周北峰等人冒着严寒，乘车赶赴通州五里桥谈判地点。林彪、罗荣桓、聂荣臻等在门口迎接，客主相偕进入客厅。谈判一开始，聂荣臻司令员说："周先生，我们前次说得很清楚，14 日午夜是答复的最后期限，现在只剩下几个小时，我们已下达了进攻天津的攻击令了，天津即将解放。这次谈判就不包括天津了。你们有什么意见？"邓宝珊看了看周北峰说："用你的名义打个电报，将这个情况报告总司令请示。"傅复电说："请弟与邓先生相商，斟酌办理。"议程达成后，第二天上午正式谈判。参加谈判的解放军方面有林彪、罗荣桓、聂荣臻，傅作义方面有邓宝珊、周北峰，由平津前线指挥部参谋处处长苏静作记录，谈判进行至深夜。双方就部队的改编、干部的安排、北平市的文教卫生、行政单位的接收等十几个问题进行了反复的讨论，进展比较顺利，只是部队的改编原则和具体实施办法，讨论的时间比较长，但经过双方协商最后取得了一致意见，达成了全面协议。1 月 17 日，邓宝珊和他的副官王焕文偕解放军参谋处处长苏静等进城，对协议文本作进一步整理，以备正式签署。周北峰等留在五里桥，对协议的具体问题和枝节问题继续商谈。1 月 19 日，解放军平津前线指挥部代表苏静与傅方代表崔载之正式签署了和平解放北平问题的正式协议文本。其主要内容是：为迅速缩短战争，获得人民的公正和平，保存工商业基础与文物古迹，使国家元气不受损伤，以促成全国和平之早日实现，双方协议自本月22日上午10时起，双方停战。城内部队（含兵团）原建制原番号，自22日开始移驻城外，于到达指定驻地约一个月后，开始实行整编。城内秩序之维持，除原有警察外，根据需要暂由必要部队维持治安。金圆券照常使用，听候另定兑换办法：保护在平各国领事馆、外交官员及外侨生命财产之安全。保护文物古迹及各种宗教之自由与安全。人民各安居乐业，勿相惊扰。

1月22日，陶铸化了装同周北峰乘车进了北平城，首先来到中南海会见傅作义将军。一见面傅作义紧紧握住陶铸的手，说："我在解放战争中是有罪的，应受处罚。""不，你在和平解放北平问题上是立了功的，应该受奖。"陶铸看到站在一旁的傅冬菊又说："你还生了个好女儿呢！"几句话使室内气氛活跃起来。陶铸代表平津前线指挥部，对傅及其部下冒着生命危险，为和平解放北平昼夜不停地工作表示慰问。傅作义说："是中国共产党、毛主席帮助我走上了革命道路。"中午，傅作义设宴款待陶铸等。

1月31日，正式宣布北京和平解放。2月3日，解放军举行盛大入城式。平津前线指挥部、北平市军管会、平津卫戍区、北平警备区的领导人，健步登上了前门箭楼。上午10时，4颗信号弹腾空而起，解放军入城部队由悬挂着毛泽东、朱德画像的坦克为前导，浩浩荡荡地开进了永定门。数十万群众举着小彩旗、打着横幅大标语夹道欢迎解放军。一队队坦克、火炮、骑兵、步兵，洪流般地滚滚前进。"共产党万岁！""毛主席万岁！""解放军万岁！"口号声此起彼伏，"解放区的天是明朗的天""我们的队伍向太阳"的歌声，像海潮，像松涛，一阵阵传向箭楼，传向全北平，传向全中国！

冀东保安队起义及其历史意义

■ 崔洪生

冀东保安队原为河北特种警察部队，是当时国民政府河北省主席于学忠奉蒋介石密令组建的。1935 年 7 月《何梅协定》之后，商震接替于学忠主政河北，将河北特种警察部队改名为河北保安队。当年 11 月 25 日，日本特务机关策动华北自治，汉奸殷汝耕投靠日本，在通州成立"冀东防共自治委员会"，宣布脱离中央政府。12 月 25 日"冀东防共自治委员会"改称"冀东防共自治政府"，殷汝耕将河北保安队改名为冀东保安队，归属伪政权统辖。

冀东防共自治政府

伪冀东防共自治政府成立之后，殷汝耕与日本人相互勾结，狼狈为奸，对冀东人民实行残酷的殖民统治。他们开烟馆、设赌局、走私日货、掠夺资

源，盘剥欺压百姓，为非作歹，无恶不作，通州及冀东人民饱受外来侵略之苦。置身于反动政权之下的通州保安队全体官兵，目睹日本侵略者及其走狗罪行，深感民族危机之深重和沦为日伪统治工具之耻辱，更加坚定不甘附逆誓死抗争的决心和勇气。保安队第一总队长张庆余和第二总队长张砚田等多次与国民党第二十九军军长宋哲元联系，表示愿意随宋抗战的决心。

"七七"事变之后，日本帝国主义表面上摆出和平解决之姿态，暗地却通过陆、海两路向平津大量增兵，日机轮番在北平和平汉路沿线上空侦察。在援军调齐之后，开始向中国军队发动进攻。7月27日凌晨3时，日军突然向驻扎在通州城外三义庙、宝通寺和王恕园等处的国民党第二十九军的一个营发动进攻，该营官兵奋起反击，致使日军伤亡惨重，激战数小时后，这支部队奉命撤离通州，前往南苑第二十九军军部驻地。

按照日军这次进攻第二十九军的作战部署，由日军担任从正面进攻，冀东保安队主要是负责围堵、策应。战斗打响后，深受全民族抗战热情影响的保安队员，没有向中国军队发动进攻，而是采取佯攻战术，故意将第二十九军放走。因第二十九军成功突围，日军对保安队产生怀疑。28日，日军出动飞机向驻扎在老四营的保安队干部训练所、美国天主教会、潞河中学等地进行报复性轰炸，致使保安队员十余人伤亡。日军的轰炸激怒了保安队，官兵们群情激愤，怒不可遏，他们用各种方式表达强烈的抗日愿望。第一总队长张庆余因势利导，经与张砚田、沈维干等将领商议，决定举行武装起义，并作出周密的军事部署。

7月29日凌晨，张庆余、张砚田在通州联名通电全国，正式宣告冀东保安队起义。起义指挥部设在通州北关吕祖祠；第一总队由张庆余指挥，兵分三路攻打驻扎在西仓、东仓和西塔胡同的日本守备队、敌伪机关和城内的散兵游勇；第二总队由张砚田指挥，负责把守城关各路口、邮电局；教导队由沈维干指挥，负责攻打南关火车站的日本警备班，并警戒增援之敌。

战斗打响。保安队官兵被压抑许久的抗日激情像火山一样爆发了，他们迅速占领长官公署和其他重要机关、车站、路口等。攻打长官公署的部队活捉藏匿在柜顶上的大汉奸殷汝耕，张庆余亲自劝其改邪归正，反正抗日，殷却迟疑不决，便将其暂监禁在北关吕祖祠指挥部里。担负主攻的第一总队第二路部队，任务是攻打日本守备队和特务机关。他们组织200多人的敢死队，手持短枪、大刀和手榴弹，首先乘敌不备解决了岗哨迅速占领特务机关，然后全力攻打日本守备队。

驻守在西仓的日本守备队有300多人，加上逃进来的宪兵、特务等约有500多人。起义部队向敌兵营发起进攻，猛烈的炮火压制敌人，他们龟缩在工事中负隅顽抗，等待援军。由于西仓兵营工事坚固，起义部队连攻不下，张庆余命令部队兵分两路，从东西两侧进行夹击，但经过3个小时激战，仍未攻下。当敢死队再次发起进攻时，不料，由于部署仓促，西侧保安队发射的炮弹落在东侧自己人当中，致使保安队阵地出现一阵混乱。

此时天色已明，日寇援军将至，保安队处在非常危险的境地。为尽快解决战斗，张庆余决定改用火攻，战士们炸燃敌人的油、弹库，刹那间大火熊熊、黑烟弥漫、响声震天，敌营乱作一团。此时战场上杀声枪声四起，保安队战士从四面八方冲敌军阵地，与敌人展开殊死搏斗……战至上午9时，日军除少数逃跑外大部被歼灭。

时近中午，数架日机对通州城轮番轰炸，保安队员伤亡严重，情况十分危急。为避免更大伤亡，张庆余当机立断，命令部队分两路向北平撤退与二十九军汇合。下午，起义部队到达北平城下，见四门紧闭，得知第二十九军已于28日夜撤离北平前往保定，他们只好绕道城北西行。撤退途中，保安队遭到从北平城内冲出来的日军的围堵，保安队仓促应战，激战十余小时，仍未能突破敌军阵地，沈维干等数十名保安队官兵在战斗中壮烈牺牲。混战中殷汝耕趁机逃跑，被日本驻华武官今井武夫接应进城，藏匿于六国饭店。战至破晓时分，保安队腹背受敌，面临全军覆没的危险。张庆余见整体突围无望，决定将部队化整为零，采取以排为单位，多路出击，分散突围，部队脱离险境之后，起义部队分头开往保定。次日，千余名日军开进通州城，实行大搜捕，屠杀百姓700余人。自此，通县地区完全被日军占领。

冀东保安队起义虽然带有突发性，但不是偶然的，这次抗日义举具有历史的必然性。

抗日战争是一场全面抗战。为配合正面战场国民党军队的对日作战，我党领导的八路军、新四军和其他抗日武装，深入敌后开辟抗日根据地，开展灵活机动的游击战打击日寇。同时发动群众、武装群众，贯彻执行抗日民族统一战线政策，争取更多的爱国人士和政治团体融入全面抗战的洪流之中。正是受我党抗日民族统一战线的影响，具有爱国情怀的冀东保安队，在当时敌强我弱，抗战初期日军兵力占明显优势的情况下，为配合中国军队撤离，毅然举行战场起义。

冀东保安队是伪冀东防共自治政府的武装力量，其前身是河北省特种警察部队。《塘沽协定》将冀东划为非武装区，中国驻军撤出，由警察维持治安。为此，时任河北省主席于学忠，以省政府名义建立特种警察部队，开赴冀东地区。"冀东防共自治政府"成立后，又将保安队改称"冀东防共自治政府军"。1936 年 8 月，"冀东防共自治政府"将冀东伪军改编为 4 个保安总队，另编 1 个教导总队。虽然是地方保安部队，由于是从武装部队转换过来的，编制上仍保留作战部队的建制。各总队人数相等，下置区队、大队、中队及迫击炮、骑警、通讯 3 个特种兵中队。此外，设立训练所，对各总队长官统一训练，对各总队统一教育、统一装备。

"一二·九"运动后，中共北平地下党组织派一批共产党员深入平东农村，以教书、行医作掩护从事抗日工作。原通州男师学生、共产党员王少奇、卜荣久等利用节假日深入到蓟县小龙山，在太平庄、龙王庙等村庄发动群众反"自治"，反对日本帝国主义的侵略。他们还在蓟县师范组织了"落叶社"，创办《落叶》刊物，刊载具有爱国思想的散文、诗歌，宣传教育群众。针对"冀东防共自治政府"教育厅印发的奴化教育课本，编写了具有爱国思想的教材，散发到各小学。原通州师范学生、共产党员黎巨峰、王自悟等打入驻通伪保安队，向官兵们宣传共产党的救国抗日方针，发展了一批共产党员，并建立了党的组织。在中国共产党抗日民族统一战线的旗帜下，伪保安队内反日爱国情绪日益高涨。

　　中国共产党对伪冀东保安队的统战工作，是平津地区抗日民族统一战线的重要组成部分，也是促成伪保安队起义的重要因素之一，对保安队起义具有不可忽视的影响。

　　冀东保安队起义具有重要意义。

　　这次起义彻底捣毁伪冀东防共自治政府，驻通州日军除一部分逃脱外，大部被歼灭。屠杀冀东人民的刽子手、日本特务机关长细木繁大佐，伪保安总队顾问渡边少佐，伪教育厅顾问竹腾茂，宪兵队长何田，伪通县政府顾问甲田、甲茂和伪冀东银行顾问等被击毙。驻通州冀东保安队武装起义，不仅震惊了通州，震惊北平，也震惊全中国，这次抗日义举沉重打击了骄横一世的日本侵略者，为冀东乃至全国所有屈身于日伪统治之下的伪职人员树立光辉的典范，把通州地区的抗日救亡运动推向高潮，为最终夺取抗日战争的全面胜利做出了贡献。

　　抗日将士们的壮举表现了中华民族不怕牺牲、英勇顽强的英雄气概，奏响一曲荡气回肠的爱国之歌。由此激发出的爱国主义热情，在神州大地激荡，在华夏儿女的心中涌流。胜利来之不易，胜利的代价是巨大的。在这次战斗中，保安队员们做出了惊天地泣鬼神的伟大壮举，他们的事迹将常存史册，永垂不朽，永远值得后人怀念，他们的爱国主义精神，必将穿越历史、辉映未来。

　　冀东保安队起义，历史要永远记住这光辉的一页！

起义军烧毁的日本驻通领事馆

日寇火烧东营事件

■ 刘如玉

1939 年 4 月，通州曾发生侵华日军火烧东营事件。我当时任南关乡乡长。

4 月 12 日的中午 11 点左右，我在家正吃午饭，忽听附近有砰砰的枪声。我放下饭碗急忙出门观看，正碰上南关保卫团班长杨德山跑来向我报告："东营发现匪情"，我立即随他向东营跑去。到了东营村民陈大官门口，见到了一个身穿毛蓝市布大褂的日本人在地上翻滚。我进了前院西屋后，发现了又有一个躺在地上，这个人的气管已经断了，顺着伤口直冒血沫子。身边的人告诉我说，死者是原通州保安队的小队长姓武，是自己抹的脖子。这时，外面传来摩托车的声音，我马上出了院门，见到街上有许多全副武装的日本宪兵和伪警察。此刻东营村的保长杜久明和东营村的甲长们都到了。警察局一分局局长王伯如命令警察将我和东营村的保长杜久明，甲长杨玉春，田玉山、王玉庭五人分别捆了起来。在这同时，日本宪兵又从院内搜出两个女人，年轻的赵氏二十五六岁，听旁人说她是西屋抹脖子武某的妻子，年老的是死者武某的乳母。

警察把我们押到了日本宪兵队。当天下午两点多钟，日本宪兵和伪警察五六十人乘坐两辆大卡车来到东营村进行了野蛮疯狂的报复，放火烧了东营村一百一十多间房子。

　　日本宪兵烧了东营之后，又对我们被押的几个人进行了残酷刑讯，灌凉水、用火烧、用杠子压、用鞭子抽、把人装入麻袋摔等，打得我们个个皮开肉绽。拷打时逼问我说出谁是国民党29军官兵，让我们找出通州保安队人员。因国民党29军在卢沟桥事变中，狠狠打击了日本妄想吞并我国的嚣张气焰，卢沟桥之战标志着中国民族抗战的全面开始。卢沟桥事变的十几天后，驻通州的保安大队在大队长张庆余的领导下，发动了震惊全国的通州起义，摧毁了伪政府，消灭了一大批驻扎在通州城内的日本宪兵和汉奸，投奔抗日的国民党29军去了。所以日本宪兵对29军官兵和通州保安队人员恨之入骨。在刑讯中，日本宪兵从我们嘴里没得到什么情况，只好把我们交给了通县伪政府。伪县长对我们进行开庭审判，最后定我是渎职罪，罚款300元，并撤了我的乡长职务，把我当场释放。

　　我被释放后，才知道了案情全部情况。赵氏原住在西海子，日本宪兵曹长神山和金翻译官（朝鲜人）常去赵氏家中对其进行奸辱。为了逃避神山和金翻译的纠缠，赵氏把家搬到了北关。这两只色狼又追到北关，赵氏无奈又从北关搬到了南关东营。到东营才六天，这两只色狼又跟踪而来。

　　武某在通州保安队起义后，躲到阜城

冀东防共自治政府

门外某园地做工,不敢回家。听说自己的妻子被日本人奸污十分气愤,摸回家中。这天正好神山和金翻译官又来了,他们进屋后看见了躺在炕上的武某,劈头就问武某,"你是干什么的?"早已民族仇恨在胸的武某从炕上下来说"这是我的家。"接着反问道:"你们是干什么的?"神山恼羞成怒地掏出手枪,武某会武功,手疾眼快,一脚就把神山踢出了门外,正踢中要害部位。神山的枪也掉在了院中,他再也爬不起来了。金翻译见状急忙掏枪想打武某,也被武某折断了胳膊缴了枪,他见情况不妙逃窜而去。武某用枪结果了日本宪兵曹长神山,又向金翻译射击,金带伤逃奔宪兵队去报告。武某子弹打光了,觉得自己逃脱无望,遂用菜刀自刎。

抗日战争时期的乔庄植棉场

■ 孙连庆

通州地区的棉花种植，可以追溯到清康熙年间。1923 年今张家湾镇大高力庄村农户种植棉花。第二年，何各庄村也有农户开始种植。何各庄土地肥沃，农户管理得当，二十余亩棉田共产籽棉 3800 余斤，平均每亩达到 190 多斤。时价籽棉每百斤十五六元，高出普通作物四五倍。于是，附近各村纷纷效仿，植棉面积逐渐扩大。

1935 年伪"冀东防共自治政府"建立后，日本侵略者侵入通县地区。次年，日伪政权将通县小街村、张家湾、上马头一带划为植棉区，强迫农民种植日本兴中公司试种"丝"字棉和"金"字棉花。为了获得更多的棉花，以增加制作火药和军服的原料，日本侵略者在京通铁路东站南乔庄，建立"北京铁路棉作实验场"，以此作为示范基地，

棉作实验场大门，这个日本人是当时的负责人——安田秀一

试图"带动"各村农户提高植棉管理水平，获得较好收成。棉作实验场侵占当地农民土地三百多亩，其中的大部分土地种植棉花，其余土地种植红薯和西红柿。所有种子均从日本国带来，雇佣周边农民耕种。实验场由11名日本人管理，以名为"植棉专家"，实为经济特务的安田秀一为首。

棉作实验场外景

抗日战争全面爆发后，全国人民奋起抗击侵略者，人民战争的烈火燃遍整个国土。1937年7月29日，驻通县保安队发动反日起义。歼灭日军守备队、宪兵队和特务机关500余人，棉作实验场的日本人均被保安队起义士兵歼灭，实验场被摧毁。

打包外运的棉花

保安队起义事件后，驻通县日本侵略者为了防止在夏秋季节受到八路军、游击队的袭击，规定在沿主要道路两侧50米至100米以内，不准种植高杆作物，强迫农民种植棉花及其他低矮作物，植棉范围又有所扩大。日伪政权还强迫各村农民种植罂粟，受到农民的强烈抵制。

随着战争形势的发展，日本侵略者越来越感到棉花等战略物资的缺乏。为此，日伪政权向产棉区和非植棉区各乡摊派应征棉花数量，且数量很大，逼迫完成。乡长保长甲长逐级摊派到农户，强迫完成。于是，各家各户纷纷想方设法，托熟人、找门路，购买棉花。凡完不成摊派任务的，无论乡长保长、富人穷人即遭拘禁、刑讯甚至杀害。

事隔一年后，1938 年 7 月，日伪政权为安田秀一等 11 人立所谓"慰灵"碑，碑址在今梨园镇小街村南、京津公路左侧。碑额篆书题"通州事件棉花关系殉职者慰灵碑铭"8 行 16 字。妄想让侵略者名垂千古，但事实与当事者的愿望正好相反，这通碑成为了日本帝国主义对中国进行经济侵略的罪证。

日寇强迫农民种植棉花罂粟

■ 孙连庆

通县地区在康熙三十六年(1698)已有种植棉花的记载，但面积极小。到1923年，只有大高力庄村的5户农民种植。1936年日伪政权开始强迫农民种植棉花，推行"金字棉""斯字棉"等品种，面积有所扩大。1937年全面抗战爆发以后，日本侵略军为了防止受到八路军、游击队的袭击，规定沿主要道路两侧50米至100米以内，不准种植高杆农作物，同时为了扩大棉花种植面积，以增加制造火药、制造军服的原料，大力强迫农民种植棉花。植棉范围扩大到小街村、张家湾、

通县棉花试验场

上马头一带,日伪政权还在乔庄村强占300亩耕地,建立植棉实验农场,以期迅速扩大植棉面积,提高产量,为侵略战争服务。但是,侵略者的种种倒行逆施使得天怨人怒,人民群众千方百计进行抵制,侵略者的愿望终于落空。

1941年日伪政权发出布告,强迫通县农民种植鸦片(罂粟花)。日伪政权要求各乡以百分之十的土地面积种植鸦片,并预先按照每亩8元的标准收缴捐税。通县地区历来没有种植鸦片的传统,并且,在平民百姓看来种植鸦片伤天害理,因而各乡大都消极抵制。只有近城各乡种植有几十亩,又由于是年旱魃为虐,所植罂粟点滴未收,于是,强迫农民种植鸦片的事不了了之。

此文根据现存档案馆20世纪60年代王印田、徐白回忆资料。

往事记忆

忘不掉的黄土情

■ 刘维嘉

在我的成长道路上，从来没有离开过黄土和黄土地。

幼年，曾经在潋阳河畔的姥姥家住过几年，至今还记得村里男孩子常玩儿的"模盘儿"和摔泥盆儿。

"模盘儿"是乡下男孩子常玩儿的椭圆形玩具，是用黄土泥烧制的，凹槽内雕刻着孙猴子、猪八戒和戏曲人物造型。玩儿时，要把和好的黄土泥揉成好几个扁圆的泥块儿，分别放到"模盘儿"内，用手压实后扣到地上，晾干后玩儿，小伙伴儿之间也会交换着玩儿，其中的乐趣和道理，也许早就在他们幼小的心灵扎下根了。

摔泥盆儿就是用水把黄土和成黄土泥，捏成盆状，然后用右手拿起来放到嘴边，喊一声儿"呜——哇！"再举过头顶，猛地扣在地上，随着"砰"的一声响，泥盆儿中间出现一个孔洞。小伙伴儿也进行比赛，看谁的泥盆儿摔得响。这些黄土泥能拿着反复玩儿，怎么也玩儿不腻，成为我们童年独有的乐趣。有的在玩儿的时候没有水，干脆撒泡尿和泥玩儿，当然是各玩儿各的。

我和小伙伴儿还挖过胶泥，他说胶泥能吃，他说着就拿起一小块儿放到了嘴里，很快就吃没了。我也拿起一小块儿胶泥吃了，并没感到牙碜，还略带点儿甜味儿。

1969 年，赶上挖防空洞的年代，通县粮食局的职工来到我们大杂院儿，在前院儿的空地上搭起脚手架挖防空洞。随着卷扬机的声响，一筐筐黄土被运了上来，大人们弄了很多黄土，堆在自家院子里，等着以后盖小房用。大杂院儿里的男孩儿和女孩儿，常常聚在过道儿，用煤铲子和泥，再用和好的泥捏炉子和锅碗瓢盆儿，开心地玩儿过家家儿。

1971年，我到通县三中上学的第一年，学校让我们每人捐献十块战备砖（土坯），由学校统一运走去烧砖，据说用于县城挖防空洞。我回到家里向邻居借了木质砖坯模子和砖坯弓子，和好黄土泥，脱坯30多块儿，晾晒干透后，把剩余的土坯送给了帮助往学校搬运的同学。

初二那年，教数学的赵老师让我们制作几何模型，材质不限，期限是一周。那是一个星期天，我用土簸箕撮来黄土，用铁纱窗做的筛子筛好，再用水和泥反复揉，按要求做了30多个大小不等的几何模型。为了美观，又买来红广告色和清漆，在几何模型的孔洞表面涂上红色，没有孔洞的表面都涂上墨汁儿，晾干以后，再用清漆刷两遍。

真没想到，我鼓捣的几何模型受到赵老师课堂表扬。后来，赵老师把这些几何模型拿到学校四合院北侧的大教室，参加学校组织的学生作品展。

如今想起来，黄土泥玩具、土坯以及泥捏几何模型应该属于最简单的泥塑。

行家说：泥塑在民间俗称"彩塑""泥玩"，是中国古老传统的民间艺术，表面看是用泥玩耍，实际上是把普通的黄土变成物件儿或艺术品。

这些年，我的朋友圈里有好几位出了名儿的书画家，他们也喜欢黄土，在泥塑方面很有造诣，有的时常应邀给佛教寺院的殿堂制作泥塑佛像，也有的在研习书画之余，把玩泥塑。

除了泥塑，过去年间。城乡盖房、砌墙都离不开黄土。

上中学那会儿，我常去东关、南关的同学家玩儿。记得有个同学家正在用花秸泥砌院墙。花秸泥是把黄土和花秸加水掺和在一起，然后用铁锨和三齿和泥，再分成均等的泥块儿，一层一层往上码，最后还要整理墙面。我在姥姥家住的时候，曾瞅见大舅和表哥用此法砌后院儿的围墙。

早年间，我在胡各庄一带还瞧见蔬菜大棚的夯土墙。这种墙是以木板为主体，里面填进湿黄土，用脚踩实后，再层层用木夯夯实。据说夯土墙能就地取材和省钱，还冬暖夏凉，对蔬菜生长大有好处。

聊到夯土墙，就联想到夯土而成的北齐土长城。

说起长城，那是咱北京旅游行业的名片。境内的八达岭、居庸关、司马台、慕田峪、金山岭，更是占全了五行的金木水火土，名声远播海内外。其实，那些都是明面上的景致，就说咱通州地面上吧，也有一段鲜为人知的长城——北齐土长城。《辽史》《北京百科全书·通州卷》《通州文物志》等史书都有记载。

《北京百科全书·通州卷》记载："北齐文宣帝修筑的长城，自今昌平长城起，东南经顺义、通州、武清至天津海河，全长约400里。"

《通州文物志》记载："位于永顺镇窑厂村址处，呈西北—东南走向，黄土堆筑，长约150米，基宽15—17米，残高3—5米，残顶宽5—10米不等。坡上杂树丛生，顶上建有民居。"

从前，我常和小学同学到南关下坡玩儿，到土长城遗址摘酸枣、捉蜻蜓、粘唧鸟儿、逮蛐蛐儿，还捅过树棵子上的马蜂窝，挨过马蜂蜇。

1975年春季，我到乔庄村南的通县五金厂上班后，上下班经常路过土长城遗址。不过，那时还不知道这是土长城遗址，只知道是黄土高坡，上面一直有住户。

《北京百科全书·通州卷》记载："北齐长城西北自顺义西南苇沟村南来，于金盏淀南岸西马庄村西入通州，逾通惠河南行，沿通州城南垣至旧城南门，经窑厂、小街村西至张家湾城……今旧城南门外窑厂村村址，似是坐落在北齐土长城遗址之上。"

当年从窑厂村到小街村西这段儿沿线，还有三间房村。从县五金厂大门口往西北方向望去，就能瞧见三间房村，村子周围都是庄稼地，当时村里有70来户儿，不少民房都建在一两米高的黄土坡上，特别显眼儿。这里也是北齐土长城遗址，《通州文物志》也有相关记载。1992年三间房村拆迁，后来盖了楼，在现在的通州区老干部局这一带。

现存的北齐土长城遗址在永顺镇窑厂村，距离南关下坡有100多米，是区级文物保护单位。

　　1998年初，我家搬到南小园小区后，常到位于通州南站西边不远的新城东里市场买菜。多年后，我路过窑厂村的黄土坡时，无意中看到了立在那里的花岗岩标志碑，上面刻有："通州区文物保护单位——土长城遗址"，落款是："通州区人民政府二〇〇一年九月公布二〇〇二年四月立"，我这才知道不起眼儿的黄土坡，原来是北齐土长城遗址。

　　若干年以后，那块花岗岩标志碑被换成汉白玉标志碑，上面刻有："通州区文物保护单位——北齐土长城遗址，"落款是："北京市通州区人民政府二〇〇一年九月二十一日公布；北京市通州区文化委员会二〇一六年十一月二十日立"。旁边还有一块说明牌，简要介绍了北齐土长城遗址。标志碑和说明牌中间的白色汉白玉上刻有绿色的字，非常醒目。

　　家乡的黄土地，无私地养育了我60多个春秋。在这片热土上，不知留下我多少蹒跚学步和成长的足迹，这里的每一寸黄土都蕴含着我珍贵的记忆。我喜爱黄土的颜色和它独特的味道，如果没有这片热土，就不会有万紫千红的风景，更不会有生命的绿色和春天。

　　（刘维嘉，通州区政协特邀文史委员，原通州区残联副调研员）

伏天儿还忆老冰窖

■ 刘维嘉

今年夏天的三伏天儿是 40 天加长版，酷暑难耐，还赠送了 10 天。

天热，就喜欢贪凉儿，我用冰盒在冰箱冻了不少冰块儿，熬了一锅绿豆汤，放上白糖，凉凉了盛一大碗，放进半盒冰块儿，美美地喝下去，那叫一个字——爽。

看着碗里的冰块儿，想起了已经消失几十年的老冰窖，还有童年吃过的天然冰。

小时候，毕业于北平辅仁大学的四爷对我说过，明清那会儿，老北京城里有好多冰窖。早先，民营冰窖不让办，一直到了清末才能办。到了民国，老北京城里又有了很多私营冰窖，在四爷家住的永定门外护城河南岸，曾有一家"同合冰窖"。

从前的冰窖除土窖外，还有用水泥、沙子、钢筋建的半地下和全地下冰窖。老北京的冰窖分为三类，一类是专供皇族贵胄用的官窖，一类是王爷一家子专用的府窖，还有一类是民窖，就是咱们老百姓的冰窖。

我上中学那会儿，常去东关老冰窖胡同找同学玩儿。他的父亲曾经说过老冰窖胡同的由来。因为紧挨着运河，每年的冬天，人们把运河里的冰取来后，就近存放在那儿的冰窖里，时间长了，这条胡同就因冰窖而得名。《通州地名志》记载："1987 年前后冰窖遗址填平建房。"时至 2009 年，在棚户区改造中，那里的房屋都拆迁了。

还有一处老冰窖，在西海子公园西北不远的鱼藕社。想当年，远远望去，冰窖大棚搭得足有四五层楼高，非常壮观。

据说，这个老冰窖最初是清末民初一个姓李的人建的。1960 年后的三年间，老冰窖由荣誉军人蓝某接手。再后来，鱼藕社接手经营了 20 多年。最后由通县市政管理委员会接管，迁到商业街北口外，到了二十世纪九十年代初就停业了。

头些年，偶然碰到一个朋友的叔叔说起老冰窖的事儿，他曾经在鱼藕社里干过。从他的介绍得知，老窖冰的活有"冰上"和"窖内"之分。"冰上"就是打冰和运冰。这活儿要手艺，干这活儿的人都是在有经验的师傅带领下忙活。主要有界大线、划块、采冰三道工序。

打冰要在三九天儿干。界大线是在冰面量出能裁出多少块冰。划块要宽窄一样，大小均等，冰面上要有清晰的划线。采冰要使冰镩，这是专用的凿冰工具，头部尖，有倒钩。用冰镩把冰凿成一块儿一块儿的，每块儿冰大约两尺长一尺宽，厚度约一尺。冰要先从远的地方开始打起，一排接着一排退着打，一直到出冰的河边或湖边。

冰块儿打出后，要用冰镩的倒钩搭着冰块儿外边用力拉，拉到还没打的冰面上，用鸳鸯扣套住冰块儿，从冰上拉到岸边，然后两个人一组，用扁担下的挠钩子夹住冰块儿，抬起扁担装车，运到冰窖口。

卸冰块儿入窖时，先从距离冰窖口最远处码起，一排排，一层层，码满为止，这活儿同样要手艺。

往后，老冰窖安装了"传送带"，工人从冰窖口把冰块儿放到"传送带"上送进冰窖依次码放。为了不让冰块儿粘连在一起，要用稻草隔开，然后埋上土，封住冰窖口。到了第二年夏天，打开冰窖，开始外卖。

那会儿卖水产的、卖汽水的，饭馆、医院也常去老冰窖买冰，各有各的用途。

记得 1980 年 1 月中旬的一天上午，我和未婚妻到西海子公园游玩儿，老远就瞅见鱼藕社的很多人正在公园的北湖采冰，采好的冰块儿被装上手扶拖拉机，一车又一车运往老冰窖贮藏。

以前北京的冬天是非常寒冷的,到了数九寒天,常刮寒冷的西北风,也常下大雪,往往是前场雪还没完全融化,下一场雪就来了。西海子公园的湖水结冰后足有两尺多厚,鱼藕社的采冰人都是在三九天儿作业。他们的劳动十分艰苦,采冰、运冰、起冰都靠手工操作。

位于闸桥儿繁华地区的"大红门儿"副食品商店,南门内左侧是卖鱼的柜台。到了夏天,我和发小儿有事儿没事儿都爱往那里跑。那天,小伙伴儿刚走到南大街北口,就瞅见二门诊门前的路上有辆拉冰的三轮车,他们便撒丫子向三轮车跑去。到了车跟前看到,三轮车上整齐地码放着两层冰块儿,冰块儿的下面垫着草帘子,上面盖着麻袋,水珠从车上滴落下来,车后的路上留下长长的水印。他们忍不住摸摸车上的冰,那叫一个过瘾。

蹬三轮的"板爷儿"家住东大街,是"大红门儿"东侧通县三轮车社的。他光着膀子,戴着草帽,脖子上搭着手巾,肩头和后背都爬满了汗珠子。

运冰块儿的三轮车来到"大红门儿"南门,卖鱼的售货员脚蹬黑色长筒雨靴,戴着皮围裙,把冰块儿搬进店里,放到柜台前的地上,用锤子把大冰块儿砸成小块儿,用簸箕撮起来,放到柜台的池子上。忙活完,又把带鱼、黄花鱼、墨斗鱼、海蟹码放到冰上,上面还要覆盖一层冰块儿。

我们围着瞧售货员砸冰,就在他们砸冰的空档,手脚麻利的小伙伴儿立马捡起那些崩到四外的小冰块儿吃。冰块儿要是沾了泥土,就用手攥着,过了一会儿,融化的冰水就会把冰块儿洗干净。我也捡了一大块儿冰在手里攥着,攥冰块儿的手指很快被冰得有点疼,等我把冰块儿倒手后,那只手又火烧火燎的,手指还有点胀痛。

售货员收拾利落了,给了我们每人一块儿冰,小伙伴儿们一个个心里美滋儿滋儿的。拿着冰块儿,我们一边玩儿,一边用舌头舔,有的干脆放进嘴里含着。那年月,我们可没少吃冰,兴许是那会儿皮实,要么就是西海子湖水干净,愣是没有跑肚拉稀的,您说怪不怪?酷热难熬的三伏天儿,能把人热得头晕脑胀的,能吃上一块儿冰,那滋味儿要多舒坦就有多舒坦。

老冰窖距离我们院儿不远，三伏天儿到来后，大人经常给我们一两毛钱，让我们拿着网兜去老冰窖买冰。冰块儿买回来后放进水桶或者洗脸盆里，用于冰镇西瓜解暑，或者用于冰镇西红柿、甜瓜、菜瓜、绿豆粥和凉白开。

有一年暑假我去了永定门的爷爷家，看到四爷用网兜子兜着很多冰块儿从外边回来了，他把一部分冰块儿放进屋里的铜脸盆，过了一会儿屋里就不那么热了。他还把剩下的冰块儿放到水桶里，从水缸舀了三瓢水，然后把西瓜放进桶里，过了一个多钟头，我们就吃上了冰镇西瓜，那滋味儿，真是又凉又甜又解馋。

过去，在没有空调、冰箱等制冷设备的时代，老北京人在三伏天儿要想防暑降温，在家里自制冷饮食品只能依靠天然冰块儿。

好像是 1979 年夏天，我们院儿的邻居彭大爷家买了一台雪花牌电冰箱。一天上午，彭大爷让老伴儿给我们家送来一大碗冰块儿，我一下子吃了多半碗。

我在通县面粉机厂上班的那会儿，每到三伏天儿，厂里都会用保温桶自制清凉饮料发到各个车间。我们用大茶缸子或饭盒接着喝，酸甜可口很凉爽，喝到肚子里，别提有多么痛快了。制作清凉饮料的师傅告诉我们，清凉饮料里边有厂食堂冰柜冻的冰块儿，还有桔汁儿什么的，怪不得这么好喝。

随着冰箱、冰柜、空调的普及，天然冰的功能已经被取代了，冰窖行和其他不少行当一样，在人们的不经意间已经渐行渐远。其实，也没有多远，只不过是挪了一个地界儿——有心人用笔墨把它们搬进了史书里，搬进了影视剧里，给后人留下了原汁原味的念想儿。

蜿蜒在历史褶皱里的赵登禹大街

■ 刘维嘉

这是一条有着 640 多年历史，位于通州北运河西岸，南北走向的大街。它北起新华大街，南至江米店北口，全长 700 多米，车行道宽八九米，是以赵登禹将军的名字命名的。

明代，南方的粮食、物资从运河源源不断运到东关一带，这里便成了漕粮卸运验收和南北商品存储、销售之地，形成了与河道平行的街道，因地处通州古城东关，自然而然被称为东关大街。

1946 年，为纪念爱国将领赵登禹将军，东关大街通州东门至江米店这段路被更名为赵登禹大街。

1981 年曾根据《北京市地名管理办法》相关规定，继续沿用东关大街原名。1985 年 10 月，经县人大、县政协提议，县政府同意，报北京市地名领导小组批准，恢复了赵登禹大街的名称。

一

据说，以赵登禹将军命名这条大街，还有一个重要原因，那就是赵登禹将军曾经在东关大街居住过。也不知从什么时候起，赵登禹将军的故居变成了居民住的大杂院儿，附近居民都习惯把那儿称为 18 号大院儿。

上营居委会主任王永珍和上香胡同老住户鲁玉兰也跟我说起过赵

登禹将军的故居。曾经，在赵登禹将军故居大门外的左侧墙上，镶嵌着长方形的石板，四周边缘雕刻着精美的花边，上面刻着"赵登禹将军故居"等字。

从上中学开始，我对赵登禹大街越来越熟悉，知道的也就越来越多了。

我在通县三中上学的时候，常来赵登禹大街，到同学家串门儿。1975年春季，我被分配到县五金厂以后，上下班常走赵登禹这条大街。再往后，我家搬到了药王庙西坡27号，无论是去江米店煤厂买煤，到上营饭馆吃早点，还是到老同学家串门儿，都和赵登禹大街更亲近了。我听过附近的老人讲述通州人民曾经在这条大街抗击八国联军的壮举，还有赵登禹大街的奇闻逸事和充满传奇色彩的故事。

赵登禹大街从江米店北口往南走三四百米就到了京哈铁路附近，往东南方向拐弯儿，穿过铁路桥洞，这条路直达小圣庙村。曾经是通县县城通往小圣庙等村庄，尤其是去北京制锹厂、北京造纸七厂、北京化工六厂、北京东方化工厂、通县水泥厂、通县化肥厂等市县属企业的交通要道。

记得赵登禹大街两侧先后有不少单位，有些已经记不起来了，有些至今还记得比较清楚。从大街北口往南有北京市橡胶十厂、通县服装厂、县制鞋厂、县印刷厂、县大件运输场，县汽车二厂、县清洁队、县木材商店、东关粮店、东关酒馆、上营饭馆、通州镇卫生院门诊部、通州镇印刷厂、东关居委会、上营居委会和江米店煤厂。通县人民政府市容办公室从西大街搬到赵登禹大街6号后，曾经在那里办公。

二

1998年3月，北京通州苏杭丝绸城在赵登禹大街5号建成，经营各种真丝面料、丝绸服装、丝织工艺品、围巾、领带、丝绸原料和各类纺织品，还加工定做窗帘。丝绸城高高的仿古牌楼，在河东隔老远就能瞅见。

以前，从通县北苑到造纸厂的317路公交车行经新华大街、赵登禹大街等道路，沿途有东关、江米店、上营、仓库、电厂各站。我去县五金厂上班时，常从新华大街的闸桥儿站乘坐 312 路公交车到东关终点站，再乘坐 317 路公交车到上营站下车，然后步行往南走，跨过京哈铁路，经过乔庄村到达厂里。

距离 317 路汽车的上营站不远有通县木材商店，专营原木、三合板、五合板和纤维板，这些都需要有购买指标。那会儿小青年结婚除了要有自行车、手表、缝纫机，还要备齐大立柜、酒柜或高低柜、写字台这三大件儿，此外还有包床头的双人床。有的等不到购买原木和板材的指标，就千方百计托人弄俵找指标，有了指标立马来木材商店买原木和板材，然后找人做这三大件儿，也有手巧的人自己做。

我曾经在赵登禹大街 37 号上过学。二十世纪七十年代，这里曾经是县印刷厂所在地，之后变成了学校，那些车间也都被改造成教室。校园内有北京工业大学通县分校和北京市通县经委职工中等专业学校，大门口也悬挂着这两块牌子。1986 年 7 月，经过入学考试，我在县经委职工中等专业学校学习"机械制造"专业，每周安排三次课，两个白天，一个晚上。三年后，我领到了由校长袁茂亭签发、北京市成人教育局印制的中专毕业证书。

若干年以后，这里被改为通州区人力和社会保障局培训中心，还有中共中央党校函授学院北京市委机关分院通州学区，2004 年 8 月至 2006 年 12 月，我在这里学习了"公共管理"专业，取得了在职大学本科学历。2005 年，通州区残疾人联合会与通州区人力和社会保障局共同在那里挂牌儿，成立了区残疾人职业技能培训基地。

三

2009 年 7 月，通州区棚户区拆迁指挥部在赵登禹大街 37 号挂牌儿办公，区残联作为拆迁指挥部的成员单位之一，经常安排人员来参加相关的会议，开展相应的工作。我曾经和时任中仓街道残联理事长王健，还有东关居委会的工作人员到一户重度残障人士家里做拆迁工作，并向有关部门如实反映了他们的实际困难。最后，政府对他家给予了照顾，让他家免费先入住楼房，后办理拆迁手续。

上营居委会在赵登禹大街 53 号，领头人是北京市三八红旗手王永珍，她带领工作人员为辖区老百姓做了不少好事儿。从 1991 年开始，王永珍坚持 20 多年照顾残障孤儿王海，帮助他解决了住房和婚姻问题。还组建了一支"助残爱心服务队"，帮助辖区残障人士解决生活上的困难。当地居民都习惯叫她"王大个儿""大老王"。

说起县清洁队，要说说队长张起旺。1978 年清洁队招工时，可没人愿意来报名。面对这种现象，张起旺就动员在农村插队的儿子来清洁队上班。多年以后，他的两个侄女和儿媳妇也成为清洁工，他家被称为"环卫世家"。他以全国著名劳动模范时传祥所说的"一人脏换来万人净"为座右铭，在环卫行当辛勤劳作，被誉为时传祥式的模范人物，成为市县劳动模范。在通县大礼堂，我曾经多次听张起旺介绍感人的事迹。

记忆犹新的是赵登禹大街两侧还保留着许多布满岁月沧桑的老店铺，尽管早已变成了民居，但它们的容貌始终没有变。就连早年间商家挂幌子用的做工精美的铁质幌挑，都浸染了光阴的痕迹，默默坚守在自己的岗位，就像岁月老者静静咀嚼着岁月的酸甜苦辣，目睹着时代的变迁。

这些店铺建于何年何月，曾经营什么？已经不得而知，留给人们的是追念和感叹。

2011 年，历史遗迹"赵登禹大街"和周边的胡同，还有建筑物，因拆迁从通州版图上消失了。令人欣慰的是，2015 年 8 月 15 日，南起玉带河大街，北至故城东路，全长一千多米，在原址附近新建的赵登禹大街竣工通车。

新建的赵登禹大街，不仅让人们永远记住了赵登禹这位抗日爱国将领，还让我们多了几份感念，感念已经远去的这条大街，更感念这条崭新的大街让我们想得更深，走得更远。

历经沧桑的军粮经纪密符扇

■ 陈乃文

军粮经纪密符扇在我家珍藏已有 200 多年的历史了，它饱尝风光岁月，但也经历了命途途舛。凄凉悲哀。风光岁月是自雍乾盛世至道光前期，90 多年间，军粮经纪密符扇验证了三亿多石由大运河漕运而来的东南各省粮米，见证了通州石坝漕运码头的忙碌繁荣。道光二十年 (1840) 遭受英军打击的大清王朝，败象显露，到通州的漕运南粮逐年减少，军粮经纪密符扇的风光也江河日下。就在漕运日衰的道光二十七年 (1847)，先高祖陈培芳参加了丁末科在通州贡院的春闱乡试。在乡试中当枪手代人中举，发了点意外之财，自己也中了副榜榜首拔贡功名。先高祖从这意外之财中拿出 3000 两白银，买了军粮经纪产业。前任经纪在交接时，将作"身份证明，验粮执法凭据"的军粮经纪密符扇，连同斛、斗、升等量器移交给先高祖。先高祖也算失之东隅，收之桑榆吧。失掉了举人功名，却得到养家糊口的经纪职业。自此按部就班上坝验粮，日子也算平静。至咸丰十年八月 (1860年 9 月)，英法联军攻陷大沽口，前锋直抵张家湾。屯驻后的英法联军四处强买，甚至掠夺耕牛，惊扰乡民，并声言穿过通州城去找中国皇帝，城内外民众惊恐不安。知州萧履中想找洋人交涉。先高祖以拔贡功名商民代表身份，佩带军粮经纪密符扇协同萧前往张家湾找英法联军。到铁锚寺与英通译官巴夏礼交涉。交涉中巴夏礼了解到军粮经纪密符扇上所画符号，如同代表一个个群体的族徽后，不禁微露惶惶之色，显出惧怕民众思想，骄横之态顿减。在唇来舌往的交涉中，英方承诺按市价去张家湾集市购物，也不穿城而过。经过这番交涉，使孤悬敌后的通州城，能够关城门过日子，未受侵扰，真得托军粮经纪密符扇的福，值得庆幸。但人们想不到的是咸丰十年兵临城下只是一场小惊小吓，而更大的灾难则是 40 年后的庚子年。

清光绪二十六年(1900)，岁在庚子。那年一个暑热夏日凌晨，熟睡中的通州城人被隆隆的炮声吓醒，不久传来洋兵已冲入通州城消息。处在僻静处寺庙旁的我家，时时听到枪声。曾祖父决定、由他随身携带密符扇躲入华严寺，祖父带领全家族躲向北乡。就在避祸几天后，人祸突降。回家取物的曾祖父，被俄军点燃的火药库爆炸震倒的房山砸在墙下，后被寻觅而来的老方丈抬回庙中。刚刚苏醒的曾祖父询问军粮经纪密符扇情况，老方丈告诉他，密符扇安全已代为妥善保管。曾祖父听后眼皮渐合。老方丈把脉，脉象渐无。 派弟子喜峰小和尚出城寻人报凶信。祖父得知连夜潜回城，草草处理罢丧事，取回曾祖父以性命为代价保全下来的军粮经纪密符扇，为怎样再保全它大费心思。左思右想，战乱中哪里都不是收藏之处，唯有把它骨扇分离，将扇面妥善包裹，随身携带最为稳妥。祖父回到双埠头村，老两口轮换携带，晚间放炕头。近寒冬回到家暂安放佛龛中。寒冬过春日来，被烧的仓场门、被毁的坐粮厅、四员厅，荒芜的中、西仓不见有人整理。州同州判通州的管粮官员无任职人。祖父找同行经纪大多不存，能寻到的也不知底细。提到军粮经纪密符扇，不是说丢了就是毁了，命都难保还保顾了他。无奈何进京打听，京城的仓场总督衙门秃垣败舍空无一人。巧遇在家赋闲出家闷逛的昔日坐粮厅小吏他说漕运已废，漕粮大部折银交纳，少量由天津用火车运到丰台。无奈的祖父回家带好军粮经纪密符扇扇面和少许盘缠，抱着一丝希望几次徒步到丰台寻觅验粮路子，都不得其门。好不易找到管事的，想出示密符扇(面)，对方连连摆手，不屑一顾。偶然碰到洋人对密符扇似感兴趣，几张花纸想交换。祖父连忙收起军粮经纪密符扇急闪快躲。一洋服留辫子的中国人说祖父真傻，那几张英榜可抵上百两银子。祖父想卖掉它也好换饭，够苦度两三年日子。陡忆曾祖父命丧洋鬼子之手，决不容洋鬼子染指军粮经纪密符扇。春日前后数次奔波，使老人身心疲惫幻像频生。圆明园废城黎明遇鬼吹灯，八里桥月夜现双桥，半夜时在家门口碰到鬼打墙。祖母和父亲连说带劝，更主要的是将到五月节，运河边清船踪影不见，祖父才死下心与全家四口苦度时光。后渐知灾难祸首是李鸿章，是他签订的辛丑条约所致。恨洋人、怨汉妖当道朝廷不明。发牢骚也无补于事，家中已卖得无长物，只剩下军粮经纪密符扇（面）与它的伙伴——通州漕运粮道图、漕运底账等验粮用物和些旧书。面对它长吁短叹，叹它风光已是昔日花，叹它只能与全家共过凄凉生活。

辛丑条约伴随着日落西山的大清王朝不满十载，大清退位改元中华民国。军阀混战更搅得民无宁日，今日换派，明天兵变，砸商店、闯民宅家常便饭。我家当年穷的只剩一口锅，没什么值得兵们抢的，倒是军粮经纪密符扇和它的伙伴怕被乱兵毁掉。家人发愁无处收藏这些"宝贝"。房梁上怕房漏。地缝中怕潮湿，家徒四壁明放着更不行。忽睹书籍有了办法，把密符扇面和扇骨夹在书卷中装入铁盒，外裹油布藏在碎砖堆中。祖父细心呵护碎砖堆，直至发现铁盒锈坏漏水，才把内里的"宝贝"转移。在艰难岁月中，曾有机会卖掉军粮经纪密符扇，换得安逸，但祖父坚决不

陈乃文家藏
漕运底账

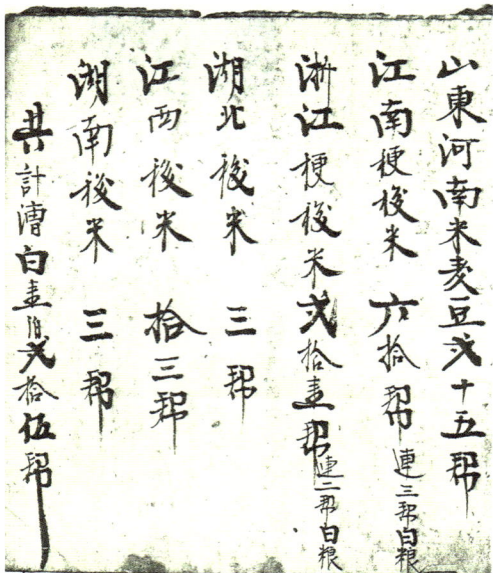

允。事情发生在民国初年。当年父亲在前门洋广货铺子当店员，认识一个古董行朋友，愿用东四一所小三合院，交换军粮选纪密符扇。当祖父得知对方是为伦敦博物馆搜集中国文物时，大发雷霆，骂父亲无耻忘本，忘了亲人是怎样死的。亲人临死犹伸三指，示意（灭秦者）三户楚，喜峰和尚是证人。父亲指天明誓，有生之年可呵护军粮经纪密符扇，国不强，政不明，处不安不能露头，不能出国离土。这番话要传之子孙。此后袁世凯闹洪宪，张勋复辟闹剧年间（1915-1917），也有些人搜集皇权时代旧物，父亲不为所动，坚守誓言。

转眼到了1937年一个暑热天，日本双膀飞机在空中盘旋，只记得前院大嫂子和母亲，把我拉到屋内前沿炕北蒙着被子的方桌下。母亲还把一个梳头匣子塞给我，匣中就装着密符扇面和扇骨。娘儿几个紧紧卷伏在方桌下，只听噼里啪啦枪声响，突然又轰隆一声。事后才知道离我们藏身处不足30米的李家门前，日本飞机扔了颗炸弹。日落西山时分，母亲叫我背着大漆描金梳头匣，几个沿着街巷直向西南。刚要出胡同西口又是轰隆一声吓得四个不敢动弹。定定神，大嫂子领着我们出胡同向南，出南门到南地（今潞河中学），住入一个人已满员只能挤着坐在地上的小房间。我抱着梳头匣一觉睡到大天亮。大侄子领我去看未炸的炸弹。炸弹周边拴着拦人的绳子，一位洋人劝阻人群四散。听人说：炸弹顺着富氏楼尖砸向地面，一人多高的炸弹如果炸了，咱们得完蛋。这是两天来遇到日本兵扔的第三颗炸弹，连遇三险居然安然无恙，有惊无险。这是命途多舛的军粮经纪密符扇又一个灾难吧。

不知过了多少日子，在神驹村教书的父亲接我们回家。我仍然背着梳头匣，不慎跌了一跤，左手拇指被玻璃碴子刺了个大口子，给我留下了终生记号。不幸的是，那年冬天，40多岁的母亲，因为生产妹妹失血过多，三天后过世。这位曾保全军粮经纪密符扇的母亲，走完她坎坷多舛的44年人生路。身经丧父母又丧妻，年近50的父亲，安置好妹妹，找妥房子寄托人后，把密符扇藏在我识字的字号匣内。从此，军粮经纪密符扇和我们爷儿俩共度多灾多难岁月，在通县四乡过着颠沛流离的生活。父亲每当改换教书的村庄时，总是嘱咐我，看好字号匣。犹记当年，父亲教我《诗经》"春日迟迟"时，感慨地说："国破山河在"，何处"城春草木深"？运河屡屡受辱，军粮经纪密符扇何以为家！

这时期是日伪统治，据看守房子的街坊说：起初日本人几次派人寻找军粮经纪后人，要什么验粮的东西。街坊说，不知道这家人下落，搪塞过去。1945年夏天正热天，门外有汽车响声，出门看，从小汽车上下来的是与日本人关系密切的王子衡，陪着穿西服留八字胡的日本老头儿，不言声径直进院，非要见见"陈桑"谈谈家常。街坊说：房主已经几年没回来，也不知去什么地方了。怎么说也不行，街坊无奈开锁推门。见灰尘满地，蜘蛛网满屋，日本人才悻悻而退，连说遗憾，改日再来。这年8月15日，日本宣布无条件投降，父亲带着我返回故居，街坊告诉父亲那些事。父亲后来对我说：还不是为了那几件漕运遗物而来，那个日本人是文化特务。日本人崇拜中国文物就是他们用崇拜的方式掠为己有。简直是土匪，还不如土匪，是倭寇、是海盗。

抗战胜利，父亲喜悦之情溢于言表。回家后字号匣内取出密符扇，重新放入书箱子内的纸盒中，再放入碎樟木木块，长出口气说：物归原位，托祖宗在天之灵。稍停，父亲又说：这回国军回来了。国军就是北伐时的南军，能打仗，打败了张宗昌，赶跑了奉军，南军军纪严明。他总想，是中国人的天下，总比当亡国奴时好。"宝贝"放在书箱中，总比带着四处跑安全，何况在县城读书的儿子还天天看着。事情出乎他的想象，就在1948年入冬前，败退的国民党13军入驻通州城，挨家强令百姓腾房。一名排长见满箱子书，大呼晦气！输！输！输！这么多书还不输！迈步出门扬长而去。就是那些书，保住了军粮经纪密符扇的安全，保着了我的住屋。

解放后，军粮经纪密符扇总在书籍中安安稳稳沉睡十多年。

1966年6月，在破四旧、毁旧物声浪中，几个小中学生，在本乡本土"游民无产者"勾引下，公然破门进屋，撕堂壁挂、砸踏祖牌位。正当他们掀书箱撕先高祖乡试墨卷时，我正回家。年壮气盛的我，扔下自行车与他们激烈辩论。这群乌合理屈辞穷，事情过后，老父亲叫我把密符扇想办法收藏。我用蜡纸层层包裹军粮经纪密符扇扇面，最外层用厚纸裹好再烫上层蜡。塞入厢房内墙砖缝中。再把整面墙抹上泥，弄得天衣无缝。老父亲说：这几件交给你，我心就不再悬着了。可惜绣着"南纳北收，东装西卸"的军粮经纪密符扇扇套坏了，这八个字说的就是漕粮由征纳到转运，你要记住。话到1973年10月，病卧在炕的老父亲，忽然在15日那天时近中午索要毛笔，仰面悬腕写下通州八景》诗句，那"南纳北收，东装西卸"八

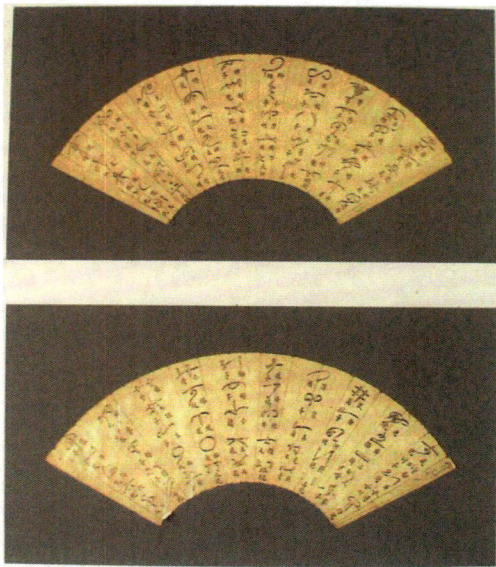

漕运军粮经
纪密符扇

个字赫然嵌在诗句中。写罢昏然入睡，竟长睡不醒。一生做着运河梦，呵护着密符扇，陪伴着密符扇走了85年坎坷路的老父亲，或许是沉浸在梦幻追随前三代人驾鹤西去。我看着那面墙，守在密符扇旁，暗思前景不明，只能摸索而行。1976年7月28日夜，唐山大地震波及通州，厢房被震塌。幸藏密符扇的那面墙未倒，抠出藏物层层开封，审视这几经劫难，已发黄脆朽，略现断裂，但密符仍清晰可见的密符扇另行收藏。每当提及漕运时，我就不禁想到密符扇，思忖它的出路在何方？下面几句话，或许能概括密符扇270多年的经历和它的未来。

生逢盛世，命途多舛，几度风光，几度凄凉，几度悲哀。世事沧桑，人祸天灾，历尽劫难，幸得平安，告慰祖先。爱适乐土得其所，静卧琉璃说运河。

记忆里的刘庄村

■ 孙连庆

　　通州城北过浮桥不远，有一片串联在一起的自然村。这些村子的名字，人们习惯连起来，称作"焦王刘李耿"。自南向北依次是耿庄、焦庄、王庄、刘庄，刘庄的东面紧连着李庄。这五个村子都是永顺镇的辖村，连在一起呈"L"形，有五六里地长，而刘庄就处于拐点的位置。我的老家就在刘庄。

　　刘庄是个古老的村子，《北京通县地名志》在"刘庄"条下记载："该村地势平坦，海拔 24.5 米。聚落呈方形，占地面积 323 亩，主街东西两条，南北一条。村民 392 户 1096 人，汉族。清代已成村。"《地名志》成书于 1992 年，因此，书中的民户与人数，是 1992 年前后的数字。

　　我在刘庄度过了幼年和青年的时光。那时刘庄的样子深深地刻在了在我的脑海中。尽管已经过了五十多年，它的样子依然是那样地清晰，那样的亲切。弯曲的街道，低矮的土房，勤劳朴素的乡亲们的样子，依然时时浮现在我的眼前。

　　刘庄所处的地区自然条件比较好。土地平坦，土质肥沃。小中河在村西自北向南流过，河道深深的，在田野中形成一条又宽又长的大沟。中坝河在村北，从东向西又折向南，在村西汇入小中河，河床很宽。河水不很多，河床的遗迹仍然有一里多宽。刘庄的主街有三条，分别是前街、中街和后街。前街和后街比较直，也比较平；中街不但弯曲，高低相差也很大。中街可以分为三段，中段最高，西段比中段低近一米；东段比中段要低两米多。村子的东南角，有一块一两亩地大小的低洼地，村里人管那里叫"后坑"。那里只长着杂草和稀疏的几棵小树，每逢大雨，雨水顺着街道都流到后坑，几天后，就"听取蛙声一片"了。那里似乎是没有主的野地。村外，东北与西南面有几处沙土岗，岗上长着一些杨树、柳树，村西有几片树林。村里扁砖到顶的好房子有七八户，那是解放前地主家的院落。有一些是"里生外熟"、"十三层"、"棋盘心"、"四角硬"、"前脸硬"、"两山硬"的砖混房子。村里的贫苦人家约占一半多，他们所住的房子则是"板打墙、土摔坯"的土房。俗语说"四根立柱耍大坯，坍塌倒坏一堆泥"。居住条件是最差的。村里有刘、张、耿三大姓。像我们孙姓、苏姓、李姓等是后迁来的。全村刘姓最多，而张姓和耿姓主要住在村子的东头。村里老人们都说，张姓和耿姓人家最能吃苦耐劳，常常起五更，趴半夜地劳作。因此，村里曾经有"张一更，耿半夜"的说法。但在旧社会，他们的勤劳最终也没能改变受穷受苦的命运。在清代，刘姓是"庄头"，是给王爷庄园收租子的。"庄头"留在村里的遗迹有两个：一个是耕地面积很大很

刘庄村近照

多，另一个是高大的宅院。我们村的耕地面积广大，村北过中坝河与双埠头村的耕地相接，西面过小中河，向西直到铁路，北边从富豪村边往南，直到范庄村人家的房后。东面直到李庄村北面，站在那里，可以清楚地看到疃里村人家的房子。总面积有两千多亩。人民公社化以后，一部分耕地划给了邻村邻队。

庄头家的大院套，给我留下了极深的印象。那个大院套坐落在后街中段，占地足有三四亩地，呈长方形。高大的围墙有两丈多高，砌砖的白灰是用米浆和的，很多年以后也还有韧性，不干裂。我们在那里玩耍时，用指甲就能从墙缝里剜下一小块。大院分为东西两个部分。东院街门内是一个子院，有东西配房各三间，西配房北边的一间为门道，可通西跨院。接着是并排坐北朝南的两个三进院落，布局相同。大门为大青石三层台阶，垂花门，左右鹿顶各两间。二门同样是大青石三层台阶，院内左右厢房各三间。正房五间，坐落在三层大青石台基上，中间开后门通后院。后院为一个大院落，北、东、西三面为房屋，估计是仓房。西配房南边的一间为门道，可通西跨院。西跨院为宽大场地，南墙接建倒座仓房五六间，西南角有水井一眼。南围墙西端另设大门，供马车出入。这样的院落在周围几个村都没有。焦庄地主的庄园也是比较大的，但比起刘庄的，仍然逊色不少。解放后，庄头的大院子改做小学校，我的小学时光，就是在那里度过的。

在我的印象里，刚解放的那几年，每年发大水。我家住在村西头，站在村边，看着无边无际的洪水，看着水里只露出一点点叶子的大庄稼，看着河水顺着车道沟一点点地往村里拱，幼年的我心里感到很是害怕。那几年雨水特别多，夏天的连阴雨没完没了。雨声里，街上传来紧急的锣声，有人喊：青年突击队上堤防汛喽！哥哥是突击队员，听到锣声，赶紧戴上草帽，穿上蓑衣冲出屋子，消失在雨幕里。夜深人静，不时有"咕咚"一声低沉闷响传来，我爸说：又是谁家的墙倒了！那时庄户人家的院墙，大多是泥土夯筑的，禁不住雨水的长时间浸泡，但倒屋伤人的事却没有听说过。解放以后，社会安定，人民的生活水平稳步得到改善，村民的住房也随之发生了变化。先是雨季前在房顶抹白灰的多了，而以前大多抹麦芋泥。以后上瓦的也多了起来，翻盖房子的陆陆续续年年都有，人们的居住条件逐步得到了改善。

而今，这几个村子都已进行了旧村改造，旧日里低矮破旧的土房都不见了，代之而起的是鳞次栉比的楼房，十几层的、二十几层的，连成一片，错落有致，是那么高大、壮观，气派；过去年月里的乡村土路也不见了，代之而起的是笔直宽阔的柏油路，四通八达的公共交通网。楼宇间，商店、银行、电讯、快递、医院等种种生活服务设施散布其间，显著地提高了人们的生活质量。往昔"日出而作，日落而息"的农耕生活，也为新的现代生活方式所代替。居住在那里的人们不但有"坐地户"，也有外来人。我的老家已经成为城市扩展后的一个组成部分了。

刘庄公园

儿时在小圣庙村的记忆

■ 孙连庆

　　我的幼年时代的大部分时间是在姥爷家度过的。姥爷姓孙，住在小圣庙村西头。姥爷有一手"绝技"，就是烧炭。他烧的炭，并不是平常所见到的木炭，而是用麻秸杆或棉花秸烧成后，专供邢各庄的作坊制做花炮用的。这是他家除种地以外的另一项重要收入来源。

　　姥爷烧炭的窑，建在他家西跨院的西南角，属于半地下式。窑筒直径约五六尺，高约一丈。窑筒下半截呈直筒状，上半截逐渐内缩。上面的窑口直径约2尺多，呈圆形。窑筒靠地面留有风洞，风洞高约3尺，宽可容一个人进出，有坡道通往地面。

　　每年秋后，邢各庄的张叔叔就来到姥爷家，先付一部分定金，并商定烧炭的数量和取货的时间。姥姥称张叔叔为"小张"，对他很热情，有时还留他吃饭。这个"小张"叔叔，现在回想起来，是邢各庄的代销商或是一部分花炮作坊的代表。有时是他来，有时是他和其他两三个人一起来，他来的次数比较多，以至于现在还能依稀记起他的形象。"小张"叔叔对我很好，有时还给我带来一些小鞭炮和"鸡屎花"。那是我最高兴的时候。鸡屎花形如鸡屎，灰黑色，样子很难看。但一旦点燃，就发出"哧哧"的响声、喷着火花满地乱蹿，使我们这些孩子兴奋不已。

　　"小张"叔叔走后，姥爷就会赶上他的小驴车，到各村收购麻秸杆或棉花秸，准备烧炭。姥爷家里只有姥姥、舅妈三个人。唯一的舅舅被国民党抓兵一直没有回来，舅妈苦等，终生未改嫁。所以，老爷虽然年事已高，但不得不勉强承担青壮年劳动力应该做的活路。在我经历的几年中，事情似乎很顺利。姥爷买来的都是麻秸杆，没有棉花秸。这两样东西杆径不一样，所以不能一起烧制。

经过一段时间的准备，开始烧窑。届时，先将几捆玉米秸架在窑内点燃，随后，姥爷便从窑口往窑内投放麻秸杆。他将成捆的麻秸杆一撅两截，然后投到窑内。这时，舅妈做协助的工作，她要往返不断地将远处码放的麻秸杆，送到姥爷跟前。窑口的烟火直冲到半天空，很远都能看到。填窑的工作一般要做大半天，直到把窑筒填满。这时，舅妈挑来一担水，将水浇到正在燃烧的窑内。姥爷用一块铁板将窑口盖住，再用土将窑口封严，不使漏气。再用砖和泥将风洞封严，烧窑的工作即告完成。

几天以后，开始出窑。出窑的工作主要依靠舅妈。这时，舅妈将头发用头巾包好，并且，将一担水放在旁边以防意外。然后，打开风洞，用三齿或挠钩将烧成的炭扒出来，装进准备好的麻袋里。一袋一袋地装，直到满窑的炭装完。姥爷烧炭的技术可说是达到了炉火纯青的境

城市绿心公园

界。那一根一根的麻秸杆，全部烧成了纯黑色，完全没有了木质部分，并且也不见灰分。将两根炭棍轻轻地敲，可以听到清脆的金属声。

到了取货的日子，小张叔叔和他的伙伴们就赶着大车来了。先是一袋一袋地过秤，算出总的重量，再根据重量算出总的货款，然后，小张叔叔就将炭取走了。年关将近，小张叔叔来结算货款并送还装炭的麻袋，姥爷家一年烧炭的辛苦顺利地结束了。

小圣庙这个村子不算小，对于幼年的我来说，觉得村子东头是很远的地方，没有大人带领，极少到那里去。村子东面不远，就是古老的运河。村子南面是一片挺大的沙漠，沙漠的南面，据说是张辛庄，但我只是听说，没有去过。解放初期，有一部电影名字叫"水"，就是在那片沙漠里拍摄的。大约是五二、五三年的时候，村里一个名叫张秀全的人，在沙漠里打死一头狼，一时间成为村里的传奇人物。在我心中，他骑着白马，手持扎枪的样子，简直就是一个大英雄。村子西南不远，就是上马头村。村子北面不远，就是发电厂。每天中午 12 点，发电厂的汽笛声是远近十几里村民生活的晴雨表。"电锅拉笛了！"成为那个时代附近村民的集体记忆。后来，上马头村属于张家湾镇，而小圣庙先是归通州镇，后来则属于永顺镇。如今这几个村子都已经拆迁，村子的原址变成了著名的"城市绿心"公园，而祖祖辈辈在土里刨食的农民，也住上了高楼，过上了城市居民的新生活。

通县水泥厂

■ 刘福田

　　水泥生产最主要的原料是石灰石，也就是我们平常说的石头，石头在山区不算什么稀罕之物，但到了平原就很少见了，有几块也是被当作观赏从山里运出来的。河流里偶尔有的一些鹅卵石当不得数，生产水泥那是要消耗大量石头的，因此一般水泥生产企业都会选址在山区或者半山区，为的就是最主要的原料石头取用方便，有些企业甚至干脆把石灰石采矿和水泥生产合而为一，山上爆破采矿就地破碎，然后用传送带直接把石头送到原料车间，这生产成本低廉到几乎可以忽略不计。

　　如果要在平原建厂那可就不行了，主要生产原料都需要购买、运输，购买石头在山区论开矿量，下游买家那就得论吨了，而且石头变成水泥重量缩减约 1.7：1，这运输成本凭空增加近两倍，光这石灰石成本一项企业就吃不消！所以在平原地区建水泥厂，除了通州我在国内还真没有发现第二家。

　　通州没有山，为什么还非要建水泥厂？八十年代水泥是非常紧俏的建材，有钱也很难买到，我认为当时通县领导建水泥厂，主要是为了通县地区自己用水泥方便吧。

　　通县水泥厂的动议、筹备始于 1976 年年末，这一年是中国历史上的重大转折，1976 年 10 月，通县一批小型地方国营企业比如小化肥、小机械都筹建于此时，水泥厂也是其中之一。先是组建筹建小组，筹建小组由 13 人组成，由县委主管工业的副书记黄显明、副县长田彬、工业局负责人吴逸华 3 人主抓，另外从财税局抽调干部杨成印、宋振芳等 10 人作为先行官和辅佐。

那时候的人工作干劲儿很足，他们很快就完成了基本测算和选址。经过反复讨论，筹建组决定水泥厂选址在当时的城关镇（今永顺镇）乔庄村南的一片薄碱沙洼地。这里占用的不是好耕地，地域也比较开阔，距离附近的乔庄村、小圣庙村、砖厂村等都是 1 公里以上，既有利于工厂以后发展，还能减少企业污染对村民的影响。这种考察当然得是综合性的，第二就是这里离京津公路也只是 1 公里左右，方便以后运输，这里正好有一条通往三间房机场的铁路线，从北往南，有一段废弃的 700 米的站台。第三，这里有一个大沙坨子，便于填平选址处的壕沟、大坑等，也便于工厂建设用土。大约是综合以上考虑，水泥厂最终确定选建在此处。

1977 年 2 月，水泥厂筹建组搬到厂址办公。当时，这里还是一片荒地，连间土房都没有。筹建组从附近村借来几辆大车运来一些砖，干码砖搭上苫布就开始具体谋划了。一个月后，县委调动附近几个乡 500 名农民前来参"战"，水泥厂建设的号角就这样吹响了。据说来这里建设的农民，全是义务工。他们早来晚走，风餐露宿，艰难困苦可想而知，不到 10 天，48 间平房就建起来了，这就是后来水泥厂的后勤办公区。这些农民后来大部分就留在了厂里，成为水泥厂职工的主体，叫"社员工"。

那个时候干点事跟现在可不一样，全社会的转型也才刚刚起步，建工厂这么大的事也是说干就干，干到哪说哪。由县里牵头，占地、用人都不是个事儿，钱是由筹建组自己想主意。除了县里的领导，筹建组从财税局抽调干部，那就是为了方便得到财政支持。建设资金除了划拨还可以东拼西凑。水泥厂建设资金最紧张的时候，附近很多村子、单位都给予了大力支持。

水泥厂这建厂伊始，又缺人又缺钱，这里外里都是水泥厂赚。要知道那时候能进工厂可也是大好事，当时全县才几个工厂，这建起来可就是地方国营的大厂！有了资金还需要技术，这可就不是蛮力能帮忙的了，好在全国一盘棋，全国各地的支援也很到位。北京南口水泥机械厂来了，唐山水泥机械厂来了，沈阳水泥机械厂也来了……他们先是送来了工艺设计安装技术，等车间厂房和基础设施建好了，又运来了各种水泥生产的主机设备。主机设备安装，请来的是北京的专业安装队伍，县工业局等单位也派来了精干的队伍前来助战。满打满算也就 3 个多月时间，到 1979 年 6 月，一条水泥生产线上的全部设备就已安装完成。

设备调试是一个技术要求很高的事，人多就派不上用场了，主要是外面请来的专业技术人员，经过 5 个月的调试，1979 年 11 月 9 日水泥厂才终于点火试生产。在北京市水泥公司有关专家的观察、鉴定下，一次投料点火试产就成功了。这一天，标志着通县水泥厂正式建成投产，从此地处平原的通县也能自己生产水泥了。

1979 年，水泥厂就生产水泥 3329 吨，1980 一年，水泥产量达到33790 吨，等到 1981 年水泥厂首次实现赢利 86000 元……水泥生产可是个技术活儿，严格说它算是个化工行业，这最初几年的艰辛探索可想而知，幸好有北京市水泥公司的大力支持，琉璃河水泥厂甚至派来了一批经验丰富的技术工人长期驻扎，后来还有人来了就没再回去。在这个过程中也逐渐培养了一大批本土技术工人，到 1984 年 1 月我毕业分配来到厂里，前一年水泥产量已经达到 67000 吨，基本上实现了正常年产量。

1984 年，水泥厂已属于正常生产阶段，无论生产技术还是行政管理，都算是一般状况，企业盈利也是一般。后来我分析，盈利主要原因有三个方面：一是这个厂建得赶上了好时候，工厂建成正好改革开放，百废待兴四处基建，水泥市场一直供不应求；二是通州也有比较特殊的地理优势，虽然地处平原，原材料成本高，但是通州四通八达，成品运输条件也好，这里的水泥可以袋装汽运，还可以散装罐运，我们后来还利用铁路线建了水泥中转站，这条火车线路不仅能运水泥，还能运原材料，这么对冲下来，原材料成本高和成品运输便利大体上就抵消了；三是我们的生产工艺先进。

　　一般小水泥企业，生产工艺都是机立窑，这种窑属于淘汰工艺，烧成温度低，高强度的熟料烧不出来，但因为制造成本也低，小水泥企业就还在用，当时市场水泥需求又多，连新上马的小水泥企业还在上新立窑……通县水泥厂就不一样了，我们开始上的就是当时工艺最先进的立波尔旋窑，水泥生产核心的熟料，我们烧出来就比别人好。当时旋窑工艺虽然先进也并不稀罕，许多大型水泥企业都已普遍采用，稀罕的只是这么小的型号。通县水泥厂之所以能用上旋窑，也是机缘巧合，当时北京特意生产了两条小旋窑，原本是要援助越南的，可是生产出来中越关系却起了摩擦，这两条旋窑被闲置，正好这时候通县要建水泥厂，这两条旋窑就都给了通县。总之阴错阳差又机缘巧合，两条旋窑都落在了通县，这在京郊上百家小型水泥企业中绝无仅有，在国内也很罕见。

　　既然当时闲置的是两条旋窑，这两条窑为什么不同时上？原因第一是没经验只能摸着石头过河，第二还是钱的问题。没想到第一条窑投产后水泥质量相当可靠，很快就赢得了用户好评，通县水泥质量好名声在外，一开始就是供不应求的开门红。那时候来通县水泥厂生产销售好，扩建第二条生产线也就很快提到了议事日程。正好，1983年上级就给拨来一批支援地方小水泥工业技术改造的款项。

　　立项、设计、报批、筹款……1983年8月22日，二号窑扩建项目得到了各级有关部门批准。总投资972万元，其中国家投资500万元，市局投资300万元，县财政投资40万元，其余水泥厂自筹。当时，以厂长杨成印挂帅，杨成印是从财税局调过来的，他开始就是建厂筹备组的，工厂建成后任水泥厂第一任书记兼厂长，宋振芳留下来当副书记，后来成为第二任书记，一直干到退休。水泥厂第二任厂长叫李春友，退伍军人出身，没干多久就调走了，厂长一职由魏绍忠接任，他是水泥厂最后一任厂长，我在厂期间也是一直和他打交道。

　　1983年，杨成印厂长挂帅，组成了5人扩建领导小组。一号窑不停工，二号窑建设同时开展，实现了年产量增加了几千吨。二号窑生产线1983年12月破土动工，1985年5月1日二号窑点火试生产。我对这个工程没多少印象，只知道有这么个事情而已。

水泥厂之前的资料由李冬老师提供，进厂的记忆也难说十分准确。

二号窑上马当然比这一号窑容易，这一次已经有了经验。这两条窑型号不完全一样但大小差不多，二号窑投产，产量也就提高了一倍。我进厂后还有一件大事需要记录，那就是水泥厂 3.1 公里的铁路专用线建成并通车。这条铁路专用线北起京秦铁路，向南穿过运河大街，紧邻厂区东侧而过，这样一来原料运入、产品运出，就可以主要地用它，从而节约了一大块成本。这是当时全县各工厂企业中第一条铁路，建路资金共 70 万元，完全由水泥厂自筹，这条铁路专用线为以后建水泥中转站打下了基础。

说起来我进水泥厂还算赶上了好时候，一切重要的基础都打好了，水泥厂的发展开始进入相对稳定期。当然，小打小闹的改动和变革一直不断，这期间也有一些小的生产和市场波动，但总体而言生产和生活都比较稳定。直接扩大再生产的大工程没有了，剩下的就是挖掘现有生产潜力，这方面取得的效益相当有限，基本上就成了维持日常生产。在这个基础上要想增加工厂收益，更多的功夫就只能投入到市场销售环节，大环境的市场需求生产厂家也无能为力，这就又回到了改善交通运输以及存储等环节。

1986 年春，在自建水泥厂专用铁路线一侧建成 700 米长水泥储存库，这便是通县水泥中转站。这个中转站由水泥厂自筹资金修建，但属于北京市水泥公司委托通县水泥厂兴建的大型水泥仓库。北京市各水泥厂家都可以把水泥运到这里，再由这里发往全国各地。这个中转站库容水泥 1 万吨，可同时装卸 50 个车皮。中转站主要由水泥厂负责管理，除了本身收益外当然也改善了自家产品的销售条件。

完全属于水泥厂自身改变的还是散装水泥的存储和运输，比较传统的袋装销售，直接散装销售节省工序、节约时间，运输上也更为便利。通县水泥厂是比较早采用水泥散装运输和销售的，1986 年水泥厂建成散装水泥库 12 个，购置水泥罐车两辆，一年后又购置大罐车 4 辆，又过年又增加大罐 2 辆，这样水泥产量一多半都变成了散装销售，大大增加了产品销售上的市场竞争力。散装水泥节省了袋装费用，送货上门还花钱少运量大，当然更受客户欢迎，尤其是大客户。小客户也有图便宜的，自己开车进厂也能买散装水泥，这就在水泥市场逐渐饱和的情况下延续了水泥厂的生命力，以致在水泥市场销售竞争逐渐激烈之后，1987年水泥厂又进行了一号窑技术改造，进一步提高产量。当然，这种局部改造产能增加有限，也算不上多大的改造工程，只用两个多月时间就完成了。

一号窑改造之后却迎来了市场淡季，水泥厂的生产经营一度出现低迷，1988年改革开放也进一步深入，水泥厂开始引入领导班子指标承包竞争上岗。不过竞争结果还是魏绍忠继续担任厂长，但或许是干部竞聘带来了活力，或许是改革开放进入了新的发展阶段，水泥的市场销售自此又红火起来，通县水泥厂也进入了它发展最辉煌的阶段。

这一阶段水泥厂在通州工业局系统是相当牛的，利税大户自不用说，职工收入和福利待遇也让人羡慕，在工厂东侧的平房家属住宅区之外，也将位于通州北苑的120户职工宿舍楼分配给职工。工厂生产和生活环境逐渐改善，建起了化验室大楼和办公大楼，3000平方米的4层办公大楼建得相当气派，这样的工厂环境和职工生活待遇，在当时通州区工业局系统算是数一数二了。

1989年9月，通县水泥厂经上级批准，更名为北京特种水泥厂。这是基于水泥厂求生存求发展的又一个举措，与中国建材研究院联合研制新产品，就是人家出技术我们来生产。平原水泥厂没有成本优势，要生存要发展就得想尽办法，先是彩色水泥生产，这个就是普通水泥熟料加特殊配料和特定颜料，技术上难度不大，但是出来的产品市场十分紧俏。接下来就有些技术含量了，推出的高效无声爆破剂（也叫破碎剂）、复合膨胀剂等，那就是在水泥熟料烧成上做文章了，这其中的关键是配料和烧成环节，要控制好熟料中游离钙的含量，这专业工艺技术上也不算高难，技术还是来自于研究院，但就是这么一个小的技术突破，通县水泥厂在北京市各水泥厂生产厂家中已独领风骚，于是通县水泥厂就得以北京冠名，还加上了"特种"二字。

工厂虽然换了名称，事实上还是以生产普通水泥为主，特种水泥只是偶尔为之，但因为生产线共用，这种产品更换所带来的繁琐也很麻烦，要知道一旦特种水泥和普通水泥发生意外混合，无论谁混进谁都是重大质量事故。这个时候恰好我在生产技术科专管此事，每当这时都是特别的小心翼翼，在我手里一次事故都没有发生过。其实不止于这个，别的事也是这样，这其中不只是认真，更重要的是要明确关键节点。

除了开发出这几种新产品，持续发展的措施重复进行，1990年又对二号窑进行技术改造，效果大体上同之前的一号窑，只是增加了一点生产能力。然后就是扩大上下游原料和制成生产能力，1993年又完成了新建生料磨和水泥磨，继续发展水泥原料和成品的储存和运输。比如：又新建一座可容水泥1．1万吨的水泥仓库，又增购4台散装水泥罐车等等，这些措施让我隐隐地开始感觉有些忧虑。

再一次复制粘贴之前的发展路数，在当时还是有相当效果的，北京特种水泥厂无论在产值和利润等各方面，此时已跻身于北京市13家水泥厂企业的第二位，当然，通县水泥的质量也是响当当的。当时北京市一些重点工程，还点名要用通州的"坚石"牌水泥呢！比如北京市政二环路改造工程、北京前门地下通道工程、京通快速路工程、高碑店污水处理厂工程三环路改造及住宅区旧房改造工程等等。

北京特种水泥厂的发展，还赢得了国际关注，美国一家水泥公司不知从什么渠道获知了工厂现状，竟主动提出了投资意向。这一次吸引外资还真的获得了成功，美方第一期就注入了350万美金，北京特种水泥厂再次更名为北京恒运科利水泥有限公司，成为中美合资企业……不过，与美方的合作也就此止步。中美合作时我与美方代表有过交流，没有更进一步发展的原因却不知其详，大概是前期投资效果不够理想。

水泥厂一直属于通县（通州区）工业局，与水泥厂比较而言，工业局系统其它企业生产经营状况都不是很理想，工业淘汰落后产能，这在当时已是大势所趋。同是工业局系统企业，兄弟单位之间必须互相帮扶，先是小机械厂下岗分流职工，部分人就分配到了水泥厂来，然后还有鞋厂、纸箱厂等，水泥厂一度还合并了其它几个工厂，成立了北京市通州区建材工业有限公司。但这种帮扶事实上是加重了水泥厂的负担，水泥厂的日子也日渐沉重起来，好在根基尚好，一时还支撑得住。

水泥厂发展前景并不景气。水泥厂是环境严重污染企业，当时污染恶劣到什么程度？这么说吧：夜班上料时开着 100 瓦的白炽灯，工人对面还是看不到对方，这是多大的烟尘啊！虽然工厂一直在治理污染，但水泥生产性质就决定了治理效果有限。其次是通州建水泥厂远离矿山，这是企业发展的一个不利因素。再说水泥生产是一个大型化趋势，产能越大成本越低，而通州并不适合这种情况，1990 年北京举办第十一届亚运会，对周边水泥生产企业的环境要求较高。

后来我离开了水泥厂，但偶尔有事或没事还会回去看看，与厂长闲聊，了解厂里的情况，但好景不长，2004 年工厂因资金问题倒闭。刚请假离开的时候，我觉得天高地远的，对这工作生活了 17 年的地方几乎没什么依恋，工厂倒闭后一两年内也没什么感觉，时间再久就有些怀念了，许多年我对水泥厂魂牵梦绕的，梦里大多都是回到了水泥厂。也是，毕竟那是我最青春的记忆啊！水泥厂从 1976 年底筹备到 2004 年倒闭，在通州总共存在了不到 28 年。

通县水泥厂可以说是个时代产物，考察它要用时代眼光，虽然那个时代过去了，水泥厂也终于淹没于历史，但不管哪个时代，通州人所表现的某些精神是一致的，吃苦耐劳精明强干自强不息等等……如今在水泥厂当初的厂址上，已矗立起一片居民小区，北京城市副中心的脚步，早已从这里跨过，只有经历过那个时代的人，还在心里留有水泥厂深深的记忆。

通州发电厂三十六年

■ 李伟翰

电厂的初建

通州发电厂位于通州永顺镇东南大棚村旁，东濒北运河，北距京通铁路终点站通县东站（今京古铁路东场站）2.5公里，有专用铁路线通至厂内。该厂原是北京电车公司的动力分厂，1922年筹建，次年夏开工，1928年3月22日竣工发电。该厂距北京20公里，之所以将电车电源的发电厂设在通县，是因在当初勘察选址时调查了永定河及北运河两处用水水源之后决定的。北运河水量丰富，直通津沽，水质较好，河流平缓，故确定将电厂建于通县。

电车公司创于1913年5月，京都市政公所向法国借款1亿法郎，其中包括北京电车公司的官股200万银元；商股是由北京商人分股认购200万元，这是一家股本400万元的官商合办公司。通州发电厂建厂资金是电车工程用款的一部分，未单独核算。电源工程部分除建设发电厂外，尚建有自通至京33千伏输电线，自电厂每隔60米设水泥电杆，线路总长24.72公里，经崇文门变压厂转送市内电车等用电。

在建厂之初，根据用电情况，主机安装英国拔柏葛6.5吨／时锅炉3台、瑞士卜郎比750千瓦汽轮发电机两台、1500千瓦1台，发电能力共为3000千瓦。厂房系由公司工程处许坤设计并监工建筑；

通县发电厂
自来水塔

机炉设备则由瑞士新通公司专家指导，我国技工带领当地工人、农民具体安装。建成后，许坤为第一任厂长，新通公司技师齐有铭等作为工长带领工人操作。因厂区距县城较远，职工大多从当地乡村招收，形成半工半农性质的工人队伍。以后继任的厂长有邓海荪、居秉梯；抗日胜利后为郭学谦；解放后厂长是郭以述。

作用和管理

在发电厂建立以前的通县，因为没有电源动力，除了一些小手工业外，没有工厂可言。照明主要是点油灯。虽然1926年在城内小烧酒胡同曾成立过电灯公司，但只有一台75千瓦双缸直流发电机，仅供公司附近和西大街几个店铺照明。

发电厂开始发电后，除主要向北京电车供电外，也与通县电灯公司达成向通县供电协议，从此通县用电作动力、照明开始扩展起来。因而，当时的通州发电厂在北京和通县的经济生活中起着重要作用。

1928年，平均每月向通县城内供电量为55000度，仅为发电总量的十分之一，以后虽逐年有所增加，但因当时军阀混战，时局不稳，工业没有明显发展，以照明用电居多。当时，通县城内利用电力供应之便，发展了自动电话、自来水以及加工业，平均每月用电12万度，较初期增加一倍有余。解放后，城市设施及工业建设大发展，充足的电力供应，为通县的经济建设提供了极其有利的条件。

通州发电厂，无论是厂房规模，还是投资、设备在当时都是比较先进的。大跨度钢骨水泥厂房，高30米的烟囱，加上水池、泵房等设施，可算是宏伟建筑。厂外当时多是因运河泛滥而造成的沙地，草木不生，而在厂区周围栽植的数千棵柳树，郁郁成荫，与各种风格的建筑辉映，形似一个在沙漠中的绿洲。因为安装有锅炉，通县人民都称电厂为"电锅"。每到中午12时，电厂汽笛鸣叫，响彻十余里外。在钟表稀缺的当时，很多工人、农民都以听"电锅拉笛"报时为准。电厂工人也引为自豪，认为拉响汽笛不但是下班的信号，还起着义务报时的作用，因此鸣笛时都很认真、准确。至今附近乡村的老人还能回忆起当时的情景。

1948年，即通县解放之前，通州发电厂是北平电车公司工程处所属的一个生产厂，不是独立企业，主要行政事务如财务收支、材料供应、人事配备等，均由公司直接管理。厂内只设厂长、副厂长各1人，技术员2人，事务员1人，行政管理人员精练。燃煤、材料、售电核算及工资发放等，均由公司所属科室办理，厂只负责安全、生产任务。全厂只有一百零几个人，工人中，设工长1人，副工长2人，分管车间设备的检修和运行。

职工的生活

建厂之初，工人们按三班制上班，没有星期日休息，工人福利也得不到重视。当时仅有一栋集体宿舍，单身工人只能住在通铺上。其它设施如食堂、浴室等也极为简陋，加上没有星期天休息，工作劳累，生活相当艰苦。

职工的工资待遇，随着电车公司经营情况而变动。在抗战前，公司最初运营的几年，营业稍有盈余，职工待遇与一般工厂相当，生活比较稳定。到1944年前后，因乘电车不买票者大增，再加经营不善，电厂连年出现赤字。更主要的是侵华日军疯狂掠夺，搞所谓的"强化治安"，对工农业生产破坏很大，粮食等物品紧缺，物价一日三涨。工人每月收入逐渐发展到不能维持一个人吃饭的程度，不少工人只能带一个糠菜饼子上班，以致有些人连累带饿落下各种病根。由于工人收入微薄难以养家，住在农村的瓜菜半年粮，住在城里的靠家属捡煤核"跑单帮"做小买卖维持生活。

此时期生活虽然艰苦，但工人对电厂机械设备还是保养得很好，极少发生事故。直到解放后，电厂职工真正成为电厂的主人，生活有了根本好转。

厂内的政治

抗日战争以前，厂内基本没有政治活动，工人忙于衣食，多抱有不问政治的态度。华北沦陷后，电车公司有日本顾问 1 名，对远离北京的电厂，只要求维持生产，一般事务均由厂长主持。

此时期，"一贯道"等会道门的活动相当活跃，有少数工人加入。但迷信成分居多，政治色彩不浓。个别打入厂内的"工人"，设法了解反日情绪，可不仅没抓到什么重要情况，反而被群众孤立起来，日军投降前即自动离厂。

1944 年，冀东已有抗日地方武装活动，北运河以东乡村，成为日间国民党、夜间共产党的两面政权。对厂内地下共产党党员的活动，厂长和不少职工都有些了解，但都知而不言。同年，根据中共中央《关于城市工作的指示》，冀东 14 分区责成在电厂的地下党员张士恩，在发电厂开辟地下党的工作。抗战胜利后，电车公司内国民党组织的工会派国民党党员朱广仁任厂工会主席，唯上级之命是从，加之厂内已有地下共产党党员暗中对峙，工会主席没有威信，得不到工人的拥护。县城内国民党党部也曾派人来，劝说职工们填写入党申请表，但没有人理他们。1945 年底前，张士恩却发展了地下党员约 5 名，建立了地下党组织。他在群众的保护下，不仅未暴露身份，而且取得了厂工会副主席的职位，以争取工人福利等公开形式，做了争取群众的工作，大大削弱了国民党在厂内的影响。在通县解放时，组织了护厂队护厂，迎接解放军入北平城及迎接 14 分区长城部对电厂的接管等工作。1949 年以前，全厂地下党员已将近 10 人。1950 年，正式成立了中共北京市电车公司通州发电厂党支部。

扩建与歇业

解放后，我国工业发展迅速，人民生活水平提高很快，电源需求剧增。虽京西石景山发电厂屡次扩建，仍供不应求。通州发电厂除主要供电车用电外，又增供北京电业局、自来水厂一部分，并向双桥电台及三间房机场供电，此外尚有发电余量。为调剂余缺，充分发挥设备能力，1953年，通州发电供电系统与北京电力网连接合并，统一调度。1954年，北京电业局与电车公司商定，将通州发电厂及输电设备划归北京电业局，便于专业管理。自此，通州发电厂脱离了电车公司，成为北京电业局的一个发电单位。

1955年，为适应用电量增长的需要，在原厂房预留扩建位置上，又增设6000千瓦汽轮发电机1台、锅炉2台。全厂总发电能力达9000千瓦。几年后，京津地区生产发展很快，用电量大幅度上升，在北京东郊距通州发电厂约20公里处，新建了容量20万千瓦的热电厂。相比之下，通州发电厂的容量显得小了，且效率不如大电厂高，加之两厂距离又近，于是决定将通州发电厂设备迁到内地缺电处所。1964年3月28日，通州发电厂正式宣布停止发电，通县用电由原输电线自北京返送。自此通州发电厂完成了历史使命。

通州发电厂1928年3月建成发电到1964年3月终止发电，共计发电36年，为北京城内交通发展做出了光辉业绩，为通县城乡建设和人民生活所需电力能源做出了相当的贡献。现在旧厂址已作为北京电冰箱附件厂和北京供电局220千伏变电站之用。

（李伟翰，原通州发电厂总工程师，解放后任保定热电厂副总工程师）

五金厂的青春序曲

■ 刘维嘉

让我没想到的是，与通县五金厂阔别 20 多年，我家竟然搬到了它的旁边，与它朝夕相伴。不过，此时的它虽然已经被居民小区所替代，但记忆依旧保留在我的脑海里。这是我参加工作的第一个单位，我在这里成长进步，度过了难忘的岁月。如今想来，许多事情还历历在目。

乔庄村南的那片绿洲

1974 年初，我从通县三中初中毕业，同班的同学有的继续读高中，而大部分人都去农村插队了。我因双腿残疾，在家待业一年多后，被分配到县五金厂工作。这个厂隶属通县工业局，当时工业局系统有 22 家企业。

记得上班的第一天，邻居彭冬柏大哥和"十八个半截"胡同的朱大哥分别用自行车后座带着我和装满衣裳的大木箱子，把我送到五金厂，厂里给我安排了职工宿舍。

据说，县五金厂是由黑白铁社和制钉厂两个单位合并建成的。

这个厂子位于乔庄村南，与乔庄村相距二三百米。厂大门面朝北，门前的水渠有鱼有虾，还有蛤蟆。从北往南，厂区东侧有木工房、冲压车间、黑铁车间、职工宿舍和更衣室、维修车间、白铁车间和两个大库房。厂区西侧有两排职工宿舍、篮球场、食堂、礼堂、水塔、配电室、大拔车间、小拔车间、焖炉车间、酸洗车间。厂区中部有会议室、政办室、技术股、传达室、医务室、生产股、财务股、库房、开水房、地秤、原材料厂、电气焊车间、机加工车间、制钉车间、烤蓝车间、包装车间。厂内有砂石路面循环路，围墙内四周生长着高高的杨树，从厂外瞅五金厂，展现在人们眼前的是一大块长方形的绿洲。

生产的产品主要有黑铁水桶、白铁水桶、油抽子、白铁水壶和秋皮钉，都是定产定量生产，产品送往北京市二轻局百子湾仓库，由市二轻局统销。这些产品，如今在市场上已经很难再看到了。到了秋末冬初季节，厂里也临时做一批黑白铁烟囱和弯头。

厂里千方百计为职工办实事儿，比如：上下班家远的，给安排集体宿舍，后来又盖了两层小楼；双职工结婚没房住，专门给他们盖了排子房；为方便职工接送孩子，专门建了厂托儿所和幼儿园；定期安排职工看电影、春游；厂里的食堂一天三顿饭，凭饭票吃饭，过节还能吃会餐；厂里还组建了职工篮球队，到县城的灯光球场参加过县工业局系统和县里的比赛……

若干年以后，五金厂被撤销了，原址上建起了"美然百度城"小区，与我住的小区仅一墙之隔。

病残生有了谋生的饭碗

过去，通县有城镇居民户口的初中毕业病残生，不被安排到农村插队，由县工业局、农机局、商业局等单位分配到所属企业单位，也有的由县民政局安排到所属福利企业工作（仅安排肢体残疾人、盲人和聋人），他们享有与健全职工同等待遇。除此之外，北京市第二轻工业局等单位，也定期来通县招用轻度残疾人。

1975年春天，我被县工业局安排到县五金厂上班。在白铁车间，除了我，还有一些病残生，比如先天性心脏病患者、类风湿病患者、轻度智残人和肢体残疾人等。其他车间和库房也安排了癫痫病、哮喘、视力障碍、听力言语障碍、肢体残疾等人员。

记得第一天上班，厂党支部书记王恩泽把我送到白铁车间，并向我介绍了车间主任刘振宗，还说刘主任是发明家，车间很多冲压模具和土设备都是他发明制造的，不仅提高了产品质量和生产效率，还减轻了工人的劳动强度。在以后的工作中，我是深有体会的，打心眼儿里敬佩他。

头天上班，车间发给我一套灰色再生布工作服和围裙套袖，还有一季度一发的肥皂、毛巾、手套等劳保用品，并给我准备了拍板儿、锤子、铁剪子等工具。

我们车间主要生产白铁水壶、白铁水桶和油抽子。这些产品都是批量生产，并实行流水作业，最后组装入库。在半成品和成品的生产过程中，每道工序都有生产定额。往往同一道工序由几名工人共同完成。车间统计员每天下班前要统计每个人完成的数量。具体程序是先由工人自己报数量，统计员清点后记录在本子里，然后汇总上报，便于车间主任掌握生产进度。

老师傅李嘉铭带着我干活时曾经说："趁着你年轻，要多学点手艺，到了什么时候也饿不着。年轻时吃点苦受点累不算什么，将来会活得更舒坦不是。"

这份工作来之不易，我很珍惜它。在师傅们的传授下，我认真学习钣金技术，还买了不少专业书籍进行自学。经过日日夜夜的努力，我在很短的时间就学会了弯头、虾米弯、三通、楼房雨水漏斗等放样、下料和制作的全套技术。在厂里安排我们车间定做这些活儿时，我也能发挥自己的作用，建立了人生中的第一次自信。

在干活时，我每天都能超额完成任务，有的工序，一天最高能超额完成生产定额的两三倍。那时没有奖金，我这么干，一心只想做一个对得起师傅、对得起这份工作的人。

由于自己学习技术快，一年干出两年的活儿，又能和车间的师傅们打成一片，不仅提前两年出师（学徒期为三年，出师后被定为一级工），而且还提前三年晋升为二级工，并被评为全国新长征突击手和北京市劳动模范。

在鲜花和荣誉面前，我依然忘我地工作着，丝毫也没有懈怠。但是，让我不曾想到的是，由此也陆续听到一些风言风语，让我心里很不痛快。有些人到处跟人说我把别人的生产数量算成自己的；有的人说："他是劳模，给他涨生产定额。"还有的人说我是假劳模。面对这些现象，我感到压力重重，一时间有些不知所措了。这时，厂领导得知后专门找我谈话，从精神上给我鼓励与鞭策。车间几位老师傅也找我谈心，帮助我减压。在大家的帮助下，让我走出了情绪低落的深谷，懂得了人生在世既会有鲜花也会有荆棘的道理。

这场风波过后，我在以后面对职场上和生活中的风风雨雨时，有了迎难而上的底气，也能对生活中的复杂性有所理解。我得出一个结论，面对困境只有一个选择，那就是在这纵横交错、险象环生的世间游走，必须要把良心摆正，对人以诚相待，对工作认真负责，还要经得起世事的磨砺和考验；只要你勇敢地往前走，就会逾越这些沟沟坎坎，过了崎岖路，必是平坦途。

看病就医不发愁

一进五金厂的大门，右侧有三间平房，其中一间是传达室，另两间是厂医务室。医务室的大夫有李天玲和居大夫、詹大夫、刘大夫，她们每天轮流上白班和夜班。

厂里各个车间的职工每天都和钢铁打交道，除了冲床、钻床、剪板机、车床、刨床、铣床、制钉机，还有各类黑白铁板材和盘条。谁要不慎碰破了皮，拉了小口子什么的，或者感冒发烧，跑肚拉稀，不用去医院，医务室全能治疗，拿药、打针、输液一律免费。厂医看不了的，或者没有的药品，大夫就给职工撕下两张"三联单"，让他们去县城的医院看病或拿药。

"三联单"曾经是城镇企业职工看病时谁都离不开的公费医疗计费单。这种"三联单"是一式三联的白色小方单子，不用请示任何人，直接由厂医给去看病的职工。每一联上都要写上职工的名字、性别、年龄，厂医还要在每一联盖上单位的"红戳"，撕下一联留底，其他两联交给职工。职工可以凭着这张"三联单"到县医院、通州镇卫生院等医院看病，还有地址在南关的解放军第252医院（1954年在通县组建，1969年与第263医院换防去了保定市）。

那时，医院的大夫只要看三联单上的编号，就知道你是哪个单位的。到医院看完病以后，职工自己留一联，医院留一联，花费的医疗费用由医院定期汇总后直接找各单位结账。除挂号费、营养滋补药品以及整容、矫形等少数项目自费外，职工的医疗费基本上都是单位全包了，个人不用再花什么钱。看病不花钱，不仅为我们解除了后顾之忧，而且让我们体会到社会保障制度的温暖。

遭遇唐山大地震的时刻

1976年7月27日，天气出奇的热，真像进了桑拿室，前半夜根本无法入睡，到了后半夜才迷迷糊糊睡着。凌晨4点多钟，我从睡梦中被轰隆隆的声音和床板的剧烈晃动惊醒，当时迷迷糊糊的不知是怎么回事。忽然听到宿舍外有人大声喊："地震了，大家赶快出来！"

此时，床板晃动得更加厉害了，我刚一下地，就摔倒在地上，就像坐上了剧烈晃动的大卡车，又像坐在来回抖动的搓板上，根本站不起来。余震小了点儿后，我赶紧架拐跑到屋外。

上午10点多钟，厂里在篮球场召开职工大会，先是收听了中央人民广播电台关于唐山发生7.8级地震的消息，然后厂领导传达了县里召开的抗震救灾会议精神，要求全厂职工采取多种形式防灾保安全，还要求大家用行动支援抗震救灾。

后来得知，唐山大地震波及通县，西集、郎府、觅子店、马头四个公社和永乐店农场是重灾区，其中西集公社灾情最严重，人民生命财产受到很大损失。中央慰问团副团长乌兰夫曾率领慰问团来到通县察看灾情，慰问灾民。

为确保职工的安全，厂里为住在职工宿舍的人盖了不少地震棚。还购买电铃制作了地震报警铃，发到各个车间、库房、医务室、传达室和办公室。报警铃是把电铃挂在墙上，电线连接着触动装置，这种触动装置由紫铜车削而成，安装在长方形木盒子里，盒子外边各有电线与电铃连接。盒子里分上下两部分，上面的粗铜丝下面固定着直径50毫米、厚10毫米的铜饼，下面的铜板中间有凹槽，深度15毫米，铜饼和凹槽两侧以及底部间距不到1毫米，一旦地震发生，铜饼和凹槽接触并接通电源，电铃就会报警。

在抗震救灾期间，厂里很多干部职工早上六七点钟就来义务加班加点，比着做贡献，用行动支援抗震救灾。

钉子王国的蓝精灵

钉子王国有很多大家族，最显赫的有铆钉、销钉、扒钉、门钉、螺丝钉、圆钉、秋皮钉、订书钉……在这些大家族中，又分为很多小家族和家庭，各个行业都有它们的身影。

制钉车间生产的秋皮钉，就是那种指甲盖高，蓝莹莹，四棱见线，上粗下尖锥形体的小玩意儿，别瞅它貌不出众，可是钉子王国的蓝精灵。

秋皮钉的生产工序比较复杂，主要有7道工序。

拔丝：制作秋皮钉的原材料是从首钢购买的直径6毫米盘条，要用冷拔丝机经过拉丝，也叫拔丝，包括大拔、中拔、小拔，要拔好几遍，一直拔到制作秋皮钉所需要的粗细规格。

退火：把盘条和冷拔后的盘条放进专用大炉中，再盖上巨大的铁盖子，用山西大同煤块烧，为盘条退火，通常要加热到盘条炽热为止，并维持一段时间再冷却，为的是增加盘条的柔软性、延性和韧性。

酸洗：把退火冷却后的盘条用天车吊起放进盐酸池内浸泡，然后再捞出来放进石灰水池子中和除酸。

制钉：把小拔后经过退火处理、酸洗中和后的盘条丝放入制钉机制成秋皮钉，钉帽、钉尖一次成型，有大号、中号、小号三种规格。

秋皮钉

抛光：把秋皮钉毛坯放入电动转炉内抛光，转炉内还放进了粗砂子，用于秋皮钉抛光。

烤蓝：对抛光后的秋皮钉进行人工筛选，把那些残次品挑出来，再把挑选好的秋皮钉放进一个球形铁制转炉内，拧紧盖子。转炉下面的炉子里放着山西大同煤块，点燃以后，

那个转炉利用电机带动缓慢转动。秋皮钉烧烤好以后，要趁热把秋皮钉倒在大铁板上，再放入白石蜡用铁锨均匀搅拌，冷却后的秋皮钉，颜色蓝汪汪的。

包装：先计量装入小盒，再装入纸箱封箱，送到仓库等待出厂。

1978年，阿尔巴尼亚来了好几个人，在县工业局等有关部门负责人的陪同下，来到县五金厂参观秋皮钉的制作工艺。厂党支部书记王恩泽，厂长薛桐接待了他们并签订了订购合同。厂里的大牌子和黑板报都写着"海内存知己，天涯若比邻"等标语，这都是时任厂团支部书记张秀余（原通州区第五届人大常委会常务副主任）写的。从那时起，厂里生产的秋皮钉走出了国门。

秋皮钉的钉帽呈圆锥形，钉子身是四棱锥体，特点是增加了钉子的表面积，加大了钉子的摩擦力，具有外硬内软的特点。常用于各类沙发、皮座椅、竹器、皮鞋等生产，昔日大街小巷修鞋的，也都用秋皮钉修皮鞋、钉鞋掌。秋皮钉的制作工艺比圆钉复杂，两者相比，圆钉生产工艺相对简单，生产成本低，但对于特定的产品来说，耐用性远远不如秋皮钉。

我在县五金厂上班的那几年，总觉得自己就像一张黑白铁，不经过岁月的锤打就成不了器。这种锤打对于我来说太珍贵了。把这段时间说成是我人生的重要转折点，一点儿也不为过。我从工厂到机关的这几十年，弹指间已经过去了，可我总会时不时地想起在厂里度过的那些岁月。

百业传说

通州北关

■ 陈乃文

通州故城，北距北运、通惠两河之交，西扼京津大道要冲，凭此地利优势，通州城成为京津地区冲要繁盛之地，在历史上也有些名气。它不只是京东第一州，且与京津同列，位居第三，过去有"一京、二卫、三通州"之说，通州位居第三，并非虚夸之辞，她以繁华热闹的市井情，让南北各方来客、汇集于此的三教九流乐道乐游，甚至乐而不返定居通州；使行经通州的友邦人士、西上帝都的异国使者羡慕赞叹，甚而著书描述通州市面繁盛景象。

说到繁盛不能不说一说通州北关。这里说的"关"，不是关口或关卡、海关，而是关厢。关厢就是城门外的大街和附近地方。关厢也简呼为关。经过一千余年发展起来的通州城，旧新两城相连相扣，有五座高大城门，却只在旧城南门外、北门外、东门外、新城西门外，形成四个关厢。通州旧时童谣："穷南关，富北关，吃喝玩乐去东关，嘚！咿！哦！喝！是西关。"童谣仅从生活方面对四关做点概括，但也从侧面上反映了四关经济发展上的不平衡。童谣虽未直白四关街道、店铺等经济状况，民居群落、庙宇等人文情形，但也寓意其中。日昃月升，岁月推移，四关逐渐消失，昔日黄花不再。仅据目睹之残景，耳闻之佚事，对四关概况，絮叨些陈词滥调之语，白话些旧事空泛之言，或可略现旧痕旧迹于一二。

　　北关南起北门瓮城西门外，北到盐滩、皇木厂；东自运河西岸；西至皇木厂西侧洼地——通惠积水；更西北，是温榆河向东南拐弯处——大湾和小湾。北关东倚北运河，南靠通惠河；中间有大路起自北门口，北到浮桥西，与官道相连，供车、马、人行的大路；东西向有横贯石坝码头，与大路十字交叉的行粮粮道。这不足 400 米的横向粮道，衔接起北运河与通惠河。

　　北关历明清两代发展，先后设立了石坝、下关、黄船坞三座码头。这三座码头，不同程度地带动了北关发展，促进了北关的繁荣，其中尤以石坝码头，对北关的发展与繁荣关系更为紧密。石坝是为国家粮仓转运粮米的漕运码头，每年转运粮米数量大，持续时间长，需要大量扛夫背负粮米，与民生关系密切。石坝漕运码头是北关最为重要的码头，也是出北门后见到的第一座码头。

　　漕运码头所以得名石坝，源于通惠河东端（今西海子公园葫芦湖）有一座横亘南北，由大块条石裹砌的石坝。坝长约合今 65 米，宽约合今 36 米，露出地面 1.7 米左右。这座坝是明嘉靖初年，监察御史吴仲在负责整修通惠河时，为障阻处于高而且陡之处的通惠河水东泻而筑。《通惠河志》记："原议障水石坝，今已修成。"记的就是这条坝。《日下旧闻考·通州》篇记："石坝在州城北，嘉靖七年（1528）建，京粮从

1928 年顺直水利委员会实测地图通州图幅中的北关地区

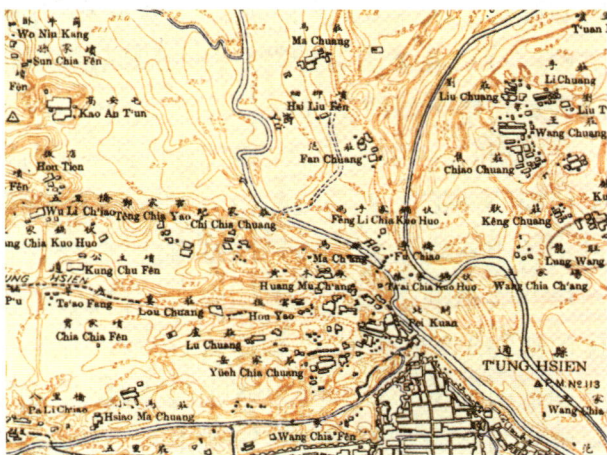

此盘入通惠河。"记述的就是这条石坝建成后，又当作向京城各仓转运粮米的装船码头。《光绪顺天府志·漕运》篇记："石坝在北门外……坝前（东）为潞河、后（西）为通惠河。"记述表明，石坝漕运码头，设于北运河与通惠之间。深层的含意是：北运河边，卸南来运船载运之米；通惠河端，装西去驳船转运之粮。这两河边端一卸一装，形成了整体的石坝漕运码头。

石坝码头区域，南起北门外，北到卧虎桥（今通济新桥西 100 余米处），东自北运河边大光楼一带，西至通惠河葫芦头（今西海子公园葫芦湖）。石坝码头区内建筑物多冠以石坝之名，如俗呼的石坝楼或坝楼子就是大光楼。大光楼是南来运船辨认验粮卸粮地点的标志性建筑物。清人李焕文诗句有"雄关纵目大光楼"，描写的是运粮船艘过东关后向西北望，观看巍然矗立于河坡之上，背城面河而建的大光楼情景。历代文人墨客对此多有吟咏。明代人王宣诗句有"驿亭南去四十里，供赋北来千万舟"。清代人王维珍诗句有"骈阗水驿万艘屯，挽粟舟多人语喧"。这些诗句描述的是每年自春至秋末，有数以近万计的并列相连对槽粮船，汇集在潞河上拥挤在运河边情景。曾听老人们说：过去每年（阴历）三月初，山东、河南满载麦、豆的粮船就陆续到达北关。五月初江苏、浙江、江西、安徽粮船也陆续到达。六月初湖北、湖南粮艘也连檔而来。这些装满粳、稄（有微红条的米）米，粟（去壳的稻）的运粮船，迤逦拉拉一直向南，一望无边。"梯航万国向彤廷，贡赋由来集潞汀""吴楚云帆齐国赋，荆扬水舶会王图"。这两句诗是说吴楚荆扬南方各地船只，载着向国家交纳的赋税粮米，从来是先集于潞河之滨。

这期间，坝楼子南北一带，运粮船帮，不分昼夜，或自东关坝口北行，到达坝楼一带。或自小圣庙东航北转，绕走外运河，自北浮桥转南行，经下关至石坝楼北。当吴檔楚帆北来之际，正是石坝码头繁忙之时。当年北关运河边之景，石坝码头之情是："终日无休人语喧，彻夜不停粮帮临。"

石坝楼下一带，河边暗红色胶泥，经纤夫、扛夫等人多年踩踏，河水常年淘洗，浑如红铜。河底经常年刮搅，长期被水冲刷，其质如铁。

这段河道，当年被人称之为"铜帮铁底"。当运粮船帮进入石坝楼下一带停靠后，各拨经纪人带领斛手等，分别上到抽签认定的粮船上，对照坐粮厅验查合格的样米，检查全船漕粮质量，过斛核查数量，边过斛边装入布袋，由扛夫扛负出舱，爬上河坡，向西行扛粮过坝。这期间，经纪人与运丁的争辩声，斛手报数"一个来呀！两个，两个来呀！三个……"唱斛声时传出舱外。一声更比一声高的是欢快有趣的出仓号子、上肩号子。只听"一拉个的、呀儿、啰——哎嗨、嗨呀、嗨呀。"一时间运河边上，坝楼子下边，号子声似乎成了这场合的主旋律。与这主旋律不协调的是坝楼下边，亏空漕粮运丁或其雇来"卖打的"遭受责打时发出的板子声和哭喊求饶声。

当年，或自粮船、或自扬晒场，背负装得鼓鼓粮袋的扛夫，从运河边，顺着行粮道西行，经掣斛厅南、号房北，过喧闹路段，往返奔波，忙忙碌碌地将粮食背负至通惠河端，装入停靠石坝西葫芦头驳船中。

"汗脖子四流"的扛夫们，赤膊短裤，光着双脚扛粮。在炎炎夏日，更有人赤身露体，只在腰际间系个搭袱，是为了擦汗遮羞，更是为了搁放扛粮所得竹筹或铜钱。扛夫们弱者蹒跚走，壮者大步行。更有膀阔腰圆大汉，双肩各扛一袋粮，或大步急行，或故意慢走。扛夫们就这样来回奔走于行粮道上，从太阳冒尖直到日头平西。他们蚂蚁搬家似的默默行粮过坝，每日从运河边到通惠河东端，背负粮米达三万余石。

与忙忙碌碌、默默地流动着的扛夫群大不相同的是，行粮道路两旁，遍布各种摊点。路北摆满卖各种吃食的摊、棚、车，各式各样的遮阳伞棚令人眼花缭乱。卖吃食的各种吆喝声，和着擀面杖击打案板声，勺、铲敲打锅、铛声混成一片。各种吃食的香气令人垂涎。"羊霜肠汤新鲜的！""炸豆腐开锅！"吆喝声，混着"刚出炉的热烧饼！""现炸的羊肉火烧！"引人食欲。五香酱牛肉闪着赭红色亮光，牛蹄筋、牛杂碎更逗人眼馋。当中间儿焦脆、边上绵软香油炸的大炉箅子香气诱人。炸糕、凉糕、驴打滚，爱吃粘的可以任选，小枣切糕、杂豆切糕、江米粘糕也可以尝。凉粉儿、琉璃面、还有拨鱼，爱吃凉的也可以挑。这边卖牛肉饼、那边卖饼夹肉，还有油酥火烧、热汤面、炸酱面、麻酱拌面、过水面外加菜码，这里都有。也有烙饼、烩面烩面馒头和花卷，熬小鱼贴玉米饼子，叫你吃不够。嫌不解馋索性来个烧鲇鱼段，再不解馋弄俩酱肘子夹大火烧。这边豌豆黄搁到嘴里就化，那边的牛筋窝窝真有咬头。忙着赶下趟活的，可以向挎篮的买几个糖火烧、墩饽饽点补点补。渴了小摊上有酸梅汤、苩蓿枣、果子露，向卖冰水车寻口也没人说，向背罐卖茶水的买水可以边走边喝。扛了几趟抽空到号房斜对面小茶馆，悠悠当当喝壶茶，顺便从挑筐小贩手里买个酥瓜、面瓜或菜瓜，那东西解渴又挡饿。说不尽好吃不贵、解饱、润嗓子的各种吃食饮料，饥渴的卖力气人吃着格外香。吃东西没起色，花钱没攒劲的人，到这里免不了两手空空钱袋浅，奔波大半天只闹个肚圆。家里上有老，下有小，还等着这几十个大钱买嚼谷填饱肚皮。"无其奈"还得打起精神多背快走多挣几个钱。

　　路南侧，是各色江湖人物行医、卖野药、看相、设赌之所。地上铺块白布或蓝布，就是行医处。竹竿挑着的长条幌子写着"喦（专）治偏正头痛牙痛暴发火眼"就是广告，扎针、艾炙、拔罐是治疗手段。但是患者对五寸长的银针得有点勇气，晕针的人看了只能说佩服、佩服，连连后退。卖野药的也是在地上铺块布，上面摆着红色黑色大丸药。嘴里不断喊着"遵从祖传秘方，独家精制大力丸、保合丸、安神丸，先尝后买。大力丸后劲大，不练功夫受不了。"其实他卖的都是些吃剩下的小枣切糕加些滑石粉、甘草末、锅烟子或朱砂，再分别加点冰片、大黄面、蚂蚁粉等，调制成他所吹嘘的那几种药。这些药吃不死人也绝治不了病，知情人把这些药叫作切糕丸。相面的都是饱经风霜、饱尝颠沛流离之苦，富有社会经验的老江湖。对求相者的面相、手脚、骨骼目侧，就对来意知道差不多。再通过对话，经相师的海说白话套了些话。然后送几句模棱两可似是而非的话，哄得求相人掏出大钱奉上，还说神相难得。设赌的大都是蹲在路旁，前面摆个深斗大色盔。嘴里不停地嚷着："来啰！掷哟！么二三啰！快来赶点，一掷一瞪眼啰！"边嚷边掷得色子哗哗响，看点果然是么二三。常有毛头小子彩子上前赶点，准被设赌的闹个豹子端锅，几掷几瞪眼，不服气准被闹精光，扒下裤子抵账悻悻而走。

　　老人们说：这里虽不是鱼龙混杂之地，但可以说是下九流聚齐之

所，这地点专出"老千"。老千是明目张胆的骗子手，是以神不知鬼不觉的潜在手段猎取钱财之辈，是明摆着

滚水坝遗址

的贼。千是潜的同音隐语，他们自称干的是千行，局外人叫他们老千。这些讲求的是少下本多得财。他们与官府勾结为害一方。在石坝设局谋财，在他们看来是种能耐，是正经行为。他们在石坝的另一种能耐就是"卖打儿"——替运丁顶缸挨打，收取报酬。干这营生的仗着与衙役、书吏有勾结，挨打时板子头先着地，堂上听板子山响，屁股才见血筋。书吏再以少报多，五十算一百。坐在公案后官员明知有弊也只能"闭眼"。这就是其时所见行粮道两旁熙熙攘攘场面。

每当天气阴沉，大雨将临之际，行粮道旁各个摊点，匆忙收拾摊子，寻找避雨地方。扛夫负粮大步快走，将粮米扛入号房。当年在大光楼西北、掣斛厅前，建有坐北朝南和坐南朝北两排相对的号房。每排20间，分别用《千字文》"天地玄黄、宇宙洪荒，日月盈昃、辰宿列张，寒来暑往"为编号。北门瓮城西门外路西和路东，也分别建有十来间号房。每遇阴雨天时，各号房内临时搁放的粮袋到顶盈屋。号房平日空荡无人，是扛夫等人休息的地方。严冬时分，因延误时日，不能返南运粮船上运丁、纤夫等人，也借号房忍冬。

由掣斛厅西北，沿着通惠河泄水河道往西，到

葫芦头东北处，有一座石砌北向三孔水坝，它的下方是似巨大簸箕的泄水道，这是明崇祯年间建的滚水坝，功能是保持葫芦头内一定水位，水少时自动蓄水，水超过水位时则排出。滚水坝与石坝相连处北面，建江湖龙王庙。庙旁一棵中空古槐遮荫颇大，经纪人在此处给扛夫发竹筹，扛夫也由此用竹筹兑换铜钱。当年龙王庙前唱筹，也是石坝一景。石坝之景远不止于此。向南仰观，"一支塔影认通州""千尺巍峨塔势雄"是通州八景中的"古塔凌云"。俯看葫芦湖中通惠河水，"河流来自液池边，一带寒波清且涟"，是通州八景中的"波分凤沼"。向南看，房舍杂列，是饲养拖曳驳船逆水西行小毛驴的棚圈——小毛驴厂。往东看是散落民居。民居之东，屋脊高耸，坐南朝北三间殿宇，是供奉人们信奉的冥冥之中司斗斛等量器之神的祖斛庙。漕运年代，每年春季祭坝之后，自运河向通惠河转运粮米之前，验粮经纪不单要将所用斛、斗、升等量器呈交掣斛厅检验，还要携带此量器去祖斛庙烧香供奉。据说只有经过供奉的量器才有灵气，使用时才能公平，才能得到公认，才能保佑使用者平安，这是一种时尚风气。这种风气也是从道德层面上对执法者一些自我约束吧。祖斛庙东，是存放装粮米布口袋的下袋厂，通州人称之为石坝袋厂。将近北门瓮城西门外路西侧，有十数间号房。号房东北，有座山门东向的万寿宫。宫内有供奉许真人的三间殿堂和一个小院落，常年住着江西瓷商，到处堆放着各种瓷器。瓷商还常年租用斜对过数间号房，作为存放瓷器库房和交易场所。当江西船帮来到下关码头后，江西客就往返奔波于下关和北门口之间，又是验货、点货，又要嘱咐挑夫如何搬运。挑夫们肩扛、怀抱各式瓷器，与扛夫相互避让，穿行于行粮道之间。晚秋初冬和春季，是售卖瓷器旺季，来自张家口外草原深处驼商，多要趁季到此选购瓷器带回贩卖。一时间，称赞声、褒贬声、讨价还价声，南腔北调，充盈于古城下。

石坝行粮道和南北大路交叉处西南，坐西朝东的几家茶馆生意红火。坐在长条凳上，面对砖头砌就的茶台，茶客们慢条斯理地品着茶。大方茶台上晾满大碗凉茶。"汗脖子四流"的扛夫们，扔下一个小钱，俯身就作牛饮，一气吸干一大碗，接着第二碗、第三碗……卖茶的"慌不迭"地瓢舀桶倒把碗添满。茶棚土屋北山墙棚子下，高灶冒着熊熊火焰，几把大砂壶喷着腾腾热气，随时准备为茶客沏茶倒水。茶棚前高过屋檐的凉棚上，爬满瓜秧豆蔓。山扁豆串串青色豆角，夹杂着一嘟噜一嘟噜紫红色的花。瓜棚豆架下，常有偷闲之人，在茶台旁斟饮香片、龙井、小叶茶。他们咂滋回味悠然自得之态，似对生活的满足，又似欣赏石坝码头风光。每当夕阳西下，人渐稀、路渐净之际，一些着长衫，持折扇似学子之辈，间有几位墨客，到此或浅酌黄酒、或慢饮浓茶。观落日余晖，西天遍红；碧波涌金、运河半赤之景。看对对粮船，桅杆高耸；双双漕艘，旗影飘摇之形。数不尽的"供赋北来千万舟"胜景。再看岸柳飘曳，更享习习晚风。远闻吴歌越曲，近听楚语荆言，夹杂着南腔北调。乐"沽酒醉来齐唱晚，扣弦声彻度沧溟"之境。斯时学子庸容，墨客半醉，恍如"三江风景到通门"之梦境。

下关码头是北关地区的第二座码头，是通州的货运码头。码头南自通惠河汇入北运河的河口西北，北至北浮桥南。它的南部是商业性质码头，北部有拖运皇家建筑用料之处和卸盐的盐滩。下关码头对北关的发展与繁荣，对百姓生活的影响，都不可忽视。

下关商业码头处于通惠河口西北、北运河西岸陡坡之下。陡坡间有双之字形窄路可供人上下行。装卸船时，扛夫、挑夫顺着只能单人行走的小路，小心翼翼曲折上下。坡顶上小块空地，只能临时存放货物。小空地对面路西，是天后宫前空场，这里是南北货物交易市场，北关税课司官吏在此抽税开水票。下关商业码头，吸引了南来运船与张家口的驼帮。它虽然规模不大，但却是江南、口北货物中转站，是大运河经济网络的延伸。

过去运粮船只，顺便带来的沿途各地土特产品，多在下关卸船。回空漕艘也多在下关装运"土宜"。土宜就是当地土产之物。清代初期定例，许可每只运粮船带120石（约10吨）当地土宜，过关卡时免征税。年多日久，定例渐驰。商家乘免税之机，运丁贪多得之利，所带土宜渐多，甚至超过定例数倍。据估算，仅江南十帮漕船，所带南方土宜就近100万石左右，回空返南漕船带回土宜与这数目不相上下。大量货物的来往，给北关百姓带来许多干活挣钱机会。当年各地船帮带来的货物各有特色。江浙船帮带来绸缎，竹篓装的茶叶；竹席包的各种糖；绍兴黄酒；腐乳；金华火腿；南京板鸭等。兼有为闽台商户带来的用锡箔作衬里、木箱包装的茶、樟脑。两湖船帮带来的多是腊肉、各种调味香料、湘绣等。江西船帮带来的多是瓷器。返南回空船带回的有干枣、梨，还有驼帮驮来的莜麦、杂豆、口蘑、毛纺制品等。也带些通州熟制的柔软且轻的裘皮，小件景泰蓝。

过去，每年深秋至来年晚春，张家口北草原深处骆驼客，就结成数十或上百峰的驼帮，顺着商贸驼道，来到下关一带。驼帮带来一捆捆塞外生皮，大块口碱，成口袋的皮硝，味道醇美的口蘑，各色杂粮，还有俄制毛纺，恰克图产的厚毛毯等。返回时，驮回成篓成箱的茶，成包的绸缎；丝绣；糖；调料；南味食品，还有通州土特产品。

驼帮驮来的口碱分别送到城内东街几家碱店。生皮、皮硝送到旧城南街几家熟皮作坊。俄国货自有俄商赛宝斋安排接货。口蘑、杂粮由跑合的撮合买卖，或到天后宫前交易。

当年在寒冬腊月时，拉骆驼的穿着长筒毡靴一走三晃地拉着头驼跋步前行。驼队老客坐在某骆驼驼峰间，披着老羊皮袄，昏昏然闭着眼。北关大街成帮顽童，趁此机会，用木榔头敲击骆驼驮在侧面的大块口碱边沿，哄抢散落下来的碎块，又一哄散去。或用

1972年通州镇平面图中的北关图

骆驼队

齿状刮挠，狠刮骆驼后脖胯，连续刮几只骆驼后，拿着刮挠和驼毛扬长而去。驼客高坐驼峰间不能驱赶，拉骆驼的离的远不能追，只能吓唬几声催骆驼快走。大队骆驼，依然不慌不忙，缓步叮当而行。

当驼帮接近下关一带后，拉骆驼的有意放松头驼缰绳，任由头驼行走。头驼会为驼队选择曾住过条件好、服务周全的驼店。进店后还带头卧在空地上，任由驼店伙计卸货。当货物卸完存放妥当后，头驼会带领全队进棚饮水吃草料。吃喝后会卧在松软的沙窝上缓慢地倒嚼着反刍到嘴中的草料，还不时地眨着眼，似是在警惕周围有什么动静。

下关北部，处于北运河西岸平整开阔地带，是金砖卸船之所，也是皇家木筏到达之处。自河岸向西，穿过北大街北端板桥，西下关北部，也是卸盐之处，称作盐滩。每年初春和初冬之际，运载官盐船队在此停靠，向盐商趸批食盐。每逢此季，北大街人来车往，肩踵相接、轴毂相击，吆喝牲口声、装卸船呼喊声，相互混杂，一片喧嚣。河滩路旁，到处都有撒落的盐粒，这些盐粒，也是生活在北关的人们一个小财路。西侧是细腰葫芦形相连的水坑。水坑北边两块东西相望的高地上，分别有建着围墙、有数眼水井、设有东西门的场所。东边的贮金砖，名金砖厂。西边的存皇家专用木材，名皇木厂。负责运送金砖官吏也趁此时机，用小船将金砖向京城运送。年多日久，两厂旁和盐滩边渐有人家聚居，形成村落，就以厂名为村名，保留了皇木厂和盐滩之称。

北关西北角，温榆河与白河"二水会流"西约600米处，是温榆河自西北向东南流，转而东又南又复转向东南流，形成一大一小两个转弯处，名为大湾、小湾。明嘉靖州志记："城北五里许，河水潆洄，官柳民田，阴森掩映，黄艇千艘，常泊于此，名黄船坞是也。"如上记述，这里也是一座码头，但鲜为人知，这里是北关地区第三座码头，是专用的码头。这里是为皇家自江浙一带运送丝织贡品等物黄船停泊的休养之所，直至清代末年，每年冬季，仍有十数艘黄船来此过冬。清代时户部也选中这人迹罕至之处，收纳南方一些省份，由水路缴库的赋税银两。此处号称"柳荫龙舟"，也是通州八景之一。这里官柳倒映河中，民田绿油油遍野，青天无际，白云片片；三伏盛夏时，到清可见底的河中畅游，更令人清心惬意。来此游人，但见河岸曲折无人行，回视小路回绕幽静，看岸柳上阴萌掩映，倾听惟闻虫鸟声，更觉心旷神怡。

北关大街：北关大街是条拐棒形街道，在三座码头影响下，北关大街显得市面繁荣，生气勃勃。1937年改名通榆大街。过去出北门，穿石坝码头，过卧虎桥，就进入东西向长约60米的北关大街横街。横街东北角外是下关商业码头。横街西头是东栅栏口。自东栅栏口向北拐300余米至板桥一带，就到了北关大街北头。这条总长不足400米的北关大街，东西两边、南北四方，遍开大小骆驼店。驼店各有字号，但人们更习惯用姓氏叫它。王、甄、蒋、肖、张、于、崔、乔。不同姓氏的有八家，重姓的还有十几家，号称十八家骆驼店，这只是常年营业的，加上季节性的就更多。这些驼店招牌上都写着"车马客店"，对往来畜力大车和推挎车子的也提供食宿。人来客往促进了这条街的商业发展。横街路南有家叫天禄斋的点心铺，三间门面房，檐下横钉着木挂檐。两旁间前脸，安装着落地木隔扇。中间是两对可以开合的隔扇门，多年风吹雨淋，使得油饰在木头上的棕色漆面发暗龟裂，屋檐下挂着一排红色长方形小木牌，下面坠着绿布，上面墨书"满汉糕点、南味点心、玉面糕干、大小八件、槽子糕"等糕点名。这家点心铺的木制长方点心匣盖上贴着几匹在半云半雾马棚中的肥马，题名天厩。一些常念白字之辈，将"斋"读成"齐"，把"天厩"念成"大概"。北关人根据这误读，编了一句诙谐语，天禄斋的点心匣——大概齐。

天禄斋的点心，不只五颜六色，造型多样，更有梆梆硬，久搁不变形、不退色，是牧区摆果盘的好东西，受到漠北驼帮的喜爱。点心铺旁是杂货店，它代买代卖各种南货和口北土产。此店以待人和气、诚信、货真价实、童叟无欺、货品齐全闻名于北关，在船帮和驼队中也有名气。横街路北"瑞明祥"，只有两间小门面，一间又被埋着半截盖着蓝布棉衬木盖的两只大酒缸占满。酒菜只有花生仁、开花豆寥寥两三样，所卖的杂货品种数量也不多。别小看这小杂货铺，后柜是城里东大街颇有实力俄商赛宝斋代理商，批趸俄国呢绒、毛毯，代俄商收购茶叶、丝织品。瑞明祥一年的买卖胜过对门两家还多。这条横街路南路北开设着草料屋子、冥画铺、饭馆、面铺、菜床、剃头房、豆腐坊，还有绸缎庄。由横街向西进入东栅栏口，路南是义和当、青蚨钱庄、通源银号。路北有两家首饰楼。这些店铺顾客出入不断，生意红火，尽显商业码头特色。

居住环境：北关地区地势低下，小中河、白河、温榆河、坝河、通惠河五河交汇之地。每逢大雨河水暴涨，水一时宣泄不下，沥涝缓流，积水难排。幸这低下地势中有块块台地，沟壑纵横，为人居住提供了条件。每块台地上都居住着人家，大块台地上有百八十户，小块高地上也有十家八家。但每遇涨水之时，房屋不免被水围困，水甚至进院入屋形成大小孤岛。加之房舍皆是碎砖泥砌掺灰泥抹顶，既不经雨，更怕水泡，暴雨时更要劳神维护，还要担心倒塌被砸。这时节还得设法维持全家吃喝。这居住环境使北关人养成了独立生活习惯，又有守望相助"远亲不如近邻"观念。

民情民风：北关地区居住环境虽差，但处于码头之旁，有方便的求生觅活之路，卖力气养家糊口还能凑合过。由春到夏直到大河封冻前，有力气的上坝扛粮，或去下关北部拖泥带水拉皇木，装卸盐包。妇孺则扫撒落的粮米或盐粒，随意找点活干就能挣钱养家。严冬时青壮年给驼帮打杂、帮工勉强糊口。妇孺起早五更进城到塔庵关粥，为自己为老病之人讨口粥喝。"富北关"的人就是如此生活。秧歌调唱词有"顶星星，熬月亮，白天黑夜扛皇粮，一家老小饱肚肠。""卸盐的，喝淡汤。扛粮的，没有粮。"反映了北关人求生活的艰难。北关人过日子力求俭省，在童谣中也有反映。"少打油，多买盐，窝头咸菜保平安。""新三年，旧三年，缝缝补补又三年。"北关人为求生活，还有两招只可意会，不可言传，说出来寒碜、可叹的办法，就是男人上坝起来，晒粮时穿短腰大油靴，顺便在靴里带点米；妇女进坝口内缝穷、补口袋时，穿夹层兜肚，趁机往兜肚里塞几把粮。用这两种不露水、不显山、不惹人注意办法，抓挠几口粮米糊口，即使被人察觉也不方便查看。

北关人轻未来，重现实，没奢望，但好脸爱面子，好夸张。当别人说起北关有通州坝霸气劲头时，不以为忤，反而有点儿自豪。这豪气用在争产业斗气上，就是比横劲、比跳城墙、跳水簸箕（水口）。用在打抱不平上，帮助被欺辱的弱者时，就是打赌耍钱押宝的宝案子，因揽局被打得小腿骨折碎裂也不求饶。揉治疗伤时，在没有任何止痛药情况下也不哼一声，甚至亲手拔出揉对不上的骨头茬，还谈笑自若。人们会说这才是光棍汉子本色，敬佩之情溢于言表。自豪感用在述说乡土事时，说北关是虎踞龙盘之地。事实上那是把通惠河上的卧虎桥和牛作坊旁的双龙桥，作了不适当的夸张。还神乎其神地说，卧虎桥西南的双眼水井，是王母娘娘一怒踢下天庭的八角琉璃井，井水甘甜久旱不干。其实是因井傍通惠河边，河水又源自甘洌的玉泉山水，河水渗入井中。井水怎能不甜，井怎么能干。还把通州燃灯塔改称北关塔，豪情中带着几分霸气也不以为然。他们还会顺口说些塔的故事，半真半假也许是杜撰。故事有：铁链锁鲇鱼姥姥、锔大家伙、射箭求救兵、雷瘤子思母种榆树、北关塔与孤山塔姐妹情、儒释道北关塔斗法、风吹塔尖掉在"里河"中……有趣的是把十三节燃灯塔改称十三姐，给未婚小伙儿提亲只要件大褂，嘲弄人也不管别人难为情不难为情。神话、战争、孝道、亲情与幽默，尽情编入故事中。从这些故事中也可看到北关人亦庄亦谐的人生理念。这种理念也表现在娱乐中，亦歌亦舞的地秧歌，生动活泼四处乱冲的小车会，踩着长木腿、扮着各种角色蹦蹦跳跳的高跷会，手持圆长扇翩翩起舞的太平鼓。这些花会在节日中尽情表演，平日暇时也自娱自乐演练，花会的表演表达了居住在北关这块得天独厚土地上人们对美好生活的追求，追求祖辈流传的"干柴、细米、不漏的房屋"。

解放前通州的粮食市与斗局的经营

■ 初瑞华

通州土地肥沃，气候温和，雨量充沛，一向是京郊的主要产粮地区，因此粮食贸易十分昌盛。解放前，除了农村的张家湾、牛堡屯、马驹桥、西集等几个大镇设有粮食集市外，在通州的东关和北关也有两个粮食市（现在东关还保留这个以粮食市命名的胡同）。这两个粮食市由永盛斗局、小张斗局、福昌斗局、双利斗局、万盛斗局、东朱斗局、西朱斗局、双义斗局、振兴斗局、福盛斗局、西张斗局、双张斗局等十二家承担粮食买卖的经纪业务。每家斗局除东家外，雇有评价员二三人，写帖（账桌先生）一人，过斗员三四人，灌斗的一二人。人员多少不等，以斗局的信誉和营业兴衰而定。

每天早晨，各地粮食纷纷上市，有百八十石的大号，也有一二斗的小户，玉米、谷子、芝麻、麦子应有尽有。卖粮户可以任意选择去某斗局的集场去卖。买粮户从中挑选自己所要买的粮食，中意后，由斗局评价员评价，双方同意即可成交。然后由过斗员量斗。余下的粮食零头，留给斗局，买卖双方再交纳手续费。小号可以买主自己取走，大号有脚夫搬送。

斗局从征收的手续费中留成，一般的东家由留成中提取30%，其余70%按成分配，大致是评价员二三份；过斗、灌斗的一份半或两份，当天算清领取。每天中午或稍晚一点就散集，没有售出的可以运回，也可以寄存在斗局。当年的斗局为了征得信誉，总的说对买卖双方还是主持公道的，但是与某些卖粮大户或某些购粮的大粮栈有着密切关系，在评价和过斗中都有舞弊现象。比如评价员在给议价时，为偏袒一方，使用"行话"蒙蔽一方，他们的行话是一说丁、二说工、三说川、四说目、五说丑、六说大、七说根、八说入、九说丸。如买卖双方都懂行话，就改用拉手，那就是二人在袖口里拉手，用他们一套暗号讲价。在量斗的时候也可以作"活"，用"猛倒"或"慢倒""碰斗""刮平"等办法，能有意把粮食量涨或量亏。

（初瑞华，1927 年起从事粮食经营，通州镇粮食所退休职工）

漕运码头拾遗

■ 张来源

千里土

运河端头的土坝是通州运粮船帮和南货重要集散码头。

南方商贾和船帮一路劳顿，云集通州，总离不开吃喝玩乐。东关离码头最近，货栈、旅馆、饭馆、商店、庙宇、妓院大都集中在城东。老通州流传这样一句顺口流儿："穷南关，富北关，吃喝玩乐在东关，要骑毛驴上西关（到北京要走从西关过八里桥至朝阳门这条路）。"由于有钱人在东关东大街一带消费的多，就连东门外粪场的大粪干儿都值钱。

老通州的东大街最繁华：东兴居饭庄、翠华首饰楼、正宏斋糕点铺、玉顺果局、四云斋肉铺、天源帽店、德福嫁妆铺、福来永茶庄、益和祥布店、恒仁义布店、德昌百货店、庆升池澡堂等店铺林立；东海子则是妓院所在地，东门瓮城则有杂货铺、布铺、估衣铺，东关则有英商的合记公司，还有粮栈、瓷器店、酿酒的烧锅等多家店铺。

船靠土坝上岸，从东关进瓮城至东大街，地上铺着的长条花岗石。多少年，人来人往、车水马龙，条石的棱角处已经磨得凹了下去，石面呈弧状。南来的官员进京，商贾做买卖，船员粮丁吃饭、购物、玩乐必经东大街，他们鞋子上的土就会积攒在石缝里。可别小看这土，俗称是"千里土"，专有人来打扫东关、东大街上的"千里土"，存放起来，"卖千里土的"把土卖给种甜瓜的农户。通州本地产的甜瓜叫"蛤蟆瓜"，这个品种结的甜瓜只有拳头大小，绿色的表面长着白条纹，猛地看上去还真像趴在瓜地里的青蛙。"蛤蟆瓜"秧栏（施）上"千里土"，结得的瓜分外好吃，咬上一口又脆又甜，满嘴清香。南方的土壤是酸性的，酸性土中的微量元素对增进甜瓜的风味起了作用。当初，不知是谁发现并变废为宝的，但通州的甜瓜栏上"千里土"风味独特，又脆又甜，也算是通州人当时的一项发明吧？

小推车

大运河源头的东关土坝往北至通惠河口的石坝，到处是抛下锚运粮的漕船和商船，几千名码头工人忙碌着装卸货物。除去运不完的粮食，还有南货像苏杭丝绸、绍兴腐乳、金华火腿、南京板鸭、四川榨菜、茶砖茶叶、南鲜果品、从天津海河运上来的海鱼海鲜等货物，都要在此上岸。通州大顺斋的糖火烧、梁光明的眼药、邹广德楼上供用的香，都是南船必带回去的物品。

到了夜晚，船上岸上更是灯火辉煌，宝局支桌子押宝的、卖唱的、摔跤的、卖小吃的应有尽有，就连天津摇着双桨的小杂货船都随着船队来到通州，摇着桨穿梭在大船之间，为吃住在大船的船员提供小百货。"打油来——卖酱油来——"天津口音的吆喝声随处可闻。那个年代还没有双轮的排子车，运货主要凭一个轱辘的小推车。"推小推车的"是通州穷苦人谋生的手段，就连管庄常营的许多回民都推着小推车到码头来送货挣钱。传说常营的一个回民往北京送榨菜，半路不小心摔坏了一个榨菜坛子，里边竟然是走私的手表，那位老兄又买了一坛子榨菜顶替，把手表据为己有，发了一大笔横财。小推车推起来要有一定的技巧，生手推空车迤逦歪斜也会翻车。通州人与小推车有着不解之缘，修渠挖河、平整土地，小推车立了不小的功劳。直到上个世纪六十年代初，乡里的亲戚，还习惯地推着小推车走亲戚。或捎来一捆韭菜，或几棵大白菜，回去顺便推回去一点儿煤球。直到手扶拖拉机普及开来，小推车才退出历史舞台。

穿大鞋

运粮的漕船到了通州，在未卸粮之前验粮官要到船上验粮。验粮官随意指定一袋粮食，由船上管事的打开粮袋把一升粮食倒进托盘，把托盘双手举过头顶，毕恭毕敬呈上；验粮官检验稻皮和杂质的

运河岸上的扛夫

多少、干燥的程度，这是粮食入国库的重要一关。如果船帮的根子硬，打点的门道通，且粮食的质量符合要求，这一关就算过去了；要是粮食杂质多或水分大，事先打点的不到位，运粮官发下话来："一风呈样！"这下子船里的几百袋粮食都要扛到岸上场院倒出来晒干，在场院里把粮食统统扬一遍，扫清杂质风干水分。如果问题太大或与验粮官闹僵了，发下话来："三风呈样！"那就要统统扬三回。俗话说：靠山吃山、靠水吃水。有多少人靠码头为生，"穿大鞋的"就专吃码头的皇粮。穿大鞋的事先做好了一尺多长的大鞋，装伴成过路人，穿上大鞋在扬场的地方趟着走，鞋壳勒里会趟进不少粮食，一天趟上两个来回，接常补短的闹个一两升大米，就能白吃他两天饱饭。干这种差事的都是些游手好闲的人，穷则思变、贼有贼智，穿一尺多长的大鞋成天算计趟粮食吃，而且当成一种事儿干，恐怕普天下只有通州独有此景，由此也佐证了通州漕运之繁忙。

卖打

通州是运粮的漕船验质检斤的最后一关。自古漕运弊端多，王梓夫先生在其大作《漕运码头》中做了充分的描写。再加上长途运输中难免造成损失，吃官司的事儿少不了，面官过堂接受处罚，按例该打。轮上这种事，事主就要上下打点，买通好当官的和衙役，再雇一个"卖打的"替身，表面冠冕堂皇公事公办，拍桌子瞪眼该打就打毫不留情，其实挨板子的是"卖打的"人。事主要负责替身人的医疗和营养费，要给替挨打的人一笔不小的报酬。那些收了好处费的衙役，平时早练就一套打板子的技巧——事先在胳臂肘上绑一块厚牛皮，打板子的木把儿留出半尺多长的尾巴，过堂的时候听起来板子打在屁股上"啪啪"山响，实际是木把打在胳臂上的牛皮上"啪啪"作响。事主使了钱以后，衙役的这种打法不会让"卖打的"人伤筋动骨，但皮肉之苦在所难免。事主托好了人，"卖打的"挨完了打，马上抬到专治枪棒红伤的医生那里敷上云南白药，然后抬回家里养伤。"卖打的"这碗饭不是一般人能吃得了的，只有那些穷得实在没有招儿的人，才去应这个差事。漕运码头专有替运皇粮的人去挨打的，这也是通州漕运繁盛大合唱中的一支小插曲。

皇木

通州有两处以"皇木厂"命名的地方：一处在张家湾附近，一处在结核病研治所东南，两处离运河码头都不远。随着最后一个封建王朝的结束，这两处为皇家保存木料的仓库，仅留下了"皇木厂"这个显赫的地名。

上世纪五十年代中期，运河源头发生了一件大事，给通州境内的"皇木厂"提供了新的证据。

那个年代密云、怀柔还没有修建水库，每年都要发几场大水，一场大水冲刷之后，在原三中东大门对面的运河边儿，一根巨木露出了水面。巨木一端头朝南略偏西，微微翘起，其余部分仍沉在泥沙中，经过初步挖掘，这根四方巨木，边长 1 米有余，究竟有多长还很难断定。

有关部门准备把巨木打捞出来，从起重队请来十几个师傅，在河

床到比较陡直的河坡之间修坡道，开挖巨木四周的
淤泥，然后在坡上边打桩子，安两个绞盘。通过双
滑轮增力，用拇指粗的钢丝绳套牢巨木露出水面的
一头，在统一指挥下，十几个人齐心合力推着两个
绞盘，巨木终于一寸一寸地离开河底，重见了天日。

打捞巨木的消息一经传出，扶老携幼从早到晚
前来瞻仰的通州人络绎不绝。巨木长约 6 米多，虽
然在水中浸泡多年，但不糟不朽，人们互相寻问着：
这根巨木是什么树种？这么长的巨木两头儿都是 1
米多见方，原来的树得有多么大哟！这根巨木产在
何地？需要多么大的船才能运到通州？这根皇家专
用的巨木将用于何处？又为何落入水中？谁也答不
上来。走访附近居住的老人，都对此一无所知，推
断此木在水中应是百年以上。

巨木就这样一寸寸地移上了大堤，放在了原东
关大桥橡胶十厂大门的西边墙下，一放就是几年，
成了孩子们爬上跳下的鞍马；夏天晚上，成了附近
人们乘凉聊天的地方，巨木上能容纳几拨人在上面
玩扑克打百
分。

运河中出土
的皇木

那个时
候的人们只
知道它是皇
木，不懂得
这是重要的
文物，既然
皇帝早就退
出了历史舞
台，巨木也
应当为人民

服务。后来，把这根巨木断成数段，开成了约8厘米厚的大板；其中一部分做成了钳工工作台，当时通县面粉机厂钳工工作台整张的台面就是由这根巨木做成的。那时人们只记得木质坚硬，木纹较粗，木色粉红，有点像菲律宾三合板的颜色。

通州发现和出土大量皇木有其深厚的历史原因。

明永乐四年（1406），成祖朱棣下诏建设北京，遂派大批官员到云贵、巴蜀、湖广、江西、浙江等江淮流域各省去广泛采伐各种珍贵木材，会集大运河边，然后由运河北运至张家湾码头，上岸存储，再陆路转运到首都各建筑工地，因而在张家湾设一座皇木厂，置官吏进行验收管理转运；后在嘉靖七年（1528），张家湾至通州间数十里运河河道治理，皇木可以由运河直运至通州城北，上岸存储，又形成一座皇木厂，缩短陆路运往首都距离。

至于皇木厂由运河怎样运输，通州史志中没有记载，近年新编志书中亦未能入刊，是一大憾事。明万历二十六年（1598），意大利传教士利玛窦雇船带上神父郭居静与修士钟鸣仁、游文辉，随从南京吏部尚书王忠铭向明祖宗拜寿船只，沿运河北上时，目睹到为皇宫建筑运输之大量木材，有梁、柱与平板。其见将梁木捆在一起，形成巨大木排，还有满载木材之无数船只，岸边有数以千计纤夫拉拽，非常吃力，沿岸跋涉。其中有些木排一天只走五、六英里（8—9.6公里），甚至有些木排长达两英里（3.2公里）这可能不是一排木材长度，应是若干木排首尾相挨近，自上往下（从前往后）看，只见一木排之头和一木排之尾，似是一木排，尽管如此，亦可想象到每一木排之长应有百米左右。利玛窦还曾问及木材价格，其记述其中"一根梁就价值三千金币之多"者。由此可知，通州运河段几十公里河面上，除漕船、官船、客船、使船等各舟船外，只运皇木之船与皇木之排，就有十分壮丽雄奇景象。通州运河文化之恢弘气派可知矣！

2005年5月在治理运河北端一段河道工程中，于东关大桥以北约300米处河道两边近岸处，先后发现两根巨大皇木，顺河向埋于距现河底1.5米左右深处。西边出土者乃为格木，与金丝楠木同等级别，同样质地，残长10.85米，截面基本正方，边长60厘米，沉埋河底

400 余年，内里色金黄，即使是表层为污水浸染，亦相当坚硬，不减当年之固，丝毫不朽，一端尚烙"顺太"二字及三方烙印，乃此木之名称。东边者乃是硬合欢，长 7.75 米，截面长方，长 45 厘米、宽 40 厘米，深褐色，内外一致，质地更加坚硬，为我国古代名木之一。二者均是建设北京宫殿所用木材，产自江南、运自运河，存自通州城北皇木厂。万历间运河上源数条河同时泛滥，使运河头河水暴涨浸岸，淹及木厂，将皇木漂起顺流而下，因木材质密而沉重，水浸泡则益增重，漂流不远而沉没河底，旋被淤沙掩埋至今。若将河底普遍深疏，则必能发现更多皇木于原来河底。今潞城镇郝家府村东南河道中尚有一根皇木斜沉河底，上世纪六七十年代，村民曾站在该皇木翘起一端撒网打鱼，亦是同上两根皇木同时沉没者，也许是利玛窦曾见所运者皇木。

昔日漕运盛景

通州的夜市

■ 孙连庆

　　夜市，夜间进行商品交易的市场。白天的市场交易已经无法满足购买者的需求，交易延续到夜间继续进行。它的出现，应该是地区商品经济发展到一定高度的产物。在明清两代历史文献以及通州的旧志中，均没有关于通州夜市的记载。在韩国汉城东国大学林基中所纂辑的《燕行录》传到通州以前，我们对此一无所知。封建时代的通州，有没有夜市呢！从《燕行录》中得知，它是确实存在的。那么，我们根据《燕行录》所提供的资料，对于通州夜市的情况了解一二吧！

　　夜市的形成，必须具备两个基本条件：足够多的、充分的客流和丰富的、充足的商品供应。通州夜市，只存在于清代。这说明，清代通州的商贸行业强于明代。虽然，明代中期，漕运的中心从张家湾北移至通州城，并且，从嘉靖七年（1528）至明末，在长达117年间，通州城内外十分的繁华，但没有形成夜市，更没有"夜市"远近闻名。这在朝鲜国使臣的历年记载中，能够体现出来。比如，不止一个使团曾经在通州城内逗留三四天，但使臣所有的游记均没有对于夜市的点滴记载。试举一例，万历二十六年（1598）十一月，朝鲜国使团途经通州，黄汝一（即海月先生）作为副使兼书状官，在通州留下了下面的诗作：

通州记事韵三首

一

芳堤绿柳映红楼，楼下长桥水乱流。

日暮声歌喧九陌，行人说道是通州。

二

雾罢江心簇画帆，佳人睡起卷妆帘。

酴醿未解芳霄醉，笑批燕南三寸柑。

三

禹凿长河水稳流，神功千古折中州。

勘笑隋皇漫游乐，锦帆长载一生休。

"酴醿"，美酒。其中，"日暮声歌喧九陌"和"酴醿未解芳霄醉"句，描绘了当时通州夜晚的繁华与喧闹，勾栏瓦肆纸醉金迷，但只字未提"夜市"。再比如万历三十年（1602）四月，朝鲜国使臣东岳先生所吟咏的《通州行》组诗之三：

邑屋临河上，河流入海长。帆樯蔽云日，车马隘康庄。

渠转江南粟，市藏天下商。城门夜不闭，灯火烂星光。

诗中的"城门夜不闭，灯火烂星光"句，描绘的也是通州的夜晚。在封建时代，一般州县城傍晚都要关闭城门，以防盗匪，但通州经济繁盛，商贸发达，并且因游人众多，城内外喧闹通宵达旦。夜晚，州城内外商铺灯火通明，如同白昼，因为天子脚下防卫森严，平民百姓及众多的商铺，不必关门闭户。即便如此繁盛，诗中也没有提及"夜市"。

通州夜市的形成应在清康熙中后期，或是雍正年间。当然，在这个时间段，朝鲜使臣所记载的文字中，并没有关于"夜市"的描绘，直到乾隆年间，在《燕行录》中，才出现有关夜市的记载。之所以这样说，根据来源于乾隆五十七年（1792），朝鲜国正使金履素回程经过通州时的记载，见《燕行录·卷七十四·燕行日记》第274页："一月二十八日雪，自晓至午。午后还晴，夕后有风。是日，一行人马始复回路，人喧马嘶，皆是还乡之喜。出朝阳门，行四十里至通州，石桥非不奇壮，比于芦沟则无可动目。但夜市繁华，自古有名。初更时，共松园、东谷出于店门，市肆上下，烛光照耀，开门迎客。有卖针者，有买（卖）茶者，有击锤诵经者，到处如是，可谓"不寂寞"。且仓廪之富，实甲于燕（京）。盖漕运之船，云集江边，百官颁禄，自此中办出。而春夏之间，帆樯如束，连续十余里云。南城门楼高二层，匾曰"新京左辅"。初来时，晓色熹微，不能领略矣。今则详视城池之壮，人物之众，店房车马之络绎，下于燕京，而胜于沈阳。"

农历一月，正是隆冬季节。晚上七八点钟，金履素与同僚游览通州夜市，并称：通州夜市"自古有名"。能够称的上"古"的事物，一般应在百年以前，几十年、三五十年前的不应称为"古"。比如我们说"解放初期"，距离现在已有七十年，但我们并没有称为"古"代。而在此之前，并没有见到"夜市"的相关记载，据此，笔者推断通州夜市应形成于康熙中后期，或是雍正年间。通州夜市在哪里呢，在通州城东关以南。就是出东门，再往南二三里之间。具体位置是拆迁前永顺镇上营村中的通榆大街，现在是运河商务区的一部分。

漕运年代，通州既是漕粮运输的终点码头，也是南北商货的集散地。在通州东关，既设置了土坝漕粮码头，皇亭以南还有主要是粮食和杂货码头。每年夏秋季节，河面上漕船、货船、客船、官船成百上千，拥挤不堪。南方各省的粮食、商货及游客由此上岸。州城内外，运货车辆，各色人等填街塞巷。每年夏秋季节，大量客流经由通州南来北往。南货北货汇集于此，引来流连于通州的各地行旅浏览观光，于是，日以继夜，通宵达旦，通州的夜市油然而生，渐渐闻名。乾隆五十八年（1793），朝鲜国正使黄仁点途经通州时作《通州》诗，描绘了夜市的喧闹与繁华：

通州

粉堞萦回碧潞流，帝畿都会此雄州。

帆樯万里通吴越，宝货千车凑蓟幽。

耀月澄光开夜市，遏云笙曲闹春楼。

前朝物色依依见，杨闸桥头倍客愁。

从诗中我们看到，南方的万里帆樯和北方的"宝货千车"在通州交汇；地上夜市的灯火与天上明月遥相辉映。通州夜市人声鼎沸，笙歌越曲响遏行云。这位朝鲜国资深高官在夜市，还见到明朝时来通州所见旧物，于是心有所感，还借八里桥为前朝所建这一情节，抒发出了怀旧的情愫。

嘉庆二十三年（1818）十月，朝鲜国进贺兼冬至谢恩正使郑晚锡，率使团出使中国。使团一行途经通州时游观夜市，郑晚锡赋诗一首：

通州夜市

角灯红烛市街明，人去人来到五更。

底事书生眠不得，隔窗连续卖糕声。

萝卜团团满小篮，红如猩血碧如蓝。

尽日街头呼买卖，先抽刀子破三三。

南京富贾燕京住，织锦分排四十坊。

五日家书连续发，舟车万里属潘郎。

从诗作中我们领略到，已到五更天，街道是依然人声喧嚷，以致寒窗苦读的书生无法入眠。朝鲜使臣在夜市，见到了卖萝卜的小贩。冬季的北方水果稀少，民众常以萝卜作为时令水果。小贩或挎篮或担担沿街叫卖，每当买卖成交，小贩要将萝卜用刀子劈开几瓣。诗中的"破三三"，三三见九，说的就是小贩帮助买主把萝卜劈成九瓣，以便买主分食。看来小贩卖的是"红心美"，"红如猩血"，是指鲜红的内瓤，而"碧如蓝"是指翠绿的萝卜外皮。第三段所讲的是一位来自于南京的潘姓商人，他十三岁来通州经商，今年已十九岁。家里三番五次来信催它回乡完婚，他将于二月还乡迎娶新妇。

那么，夜市究竟是怎样地热闹，商品交易兴旺到什么程度呢！我们看看一两位朝鲜使臣下面的记述：

道光二年（1822）十月，朝鲜国冬至兼谢恩正使金鲁敏，率使团出使中国，在道光三年（1823）二月初四自北京返国时再经通州。使团中的书状官将所见所闻记录在《燕行录·卷八十·燕行录》："日且昏，故还入城。失路，逶迤寻觅住所。路旁多针铺，匾以'李公道铺'者十余处，积针与屋齐。天下所用针，多出于此。我人亦多买于此。其买卖之法，以一万个为度，即二百封也。合而为"包"，号曰"一块"。凡大、中、小、细之针，各有所入之数。买时但针包论价，不得开包算数。针以铁之刚柔，价有多少之差。通州夜市可观，悬灯开市达夜。买卖物货之积聚，市铺之繁华，真是大都会也。通州画器铺名于天下，积画瓷可千万计。如是者十铺。"

在很长一段时间内，通州东面不远的邦均店盛产钢针，远近闻名，于是这种产品大量出现在通州夜市，朝鲜使团中很多人购买。至于前面所说的瓷器铺，那就更不稀奇了。江南瓷器行销通州年深日久，在通州的江西会馆就有两处，经销商众多，行销各地的江西瓷器数量极大，以致运输途中碰碎的大量瓷片在通州多处堆积。

再举一例：道光九年（1829）十一月，朝鲜国进贺兼谢恩正使李光文，率使团出使中国。他们一行途经通州，在夜市见到了商铺生意的兴隆，所里见闻，见《燕行录·卷七十三·辅轩续录》第126页：

"十二月二十三日晴。止宿城内店舍。夜，与从者数三人便服出门，登所谓茶楼，店主泼茶以待，其味香冽比他尤倍。楼左右积储茶属，凡天下奇茗异芽，无不存焉。可谓充栋汗牛矣。楼上即店主所居，文房四具，精洁清雅，座旁有《文文山集》，余抽阅数板而归。按：宋宝祐四年登科，录文天祥、谢枋得、陆秀夫同榜，忠杰萃于一榜，洵为千古美谈。而文山之弟，壁号文溪，仕于元，亦异哉。楼下即茶铺，买茶者夜亦填门。茶保数十人，一边秤茶，一边纸裹，一边绳封，未有暂暇。夜深始歇，收钱于地，贯之以索，积堆如阜。凡夜市之诸肆交易，莫不类此。知州龙载浵，四川宜宾人。分巡通州运河道周寿龄，山东登莱县人。是夜，纸炮发于四邻，达宵聒聒，无以着睡。盖以岁除不远，故家家绂禳。其制，包纸数十重，环束其两端，长为数寸，围如一指之大，包火药于纸头，引火远掷，则火射而声发，震动山谷。"

　　使臣们所游观的茶叶铺，十来个伙计秤的、包的、捆的、收钱的，忙得不亦乐乎，以致将铜钱穿起来胡乱在地上堆成一堆，无暇清理。再看街旁商户，"凡夜市之诸肆交易，莫不类此"，家家顾客盈门。从这则记述中，我们看到：通州夜市十分的红火，四方游客壅街塞巷，各家商铺生意兴隆。时值"小年"，俗话说"二十三，糖瓜粘"，家家户户祭灶送灶王爷上天，燃放鞭炮，搅得这些朝鲜远客彻夜无眠。

　　到了道光三十年（1850），也就是前述夜市二十年以后，通州的夜市又是什么状况呢！这一年十一月，朝鲜国以判中枢权大肯为冬至兼谢恩正使，以礼曹判书金德喜为副使，以翰林闵致庠为书状官，率使团出使中国，一行途经通州时游览夜市。这一次他们受人之托，要在夜市购买一些杭州产烟草。使团中的书状官将所历见闻，记载下来，见《燕行录·卷九十·石湍燕行录》第505页："日暮还店，夕饭不能下箸。夕后，三使臣与一行人往观夜市。通州夜市自古有名，而近，则有名无实云。步出通衢，各铺各棚个个悬羊角灯，'琉璃秋水风自影'，诸般彩灯，色色照耀，街路如同白昼，恍然如入广陵市也。周行各铺，或算钱作贯，或按薄考账，皆有条理。至一处，即烟草铺也。行中人以本京宰相求请，要买杭州草，问有无。那卖草的答道：有，有！出示一包草。其作包法，似我国西草，细切亦如之，其色淡黄而无津气。得一撮试吸，其味太燥，反不如我国市草。其求请，亦出于崇唐癖也。夜深后归寓，此处毡品最佳，价又小歇，故一行多预贸云。大抵沿路所见大车，无物不载。而今日所遇见，有一车载五六十口猪儿，连圈驮去，无一声斗鬪之弊。以此观之，畜牲以必异于我国也。"

　　在朝鲜使臣看来，此时的夜市已是今非昔比，至于为什么说"通州夜市自古有名，而近，则有名无实云"，没有进一步的记载。鸦片战争以后，封建时代的鼎盛时期已过，渐渐显露末日光景。但这在朝鲜国使臣的记载中，没有反映。朝鲜国宰相崇尚中国中原文化，反映在个人嗜好，喜欢吸食杭州烟草。但在使臣看来，杭州烟草"其味太燥，反不如我国市草"，还说他们的宰相有"崇唐癖"。"唐"即指中国；"崇唐癖"，套用当下的话，就是"崇洋媚外"，只不过所"崇"的是中国。

当时通州毛毡质高价廉，不少朝鲜人在此购买。一辆大车装载"五六十口猪儿"，这么一件小事，也被使臣们记了下来。

又过了十年，到了1860年。这一年十月，朝鲜国冬至兼谢恩正使申锡愚，率使团出使中国。他在纪行中所记述的通州夜市是这个样子的：

"通州距皇城五十里，南通潞河，舟车之所凑集，市厂殷盛，亚于皇城，夜必张灯为市。五色琉璃灯，随灯色燃烛。纱灯之方者圆者不一其形，画山水、楼台、人物、草虫于纱面，对对成双，列挂厂铺，恍朗洞彻，如同白昼。及英夷之乱，通州先被其锋，特无抢掠焚烧，故市廛依旧。逃散之民，近始还集，稍稍开市，尚多闭锥者。昼之所见，已是寥闻，乘昏出见，夹路左右，张灯者十之二三。初见者，尚堪一观。

夜市千灯照碧云，高楼红袖客纷纷。

如今不似时平日，犹自笙歌彻晓闻。

此唐人扬州诗也。余于此不能无是感况，'彻晓笙歌'亦不可得闻乎！潞河之舟，通州之灯，今不足为观而犹记之者，繁华之有时而歇，余行之，适当是时也。入皇城前，夜宿（通州）。"

这一年九月，英法联军一路烧杀，逼近通州城。通州知州萧履中非但不思抵抗，反而向外敌摇尾乞怜，跑到张家湾与联军谈判，请求不要进城。为求苟安，两军在八里桥对峙之际，萧履中应敌所求，组织通州商户在联军营地设"买卖街"，以物资资敌。丧节失职，临难贪生，这样的败类，理应受到历史的唾弃。朝鲜使臣正是在这样的情况下游观夜市的，因为事变影响，"逃散之民，近始还集，稍稍开市，尚多闭铺者。昼之所见，已是寥闻，乘昏出见，夹路左右，张灯者十之二三。初见者，尚堪一观。"但过了几年，通州恢复了以往的状态。在同治八年（1869），在朝鲜使臣李承辅的记述中，通州"市肆物货，车马城郭，不下于沈阳。夜与惠人台、赵研农观夜市于府中，灯烛之辉煌，车马之喧阗，通宵不息，亦一壮观也。" 夜市又恢复了以往的繁盛。

通州夜市最后出现在《燕行录》中，是在光绪二年（1876）十月。是时，朝鲜国以判中枢沈承泽为谢恩兼岁币行正使，率使团出使中国。途经通州，观览夜市："盖自元时，天下漕运皆集于通州，运于河，即东南之要冲也。编结舟楫，覆土为桥，以渡行人矣。入其城中，市肆廛阁，珠翠金碧，触目阑珊，不可与辽沈相较而及。其日昏后，各肆灯烛皆以琉璃、羊角、纱烛、画幛等一齐开张，照耀凌乱，可谓不夜之灯市。未知广陵城观灯，胜似于此乎！"

清朝晚季，内忧外患，致使国力大衰。就漕运而言，因国家急需大量银两支付高额军费和外国赔款，只得将漕粮改折征银的数额逐年加大。到了光绪二十年（1894），仅江苏、浙江两省漕粮改折就达50%—60%，二十二年（1896）又将江苏省漕粮改折30万石，以折价银98万两弥补财政亏空。二十四年（1898）科布多参赞大臣瑞洵为了筹财，再次向朝廷建议停止征漕，并称停运以后，裁撤监兑、押运、河、漕、卫等官，每年可节省银500万至600万两。漕粮大量改折，行经运河抵达通州的漕船大减，这种状况反而便利了南方商货北运和北方货物的南销。因而光绪年间，通州的夜市仍很兴旺。

北京物资学院选址纪实

■ 丁兆博

1980 年 8 月，经时任国务院副总理万里、方毅、姚依林批示，同意成立北京物资学院。同时批准将北京经济学院物资管理系剥离出来，并以此为基础建立北京物资学院的建校方案。自 1981 年 3 月起，北京物资学院筹建小组就开始了选址这项重要而艰巨的任务。

选址初心

为了尽可能方便从北京经济学院调拨来的教师上下班通勤，最初的选址想法是着眼于朝阳区。经过考察，朝阳区适合建设大学的相对大宗的地块都有不同程度的缺陷，既有前期在交通、环境等方面的不利，也可能给学校的后期发展带来诸多限制。于是筹建小组改变了一个思路，出于方便与主管部委（即国家物资总局）保持紧密联系、及时响应指示的考虑，又把选址目光投向了海淀区。海淀区虽然高校林立、具有高等教育的规模优势，但是高校密度过大，发展受限。而且依据规划，只能在海淀区更偏远的西北部选择建校地点。这给教师造成通勤上的困难和不便，于是这一思路就此作罢。

在国家物资总局和北京市委有关领导的建议和关怀下，学校筹备小组考虑到学校当前建设问题和未来发展等诸多因素，最终将选址目光投向了当时的通县：第一，按照当时北京市的建设规划，通县是要纳入"首都卫星城"建设计划当中并承担一部分首都职能的，会给学校发展带来很大机遇；第二，自古通县就是"上京下卫"的重要枢纽，学校会在地区经济发展中大有作为；第三，这里是国家建设物资调拨要冲，学校为建设服务、科研为实践服务，学校相关的研究工作直抵一线，更有实践意义。鉴于此，1981年6月，国家物资总局决定将其所属的"中国第二机电设备公司北京仓库北库汽车停放场"（共计94.5亩）拨付学校办学使用，此地块即位于通县城关镇北郊，亦即今日通州区永顺镇西富河园321号北京物资学院校本部院内。

校址发展

在选定这一校址后，又经历了数次土地划拨、征用、调换、租赁，使得北京物资学院深深扎根于通州永顺地区这片热土。

1982年4月，经北京市委批准，并报请时任国务院副总理兼秘书长姬鹏飞同志批示，在1981年6月已批准用地原址基础上征用邓家窑大队（邓家窑村）、新建大队（新建村）耕地106亩。

北京物资学院

1984年2月，国家物资局批准同意将中国机电设备公司华北一级站北京仓库南库划拨北京物资学院办学使用，建设电大及成人教育分院，此地块即位于今通州区新华南路190号。同

年 12 月，征用邓家窑村原砖窑、盆窑（烧瓦盆）的旧窑址和取土坑共计 27 亩。

1985 年 12 月，经通县人民政府批准，北京物资学院电大及成人教育分院征用位于原址东侧的通县交通局汽车二场用地，共计 25.1 亩。此地块经 1991 年通县人民政府实测核准后发现面积不足，又将位于乔庄的汽车二场用地共计 4.8 亩划拨学校使用。

1986 年，通县人民政府批准将位于学校本部北侧的邓家窑村取土坑（非耕地）18.3 亩划拨学校，用以建设用泳池及配套设施。

1992 年，经通县人民政府批准，征用邓家窑村约 5 亩非耕地建设污水处理厂。

2002 年，北京物资学院与永顺镇政府签订协议，合作共建大学生公寓宿舍。由永顺镇提供学校原北墙外 44.2 亩土地（规划教育用地），由学校投资建设并使用。

2006 年，在永顺镇政府的监督和见证下，北京物资学院与永顺镇新建村签订征地协议，征用土地 80 亩；与邓家窑村签订土地租赁协议，租赁土地 89 亩。

2018 年，经北京市教委批准，北京市商务科技学校结束办学、整体并入北京物资学院，其位于通州区永顺镇富河园小区内的校区也归属北京物资学院办学使用。

目前，北京物资学院校区共计六处，主要办学校区有三处，本科生、研究生教育办学的主校区和研究生住宿生活区均位于通州区永顺镇辖区内。

旧貌换新颜

1983 年，北京物资学院建设规划获得主管部门通过，基建建材基本调拨到位，校园建设正式开工。随着接踵而至的土地划拨和征用申请被批准，学校面对的基建问题也逐渐多样化起来。首先填平了旧窑址、取土坑、土沟。继而，又向国家物资局申请调拨大量土石，将 1982 年核定的土地整体加高三米有余，并依据基准线将学校外南侧路加高相应高度，使学校基本水平面上升至与周围土地同等高度。在此基础上，于 1985 年开始地面建筑物的建设施工。

1987 年，校园总体规划一期工程的重点项目竣工，包括一栋教学楼、两栋宿舍楼和食堂。8 月，学校师生从电大及成人教育分院校区全体迁入学校本部。1991 年 10 月，学校基建第一期工程项目全部竣工并通过验收，包括主教学楼、图书馆（旧馆）、食堂、宿舍等，建成建筑总面积约 7.5 万平方米。1993 年－1999 年间建成宿舍、办公楼等建筑共计 2 万平方米。2000 年－2006 年期间新增教学以及配套建筑 6 万多平方米。2006 年－2009 年 新增建筑面积 1.6 万平方米，改扩建原有建筑 6 万多平方米。2010 年－2018 年期间新建学科综合楼、新图书馆、新体育馆，建筑面积合计 4.7 万平方米。

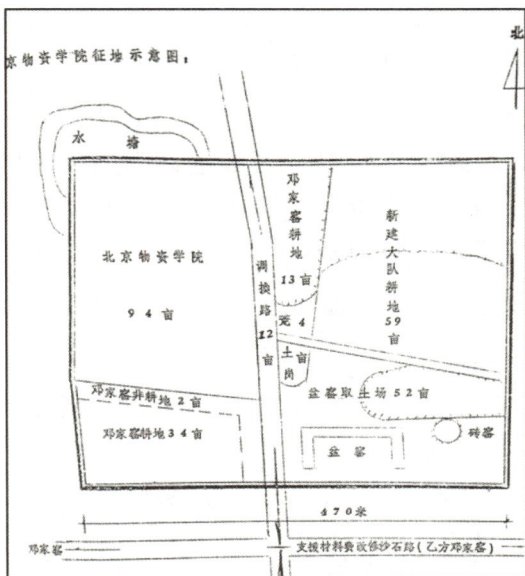

1982 年北京物资学院征地示意图

北京物资学院主校区平面示意图（2020 年）

北京物资学院的建设者们在昔日的盆窑旧窑址上，建设了礼堂、招待所，今天已经分别成为运河剧院、迎宾楼宾馆；在砖窑窑址上建设了学生活动中心，现在已改扩建成为老干部活动中心；在西北角的水塘边上，修建了一座仿古小亭子，后来经过池塘翻建、水体治理和环境美化，成为校园一景。4 亩荒土岗今天已经成为了装修精美、颇具情调的咖啡小院。昔日门前由学校和邓家窑村共同建设的两条砂石路，东西向的今天已经成为双向六车道的朝阳北路的一部分，南北向的也已经成为了通州区一条交通要道，是通州区路面建设的样板工程。昔日耗费大量土石填平的东侧围墙外的土沟，也早已铺设沥青硬化路面。2006年以前还是养马场的东北角土地，现在已经建成高标准的室内外体育场馆，并在节假日对周边居民开放。西北侧租赁用地原来有废弃鱼塘、垃圾填埋场，经过大力治理，现在也已经成为了运动场地、绿化休闲广场，成为纵贯北京东部大绿化带中的一个组成单元。

据学校离退休教职工回忆，在一期工程建设中，记不清是哪位学校领导指示，保留了一只耕地界桩，位置应该在图中"新建大队耕地59 亩"和"邓家窑耕地 13 亩"的划界交叉处。这只界桩目前只有约 0.5 米高的顶部在地面以上，2010 年以前余铭文"世厚堂王"四字，后来由于路面整修，只余"世厚堂"三字。它处于学校三座食堂的交汇处，静静守在小路的拐角，仿佛时时刻刻在提醒着学校师生珍惜耕地、珍惜粮食，也见证着北京物资学院在这片土地上的成长与发展。

未来，随着学校建设规划的进一步推进，将有更多的基建项目获批和完工。这也将会为学校周边的文化发展带来更多的共享资源。北京物资学院给周边以及通州区的文化发展带来的辐射效应也将会越来越明显。

时空的交汇

历史总有不经意的各种巧合，这些巧合在北京物资学院选址上也带着有趣的闪光。

北京物资学院北门外的温榆河，是可以前溯到北齐、直到明清一直沿用的军粮转运物流通道，是大运河水运物流网的重要组成部分。附近的竹木厂等地则是元明清时期京城所需建材的重要物流转运仓库。进而放眼整个通州，至少是元明清三代的首都建设物流转运核心功能区。学校王之泰教授在上世纪八十年代初，也就是建校初期就将物流概念引入国内，学校因而设立了国内最早的物流相关专业。时至今日，学校也是以物流学科做为人才培养的一大重点领域进行建设和突破。

学校东南侧不到一公里处的马场村，是明代教育家、思想家、泰州学派一代宗师李贽墓地旧址。李贽先生所掀起的教育革命、思想革命以及他以生命守护的儒学初心，为后来的新文化运动以及思想革命点燃了最初的火种。有教无类、男女平等的社会教育观，时刻激励着当代教育工作者们的使命感。坚守初心、求真务实的治学原则，提醒着师生在做学问的苦行中守正创新。李贽前瞻四百年的思想，在近现代教育讲堂中大放异彩。北京物资学院的建立，是国家在探索计划经济向市场经济转型当中重要的一环，它肩负着研究市场经济规律、研究计划经济向市场经济转型策略、探索市场经济管理手段、探求现代化工商企业管理和市场贸易规律的使命。这需要坚守根本的思维，需要富有想象力的创新，也需要敢为人先的勇毅，更需要教育工作者们的引领与奉献。

学校西南侧不到 3 公里处，是 1860 年"八里桥之战"的故地——永通桥。这一战被称为"冷兵器时代最后的挽歌"：举着最先进的前膛燧发枪与线膛枪、后面跟着滑膛炮、线膛炮的英法联军面对手持大刀长矛的中国清朝军队，以清军死亡上千人、英法联军死亡 12 人的离奇结果收场。在这种战力的对比下，再悲壮、再勇敢的殉难都是历史的悲哀。怎样改变旧中国？怎样向东西方学习？百年来各路仁人志士直至中国共产党建立新中国后都在不停探索。应改革开放大潮而生的北京物资学院，需要对东西方先进经济制度和发展模式以及经济产业进行研究和借鉴。其先后引进的物流管理、证券期货交易、外贸管理、采购管理、大数据研究及这些专业的创立，都是对国外相关领域有了科学正确的认识并酝酿试点成熟后逐步推进的。吸收国外先进文化技术，助力我国的改革开放事业和经济转型，也是我国改革开放事业发展中重要的环节。

北京物资学院为置身于这样的环境中而深感幸运，为置身于这样的时空对话中而深感重任在肩。学校将在历史的鞭策中砥砺前行，在历史赋予的使命感中将特色领域研究推向臻善。

（丁兆博，通州区政协特邀文史委员，北京物资学院图书与信息中心（档案馆）史志办主任，助理研究员）

通县良种繁殖场——乔庄良种场

■ 崔洪生

通州城区运河大街以南、玉桥中路以东、梨园北路以北、玉桥西路以西这片区域，面积大约有 500 亩。自 20 世纪 90 年代中期以后，建成通州南部新城一个繁华的城市化新区，包括居民小区、学校、医院、市场和一些机关单位。这片城市新区的土地原属于永顺镇（2001年前为城关镇）乔庄村，农业时代曾是一片农田，是当时通县农业局良种繁殖基地——通县良种繁殖场。

一

通县良种繁殖场前身是河北省通县专区农场，建于 1949 年 5 月，土地面积 480 多亩，主要从事粮食、蔬菜、水果种植、农副产品加工等经营。1958 年 4 月，通县专区撤销，农场划归北京市通州市农林局（通县农业局），定名为"通县良种繁殖场"。

在人民公社集体化以前，农业主要是一家一户的小农经济，分散经营。承袭千百年来的传统耕作模式，农作布局和品种千差万别，很多家庭没有选育优良品种的习惯，又缺乏农业科技人员的指导，因而造成品种退化、混杂现象十分严重。通县农业局接收原来的农场以后，为改变人民公社后集体农业集体生产的形势和当时农业区域种植、统一经营对优良品种的需求，通县人民政府决定，将这个小型农场改造成为县级农作物良种繁殖场。

20世纪50—60年代，通县地区的农作物种类有粮食、蔬菜、棉花、油料、瓜类等五大类。粮食作物主要是玉米、小麦（冬小麦、春小麦）、大麦、水稻、高粱、谷子、红薯、大豆、小豆、绿豆、蚕豆、豌豆等。大田粮食作物基本以小麦、玉米、水稻、高粱、大豆五大农作物为主，约占粮食种植面积的80～90%，其中，小麦、玉米、水稻又决定粮食产量的三大作物。各类粮食作物的品种分类，小麦、玉米、水稻，每个都有十几个乃至几十个，从各公社到大队、生产队，粮食作物品种五花八门、百花齐放，令人眼花缭乱，多数品种都是沿用几年、十几年甚至几十年的老掉牙的品种，影响制约着粮食产量的提高。

当时全县农业生产，没有形成县、乡、村三级种子繁育体系，种子生产供应渠道不畅。之所以选择这个农场作为良种繁殖场，主要是基于：一是农场的土地属规模化、企业化的生产经营，具有比较成熟的农业管理模式；二是土地肥力、水利设施、农机具等农业生产资料比较齐备；三是农场几十名工人基本都有多年的工作经验，熟练掌握农作物种、管、收的技术要领，还有数名中高级技术人才。更重要的是农场靠近县城，交通便利，有利于管理和对外联系。有了这样现成、比较健全的农场，将其改建成一个良种繁殖场，比重新筹建、开发一个同样规模的良种场要节省更多的费用，并可以提前2至3年投入运营。可以说，通县良种繁殖场的建立并选址乔庄农场，也是应运而生。

二

当时，全县的农业类型是以旱田为主的旱作农业，小麦、玉米种植面积最大。自60年代初开始，良种场开始引进小麦、玉米优良品种，基层干部群众对引进、推广优良品种的积极性很高。60年代相继引进墩子黄、小八趟、英粒子、华农2号等品种；小麦引进推广定县72、燕大1885、华北187、碧玛1号等良种，播种面积占全县小麦的64%。优良品种比传统的农家品种具有更大的增产潜力，但有的地方对新品的特性认识不足，没有经过示范就大面积推广，结果因不适应本地土壤、气候，或者栽培管理不当反而减产。汲取大量盲目引种的经验教训，全县确定"试验、示范、推广"三步走的种子工作方针，以通县良种繁殖场为基地，重点进行大面积推广前的对比示范和少量优种的扩大繁殖。

1960 年小麦品种引进华北 187、农大 1 号、农大 183 等为当家品种，当地农家品种基本被淘汰，全县实现小麦品种的第一次更新换代。60 年代中期引进农大 311、北京 6 号、7 号、8 号，实现小麦品种的第二次更新。新品种亩产一般在 100 公斤，最高地块高达 200 ~ 250 公斤。70 年代以后陆续引进推广农大 139、东方红 3 号、红粮号、九三红、北京 10 号等，实现小麦品种的第三代更新。这些优良品种的优点是高产、抗病、抗倒伏，亩产平均在 200 公斤上下，高产地块高达 400 ~ 500 公斤。在引进优良品种时，充分考虑到生长期长、中、短的差距，错开成熟期，有利于三夏期间的农活安排；因为有的年份、有的地块干旱缺水，在品种搭配上适当选用耐旱品种和耐贫瘠品种；红皮小麦一般出粉率低，但是成熟早、耐旱、抗倒伏，白皮小麦出粉率较高，但是一般秸秆较软，抗病能力不及红皮小麦。各生产队可根据土壤肥力、水利、农机条件等生产要素的差异，选择 3 ~ 4 个不同性状的品种。1982 年引进鉴 26、风抗号等，种植面积居粮田总面积首位，实现小麦品种的第四代更新。1983 年开始以风抗（2、4、7、8）号和京双（9、10）号为主，小麦品种实现第五代更新。风抗号小麦品种以矮杆粗壮、抗倒伏、适应性强、增产潜力大而深受广大农民欢迎。1986 年以后全县大面积推广京优 623、437、411、农 146 等小麦新品种，当年平均亩产 237.5 公斤，实现小麦品种的第六代更新。1990 年以后，以京冬 6、中麦 2、京双 18、农大 93、411 等高产抗倒伏能力强的品种为主。1993 年全县小麦亩产 449 公斤。自 1960 年至 1996 年，通县良种场共引进、繁殖小麦优良品种 35 ~ 36 个。

主粮玉米在全县种植面积最大。玉米按成熟期长短有早熟、中熟、晚熟之分，按种植形式有春季单茬、间作套种和麦茬平播等品种。20 世纪 70 年代以前，全县普遍推广大都为常规品种。70 年代，开始大面积推广杂交玉米，主要有丰收 103、105、京早 1 号、2 号、白单 4 号、

14 号等，1970 年全县亩产 185.5 公斤，杂交玉米（由父本、母本两个品系杂交而成）比常规品种具有明显的优势。1975 年全县基本普及杂交玉米品种，实现玉米品种的第一次更新换代。以前主要靠引进外来的优良品种，在良种场经过几年的试种、示范、对比等过程，选出适合通县地区的优良品种。至 1986 年，全县玉米主要是京早 7 号、8 号、中原单 2 号、4 号、京杂 6 号、黄 417、丹育 13 号等杂交品种，平均亩产 357 公斤，实现玉米品种的第二代更新。1987 年以后全县小麦玉米两茬平播面积扩大，而且机械化程度提高，三夏进度明显加快，夏玉米一般以早熟生长期在 90 天左右的京早 7、8 号为主，但这两个品种增产潜力不大。经过大胆试验，又通过不同播种期的成熟度对比，大面积推广中熟品种掖单四号（120 天）。1990 年平播掖单系列 24.8 万亩，占全县播种面积的 67.6%，单产高达 426.7 公斤。1991 年玉米品种实现第三次更新换代，1992 年夏玉米平均亩产 554.1 公斤（单茬超千斤）。60 年代至 90 年代中期，良种场共引进、繁殖玉米品种近 30 个。

三

通县良种繁殖场从建立之初，主要从事全县农业生产良种的繁育，每年大约提供粮食作物品种 11 万公斤，但仍满足不了全县生产对种子的需求。从这里繁殖的种子是一级原种，若均分到生产队只是杯水车薪，还要经过公社、大队中间环节的扩大繁殖，才能满足的生产队大田生产。为加快良种推广普及，各公社、农场（永乐店）、相应建立自己的种子场，有的村也建立不同类型的种子场，没建立种子场的公社一般是选择一两个大队作为二级原种繁殖基地。一个新品种，经过 2~3 年就可以全县普及了。

按照农作物优良品种引进、推广的技术环节，一个新品种在大面积种植前，必须对其种性、生长规律、水肥要求、抗逆性等全面了解，否则管理不当，再好的种子也生长不好。当时的说法叫做"良种良法"，好品种，还要有好的管理措施。良种场的整体布局充分考虑到这一点，建场初期主要是大量引进已经成熟的原种，经过一两年扩大繁殖，分配到各公社大队。后来在市、县科技人员的建议下，良种场不再单纯大面积繁殖种子，而是将土地大体分为三个部分，其中约 60% 以上仍作为一级原种繁殖田，附近有条件的公社、大队种子场也分担一部分任务，继续繁殖普及推广的生产用种。大约 20~30% 的土地，作为中间观察、选育种子田，主要任务是对市级以上科研院所培育的初步定型或尚未最终定型的品种进行进一步鉴定，通过优劣对比、综合评定，从中选出大面积示范的品种。最后还有 10% 左右的土地，面积虽然很小，但引进种子的品种很多，十几个、几十个、上百个，每个品种仅有 1、2 行，或 1.2 平方米，按一定顺序排列，分若干区域，以标牌注明品种类别、原产地、品种代号等信息，为防止被盗流失，一般不直接标种子名称。

这是县一级良种繁育体系的基本架构，即：试验对比——初步定型——基本定型，通过层层选拔，最终选育出大田推广的生产用种，其中，大面积示范是良种场的主要任务。供给大田的种子都要做好整地播种、水肥管理、防治病虫害、收获脱粒、种性鉴定等技术环节的详细记录，在分发给各公社、大队时对该品种的基本情况、主要优缺点及管理技术要领做详细介绍。第一年大面积种植后，还要在公社、大队科技人员的协助下，观察记录新品的田间表现。基层干部群众最关心的是产量的高低。为了早一点试种优良品种，良种场每年都要接待公社、大队科技人员参观、学习，介绍新品种的表现，决定要选择的品种。为普及良种知识，每年县农业局都要举办公社、大队技术员良种培训班，到良种场实地观察新品种的长势情况。

70 年代，我国农业掀起了一场种子革命，对优良品种的引进培育越来越得到各级领导的重视。主要农作物品种更新换代周期缩短，新品种替换速度加快。一个新品种大田生产一般是 5~6 年，时间长了品性优势开始退化，必须要有更新的品种替换。

根据当时国内外农业技术和良种培育的新动向，良种场科级人员加强与各区县、北京周边省市和大专院校的联系，及早引进新品种。以玉米为例，杂交玉米逐渐替代农家品种，长势和产量显示明显的杂交优势。从 70 年代初开始，通县每年都组织大批技术人员到海南育种，加快培育和大面积推广良种。在新品种引进推广的同时，科技人员还自主研究、选育通县地区的良种品牌。1976 年，培育出通早 1 号，1978 年又培育出通早 2 号、3 号等几个杂交组合。该品种成熟早，产量高，适合夏玉米平播，通过大面积试种，很受群众欢迎。

四

在农业以粮食生产为主的年代，良种场对全县农业发展提供一定技术支撑。同时，良种场又是一个综合性农业经济实体，除良种繁殖、试验外，还兼营畜牧养殖，场内按经营性质分为几个专业队，有农业队、养牛队、养鹿队、养鸡队。还有一个饲料加工厂，设有储运队，年生产销售饲料 7.5 万公斤，是良种场收入的主要经济来源。

进入 20 世纪 80 年代，随着改革开放和市场经济体制的建立，良种场依据自身优势，充分利用自身的信息和业务渠道，陆续建立装订厂、华丰综合经营部，业务范围拓展，获得良好的经济效益。

作为一家农业经济实体，在计划经济时代，良种场列入县级国营企业行列。当时全场只有几十名工人，随着经营范围扩大和企业的发展，职工的招收列入国家统一的招工计划。至 1990 年，全场职工人数达到 212 人，除国家正式工人外，还有不少合同工、临时工等，成为通县经济效益较好的国营企业。

进入 90 年代后，通州卫星城建设步伐加快，良种场靠近城边，是典型的城乡接合部，乔庄村实行旧村改造，农民搬迁上楼，从农村变成城市新区。按照通州卫星城的发展规划，良种场的土地被划入通县卫星城规划区，开始建设居民小区。房地产发展起来后，部分土地建成居民小区，至 1995 年，良种繁殖场耕地全部被占用。至 2000 年，通县良种繁殖场完成了它的历史使命，从农业时代的良种繁育基地，变为通州南部新城的一个充满活力的新区。

北京八里桥农产品中心批发市场

■ 崔洪生

北京八里桥批发市场前身是通州八里桥交易市场。最初是通县城关镇创办的农产品交易市场。该市场位于通州镇西北侧，因靠近历史名胜八里桥而得名，属于当时的城关镇，2000 年 7 月改为永顺镇。通州八里桥交易市场建成营业后，在社会主义市场经济的新形势下，坚持深化改革，扩大开放，服务百姓的经营主旨，大力发展农产品批发零售业务。在城市化进程中，积极参与城乡建设，促进农副产品的经营和农村产业结构的调整，经过 30 多年的发展壮大，通州八里桥批发交易市场已成为一个连接城乡、覆盖京东、辐射北京及周边地区的大型农产品批发市场。

一

在八里桥农贸市场建立之前，通县还没有一家农产品批发企业，经营大宗农副产品的商户，大多到北京邻近的几个农产品市场去批发。由于路途太远，大多数商家没有运输车辆，特别是通县东南部和东部区的商户，往返一次路上的耗费 4 到 5 小时，不仅运输成本高，而且还错过新鲜蔬菜、水果等鲜活农产品早市最佳上市时间。随着商业体制改革的深化，农产品市场全部放开，全县大力发展两户一体（个体户、专业户和独立经营联合体），适应城乡农贸市场放开搞活的经济形势，通县地区需要建立一个综合性的农产品批发市场。

城关镇地处城乡接合部，靠近主要交通干线，农业实行家庭联产承包制后，大量的农业劳动力从土地上解放出来，从事商业、

1992 年 9 月 28 日通州八里桥交易市场试营业

服务业等非农产业，开辟多种增收途径。鉴于当时通县没有本地区的农产品批发市场，经过充分调研论证，拟在靠近通惠北路、通惠河以北，靠近木材市场的地方建一处大型农贸市场，命名为通州八里桥交易市场。

1991 年，通州八里桥交易市场（一期）破土动工，1992 年 9 月建成开业。市场占地面积 14 公顷，建筑面积 10 万平方米，市场内设有 7 处经营区、1 处生活居住区，经营范围主要是蔬菜、瓜果、畜禽、水产品、粮油食品及日用百货、五金交电、针纺织品、服装鞋帽及餐饮服务 10 大类、3000 多个品种，为通州地区 1 处大型综合批发交易市场。兴办初期设有固定摊位 2200 余家，流动摊（位）商高峰时达 2000 余个。

交易市场选址靠近京秦铁路，货物可使用火车直接进入市场内，年吞吐量 8000 万公斤。市场建有全封闭营业厅和露天果菜市场，停车场、旅馆、饭店，以及电信营业厅、程控电话亭、邮政所、银行储蓄所等，随时可以提供各种商务服务和日常生活需要。国内有 20 几个省市及外商在此投资

经营，兴办各类公司170余家，日最高客流量3万人次。1996年成交额7.63亿元，占全县集市贸易成交额的60.17%，是国内贸易批发第一批国家级农产品批发市场。1995年6月，八里桥交易市场被北京市商委评为"1994年度北京市销售服务效益先进市场"；1995年12月八里桥交易市场成为通县第1个无木杆秤市场。1996年2月，通州八里桥交易市场被国家工商总局授予1993—1995年度全国文明市场称号。

二

1997年10月，根据原国内贸易部和北京市人民政府的决定，经原国家计划委员会批准立项，中商企业集团公司和北京潞运通经贸集团各占50%股权共同投资1.5亿元，实施通州八里桥交易市场改造升级工程（二期）。1998年6月，建成北京八里桥农产品中心批发市场，成为国家级重点批发市场，首都"菜篮子"重点工程。进过几年发展，成为京东地区最大的农副产品批发市场。

1996年通州八里桥交易市场菜果批发场面

新建成的北京八里桥农产品中心批发市场，全称为北京八里桥农产品中心批发市场有限公司，市场靠近京通快速路和京沈高速路、102和103国道，交通便捷、通畅。市场占地面积近40万平方米，建筑面积15万平方米，营业面积

20万平方米，比改造升级前增加50%以上；建有60座规范化交易大厅、棚，可容纳2600多个摊位。主要 经营蔬菜、干鲜果品、水产品、肉禽蛋、粮油、服装、文化、建材、五金等11类2万多种商品。货源来自全国20多个省、市、自治区。为确保商品交易和服务质量，市场内设有商品质量检测中心、商品信息处理中心、商品交易结算中心和治安消防监控中心。随着信息技术的发展，许多商户开始使用互联网进行业务联系，适应形势发展需要，市场管理部门设立了网络服务站。服务设施的不断健全完善，市场管理制度进一步规范，管理手段也更加科学先进，为商户创造了优越的营商环境，商品交易量比改造前大幅度提高，2010年成交总量89890万千克，总成交额37.37亿元。

经过改造升级，原来的区县级八里桥农贸市场发展成为联通全国、覆盖华北地区的大型农产品中心批发市场，商品交易量和经营范围日益扩大。产品辐射朝阳东部、顺义南部、河北省燕郊等地，方便周边居民的生活，也为市场所在地永顺镇的经济发展做出很大的贡献。自重新开业后，该中心批发市场获各级政府授予的荣誉称号有30多项，成为农业部、原国家经贸委、全国"三绿工程"办公室定点市场，被北京市主管部门确定为"食品放心工程"批发市场并授予"首都文明市场称号"。

1998年6月改造升级的北京八里桥批发市场

三

随着通州新城建设的不断发展，原北京八里桥批发市场周边小商品、建材、汽配等低端产业日益扩大，外来人口大量涌入，同时还带来交通拥堵、环境脏乱差、安全隐患多诸等问题。通州区将永顺镇定位为北京城市副中心建设规划的商务中心区，北京八里桥批发市场的现况已越来越不符合该区域发展的功能定位，亟需进一步改造升级。

为了深入贯彻落实习近平总书记视察北京重要讲话精神，高水平规划建设北京城市副中心，落实市委、市政府"疏解整治促提升"专项行动，通州区启动北京八里桥批发市场搬迁改造项目。该项目位于规划中的新城核心区，北至通燕高速，南至通惠河，西至西马庄园小区，东至通惠北路。项目总占地面积 85.53 公顷（1283 亩），其中国有土地 32.33 公顷（484.95 亩），集体土地 53.2 公顷（798 亩）。计划分三期实施，拆迁建筑面积约 46 万平方米，涉及商户 4817 户，流动人口 4.5 万人。

一期集体土地住宅、非住宅搬迁工作 2016 年 10 月正式启动，总占地面积 28.68 公顷（430.2 亩），总建筑面积 20.21 万平方米。搬迁范围涉及永顺村、前上坡村、后窑村及西马庄村。按照"疏解促提升"专项行动要求，永顺镇主动腾退；镇财政出资垫付村集体受损利益，保证村民收益不减少。截至 2016 年底，住宅 100% 完成签约，共疏解商户 1166 户、疏解人口 1.5 万人。一期搬迁区域内的北关汽配城所在地，于 12 月 4 日正式交付区园林局，用于京承铁路绿化景观建设工程项目使用。该项目占地约 7.67 公顷（115 亩），总投资预计约 800 万元，建成两块开放性城市森林绿地，供周边群众休闲娱乐免费使用。

二期非住宅搬迁工作 2017 年 7 月 20 日启动，总占地面积 17.72 公顷（265.85 亩），建筑面积 13.8 万平方米，其中包括 KTV 10 个，宾馆、酒店、办公项目 19 个，被拆迁主体共计 974 个，涉及商户 1500 户，腾退后疏解人口约 2.1 万人。一期、二期共腾退土地 46.40 公顷（696.05 亩），拆除建筑面积 34.01 万平方米，疏解商户 2666 户，疏解人口约 3.6 万人。

　　三期搬迁工作随二期完成陆续启动，占地面积36.66公顷（586.95亩），其中集体土地6.8公顷（102亩），国有土地32.33公顷（484.95亩），建筑面积11.28万平方米，涉及商户2151户，疏解人口9千人。搬迁之后，进行重新规划设计，发展符合北京城市副中心商务中心区产业定位的高端商务。

　　北京八里桥农产品中心批发市场的整体搬迁，彻底清理、腾退周边低端产业，为深度城市化阶段实现产业转型提供良好机遇。同时有效疏解人口约4.5万人，进一步改善周边城市环境，提升广大市民的生活品质，以符合城市功能的新型业态助力北京城市副中心建设。昔日以农副产品营销为主业的北京八里批发市场，正在以崭新的城市形象扮靓北京城市副中心。

黄瓜园的故事

■ 王文宝

　　早年间，通州城西南二里，有个黄瓜园，这个瓜园里结的黄瓜个大、皮薄、肉脆、味浓。在京城里只要一提通州黄瓜园的黄瓜，无人不知无人不晓，堪称京东一绝，就连皇宫里吃的黄瓜，也都是黄瓜园供奉的呢！黄瓜园的黄瓜为什么这么好吃呢？有的说是这里的土质好，也有的说是这里水质好，其实最关键的还是黄瓜园的瓜把式刘园头的技术好，因为他祖祖辈辈在这儿种黄瓜已有数百年了。

　　一天，黄瓜园里来了一个"南蛮子"（南蛮子会憋宝），他在黄瓜架中钻来钻去到处踅摸，一连七天，他那鬼鬼祟祟的行为引起了刘园头的注意。第八天的一大早儿，"南蛮子"又来了。见他钻进一架黄瓜架内，蹲在一棵瓜蔓粗壮长得湛青碧绿黄瓜秧旁，上下左右仔细地端详着这棵瓜秧上结的，惟一的一条黄澄澄黄瓜。这时刘园头来到"南蛮子"的面前问道："你在看什么？"南蛮子答："我在看这条黄瓜。""看黄瓜？""是啊！你看它那金黄金黄的颜色，大大个儿，长得多顺溜啊！你能把这黄瓜卖给我吗？我决不亏你，给你十两银子怎么样？"刘园头听"南蛮子"一条黄瓜张口就给十两银子，心想，这条黄瓜哪儿能值这么多钱，这里一定有门道儿，我得诈诈他。刘园头说："这么好的黄瓜，才给十两银子，那我可不卖，从下籽到开花结果，我足足呵护它两个多月了，它才长得这样。我还留它做黄瓜种呢。""南蛮子"说："你种一年的黄瓜能卖几个钱，要是嫌钱少我再加十两你看怎么样？"刘园头见他张口又加十两。那……这条黄么的道儿就更深啦，"再加十两？再加十两我也不卖。"南蛮子"听刘园头二十两银子也不卖这条黄瓜，叫上劲了"我给五十两！"乖乖，五十两银子买一条老黄瓜种，这哪儿是买黄瓜？简直是在买宝贝呢！刘园头思忖着。刘园头问"南蛮子"："你花这么大的本钱，买一条老黄瓜种到底干什么用呀？"南蛮子脸上流露出神秘表情说道："天机不可泄露。"刘园头说："你不告诉我，可黄瓜是我的，别说是五十两，就是一百两、一千银子我也不卖你。"南蛮子一听刘园头把话说这么绝，为了不把问题弄僵，只好把这条黄瓜的用途一五一十地讲了出来。南蛮子说；"通州塔里有一个宝库，宝库里面藏着各种宝物。要想进那宝库必须要得到开宝库的钥匙。这条老黄瓜千年才结一个，它就是开宝库的钥匙。今天是七月十四，等到明天七月十五晚上月亮一竿子高时，通州塔的莲花座正面就会露出一个小门，门边会出现一个小孔，这时将这条老黄瓜插入那个孔里后，你就默念这两句秘诀："马驹乖乖，把门开开，今天来送草，明天来送料。连念三遍后，门自然就会开了。进去以后会你看到很多宝物，金银财宝应有尽有。这时你想要什么就拿什么，千万千万记住不要太贪心。在里面只能呆一刻钟，如果超过一刻钟那大门就会自动关闭，进去的人就再也出不来了。"刘园头听了南蛮子的话后，心想：这是一次极好的发财机会，决不能放过。就套近乎说："老哥，既然有这样的发财机会你可不能吃独食呀，带小弟一块去呗，行吗？"南蛮子说："只要你舍得卖给我这黄瓜那就没问题。"刘园头说："您要是带我去的话，这条黄瓜就白送您啦，咱哥俩谁跟谁呀。"南蛮子听了刘园头话，心里十分高兴。并嘱付说："这件事只能天知地知，你知我知。泄露天机走了风声，那可就不灵了，就是亲娘老子也不能告诉。你一定记住明天晚上月亮一竿子高时，带着这条黄瓜，咱们俩在通州塔下见。"说完南蛮子就走了。

刘园头觉得自己要发财了，高兴得一宿没睡着，第二天起个大早，守着这条老黄瓜，生怕别人给偷走了。耐着性子熬到天黑后，赶紧拿来两个准备好的大口袋，小心翼翼摘了那条老黄瓜，揣进怀里就直奔通州塔去了。他到了通州塔后上了莲花座，果真看见一个门，门边还真有一个小孔，和南蛮子说得一模一样。刘园头看月亮已经快一竿子高了，左右看看，远处望望，不见南蛮子的影子。刘园头等不及了，赶忙从怀里出黄瓜插入门边的孔内，默念道："马驹乖乖，把门开开，今天来送草，明天来送料。连念了三遍。果真宝库的大门光嘡嘡的开了，刘园头往里看。呵，好家伙！宝库里到处金光闪闪。刘园头急忙拿着口袋就往里进，眼前的一堆堆的银子、一摞摞金砖、一箱箱的珍珠翡翠玛瑙、一件件的精巧别致金银铜器光彩夺目 …. 再往里走刘园头看见有一匹金马驹在拉着一盘磨，光溜溜金豆子哗哗地从磨盘中间滚出来，磨盘底下金豆子堆得像小山似的，他被眼前景致陶醉了。觉得自己眼也不够使了，手也不够用了，这么多好东西，拿什么好呢？他手忙脚乱地装满一口袋。往外扛吧，东西太重了怎么也扛不动，他又舍不得从口袋里往外拿，急得他团团转。眼瞅着一刻钟的时间快要到了，刘园头想起那匹拉磨的金马驹，跑过去就拉那金马驹，任凭他怎么拉，它就是不动弹。气得刘园头骂道："你这畜生，再不动我就宰了你！"话音刚落，踩上了地上的金豆子，脚下一滑，啪嚓一声摔了个大仰壳。就在刘园头摔倒的一瞬间，金库的大门咣嘡咣嘡地关上了。

这时，月亮已有一竿子高了，南蛮子来到通州塔下没看见刘园头，猜他肯定是进了宝库，立即上了莲花座，他看到宝库门紧闭着，再看看门边孔内插着的那条老黄瓜已经蔫了，金库的门也打不开了。再想开宝库的大门还得等一千年。南蛮子一跺脚，咳！长叹一声，转身消失在月色中。

从那以后，人们再也看不见刘园头了，黄瓜园的黄瓜也没有从前的那样好吃了，可是黄瓜园作为地名在通州还存在着。

吴仲建闸遇鲁班

■ 董维森

　　提起开凿通惠河来，总要说起两个人，一个是郭守敬，一个是吴仲。明嘉靖年间，御使吴仲向嘉靖皇帝奏本请求重新疏通通惠河。皇上准奏，并命他负责工程的指挥。施工中，由于明成祖在北京大修宫室，影响了由西北郊流向通惠河的水源，又加上北京和通州落差很大。据说通州万寿宫旁的塔尖和朝阳门门洞下边的那顶门石一般高。谁都知道，水往低处流，怎么办呢？这可急坏了吴御使，他整天愁眉不展，在工地上转来转去。

　　工地上聚集着成百上千个民工。有挖河泥的，有看热闹的，还有赶来做小买卖的……什么卖烧饼的、卖油炸鬼的、卖糖葫芦的、卖面茶的……热闹非凡。在一片嘈杂声中，一个宏亮的声音传来："炸——炸糕！"走近了，是个老头，吴御使仔细观瞧：老头脸膛紫红，须发皆白，双目炯炯有神，上身穿粗蓝布上衣，腰系一根蓝褡包，脚登白布袜双脸鞋，手提小筐；举止潇洒，气度不凡。他总是在吴御使眼前转悠，不时地喊着哪句："炸——炸糕！"吴御使开始并没在意，只觉得这个老头有点儿怪。一连数天，都是这样。休息时坐在工地临时寓所，叫他那个"炸——炸糕"。后来，吴御使注意了，渐渐地琢磨开了。他想，这个老头卖炸糕为什么吆喝法和别人不一样呢？非要两个"炸"字？而且两个"炸"字的之间空了那么长时间。"炸——炸糕！炸——炸糕！"

忽然他眼睛一亮："炸"不就是"闸"吗？"炸——炸糕"就是一闸比一闸高啊！这不就解决了水源不足，落差太大的问题了吗？他心中豁然开朗，一拍大腿站起来走向书桌，挥笔疾书，订下了按坡度设闸的方案。写完了，他想去拜访那个老头，在工地上遍找不见，心中纳闷，又觉遗憾，偶然间发现工地上供着的鲁班画像，哎呀！这不就是那个卖炸糕的老头吗？他就把这事和大家一说，大家也觉得很奇怪。从此，工地上就传开了"鲁班下界了，帮助咱们修通惠河呀！""修通惠河是天意啊！老天帮助咱们修通惠河啊！"这个传说迅速传遍了沿河两岸，大大加快了工程进度。

吴御使根据落差坡度，设立了五个闸口。大通桥往东到庆丰五里设第一闸口；庆丰到平津七里设第二个闸口；平津上闸到下闸四里设第三个闸口；平津下闸到普济闸十三里设第四个闸口；普济闸到石坝十里设第五个闸口；共设五个闸口。后来，人们根据习惯和地名，对这些闸又有了新的叫法。如今还有二闸这个地名，乘公共汽车去通州，还有杨闸、花园闸两个车站。为了纪念吴御使，人们还在通州修了吴御使祠。

"扒拉桥"

■ 孙雨　　胡涂

　　通惠河上这座大石桥，离通州西城整八里，所以叫八里桥。这桥还有个小名，叫"扒拉桥"。

　　老年间，这里没有桥，每到夏秋雨季，河水猛涨，隔断了两岸，人们只好靠临时架起的木桥和小船来往，很不方便。河里水大浪急，常常发生淹死人的事儿。

　　自古北京就是皇上住的地方，这里是北京的东大门，大门被水一关，京城和外面的来往就断了。有人把这事启奏皇上，皇上传下一道圣旨：造大石桥。圣旨一下，忙坏了大小官员，他们到处抽人，从老远的山里运来了大量的石头，又调集了成百上千的民工，有石匠、瓦匠和铁匠。从此，这里便响起了凿石头、打铁的锤声和打夯的号子声。

　　一天早上，人们正在忙碌着，不知从哪儿来了一个老汉。这老汉有六十多岁，花白胡子，满脸皱纹，衣服上补丁摞补丁，肩膀上搭着一个破褡裢。他找到了工头，说是过路的，没盘缠了，想在这里找点儿活儿干，挣俩盘缠用。工头把他留下了。

　　这老汉来到一个不引人注意的角落，找了块石头坐下。从褡裢里拿出锤子和铣子，找了块七棱八角的石头，乒乒乓乓地敲打起来。一个小石匠见了，奇怪地问："老大爷！您从哪儿来呀？"老汉哈哈一笑，抬头看看他，用手一指天："我是从天上来的。""从天上来的？嘿嘿！"

小石匠也笑了："您敲打这玩意儿干什么？"老汉笑呵呵地反问说："那你敲打这玩意儿干什么呢？""我吗！造桥！为后人造福啊！"小石匠自豪地一拍胸脯。老汉又笑了："后生，你听说过女娲补天的故事吗？我这石头就是补天的呀！哈哈！"说完，又叮叮当当地敲打起来。

快到晌午的时候，小石匠端来一碗开水："老大爷，喝碗水，歇会儿吧！""不啦，不啦！这点活儿说话就完。"老汉头也不抬，继续不紧不慢地敲打着石头。

吃饭的时间到了，小石匠心里还惦记着老汉，左找右找，哪里还有老汉的影子？只有那块石头，敲打得方方正正地摆在那儿。

不久，地基打好了，三个拱形桥洞——两小一大成形儿了。就在中间那个大桥洞快要完工的时候，有个窟窿说什么也堵不上了，搬块大石头，放不下去，换块小的，又掉下去了。这可把工头给急坏了，他猛然想起刚动工时来过一个老汉，见他凿过一块石头，他正想着，只见那个小石匠把那块石头搬来了，往里一放，窟窿倒是堵上了，可似乎还稍微小了一点儿，用脚尖儿一点，石头还能晃动呢，可是掉不下去，也拿不出来。

大石桥建成了。桥洞上面那块显眼的石头仍然一扒拉就活动。就这样，八里桥便落下了个"扒拉桥"的小名儿。直到今天，有的孩子到河里去洗澡的时候，还常常喜欢用木棍扒拉那块石头玩儿呢。

不挽桅

■ 孙雨　胡涂

　　通惠河在古时候是运粮河，每年都有成千上万石粮食从南方运来，送进京城。八里桥建成后，桥洞子小，大粮船桅杆高，过不去，人们只好在这里落帆停下，把粮食倒到小船儿上去。

　　有一年，北方大旱闹粮荒，京城急需大批粮食，皇上降旨：要加快运粮，并亲自到通惠河来视察。

　　这么一来，可把倒粮食的民夫治苦啦，他们虽然拼死拼活不分昼夜地干，粮食还是倒不过来。

　　一天，人们正望着一队队粮船发愁，一个老汉挑着厨师用具，来到这里。他先冲人们微微一笑："你们这些人发什么愁哪！""发什么愁？您是站着说话不腰疼吧！瞧——"一个中年人伸手朝河里一指，那粮船都快排到通州西门了。"哈哈，那也不能不吃饭呀！"老汉笑着说，"都快晌午了。"

　　"唉！脑袋都保不住了，还有心吃饭呢！"中年人叹了口气。

　　"光发愁不吃饭，脑袋就保住了？"老汉还是乐呵呵地说，"我是跑大棚的厨子，今儿个给你们做点好吃的！"说完，挑起挑儿，朝不远的伙房走去。

　　傍晚，当人们愁眉苦脸地来到伙房的时候，那老汉不知什么时候悄悄地走了，桌子上放着几碗热气腾腾的饸饹，中间还有一个小饸饹床儿。

　　看着这些，人们楞住了；那个中年人若有所思地走过去，抓住饸饹床儿的把儿，轻轻地抬起，又压了几下，猛地一拍大腿："好主意！"随后把人们都叫来，指着饸饹床儿比手划脚地讲："你们瞧，这饸饹床儿就好比是粮船，这上头的把儿就是船上的桅杆，现在桅杆太高，粮船过不了桥洞，要是把桅杆改成活的——在船上安两根木桩，平时用两根铁销子，把桅杆固定在木桩中间，过桥时就拔掉一根销子，放倒桅杆，船不是就能从桥下过去了吗！"

　　"对！""对呀！"人们听着，不禁高兴得欢呼起来。

　　几天以后，改装了桅杆的粮船，一队队顺利地通过了八里桥，浩浩荡荡地扬帆向京城驶去了。从此，"八里长桥不挽桅"的故事也就传开了。

后　记

　　自 2021 年始，通州区政协教文卫体委员会会同永顺镇党委、政府及杨庄街道办事处、潞邑街道办事处，着手搜集、整理反映永顺地区历史文化的"三亲"史料，编辑出版《泰和永顺》，2022 年 12 月该书终将与广大读者见面。

　　该书在编辑过程中，社会各界人士、文史研究学者及各相关方大力支持，特别是在材料的征集、整理过程中，得到了陈喜波博士、丁兆博博士、王岗先生等众多学者、专家的积极参与和全情投入，在此一并表示衷心感谢。由于编撰时间仓促，书中难免会有纰漏，真诚希望广大读者和专家、学者予以批评指正。

《泰和永顺》编委会

2022 年 11 月

图书在版编目（ＣＩＰ）数据

泰和永顺 / 北京市通州区政协教文卫体委员会，
北京市通州区永顺镇人民政府编 ． —— 北京 ：团结出版社，
2022.11
　ISBN 978-7-5126-9726-3

　Ⅰ．①泰… Ⅱ．①北… ②北… Ⅲ．①通州区—地方
史 Ⅳ．① K291.3

　中国版本图书馆 CIP 数据核字（2022）第 182830 号

出　版：团结出版社
　　　　（北京市东城区东皇城根南街 84 号 邮编：100006）
电　话：（010）65228880 65244790
网　址：http://www.tjpress.com
E-mail：65244790@163.com
经　销：全国新华书店
印　装：北京博海升彩色印刷有限公司

开　本：170mm×240mm 1/16
印　张：30.5
字　数：280 千字
版　次：2022 年 11 月 第 1 版
印　次：2022 年 11 月 第 1 次印刷

书　号：978-7-5126-9726-3
定　价：86.00 元